社会変革と社会科学

時代と対峙する思想と実践

中村浩爾
Koji Nakamura
桐山孝信
Takanobu Kiriyama
山本健慈
Kenji Yamamoto
編

Social change
and
Social science

昭和堂

まえがき

人はだれしも、自らが過ごした時代こそが「疾風怒濤の時代」と感じずにはいられない。まさに自身の生涯をかけたものだからである。そのことは認めるとしても、客観的に見ても、現在ほど社会全体が大きな変動を経験している時代はないであろう。もっとも、アジア・太平洋戦争に敗れた日本社会が経験した変動は言語を絶するものであったに違いない。戦後体験を持たない筆者としては想像力を働かせるしかないのだが、戦後の混乱期に、人文・社会科学の研究が一斉に花さき、その後数十年にわたって研究の際の参照枠とされるべきものであったのも、そうした社会変動に科学者たちが真摯に向き合った結果であったといえよう。

翻って現在はどうであろうか。グローバル化が進展すればするほど社会変動のスピードは速く、またその反動として当然に生じる反グローバル運動、それは現在ではナショナリズムの興隆という形をとっているが、それとの衝突により、社会の振れ幅は一層大きくなることであろう。このような時代に、私たちが取り組んできた研究は、時代に対してどのような意味を持つことができるのであろうか。

本書は、法学研究者を中心に、広い意味で社会科学の研究に取り組んできた者が集まり、思想や時代の本質を明らかにしようとする試みである。特に本書執筆者の多くが大学教育に従事した経験をもっている者であってみれば、日本の高等教育における人文・社会科学系研究・教育への一貫した不遇政策と、国策に翻弄される自然科学系研究を表裏一体のものとして捉え、みずからの学問の意味を社会状況との関わりで問い直さざるを得ないだろう。こうした問い直しが「はやらない」現在こそ、一層発表する価値がある書物になっているのではないだろうか。

本書の成り立ちは、執筆者のひとりでもある中村浩爾さんが古稀を迎えるにあたって、数人の友人から「記念となる論文集を編もう」という提案にはじまった。そして企画を練り、どの範囲の方に執筆を依頼するかを検討していく過程で、分野・年齢の幅は次第に拡がってゆき、結果として多士多彩な方々に執筆をお願いすることになった。具体的には巻末の「執筆者紹介」を見ていただければ幸いであるが、中村さんの学問的本丸である法理学関係の論文執筆者は、中村さんも属しておられる法理学研究会のメンバーを中心にしたものである。また、ほかにも、大学時代に憲法の川口是先生のゼミに集まっていた友人、研究者をめざして切磋琢磨した大学院時代の友人、奉職先であった大阪経済法科大学の元同僚、そして中村さんが学問と実践の融合を実現する場のひとつと考えていた民主主義科学者協会法律部会、なかでも「やってみんか！」（民科九条の会）の会員諸氏が執筆している。

実際に執筆いただいた方々のほかにも、諸事情により（その多くは大学業務の多忙による！）残念ながら執筆を断念された方々もおられる。そうした方々も含めて、おそらく、中村さんのみがすべての方々と学問的・実践的関係を持っておられると思われる。しかし、こうして中村さんを軸としてまとめられた一書は、交友関係の広さを反映しているだけでなく、中村さんの問題意識の広さをも共有することになった。

今回の企画にあたって、中村さんは、次のように述べられたことがある。

古稀記念と言われても他人事のように感じるが、「大学院のない大学（つまり弟子を育てられない大学）」を早期退職した身に、このような話があるのはありがたいことであり、実現すれば、それ自体意義のあることだと思う。なぜなら、それは、今まで追求してきた「見えない大学」を理念とした各方面での活動の一つの成果だと思われるからです。ただ、そうであればこそ、中村古稀記念とは銘打たず、一冊の本として、魅力のあるものであってほしい。つまり、義理やお付き合い的な論文の集まりということではなく、緩やかな形であれ一定のテーマ性の下に全体としてのまとまりをもち、また、それぞれの原稿が学術的な業績として評価されうるような本であってほしいと思います。

私たちは、この言葉を文字どおりに受け止め、真摯に取り組んだ成果を「社会変革と社会科学」と題し、ここに中村先生の古稀を祝うものとして刊行する。

編集委員会を代表して

桐山孝信

目次

第Ⅲ部　時代と対峙する実践

第Ⅰ部

時代と対峙する社会科学

第一章　安保軍事同盟批判の国際法学
──一九六〇年の遺産相続──

桐山　孝信

1　安保論争における国際法の不在

二〇一四年七月の「安全保障法制の整備に関する閣議決定」に基づき、二〇一五年九月には「安全保障関連法」(1)が、多くの国民の反対にも関わらず採択された。安全保障関連の数多くの法律が改定されたこともさることながら、政府が公式に集団的自衛権行使を認めたことによって、日本の安全保障のあり方は根本的に変化したといわれることになった。

一九六〇年の「安保改定」反対運動が国民的規模で盛り上がったのは、日米安保条約が調印された一月ではなく、条約が自動承認される直前の五月から六月にかけてであったことは(2)、五五年後の二〇一五年の安保関連法改定反対運動が、やはり衆議院を通過する直前の二〇一五年七月から九月に盛り上がったのと軌を一にしている。

安全保障（=戦争と平和）をめぐる議論は、国際法の成立から四〇〇年この方、その中心を占める問題であり、ましてや集団的自衛権なる概念はまさしく国際法のものである。にもかかわらず運動の渦には国際法は不在であった。日本の国際法学を牽引し今回の集団的自衛権行使容認を鋭く批判した松井芳郎は、「一九六〇年の安保改定や一九七二年の沖縄返還の際に、多くの国際法学者が積極的に発言して国民的な討論に参加したことを思えば、今昔の感に堪えない[3]」と嘆いた。もっとも松井は、国際法学者の怠慢だけを非難しているわけではなく、国際法を頼みとしない知識人や世論の風潮に対しても警鐘を鳴らしているのである[4]。

他方、平和学と国際法をクロスさせて独創的な研究を進化させている最上敏樹は、同じ時期に、「国際法学の世界で格別に主要な議題とは扱われてこなかったこの『権利』が、なぜかくも大ごとにされたのだろうか」と述べていたことは印象的である[5]。最上も承知しているように、日本では、集団的自衛権については国連憲章制定時から大いに議論の対象とされてきたが、一九七〇年代にはほぼ論点もつき、理論的問題としては関心が低下した。しかし、一九八〇年代後半になって、米国によるニカラグア内戦への軍事介入問題が国際司法裁判所での審理の対象となり、判決が出された後は、関心は再び高まった。しかし、それも最上が急いで付け加えているように、行使された少数の事例には適法性の観点から問題があったこと、したがってこの権利が乱用されないためにはどうすべきか等であり、だれもが行使しているから日本も行使すべきだという話からはほど遠いのである[6]。ここにも今回の議論における国際法の不在を指摘することができる。

国際法学による理論的基礎づけは国民的運動とは直接の関係はなく、むしろ「民主主義を守れ」や「立憲主義の破壊を許すな」などと喚起する「ワンフレーズ」にこそ、運動を盛り上げる要因があることは明白である。にもかかわらず、粘り強い運動の継続には、自律した市民の連帯のみならず社会に対する明晰な理解こそが必要とされるであろう。国際法学者にとって、不在と言われようと大ごとと言われようと、安保に対する批判的考察へのささやかな貢献は可能なはずである。しかもそのための理論的準備は、すでに一九六〇年には整っていた。さらにそれは、講和条約の時期以前にまでさかのぼってみることもできる。ここでは、そのような過去の理論的蓄積に学びながら今日の問題を考察してみたい。

2　二〇一五年と一九六〇年の自衛権

その点からまずは、今回の集団的自衛権行使容認は極めて限定的なものであり、従来の政府の基本的な立場を踏まえた考え方であると説明していたことについて考えてみたい。

政府による説明の特徴は、個別的自衛権と集団的自衛権を区別せずに発動要件を示したところにある。新三要件と言われるものの一つ、つまり、その行使は、「我が国に対する武力攻撃が発生した場合のみならず、我が国と密接な関係にある他国に対する武力攻撃が発生し、これにより我が国の存立が脅かされ、国民の生命、自由及び幸福追求の権利が根底から覆される明白な危険がある場合において」許容されるとした。他国に対する武力攻撃が発生した場合を契機として武力の行使が許容されるのは国際法上の集団的自衛権を根拠とするが、憲法上許容されるのは、「あくまでも我が国を防衛するためのやむを得ない自衛の措置」であるからだという。(7)

このような説明の下に、集団的自衛権の限定的な行使容認とされた閣議決定だが、行使が限定的なものではないことへの批判は既に一九六〇年に用意されていた。

攻撃が他国に加えられたときにもその攻撃に直接自国の危険を認める国は、その攻撃国にたいして自衛の行動をとりうる。これが集団的自衛権の概念を極度に限定したようにみえることに対して、国際法学の泰斗祖川武夫は、危険にさらされる自国の法益が明確でなく、実態は、個々の国家の具体的な権利ではなくて、他国に関わった自国の安全、平和、独立であるとしか考えることはできず、これは集団的自衛権のもうひとつの解釈、つまり、他国の自衛行動に対する援助と見る考え方と、実際的効果において大差がないばかりでなく、かえって、利益の連帯関係を強調することによって、平時における集団的自衛の組織化を引き出す格好の根拠となっていることを喝破した。さらに、「これは日本国憲法上の自衛権に、いわゆる自衛・他衛の弁別論をかわしながらたくみのうちに集団的自衛権までとりこむことによって、ひろく戦争への参加とその準備とを正当化する」ことになっていると述べていた(8)。

これには少し説明が必要であろう。集団的自衛権が国連憲章で初めて明文化されたことはしばしば指摘されている。したがって、個別的自衛権と並んで「固有の権利」と規定されているものの、この権利がどのような性格を持つのかについては解釈上の争いが生じていた。その一つが、他国防衛説、つまり「他国に加えられた武力攻撃を阻止することをその内容とする」もので、これまで日本国政府がとってきた考え方である。したがって、個別的自衛権と集団的自衛権は性質がまったく異なるのであって、憲法上許される必要最小限度の実力行使が認められるのは個別的自衛権でしかありえないと批判してきたのである。この批判をかわすためにとったのが、死活的利益説で、今回、政府がとった考え方である。つまり政府の説明は、集団的自衛権行使を正当化する根拠をどこに求めるかということについての変更にすぎず、松井も指摘するように、限定容認などではなく「全面容認」なのである(9)。しかも先に言及したニカラグア事件に関する国際司法裁判所の判決は、集団的自衛権の法的性質については、基本的には他国防衛説に立ちながらも、その行使には、武力攻撃を受けた国によるその旨の宣言と、その国からの援助要請を条件としたものが慣習法として確立しているとしたから(10)、それとの整合性を保つために、これは国際法上の集団的自衛権についての解釈ではなく、憲法上許される武力行使の限界についての解釈であるとした。

このようにみると、先に引用した祖川の批判が驚くほど正確に現在でも当てはまることがわかる。さらに松井は、集団的自衛権のみならず、自衛権の行使が自国の判断だけに依拠するという見解を批判し、むしろ厳格に客観的に制約されることを、国際司法裁判所の判決を通じて説得的に展開した[11]。最上も言うように国際社会は集団的自衛権をいかに制限するかということに焦点を当ててきたということである。

一九六〇年はまた、改定された日米安保条約がすでに日本の集団的自衛権を認めることを前提として組み立てられていることを明らかにしていた。日米安保条約の五条は「いずれか一方に対する武力攻撃が、自国の平和及び安全を危うくするものであることを認め」てしまっているのである。そのうえで、「共通の危険に対処するように行動すること」、つまり集団的自衛権を行使することを義務として引き受けたのである。その折には、「日本の施政の下にある領域における」武力攻撃に限っているから、日本にある米軍基地に攻撃が加えられた場合、米国による反撃と共同して日本が反撃することは個別的自衛権の発動と説明し、今日に至っていた。しかし米軍の防衛対象は日本だけではなく、極東全体に及んでいたのであって、その行動は日本の領域に限定されない。とすれば、日本防衛以外の機能をいとなむ基地の維持を許すことじたいが、自衛の範囲を逸脱したものであり、米軍と共同行動することは、実態として集団的自衛権の行使にほかならないのである。一九六〇年は、こうした批判を周到な論理によって暴露していたのである。

国際法学者の石本泰雄は、大阪市立大学で教鞭をとりながら、雑誌『世界』をはじめとするさまざまな媒体に、安保条約が日本のみならず世界平和に及ぼす危険性を指摘していたが、一九六〇年三月には『条約と国民』と題する新書を岩波書店から発行し、「条約をつくる人々」としての日本国民に向けて、国際法の何たるかを手ほどきしただけでなく、まさしく安保反対への理論的武器を提供したのである。

以下では、この『条約と国民』を改めて読み直し、同時代の国際法学者の発言とその影響を考察することで、安保関連法が採択されたのちにあっても、なおあきらめずにその廃案へと動くべき道筋を考えてみたい。

3 「講和条約と安保条約、そして安保条約の改定」批判

『条約と国民』は第一章「国際法を守ることの意味」から始まり「条約と国民」と題する第七章で締めくくられる二〇〇頁ほどの小著であり、国際法の全体を見渡すというよりも、戦争と平和の問題に重点を置いたものだった。なかでも第六章の「講和条約と安保条約、そして安保条約の改定」は、本書を手にとった当時の読者が、まっさきに開く頁であったであろう。以下のような内容になっている(13)。

一九六〇年の安保改定反対は、一九五一年に署名された対日講和条約とセットになった日米安保条約に対する批判を受け継いでいるだけでなく、日本の再出発となった第二次世界大戦とその反省を出発点にしている。この点を踏まえて石本は、戦闘の終了に関わる一九四五年九月の降伏文書が、徹底した日本の非武装化を定めたポツダム宣言を誠実に履行することを求めていることを確認し、日本国憲法の戦争放棄や非武装化の意味するところを問う。それは、自らが軍隊を保持しないだけでなく、他の国家の戦争に加わらないこと、さらに国内に外国軍隊の駐留や基地の設定を認めないことであるとする。この立場は、砂川事件に関する伊達判決に見ることができ、「一九五〇年頃までは憲法の規定の解釈あるいはすくなくとも憲法の精神の解釈としては、もっとも広く受け入れられていた(14)」ことを、具体的資料を提示しながら断言した。

しかし、冷戦の開始、とりわけ朝鮮戦争の勃発は講和問題を単なる「講和」として取り上げることを不可能にした。アメリカは、日本の「左傾」を防止するだけでなく、反共軍事体制の一環として位置づける法的形式として「講和条約」を構想した。それは単に西側だけが署名した「片面講和」という形式に現れただけでなく、領土条項や賠償条項の内容にも反映された。

しかし何よりも影響を被ったのが安全保障条項であった。講和条約五条c項は、日本が個別的・集団的自衛権を有することを認め、集団的安全保障取極を自発的に締結することを認めたものである。そのうえで、日本の軍備増強と、国連憲章上の集団安全保障と混同されるような表現を用いた「集団的安全保障取極」＝日米安保条約の締結を容認した。

この構想の具体化が日米安保条約である。講和条約と不可分なものとして締結された日米安保条約は、相互防衛体制を志向しながらも具体的規定は「行政協定」（二四条）に委ねることで、軍事同盟の完成を将来の課題として展望しつつ、まずはアメリカ軍の戦略基地としての維持を目的とした「軍事基地協定としての性格」を持たせたと分析する。そして条約規定の分析を通じて、いわば「片務的」な条約となった理由を、日本が完全に独立していなかったからではなく、憲法九条とそれを裏づける国民感情によって完全な軍事同盟とすることを妨げたからだと述べる。このことによって、政権側の「不平等条約」から「平等条約」へという改定理由が、憲法の精神に反することを明らかにしたのである。

日米相互防衛体制の完成のためには安保改定が基本となるが、この時点で既に石本は、「アメリカの基地保有の機能は、純粋な日本防衛よりはむしろ極東の平和と安全のための出動にあ[15]」ることを明らかにしている。

4　「条約をつくる人々」への視点と中立主義の称揚

次に「これらの規定をみて気がつくのは相互防衛が憲法のワク内でおこなわれるという条件がつけられていること[16]」という表現に着目したい。ここには二つの意味がある。一つは、このような限定があることで国民の懸念に対する部分的譲歩の外観を示しているというイデオロギー批判を展開していることである。たとえば、防衛力の増強義務に「憲法上の規定に従うことを条件として」という文言が付け加わっているが、決してアメリカだけの義務でないことは明らかであろう。安保条約が日本の集団的自衛権行使を前提に考えざるを得ない五条の共同防衛についても、「憲法上の規定及び手続きに従って」の文言が付け加わっているが、「日本防衛以外の機能をいとなむ基地の維持を許すことじたいが、自衛の範囲を逸脱した国家行為である」[17]ことを鋭く指摘していた。

もう一つは、憲法の理念を条約に活かすという平和主義の積極的な意義を説いたことである。これは、国際法と国内法の関係を論じる中で展開される。国際法の授業では、国際法＝条約が国内法に違反する事を理由に国内的に実施しないといっても、国際的責任は免れないと同時に、国際法に違反する国内法が直ちに無効になることはないとのべ、国際法と国内法のいずれかが上位に立つ一元論は誤りで、両者が併存するという意味での二元論が正しいなどと講釈し、学生を煙に巻くのが常套手段である。しかし石本は、国際法が直接に人々を強制する装置を持っていないことに注意を喚起し、国際法の実現には国家の意思が中間にあること、「憲法を頂点とする国内法秩序の中に編入されることによって、国際法はその国のもろもろの個人を実効的に拘束する」[18]ことを指摘する。ここに国民による条約への積極的関与の根拠がある。つまり、国家の意思を憲法の理念に合致させること、つまり戦争放棄との関係で言えば、平和主義を基本原理とする憲法の遵守を、国際条約の定立の中に反映させることである。国民の外部に条約があるのではなく、国民が「条約をつくる」ことが重要な実践的課題である。[19]

それでは憲法の理念と合致する形で、具体的な政策に反映させることができるのだろうか。この点については、第一次世界大戦以降明確化された集団安全保障体制とその展開を説明する中で周到に準備、提言されていた。それが、中立政策や中立主義の採用である。『条約と国民』の第四章は「集団安全保障の意味するもの」と題され、国際法が「戦争」の意思表明があったものだけではなく、一切の武力行使をも許されなくなったことを強調した上で、違法な武力行使に対する措置としての集団安全保障について書かれたものである。そして国連憲章で採用された集団安全保障には、大国一致原則による限界があることの功罪を示しながら、自国の安全のために集団的自衛権に依拠するのではなく、中立政策ないし中立主義を呼ばれる道を選択することを称揚する。石本は、戦時における中立は国連憲章と合致しないことを確認しながら、「国連の集団安全保障のそとでおこなわれる戦争に際して中立を保持」することは、「許されるものであるどころか、これまでと比較にならぬ積極的意義を見出すことができる」[20]と述べていた。平時の政策として、東西対立を緩和する役割があるという一般的な指摘だけでなく、中立主義者がソ連や中国の手先と宣伝されていることに対して、「国際関係における中立主義が、多くはむしろ資本主義に属し資本主義を維持している諸国によって維持されていることは事実の示すところである」[21]と述べていた。

5　知識人の結集と国際法学

一九六〇年に、安保反対を国際法学の立場から明確に表明したのは、石本泰雄一人ではないが、石本が東京大学の助手時代に同じく助手として過ごし、当時は東大法学部の国際法の助教授であった寺沢一は、次のようなことを書いていた。

安保改定は、誰にもまして、国際法学者にとって最大の関心事であるはずであり、常識的には、改定反対がつねに賛成を上まわっているという世論の、国際法学者に対する逆照射も可能なはずである。ところが、不思議なことに、国際法学者で、新条約の批判、反対をハッキリと表明している人は意外にすくない。あるものは親米という発想そのものから直ちに安保体制の積極的な肯定を打ちだし、あるものは現行条約の欠陥を衝くに急なあまり改定の善意性に安易によりかかろうとする。それらの人々は、いつか、形式論理のとりこになり、法と現実のかい離を見失っていることに気がつかない。石本泰雄氏は、新条約の危険性を指摘し、改定反対に旗しを鮮明にしている数すくない国際法学者の一人である。(22)

一九六〇年には「多くの国際法学者が積極的に発言して国民的な討論に参加した」ことの内実はこのようなものであったのかもしれない。国際法学者は、研究対象の性質上、外務省との関わりは存在するし、現に国際法学会は日清戦争後に外務省の肝いりで結成された、社会科学分野ではとびきり早くできた、いわば「国策学会」であった。(23)第二次世界大戦後、そういった性格は払拭されるが、学界と外務省との関係が絶たれたわけではないし、むしろ関係の継続は必要なことでもあった。

そうした状況で、政府の政策について明確に反対することにはある種の難しさがあるのかもしれない。しかしここで注目できることは、一九六〇年は、各自の専門分野にかかわらず知識人が横断的に協力して社会問題に取り組んでいたことである。それはさらにさかのぼって一九四八年の「平和問題談話会」の結成にみることができる。一九四九年三月号の『世界』に発表された「戦争と平和に関する日本の科学者の声明」、同じく一九五〇年三月号掲載の「講和問題についての声明」、同年一二月号掲載の「三たび平和について」によって、東西の平和共存を主張し、日本の独立・自立のためだけでなく、日本の民主主義擁護のためにも全面講和が適合的であると主張した。しかもこの主張は周到な世界情勢の分析を通じて実現可能なものであるとした。この社会科学者の連帯というべき会を引き継いだのが、一九五八年に結成された「憲法問題研究会」であった。そこには、専門分野の研究者が集ってアカデミックな議論を行う「学会」とは一線を画し、研究会が市民講演会を開催したり、いわゆる『総合誌』に研究会の議論の成果を発表したりの活動であったから、市民と近い存在とみられたろう。(24)

筆者には平和問題談話会や憲法問題研究会の活動や歴史的役割について論じる能力はないが、(25)本章の文脈では、知識人の交流の中に、国際法学ないしそれに通暁する研究者がいたことが重要であったろう。[26] 一九五九年には、「国際問題談話会」も設立され（ただし、この会の名称が公表されたことはなく、本章の注（25）で言及した緑川と安江の対談で初めて明らかにされた）、『世界』一九五九年一〇月号の「政府の安保改定構想を批判する」、同一九六〇年二月号「再び安保改定について」と題する討論内容を公表した。

そして国際問題談話会の中に、石本泰雄はいた。また石本個人も、「中立の法律的基礎」[27]や「新日米安保条約の問題点」[28]、「疑惑をました既成事実――国会審議にみる新安保の内容と残された道」[29]などを次々と発表しただけでなく、他の国際法学者、たとえば田畑茂二郎をはじめ、先にも言及した祖川武夫や寺沢一などが安保批判の論陣を張ったから、国際法および国際法学者の存在は大きく見えたことであろう。また、安保賛成派にも、東京大学の横田喜三郎や一橋大学の大平善梧その他多くの国際法学者がいたから、[30] 一九六〇年の安保論争は国際法とともにあったということはできる。

それに比して二〇一五年は、国際法の影が薄い。憲法解釈の問題としての集団的自衛権にスポットが当てられすぎたことも理由であるが、筆者にとっては内心忸怩たるものがある。それは、安保関連法として改定されたさまざまな法律が含意する国際社会の現状把握とそれに対する日本の貢献の問題である。たとえば、国連安全保障理事会の決議に基づく強制措置のあり方や、日々変貌する平和維持活動に対する評価、テロ活動への規制方式や核兵器の禁止か規制かといった問題など、国際社会の新たな情勢に対して国際法の観点からどのように評価し、日本がどのようなスタンスで関わるべきかについては、同じ方向性を持っていると考えられる研究者の間でも事項ごとにさまざまな立場をとっており、単純な賛成か反対かでは、知識人の結集は極めて難しくなっている。

他方、グローバルな視野で日本の将来を考えたときに、第二次世界大戦で敗北して平和主義を標榜し、日本の針路を非戦あるいは不戦の立場をとる日本国憲法の先駆性をかなぐり捨てることは、日本にとっても人類にとってもプラスにならないことは明白である。そうだとすれば、改めて国際法学者も自らの学問的アイデンティティを賭して旗幟を鮮明にしなければならないだろう。

恒藤恭は、講和問題が日程に上り始めた折に、次のように書いていた。

もしも世界史のうえから見て、現代は大いなる転換の過程がはじまった時代である、いいかえると、諸々の国家がしだいに戦争を放棄し、軍備を撤廃した平和国家に化して行くという、全く前例のない歴史的傾向が、かすかながらも動きはじめた時代である、と思惟し得るのであるならば、日本はあたかもそのような傾向の先端に立つにいたった国家であり、……国家として一段と進化し得る立場にたどりついた。[31]

現在、「日米同盟」や「戦争」といった言葉が普通に使われていることに対して国際法学者は失望を味わうとともに反省する必要がある。少なくとも、「軍事同盟」の破綻が第一次世界大戦であり、その反省に立って集団安全保障体制が構想されたこと、平時の「同盟」は仮想敵国を作り出し、それに対抗するために力によって紛争を防ごうとするものであり、「同盟」の強調は過去への回帰にほかならないという、国際法の教科書では常識となっている認識を、まずは共通の認識にして出発することは可能であろう。その際に、一九六〇年の安保改定反対の根拠としたような国際社会に対する冷静な情勢分析と、それへの対処の仕方を考察することは是非とも必要な作業になる。祖川の凝縮された表現を借りるならば、「集団安全保障と軍事同盟条約に連なる日米安保条約の相違が、諸国家の包摂形式の違いや、政治的機能の違いを指摘するにとどまり、根底にある戦争の法的禁止とこれを支える国際政治体制の構造変化とは、あまり問題にされない[32]」ことが問題なのである。とはいうものの、一九六〇年と比べても国際政治の構造は大きく変貌し、複雑の度合いは驚くほど増している。それをどのように的確に把握し、あるべき平和秩序を展望するか、課題は重い。筆者の同僚として大阪市立大学で最近まで教鞭をとっていた松田竹男は、日本が集団的自衛権行使に執着するのは、「日本が利権を維持し、発言権を確保し、新たな権益にありつくためには、米国やEUが軍事行動をするときには日本も対等な形で参加しなければならない」からで、逆に憲法九条をグローバルスタンダードにしようとするのであれば、先進国の多国籍企業による資源や労働力、競争力を源とした覇権争いの構造そのものの変革が必要である述べていた。[33]こうした指摘も含めて、これまでの平和主義に基礎を置いた日本の国際法学の遺産を改めて見直し活かす道が求められている。それこそが、まさに日が沈もうとしている状況に抗うための灯火なのである。

注

(1)　閣議決定の正式名称は「国の存立を全うし、国民を守るための切れ目のない安全保障法制の整備について」であり、武力攻撃に至らない侵害への対処から、国際社会の平和と安定への一層の貢献といった問題に及ぶ、膨大な関連法制の改訂を企てたものであった。しかもそれらの法律が一括で審議されたから、一般国民には何がなんだかよくわからないのは当然であった。閣議決定や関連法の条文については、薬師寺公夫ほか編『ベーシック条約集二〇一六』（東信堂、二〇一六年）九九〇～一〇二一、一二三八～一二三九頁参照。
(2)　保阪正康『六〇年安保闘争の真実――あの闘争は何だったのか』（中公文庫、二〇〇七年）四〇頁。
(3)　松井芳郎「国連の集団安全保障体制と安倍内閣の集団的自衛権行使容認」『別冊法学セミナー　集団的自衛権行使容認とその先にあるもの』（日本評論社、二〇一五年）五四～五五頁。
(4)　松井、同右、五五頁。
(5)　最上敏樹「国際法は錦の御旗ではない」長谷部恭男・杉田敦編『安保法制の何が問題か』（岩波書店、二〇一五年）所収、九九頁。
(6)　最上、同右、九九頁。
(7)　「閣議決定」、前掲注（1）『ベーシック条約集二〇一六』九九二～九九三頁。
(8)　祖川武夫「新・安保条約の検討」（一九六〇年初出）、小田滋・石本泰雄編『祖川武夫論文集　国際法と戦争違法化』（信山社、二〇〇四年）所収、二一五～二一八頁、特に二一二一～二一二四頁。

（9）松井、前掲注（3）六九頁。
（10）こうした説明は、国際法のどの教科書にも言及がある。たとえば、浅田正彦編『国際法　第三版』（東信堂、二〇一六年）四五四～四五五頁。また、山形英郎編『国際法入門―逆から学ぶ』（法律文化社、二〇一四年）二一～二三頁。
（11）松井、前掲注（3）五八～六〇頁。
（12）石本の回顧によれば、六万部ほど売れたようである。石本泰雄『野猿弄舌』（私家版、一九八四年）一一六頁。
（13）石本泰雄『条約と国民』（岩波書店、一九六〇年）一六五～一九三頁が、第六章に相当する。
（14）同右、一六八頁。
（15）同右、一八七頁。
（16）同右、一八八頁。
（17）同右。
（18）同右、一九七頁。
（19）同右、二〇一～二〇二頁。
（20）同右、一二四頁。
（21）同右、一二八頁。
（22）寺沢一「同学点描」『週刊読書人』一九六〇年五月一六日、四頁。
（23）国際法学会は一八九七年に設立されたが、その創立目的の一つに、国際法の研究と国際知識の普及に並んで、当時の外交問題として最も頭の痛かった、条約改正問題を研究することが入っていたことは、象徴的である。さしあたり、一又正雄『日本の国際法学を築いた人々』（日本国際問題研究所、一九七三年）一二六～一三七頁。
（24）アカデミックな議論を行うが、専門分野を超えた研究者が集う学会としては、民主主義科学者協会があった。これこそ、自らの専門研究を生かしつつ、知識人の社会的責任を果たすために、自然科学、社会科学、人文科学の枠を超えた団体であったと思われる。戦後日本のある種の理想を体現しようとしたが、本部の活動は一九五六年には停止し、法律部会と京都民科歴史部会のみが活動を続けている。しかし、それが七〇年以上存続したことはそれ自体で研究対象となりうるであろう。
（25）平和問題談話会については、『世界』一九八五年七月の臨時増刊号に、久野収ほか「未発表討論『平和問題談話会』について」

（二一～五三頁）、緑川亨、安江良介「平和問題談話会とその後――増刊号解説に代えて」（五四～九七頁）が掲載され、設立経緯や会の意義が論じられている。また、歴史家の広川禎秀が、「恒藤恭と平和問題談話会――戦後平和主義思想の源流」鈴木良ほか編『現代に甦る知識人たち』（世界思想社、二〇〇五年）一七九～二一一頁で、恒藤恭が関西での談話会の議論を牽引していた様子を活写している。また、憲法問題研究会については、邱静『憲法と知識人――憲法問題研究会の軌跡』（岩波書店、二〇一四年）が、近年の包括的な研究として注目される。ただしこの著書では、「平和主義」がかなり狭く定義されているのに対して、「民主主義」は幅広くとっていることからくる違和感がある。たとえば第一章のタイトルになっている「平和主義より民主主義」など。

(26) 前注で言及した恒藤恭のほか、京都大学教授の田畑茂二郎も、平和問題談話会、憲法問題研究会のいずれにも参加していた。田畑茂二郎は、文字どおり第二次世界大戦後の日本の国際法学界で指導的立場にあったから、その影響は少なくなかったと思われる。

(27) 『中央公論』一九五九年七月号、四四～五三頁。

(28) 『ジュリスト』一八八号（一九五九年一〇月）二〇～二四頁。

(29) 『世界』一九六〇年八月号、五九～七五頁。

(30) 安全保障研究会編『安全保障体制の研究（上）（下）』（時事通信社、一九六〇年）は、寄稿した二七名すべての学者が国際法学者でもなく、また安保賛成を明確にしているわけでもないが、研究会自体の立場としては日米提携推進を表明していた。

(31) 恒藤恭『憲法問題――その解決の基準は何か――』（岩波書店、一九六四年）七～八頁（初出一九四九年）。

(32) 祖川、前掲書注（8）一九六頁。

(33) 松田竹男「集団的自衛権論の現在」民主主義科学者協会法律部会編『法律時報増刊　安保改定五〇年―軍事同盟の無い世界へ』（日本評論社、二〇一〇年）七〇頁。

第二章　民主的非軍事平和主義の展望

奥野　恒久

1　民主的非軍事平和主義

本章の表題に、一般に使われない「民主的非軍事平和主義」と付した。「非軍事平和主義」としたのは、いうまでもなく、日米間の軍事的連携により抑止力を高めることを「積極的平和主義」と称する安倍政権のそれと峻別するためである。他方、「民主的平和主義」[1]としたのは、理論的・実践的双方の意図からである。「立憲主義」と「民主主義」とが調和的に把握されつつも、ときに両者の緊張に意識的であった日本の憲法学は[2]、安倍政権による憲法九条解釈の変更を、主として立憲主義に基づいて批判してきた。だが権力拘束を本質とする立憲主義は、権力拡大や現状悪化をくい止める議論は提供できても、憲法価値の実現に向けた社会変革を促す議論には資さないと思われる。非軍事平和主義という憲法価値を実現するためには、どうしても政治が変わらなければならず、憲法九条に基づく国民意識と運動を根底とした、政治と運動とによる民主主義のダイナミズムが不可欠だと考える。そしてその展望を抱きうるのが、逆説的ながらも安保関連法の強行された現時点のように思われるのである。

本章は、安保関連法強行前後の議論と運動・政治状況のなかで、非軍事平和主義の展望を見いだせないかとの問題意識に基づくが、まずは立憲主義に依拠して、この法の違憲性を確認することから始めたい。[3]

2　憲法的統制という視点を欠いた安保関連法

日本は、戦力の保持を禁じる、「軍隊に権限を配分しないという『無』の規定」[4]とされる憲法九条二項を有しており、そもそも軍事的実力組織の保有自体に憲法上の疑義がある。にもかかわらず、これまで政府は自衛隊を正当化しその活動を拡大させてきたが、そのさい常にその必要性や法的根拠が問われるとともに、その限界の確定に努めざるを得なかった。憲法が権力拘束規範であるゆえ、当然のことである。したがって、必要性や法的根拠についての説得的な説明抜きに、日本国憲法のもとで確定された権力行使の限界を踏み越える、あるいは緩和することは憲法違反といわなければならない。また仮に権力拡大が許されるとしても、そこに明確な限界設定がなされなければ、憲法論とは到底いえない。以下、安保関連法の主要問題につき、従来確定されてきた権力行使の限界を確認しつつ検討したい。

(1)　集団的自衛権の行使容認

一九五四年の自衛隊発足以来、政府は「戦力」と「自衛力」とを区別したうえで、自衛のためといえども日本が「戦力」を持つことは憲法上禁止されているが、憲法九条は独立国家に固有の「自衛権」まで放棄したものではなく、「自衛権」を行使するための手段として「自衛のために必要な最小限度の実力」（自衛力）を持つことは憲法九条に違反しないとして、自衛隊を正当化した。また、自衛権発動の要件も形成され、①我が国に対する急迫不正の侵害があること、②これを排除するために他の適当な手段がないこと、③必要最小限度の実力行使にとどまるべきこと、という三要件が確立することになる（古くは佐藤達夫内閣法制局長官、一九五四年四月六日）[5]。いわゆる個別的自衛権としての武力行使の容認である。

憲法と自衛権の関係につき政府はかつてより、憲法前文の平和的生存権や、憲法一三条の「生命、自由及び幸福追求に対する国民の権利」を持ち出して、「自国の平和と安全を維持しその存立を全うするために必要な自衛の措置をとることを禁じているとはとうてい解されない」としつつ、「だからといって、平和主義をその基本原則とする憲法が、右にいう自衛のための措置を無制限に認めているとは解されないのであって、それは、あくまで外国の武力攻撃によって国民の生命、自由及び幸福追求の権限が根底からくつがえされるという急迫、不正の事態に対処し、国民のこれらの権利を守るための止むを得ない措置としてはじめて容認されるものである……したがって、他国に加えられた武力攻撃を阻止することをその内容とするいわゆる集団的自衛権の行使は、憲法上許されない」としたのである（一九七二年一〇月一四日）[6]。このように、政府の自衛隊を正当化する論理の核心は、我が国に対する武力攻撃の発生に限って実力行使を容認するという点であり、その論理的帰結として集団的自衛権は行使できない、というものである。

二〇一五年の安保関連法により、防衛出動を規定する自衛隊法七六条が改定され、「我が国と密接な関係にある他国に対する武力攻撃が発生し、これにより我が国の存立が脅かされ、国民の生命、自由及び幸福追求の権利が根底から覆される明白な危険がある事態」、すなわち存立危機事態が追加され、集団的自衛権の行使が容認された。安倍政権の説明では、「従来の政府見解の基本的な論理に基づく自衛のための措置として、憲法上許される」（二〇一四年七月一日の閣議決定）とするが、従来の論理の核心を変更することは明らかであり、「基本的な論理に基づく」とは到底いえない。また、存立危機事態の要件が曖昧で、明確な限界を設定できておらず、法的議論に耐えうるものではない。

（2）「武力の行使との一体化」論の実質的廃棄

後方支援活動が憲法九条の禁じる武力の行使に該当しないかをめぐって確立された基準が、「武力の行使との一体化」論である。「補給、輸送協力等それ自体は直接武力行使を行わない活動でありましても、他国による武力の行使と一体となるような行動としてこれを行うことは憲法九条との関係で許されない」（小渕恵三首相、一九九九年一月二二日）[7]というものである。一体化するか否かの判断は総合的になされるが、なかでも重要視されたのが実施場所であり、周辺事態法三条一項一号では「我が国領域並びに現に戦闘が行われておらず、かつそこで実施される活動の期間を通じて戦闘行為が行われないと認められる我が国周辺の公海……及びその上空の範囲」と定義される、「後方地域」にこれまで限定されていたのである。

ところが二〇一五年、周辺事態法は重要影響事態法に改定され、そのさい後方支援活動における「後方地域」という活動区域の限定は削除される。すなわち「武力行使との一体化」論を支える重要な限定が削られたのであり、この議論自体の実質的廃棄といわなければならない。加えて重要影響事態法は、周辺事態法では別表の備考にてできないとしてきた「弾薬の提供及び戦闘作戦行動のために発進準備中の航空機に対する給油及び整備」を可能としたのである。やはりここにも、憲法に基づいて限界を画するという視点は見られない。

（3）ＰＫＯにおける武器使用の要件緩和

一九九四年に成立した国際平和協力法（以下、ＰＫＯ法）は、自衛隊員の武器使用が憲法の禁じる武力行使に当たらないかを争点としつつ、その後改定を重ねて活動内容と武器使用権限を拡大させてきた。そのようななか、従来の政府見解は、二〇一一年一〇月二七日に梶田信一郎内閣法制局長官が述べるように、次のように整理できる。まず「武力行使」とは、「国際的な武力紛争の一環としての戦闘行為」をいい、「国際的な武力紛争」とは「国又は国に準ずる組織の間において生ずる武力を用いた争い」だとする。そのうえで、憲法上の問題の生じない武器使用の類型としては、自己保存のものと、自衛隊法九五条に規定する武器等を防護するためのものの二つに限られる。それゆえ自己の生命、身体の危険がない場合にあえて駆けつけて武器を使用するというのは、「自己保存のための自然的権利というべきものの範囲を超え」、「国又は国に準ずる組織に対して行うという場合には憲法第九条の禁ずる武力の行使に当たるおそれがある」(8)ということである。

だが今回のＰＫＯ法の改定により、安全確保業務や駆けつけ警護に当たって、いわゆる任務遂行のための武器使用が可能となる。しかし、自己保存のためでないこれら武器使用は、これまで憲法九条の禁じる「武力行使に当たるおそれがある」とされてきたものであり、それを可能にするというのは、違憲といわざるを得ない。

（4）集団安全保障への参加拡大

集団安全保障について、従来政府は「我が国としましては最高法規である憲法に反しない範囲内で憲法第九八条第二項に従い国連憲章上の責務を果たしていくことになりますが、もとより集団安全保障に係る措置のうち憲法第九条によって禁じられている武力の行使または武力による威嚇に当たる行為については、我が国としてこれを行うことが許されないのは当然のこと」（大出峻郎内閣法制局長官、一九九四年六月一三日）(9)という。それゆえ、国連憲章四二条、四三条に規定されている国連軍についても、「我が国がこれに参加することは憲法上の疑義がある」（大森政輔内閣法制局長官、一九九八年三月一八日）(10)ということである。これにかかわってこれまで問題になったのは、二〇〇一年の「九・一一テロ」後にあらゆる手段を使ってテロと闘う決意を示した国連安保理決議一三六八や、イラクの大量破壊兵器をめぐってイラクを非難し大量破壊兵器についての完全な報告を求めるとともに違反への警告を行った国連安保理決議一四四一を受けてである。日本では、前者に対しテロ対策特別措置法（後に補給支援措置法）を、後者に対してはイラク復興支援特別措置法というそれぞれ個別の時限立法を制定することによって、米軍を中心とする多国籍軍への後方支援活動を行った。

今回新たに制定された国際平和支援法は、「恒久法」といわれるように、従来その都度、立法を要していた自衛隊の海外活動を閣議決定と国会承認で可能にするというのである。国際平和支援法は、一条で自衛隊派遣の要件として国際平和共同対処事態を規定するが、「国際社会の平和及び安全を脅かす事態であって、その脅威を除去するために国際社会が国際連合憲章の目的に従い共同して対処する活動を行い、かつ我が国が国際社会の一員としてこれに主体的かつ積極的に寄与する必要があるもの」という要件は、不明確だといわなければならない。また重要影響事態法における後方支援活動と同様、国際平和支援法での協力活動の内容と活動地域が拡大されている点は、先に述べたように「武力の行使との一体化」論の実質的廃棄という憲法上の問題を生みだす。

3　集団的自衛権行使容認に対する批判をめぐって

安保関連法制定に向けての法律論的下準備は、憲法九条解釈を変更して集団的自衛権の行使に道を開いた二〇一四年七月一日の閣議決定である。この閣議決定を憲法論として批判した代表的なものとして、二〇一四年九月二九日に発表された国民安保法制懇の報告書「集団的自衛権行使を容認する閣議決定の撤回を求める」をあげることができる。報告書は、「自国を防衛する個別的自衛権のみを、限定された条件の下でのみ行使し得るとする従来の立場は、自衛権行使に関する政府の判断を明確かつ客観的に枠付ける指針としても十分、的確に機能し得るものであった」と述べたうえで、「根本的変更が是非必要だと考えるのであれば、従来の政府見解が指摘していた通り、正面から広く国民的な議論に訴え、慎重な審議を経る正式の憲法改正手続を踏むべきである」と主張する[11]。閣議決定による集団的自衛権の行使容認という解釈変更は手続的に許されず、憲法改正手続きを踏むべきであるとの議論は有力である[12]。

しかしながら、内閣の補助機関である内閣法制局が中心となって形成してきた政府の憲法解釈を時の内閣が変更することを憲法違反とする議論に対しては、元最高裁判事で行政法学者の藤田宙靖より、「一貫した精緻な議論が展開されているようには感じられない」[13]との批判が出されている。実体法上の問題の精緻な検討の必要性を説く藤田は、「政府・与党の『新解釈』も、憲法九条の下、集団的自衛権の行使は許されないという原則を全否定しているわけではなく、ごく限られた例外のケースにおいては、その可能性も排除されるわけではない、という論理に立っている」とし、「例外を認めるための要件を『厳しく限定』するという形」での「旧解釈の修正」という法解釈論のスタイルも、「あり得ない訳ではない」とする[14]。もっとも藤田も、政府が旧解釈は国際安全保障環境の変化により現状不適格になったというのであれば、政府の側に説明・立証責任があるが、現状において政府はその責を果たしていないとの認識を示している[15]。

だがそもそもこの閣議決定は、集団的自衛権問題に限れば旧来の枠組み内であるとの装いを見せるものの、全体として見るならば、平和理念とそのための基本手法を、抜本的に転換するものである。閣議決定は、「武力の行使」を行う他国軍への後方支援を「積極的平和主義」の立場から「必要な場合がある」とし、またPKOでの武器使用の要件緩和も「積極的平和主義」の立場から認めるというのである。すなわち、軍事権力の制限規範、非軍事理念であったはずの平和主義を、「積極的平和主義」という軍事権力を拡大する理念に一方的に変質させたのである。

他方で、国民安保法制懇の報告書が戦後の支配的な憲法学説と整合するのか、という問題も出される。たとえば、山元一は最も正統的な憲法解釈論として清宮四郎の自衛隊違憲論を提示し、またこれまで憲法学説が内閣法制局を「『にせ解釈』の鼓吹者」と批判してきたことを指摘して、個別的自衛権の行使を容認する立場との距離を確認する。[16]そして個別的自衛権の行使容認論を従来の正統的な枠組みで正当化することは難しいとしたうえで、それは、政府や裁判機関、政党、学説、市民といった多様な憲法解釈アクターが「それぞれの政治的経済的社会的利害認識から、各々に好ましい解釈論を掲げて自らが主観的に正しいと信じる解釈論の正当性を押し通すべく政治的攻防戦を繰り広げ」、「このような解釈ゲームから生み出された産物のひとつに過ぎない」という一見ニヒリスティックな動態的憲法理解を示すのである。[17]民主的政治過程という力関係の結果に注目した認識論であるが、規範論の断念ともいえる。

もちろん、今日においても従来の政府見解自体を批判する立場は有力に存在する。山内敏弘は、集団的自衛権を問題にする論稿で、「憲法の非軍事平和主義の趣旨からすれば、憲法は、国民の平和的生存権や生命・自由・幸福追求権を戦力（＝武力）の保持・行使によることなく非軍事的な方法で保障することを国家に要請している」とし、「従来の政府見解は、批判を免れがたいと思われる」と主張する。[18]澤野義一も「憲法九条の下では、一切の戦争と軍事力及び交戦権を放棄し、紛争の軍事的解決が禁止されている。したがって、戦争や交戦権行使を正当化する個別的自衛権はもちろん、集団的自衛権も否定されている」と指摘する。[19]このような議論は正統な憲法解釈論として支持できるが、国際情勢や国民意識の変化を踏まえていかに政策論と架橋するか、という課題が提起されよう。山内は東アジアにおける平和秩序確立の条件[20]を、澤野は永世中立構想[21]を提唱してきたが、これらが政策論として具体化するような政治状況に、これまでの日本はなかったといえよう。

次節にて、憲法学に限定することなく、二〇一四年七月一日の閣議決定後の特徴的な平和主義論、憲法九条論を見ておきたい。

4　二〇一四年「七・一閣議決定」後の平和主義論

（1）　井上達夫の九条削除論

法哲学者の井上達夫は、立憲民主主義のあり方を問う観点と「世界正義」の観点からの自説を改めて提唱している。井上は戦争の正義論として、積極的正戦論、無差別戦争観、絶対平和主義、消極的正戦論の四つに分けたうえで、自身は、正当な戦争原因を侵略に対する自衛に限定する消極的正戦論に立つとする。そのうえで、日本の自衛戦力を無差別公平な徴兵制と重い代替役務を伴う良心的兵役拒否権の保障に基づいて改組し、自衛権保障の集団化の機軸を、米国主導の集団的自衛権体制から常任理事国の横暴を抑制する方向で改革された国連中心の集団的安全保障体制へと移すよう主張する。[22] 次いで、非武装中立を九条の要請とする原理主義的護憲派の思想的根拠は絶対平和主義に帰着するとしたうえで、「六〇年安保闘争の終焉以後は、自衛隊・安保を拡大強化する既成事実が積み上げられている現実に対して大規模な反対闘争を推進せず、『九条がなかったら、現実はもっとひどくなっていただろう』という理屈で自らの政治的無力性と怠慢を合理化し、結果的に、自衛隊・安保強化の既成事実の進行を事実上追認して、その安全保障上の便益を享受しながら、そのことに対して自己批判もせず、率直に便益享受を正当化する責任も負おうとしないという『倫理的ただ乗り』の欺瞞に陥っている」と厳しく批判するとともに、原理主義的護憲派が峻厳な非暴力抵抗思想にコミットしているのか疑わしいとする。他方で、自衛隊・安保を容認する修正主義的護憲派については、「解釈改憲に依拠しながら、護憲を主張するという別の欺瞞に耽っている」と批判する。[23]

井上は、公正な「政争のルール」たるべき憲法が、政治的諸勢力が自らの政治的選好に合致した政策選択を硬性憲法に埋め込んで主張する状況に対し、憲法を「政争の具」にしているとし、「『正統性』保障装置としての立憲民主主義体制の基盤を掘り崩すことになる」と述べる。そして「『正しい安全保障体制』が何かは、まさに、通常の民主的政治過程で争われるべき政策課題」だとして、「九条改正」ではなく「九条削除」を提唱するのである[24]。

井上の議論の出発点は、それぞれの論者が安全保障のあり方についての自らの立場を九条解釈論として主張しているという認識だが、はたしてそうだろうか。井上自身が認めるように[25]、九条はその文理により非軍事平和主義を採用していると読むしかない。しかもそれは、日本の独特の歴史的経緯があって誕生した平和政策指針であり、そのような憲法規範を尊重すべきとの議論は単なる個人的選好や個人的信念ではない。むしろ日本の安全保障を戦争正義論として抽象的に論じることは、日本特有の歴史性を捨象するという問題がある。また、非軍事平和主義という規範を尊重する立場から、現実が規範から乖離することを問題視するのは至極当然のことである。非軍事平和主義を「念仏」的に語るのではなく、その実現に向けて責任と覚悟ある議論を進めるべきというのが井上の要諦であれば、それは重く受け止める必要があるが、九条の文理に忠実であるべきとの立場までもを、憲法を「政争の具」にしているとの指摘は、的を射ていないと思われる。

（2）　加藤典洋の九条改正論

日本の歴史性を強調する立場に対し、いまの世の中を生きている「普通の人」の考え方、価値観を基本にすべきという立場から、加藤典洋は以下の三点を骨子とする九条改正論を提起する。加藤は、二〇〇〇年代に入ってからの中国の擡頭と米国の衰退、そして日本経済の長期的不信により「経済的ならぬ政治的なアプローチによる新たな『誇りある国づくり』を必要とする事態が現れた」との認識に基づき、日米同盟や国家主義ではなく国際主義に立った平和志向を主張する。[26]そこで、第一に日本の保持する戦力を国際連合待機軍と国土防衛隊に編成し直す。前者は、国連の直接指揮下にて平和回復運動への参加に限定し、後者は「国境に悪意をもって侵入するものに対する防衛」と「国内外の災害救援にあたる」とし、「国民の自衛権の発動であることから、治安出動を禁じる」。第二は、非核三原則を憲法に明記する。そして第三が、外国の軍事基地、軍隊の撤去条項である。[27]日本国憲法を制定したのはGHQだったと理解する加藤は、「憲法を『使って』この憲法制定権力を日本の外に撤退させる」というのである。[28]

改憲による米軍基地の撤去という主張は注目すべきであるが、最終的に軍事を容認する点と、何よりも憲法九条に対する国民の評価への認識について、次節で見るように私見と異なる。

（3）二つの憲法九条擁護論

今日における非軍事平和主義論として、本秀紀の主張をあげることができる。本は、現在の世界をグローバル経済の進展とあいまった大国間の覇権争いと把握し、それが原因で「地球規模での格差社会を生みだし、『国際テロリズム』の温床となっている」と認識する。そして「覇権争いにコミットするのではなく、歴史への反省をふまえて、あえて『丸腰』になることにより、国家レベルでも信頼を築くとともに、民衆レベルでも連帯を深めること」を提唱する。[29]

他方で、憲法九条のもとで自衛隊を活かすべきとの議論も出されている。「自衛隊を活かす会」は、「侵略を阻止するための防衛の必要性がなくなるということは、予期できる将来にわたってないでしょう」としつつ、大国間での相互依存が進むグローバル経済の時代に戦争という手段は非合理的だとし、危機管理や軍隊同士の日常的な信頼醸成など、相互依存を通じて戦争を避ける方策を制度として定着させることを主張する。また、グローバリズムによる「負け組」のなかに先進国に敵対するテロへの衝動が生じているとし、復興、福祉、教育といった互恵の関係づくりという理念による支援を、自衛隊を含めて行うことでテロの根本原因に対処するよう提案する[30]。

自衛隊に対する両者の開きは大きいが、国際情勢認識には共通の点もあり、両者の対話は可能なように思われる。本章は、このような対話を通じて非軍事平和主義が鍛えられることを望むが、そのさいの基点がやはり憲法九条であることを安保関連法反対運動のなかで確認したい。

5　「新しい民主主義」と憲法九条

(1)　安保関連法反対運動を契機とした「新しい民主主義」

安倍政権が二〇一四年五月に安保法制懇の報告書を受け取り、七月に従来の政府の九条解釈を変更する閣議決定を行ったあたりから、抵抗の運動が盛り上がりだす[31]。二〇一四年一二月には、連合系の「戦争をさせない一〇〇〇人委員会」、首都圏の市民運動を中心とする「解釈で憲法九条を壊すな！実行委員会」、そして全労連・共産党が正式加盟する「憲法を守り・いかす共同センター」の三者が共同して「戦争させない・九条壊すな総がかり行動実行委員会」(以下、「総がかり」)が結成された。「総がかり」は二〇一五年五月三日、横浜臨港パークで三万人の憲法集会を開催し、そこでは民主党、共産党、社民党の代表がそろってあいさつをしている。六月四日、衆議院の憲法審査会で与党推薦の参考人を含む三人の憲法学者が安保関連法案を違憲だと指摘したことを機に、憲法学者や法律家の運動も盛んになり、法案違憲論は急速に広がる。また学生組織ＳＥＡＬＤｓの定例行動など、これまでにない層の立ち上がりが注目を集めるようになる。そして八月三〇日、法案反対運動は絶頂に達し、国会前を一二万人の市民が包囲し、全国一〇〇〇か所以上で反対の取り組みがなされた。そしてこのうねりは、九月一九日に安倍政権が法案を強行するまでつづいたのである。

この運動の特徴の第一は、政治的立場や世代を超えて取り組まれたことである。とりわけ憲法九条の理解につき、自衛隊や日米安保は憲法違反とする立場から、それらを認めつつも集団的自衛権の行使は認められないという立場、さらには少なくとも明文改憲なくして集団的自衛権行使は認められないとする立場までが、立憲主義を掲げることで一致したのである。また、高校生・大学生の運動への参加が歓迎され、デモのさいの伝統的なシュプレヒコールからリズミカルなコールへの変化は、世代を超えた取り組みの象徴といえよう。

第二に、今回の運動は、組織動員型ではなく市民の主体性・自発性に基づくものであった。それゆえ、スピーチを行う弁士の発言も、型にはまった政治的な言葉ではなく、戦争する社会になることの危険性を自身の問題に引き付け、自身の言葉、まさに「心ある言葉」で語られた。それだけに多くの人々に共感を与えたのである。

第三は、国会を中心とする政治との連携である。運動が国会議員を支援ないし批判するとともに、国会論戦が国民に注目され、たとえば国会での情報の暴露などが運動を活性化するという、運動と国会論戦とのフィードバック効果が生じたといえる。これが、双方の言葉やスローガンを含む議論の質を高め、国民的熟議の機会となったことは注目すべきであろう。

そしてこのような運動は「野党共闘」を求めるとともに、現に国会内でも質問や国会戦術での共同が進みだした。法案が強行された後の二〇一五年一二月には「安保法制の廃止と立憲主義の回復を求める市民連合」が結成され、参議院選挙での野党共闘を強く求めた。そして二〇一六年二月一九日、民主党、共産党、維新の党、社民党、生活の党の五党による党首会談が行われ、「第一に、安保法制の廃止と集団的自衛権行使容認の閣議決定撤回を共通の目標とする。第二に、安倍政権の打倒をめざす。第三に、国政選挙で現与党およびその補完勢力を少数に追い込む。第四に、国会における対応や国政選挙などあらゆる場面でできる限りの協力を行う」との四点を確認したのである。

安保関連法反対運動は、政権を打倒し政治を変えるという展望をもってなされている点で、「日本の歴史で初めての市民革命的な動き」と評されるが、その特徴からしてやはり「新たな民主主義」といってよいであろう。

(2)　憲法九条を掲げつづける意味

安保関連法反対運動は、立憲主義が脅かされていることへの抵抗と、国民の声を無視する政治に対し民主主義を取り戻すという側面も持つ。だが、やはりあれだけ広範かつ強固な運動を支えたのは、世界的に稀有な非軍事平和主義規定、憲法九条の存在とそのもとで戦後培われてきた日本国民の平和意識であろう。戦争の悲惨さに対する国民的記憶は、十分とはいえないまでも継承されており、「戦争する国になってはならない」という意識は、国民的な共通土台だと思われる。注目すべきことは、二〇一六年五月に各マスメディアが報じた世論調査によると、憲法九条を「変えない方がよい」が「変える方がよい」を大きく上回ったことである。(32)この傾向は、二〇〇七年の安倍政権下でも見られたように、政権が九条に反する政策を強行し、九条改憲を現実的俎上にのせたとき現れる。(33)だとすると、憲法九条は多くの国民にとって、「抵抗の旗印」あるいは「危機状況時の最後の砦」として呼び起される、いわば「戦後日本の原点」として国民的に内実化された、法的条項以上の意味を有するのではなかろうか。憲法九条が現実と乖離しているとしても、国民の平和意識を支え「抵抗の旗印」として運動を支えるその意味は、決して軽視されるべきではない。

加えて、国民は憲法九条のもとで平和意識を発展させている点も重要である。国民の平和意識に注目する和田進によると、一九五〇年代の平和運動のスローガン「教え子をふたたび戦場に送らない」が加害の責任にまでは思い至らない「紛争巻き込まれ拒否」意識であったのに対し、安保法制に反対するママの会のスローガン「だれの子どももころさせない」は、「自分の子どもはもちろん、その視線の先に、中東諸国の子どもたち、世界各地でテロの犠牲になる子どもたち」があり、「全世界の人々の平和的生存権の保障を志向する九条と共通する思想だ」と指摘する。(34) 歴代の政権により、憲法九条の空洞化が進められてきたが、多くの国民、とりわけ平和を希求し運動に参加する人たちにとって、九条は確固として存在し、その意味内容はより豊かなものへと発展しているのである。

6　憲法九条を基底とした対話、民主的非軍事平和主義

安倍政権や改憲派の意向に反し、憲法九条への国民の支持は高い。もちろん、九条のもとで自衛隊や安保を認めるものを含め、その理解は多様である。そのことを踏まえつつ、憲法九条を基底に据えて、多様な対話を試みることが非軍事平和主義にとって必要だと考える。そして、運動と政治が連携するようになった現在、九条に基づく、あるいは非軍事平和主義に基づく政策論が国会等で論じられる可能性も出てきた。ただ単に、憲法九条の擁護と九条違反の現状を告発するだけでなく、具体の平和政策を練り上げ現実政治の場で提言し、政策として実現することまで可能になりうるのである。(35)「歯止め」としての非軍事平和主義から、「指針」としての非軍事平和主義への転換が目指されるとき、それが個人的な選好や信条でないことは明らかであろう。

やはり、憲法九条を基底とした平和を希求する人たちからの対話と運動に、民主的非軍事平和主義の展望を見出したい。

注

(1) 立憲主義の潮流の中にその基本原理として「恒久平和主義」を取り込んだと解する「立憲平和主義」については、上田勝美『立憲平和主義と人権』(法律文化社、二〇〇五年)八一頁以下参照。
(2) 代表的なものとして、阪口正二郎『立憲主義と民主主義』(日本評論社、二〇〇一年)。
(3) 参照、奥野恒久「安保関連法の違憲性と問題性」龍谷大学政策学論集第五巻第二号(二〇一六年)二七頁以下。
(4) 青井未帆「安保関連法案の論点——『日本の平和と安全』に関する法制を中心に」長谷部恭男編『検証・安保関連法案』五四頁。
(5) 阪田雅裕編著『政府の憲法解釈』(有斐閣、二〇一三年)三二頁。
(6) 前掲書(5)五五頁以下。
(7) 前掲書(5)一〇七頁。
(8) 前掲書(5)一〇三頁以下。
(9) 前掲書(5)八三頁。
(10) 前掲書(5)八四頁以下。
(11) 法学セミナー七一九号(二〇一四年)二頁以下。
(12) 例えば、高見勝利「集団的自衛権行使容認論の非理非道——従来の政府見解との関連で」世界八六三号(二〇一四年)一八七頁。青井未帆「閣議決定で決められるものではない」世界八六〇号(二〇一四年)一五三頁以下。
(13) 藤田宙靖「覚え書き——集団的自衛権の行使容認を巡る違憲論議について」自治研究第九二巻第二号(二〇一六年)五頁。
(14) 前掲書(13)二二頁以下。
(15) 前掲書(13)一九頁。
(16) 山元一「九条論を開く——〈平和主義と立憲主義の交錯〉をめぐる一考察」水島朝穂編『立憲的ダイナミズム』(岩波書店、二〇一四年)八九頁以下。
(17) 前掲書(16)一〇〇頁以下。
(18) 山内敏弘『「安全保障」法制と改憲を問う』(法律文化社、二〇一五年)五六頁。

(19) 澤野義一『脱原発と平和の憲法理論――日本国憲法が示す平和と安全』（法律文化社、二〇一五年）九三頁。
(20) 前掲書（18）二一七頁以下。
(21) 例えば、澤野義一『永世中立と非武装平和憲法――非武装永世中立論研究序説』（大阪経済法科大学出版部、二〇〇二年）。
(22) 井上達夫「九条問題再説――『戦争の正義』と立憲民主主義の観点から」法の理論33（二〇一五年）一〇頁以下。
(23) 前掲書（22）二四頁以下。
(24) 前掲書（22）二九頁。
(25) 前掲書（22）一三頁。
(26) 加藤典洋『戦後入門』（ちくま新書、二〇一五年）五二四頁以下。
(27) 前掲書（26）五五一頁以下。
(28) 前掲書（26）五二六頁以下。
(29) 本秀紀「軍事法制の展開と憲法九条二項の現在的意義」法学セミナー七二〇号（二〇一五年）三〇頁。
(30) 自衛隊を生かす会編著『新・自衛隊論』（講談社現代新書、二〇一五年）三一六頁以下。
(31) 安保関連法反対運動については、渡辺治『現代史の中の安倍政権――憲法・戦争法をめぐる攻防』（かもがわ出版、二〇一六年）一九六頁以下参照。
(32)「朝日」二〇一六年五月三日では、憲法九条を「変えない方がよい」が六八パーセント（前年六三パーセント）で、「変える方がよい」が二七パーセント（前年二九パーセント）であった。「毎日」二〇一六年五月三日では、憲法九条について「改正すべきと思わない」が五二パーセント（前年五五パーセント）で、「改正すべきだと思う」が二七パーセント（前年二七パーセント）であった。
(33) 参照、奥野恒久「改憲・改革を受容する国民意識」、民主主義科学者協会法律部会編『改憲・改革と法』（法律時報増刊、二〇〇八年）五〇頁以下。
(34)「しんぶん赤旗」二〇一六年四月三〇日。
(35) もちろん、これまでも憲法学者によって平和政策を提言する研究はなされてきた。代表的なものとして、深瀬忠一ほか編『恒久世界平和のために』（勁草書房、一九九八年）。参照、清水雅彦「憲法研究者の平和構想の展開と変貌」渡辺治・福祉国家構想研究会編『日米安保と戦争法に代わる選択肢――憲法を実現する平和の構想』（大月書店、二〇一六年）。

第三章　いわゆる「二つの法体系論」の改版の課題

石井　幸三

1　安保法制諸法案を巡る意見からの問題の所在

二〇一五年九月一九日にいわゆる安保法制の諸法案が可決され、翌年三月二九日に実施されることになった。これらの法律と制定過程が問題点を含んでいることは、さまざまな人々や多くの報道機関によって指摘されてきた。法案の憲法適合性や（議会制）民主主義のあり方が強調されたのは、当然である。質の良い（decent）民主主義政治ならば、熟議のみならず、成立に到るまで人々に納得させることができる諸過程、政治道徳、憲法慣習（慣行）等が配慮されてしかるべきである。例えば、①定数配分で違憲状態の国会がこのような過去の憲法解釈を変更させるような重要な法案を審議できる資格があるのか。②政権与党は安保法制案を直近の総選挙で重要な論点と提示したか。③二〇一四年の内閣の憲法解釈の変更は、法を執行するという内閣の権限で可能なのか。それは、憲法慣行に違反するのではないか。④政府が依拠した砂川事件最高裁判決（一九五九年一二月一六日）が、当時の最高裁長官田中耕太郎のアメリカ大使との事前接触によって出されたという事実は、司法自体のあり方が問われるゆゆしき事態、その法的有効性の議論があるだけでなく、法案提出者が法案の有効性の根拠にする政治的正統性が疑われるのではないか。こういった論点がなおざりにされた。

この法案の賛成派の多くは、世界の政治状況の変化を法案の正当化根拠にしていた。彼らは、世界の政治は、多くの悲惨な戦争を経てきたにもかかわらず、あたかもホッブズ（Hobbes, 1588-1679）が言った「社会状態のそとには、つねに各人対各人の戦争が存在する」[1]のような状況が現代も、あるいは今日だから、続いているのだと主張している。しかし、現代の戦争は、ホッブズの時代と大きく様変わりしている。戦闘地域の人びとのみならず兵士にも多くの心的、肉体的損傷〔ＰＴＳＤ（心的外傷後ストレス障害）、劣化ウラン問題等々〕を負わせており、原爆による広島、長崎の惨状を勘案すれば、戦勝国の指導者もそれらを憂慮しなければならない時代になっている。私は、戦闘に加わる兵士や民間戦闘員を「国を守る崇高な行為を果たしている」あるいは「義務以上の（supererogatory）行為」と称えるだけの構図の時代は終わったと考える。現代の戦争の悲惨な面を考慮すれば、国際紛争の解決処理、とりわけ平和的なそれが考えられるべきである。

この安保法制を巡る反対派の最低限の要求は、第二次世界大戦後日本に根付いた民主主義、立憲主義、平和主義という価値を維持することである。彼らは、象徴的に言えば、スマホ（スマートフォン）とラインやツィッターで集会参加者を募り、デモ情報が地域別に分類され発表されるサイトを見ながら参加するという具合である。一九六〇年安保は、総評と急進的学生組織全学連、七〇年安保は、諸学生運動組織とべ平連が新聞紙面をにぎわした。安保法制を巡る運動のインターネットを駆使した運動のあり方、運動の参加者の変化は、過去の運動とは一線を画する。

この二〇一五年の反対運動の変化を見ていると、私には、過去の法運動を支えた法体系論、つまり、六〇年日米安全保障条約（以下、安保条約と略）、七〇年安保条約改定時に民主的法学者から提起された、社会機能からみた[2]、憲法を頂点とする法と安保条約を頂点とする特別法の二つの法体系論（以下、二つの法体系論と略）を再検討し、新しい運動に対応できる法体系論を考える必要があると思われる。運動の主体と形態の変化は、それを促す政治的・社会的変化があり、政治的・社会的変化には法の変化も関連している。それらの諸関係をどう捉えていくかを提示することが、法を研究する者の社会的つとめであろう。学問的な観点では、社会的な機能からの法体系の研究は、法の解釈に役立つであろうし、ある支配政党が立法手続きに従ってある法律を制定した場合、その支配政党が政権の座にある間、その法律の次にはどのような法律を制定するのかが推測でき、人々に対してその支配政党の性格や立法政策に関する情報を与えることができるだろう。長い期間にわたるその視角での法体系研究は、法史研究にも寄与するだろう。

2　二つの法体系論後のさまざまな変化

二つの法体系論と名付けられた事態は、次のことを示す。戦後憲法下での日本の法体系は、アメリカの占領政策の転換によって変質を蒙ってきたが、一九五一（昭和二六）年九月、サンフランシスコ講和条約調印と同時に日米間で締結された安保条約そして一九六〇年の新安保条約を契機にして、その条約を頂点とした国内法（各種特別法）の体系と憲法を頂点とする国内法の体系がいびつな形で併存する事態である。(3) その後、戦後の日本の法体系を分析する仕事は、現代法論争という形で引き継がれたが、今日ではこの方向からの研究が少なくなってきた。上述の理由から、このような研究をなす価値がなくなったとは言えない。

本章は、なぜこのような研究が少なくなって来たかを中心に考察する。一言で言えば、社会科学を取り巻くさまざまな世界の急激な変化である。こう言ってしまうと、身も蓋もなくなるので、平凡であるが、学問外在的要因と学問内在的要因に区別して、研究の少なくなった要因を探る。本章は、これらの諸要因を見定めることで、次の段階に進めるのかどうかの手がかりを探ることになる。

外在的要素＝歴史の概観

二つの法体系論は、米ソ対立に象徴される資本主義諸国対社会主義諸国という世界体制の枠組みの中で、片面的講和条約によって対米従属下で独立を得た日本という歴史的出来事が日本の法体系に反映されたものと理解される。その後の世界の政治をごくかいつまんで言えば、一九六〇年頃から表面化する中ソ対立、一九九〇年の東西ドイツの統一、翌年のソビエト解体に象徴される東欧社会主義諸国の崩壊、それに伴う復活した民族主義の噴出、有力資本主義諸国による世界の資本市場化、石油資源を基礎とした石油産出国の台頭、西洋の表面的な繁栄を堕落としてテロ攻撃も厭わない集団の成長（イスラム教対キリスト教という表層的な対立図式を避けるべき）[4]がある。冷戦構造に勝利したかにみえる欧米諸国において、一九九三年に発足したＥＵでは、民族問題、宗教問題、貧困問題等から発せられる抗議活動が多発する。アメリカでは二〇〇一年の九・一一事件に端を発する子ブッシュ大統領の二〇〇三年三月イラク介入（有志連合の一員となったイギリスでは二〇一六年七月に政府独立調査委員会が批判的報告書を提出）、その後のアメリカの外交力の低下、アメリカ国内では二〇一一年九月に生じたウォール街占拠事件（Occupy Wall Street）から二〇一六年の共和党と民主党の大統領指名獲得選挙で貧富の差を代表する候補の出現というように、冷戦に勝利した資本主義国の支配層はその勝利を謳歌する政治をなすことができない。アメリカの力の低下に呼応するわけではないが、ＢＲＩＣｓ（ブラジル、ロシア、インド、中国）が力を発揮し始めるのも、冷戦体制崩壊後のことである。

一九六〇年以後の日本に関していえば、池田内閣時代の所得倍増政策〔その支えには、朝鮮戦争（一九五〇年勃発、五三年停戦）やベトナム戦争（一九六四年米国本格介入、七三年アメリカ軍撤退）の特需がある〕を経て、一九七三年世界的（第一次）石油危機、ハーバード大学教授のエズラ・ヴォーゲルの書名から来る「Japan as no.1」と言われるくらいの一九八〇年代の商工業の発達と一九九一年頃からのバブル経済の崩壊等々が生じている。この歴史の過程で、一九八〇年代前後の日本は、一九六〇年前後の日本と比べて、アメリカの顔色をうかがいつつも（日米軍事協力の強化）、世界の政治や経済での発言力が相対的に高まった。それを示すものとして、一九八六年から開催されている先進七カ国蔵相会議（G7）に日本は名を連ねている。

政治的な動きだけでなくあらゆる人間の活動分野に多大な影響を与えてきたものが、二〇世紀後半からの科学技術の発達とその応用である。航空機の大型化による交通・運輸革命、コンピュータに象徴されるIT革命によって、世界は、主観的にはますます狭くなり、世界のある地域の出来事が場合によれば文字どおり世界的影響のある事件になったり過去には秘密裏にされた情報が（発信地国では違法であっても）暴露され拡散するようになったりして、大きな事件の起こる時間の幅や空間感覚が、急速に密になってきている。これら科学技術の発達は、環境の悪化、原子力発電事故といった負の結果をもたらすが、環境保全運動、情報公開運動、LGBT、障碍者、女性といった民主主義政治を内容豊富にするのにも成果をもたらしている。

学問的内在要素＝ポストモダン哲学の台頭

近代の欧米の社会・国家の原理は、F・エンゲルスが言ったように中世の神学的世界観から法学的世界観によって支配されていたし、今もある部分そうであろう。(5) この法学的世界観の正統性は、啓蒙哲学あるいは理性に重きを置いた近代哲学に負っている。一九八〇年代初頭より日本にも浸透しだしたポストモダンの哲学が、この欧米の近代哲学を批判し揺り動かしてきている。哲学に疎い筆者にはポストモダン哲学という難解な哲学を敬遠したい気持ちが強いが、ポストモダン哲学が、本章のような主題では避けて通れぬ問題を提供しているので、生半可な知識であるのを承知でその哲学と法理論との関係を記してみたい。ここでは、参考文献として、リオタール、小林康夫訳『ポスト・モダンの条件』（一九八六年）の「訳者あとがき」を含めた文献を利用する。(6)

　ポストモダン哲学は、近代の学問のあり方を「大きな物語」として批判する。「すなわち、《ポスト・モダン》はまずなによりも、《モダン》という時代の文化を根本的に規定していた様々な価値への不信感として現われる。それが、〔中略〕ジャン＝フランソワ・リオタールの言う《大きな物語の失墜》である。《自由》という物語、《革命》という物語、《人間の解放》という物語、そして《精神の生》という物語……これらの物語は、人間にとって普遍的な価値の物語として、モダン時代の理論と実践とを《正当化》する役目を果たしてきたのである。この正当化の根底には、おそらく《人間性は、（少なくとも理念的には）普遍性である》という信憑、すなわち《普遍性》として考えられた《人間性》という信憑が横たわっている。そして、ポスト・モダンの不信感は、そのもっと深いところで、この信憑を突き崩すのである。(7)」近代の資本主義諸国の法体系は、ある意味では、この大きな物語を理論と実践で体現することを目指して来たのである。しかし、昨今の法は、社会の複雑さに対応して、統一性を欠いた多様な諸法のみならず、近代法の原理に反する法までも制定されてきている。このような制定法のありさまそしてポストモダン哲学からのモダンに対する批判を視野に入れれば、二つの法体系論に再検討を与える理由がある。私は、私自身がポストモダンの哲学を深く勉強も理解していないにもかかわらず、今日の日本の法体系論の問題を考えるにもポストモダン哲学に完全に依拠することもできないし、それを無視して進めることもできないと考える。ポストモダン哲学に関して本章が採用する立場は、モダン（近代）の過度化に対する反省の機会を与えるものと理解するという消極的なものである。(8)

学問環境

学問環境という学問内在要素と外在要素との境界領域での変化が少しだけ指摘されるべきである。二〇〇四（平成一六）年の国立大学の法人化に伴って導入され始めた大学教員の評価制度、二〇〇八年中央教育審議会答申による単位制度の実質化（授業回数の適正化）、二〇一五年六月の人文社会系学部の見直しに言及すれば、大学教員という職に過去ついたことのある人間なら今世紀に入ってからの大学教員の研究環境の悪化が理解できるだろう。高等教育機関の教育への比重が高くなること自体は、適切な予算配分や人員の配置がなされていれば、問題はない。しかし現状では、多くの教員には研究時間がなく、ましてや共同研究できる環境にない。本章が引用している『現代法の学び方』（以下『学び方』と略記）の「あとがき」によれば、この書は、さまざまな大学やその他に所属している二〇名を超える研究者が参加した研究会が基になっている。意気込みがあればできると言われるかもしれないが、現状は意気込みを阻害する要素が大きすぎる。『学び方』の時代と異なり、世界情勢がますます複雑化し、日本法も多岐にわたるようになり、日本の法体系論のような研究には隣接学問領域の発展する知識の吸収が必要であるにもかかわらず、さまざまな機関に身を置きさまざまな研究をしている研究者が共同研究をなす余裕がないのが実情である。日本の貧弱な研究環境は、政府や支配階級に都合の悪い研究をできるだけ阻害するためにあると邪推されかねない状況にある。

3　法体系論の改版の課題――『現代法の学び方』から学ぶ――

運動主体の変化

フランスにおけるポストモダンの哲学は、注（6）で指摘したように五月革命の敗北から生じてきたという事実に注目しておきたい。彼らの幾人かは、過去に主流であった市民と労働運動論＝労働組合中心主義からの転換を図ろうとしていた。ただし、イーグルトンは、「ポストモダニズムは現代の政治性を豊かにする一方で、政治から逃げていると考えられる。」と評している。[9]理論と運動の架け橋を考えるならば、ポストモダン哲学の正負の影響を受けてきた理論家を参照するのが良いかもしれない。本章は、ネグリ、ハート共著、幾島幸子訳『マルチチュード』（二〇〇五年）に案内されながら、今日の日本の法体系を考える手がかりを得る。

『学び方』は、執筆当時の法の運動主体に関してこう書いている。「今日の日本において、労働者階級を中心とする勤労諸階層の、独占資本に対するたたかいは、幅広くまた力強くおしすすめられている。労働基本権を守るたたかい、権利としての社会保障のためのたたかい、独占資本による市民生活の侵害（公害！）に対するたたかい、独占資本の収奪に対する農民のたたかい、憲法を守り、平和と民主主義を守るたたかい、沖縄県の返還を要求するたたかい、安保条約に反対するたたかい、などなどが全国到るところで展開されている」（二一五頁）。憲法と安保の二つの法体系論を提唱した一人である長谷川正安は、共産党の文書を引用し「日本労働者階級と人民」と書いている。[10]もうおわかりになるように、二つの法体系論の理論と実践主体との関係は、リオタールの言う大きな物語の典型として描かれうる。そして、リオタールは、それに不信感を示す。[11]

一九六〇年以後の世界の動きの変化を考えれば、憲法と安保の二つの法体系論における理論と実践主体とのこの関係は、点検の必要がある。例えば、『マルチチュード』は、現代での政治権力は「現在の地球を覆う戦時体制が人びとを死の恐怖に陥れているばかりか、社会のあらゆる側面を生産および再生産することによって、生そのものまでをも支配している」生権力になっているので、[12]そのような権力に対抗するために旧来言われていた労働者階級を絶対視することに反対している。何故ならば、「労働者階級という概念は、……それ以外の働く人びとから切り離すための排他的な概念として用いられている」からである。[13]彼らは、運動主体を拡大することを考えている。この拡大理由については、私は、ポストモダンの哲学者ではないハンナ・アレントの「世界疎外」という言葉を利用したい。私は、この言葉に「全般的」という形容詞を付ける。「全般的」とは、疎外は、始めには労働者階級に顕在するが、資本主義生産が進行するにつけ、経済の場だけではなく経済活動とは言えない文化・芸術さらには日常生活の場にも浸透することを意味する。(14) 子どもをめぐる問題が、例としてあげられよう。

昨今の法運動主体の新しい特徴に関して粗くなるのを承知でこう説明する。法運動主体は、憲法から各自想像するあるべき生活が現実の政治、法制や法案によって実現困難になるかその恐れがあるので、それらに反対しようとする。人々は情報機器を介して運動に加わる。多くの先進国と言われる諸国での政府の抑圧的な政治に対して、反対や抵抗する立場は、さまざまであり、理論的には主要な矛盾が労働対資本にあると言えるかもしれないが、法運動の観点から典型的な労働者階級を主要な運動主体と考えることは、もはや難しくなっている。典型的な労働者階級でさえ、分断されどれが典型的な労働者階級かわからなくなっているし、その結果、国によっては労働者階級全体が過去のような資本の側と対立することができなくなっている。最近の日本での法に関する運動を見てみても、運動主体の変化が見られるのは冒頭で述べたとおりである。安保法制に反対するシールズと言われる若者であったり、保育園を巡って怒れる（父）母であったり、ＬＧＢＴであったり、福島原発事故によって定住や生産の場を奪われた原発事故被害者であったり、ＴＰＰ（環太平洋パートナーシップ）に反対する農業者、畜産業者等々、主体は多様化している。(15) 過去には、組織に所属していなければ、運動を起こすにも何もできなかった状態の人々が、情報機器の普及によって、政治や社会や経済の分野における既存の組織や勢力もかなわない形で運動や情報普及活動を行なってきている。既存の組織や勢力は、知識や運動の一般性、定型性を帯びていたのに対して、新しい運動勢力や組織は、運動目標の局所性にこだわり、その目標とする運動も多様になり運動形態も柔軟性に満ちている。(16) 新しい運動勢力や組織は、ある意味では既存の政党や政治組織から自立し、その参加者は自律している。それらの運動に共通するのは、民主主義的制度の維持とその活性化であろう。[17] この運動の多様化は、要求が収斂されるものではなく、また社会・政治運動が散漫になり運動自体が雲散霧消する危険を孕む。近代のあるべき社会・国家像という導きが消えた後には、我々は、民主主義の立場から現在にふさわしい像を種蒔く行為から作り出さねばならない。問題は立場の異なる人々がどのようにしておおむね一致できる国家像・社会像をつくることができるのであろう。この問題は大きな物語が失墜したと言われるだけに厄介だろう。

法の変化

私は特に二〇一五年の安倍内閣という行政府の憲法解釈の変更とそれを根拠にした安保法制の立法反対する運動主体の特徴を、従来の階級闘争的な主体よりもむしろ個人の自立と自律を求める主体への変化として把握する。もちろん、二〇一五年の運動以前にも多種多様な法を巡る政治運動があった。私は、それらの運動は、日本の法体系のありようと強い因果関係はないにしても、何らかの関係があるのではないかと考える。簡単な例では、労働法制の変化が不安定雇用者を増大させ、彼らの法運動を誘う。つまり、法体系の社会的機能あるいは目的の変化が、人々を新たなる法運動に駆り立てている。その意味で、日本の現状の法体系を社会機能の視点で提示することが、どのような人々が現行法体制下で不利な位置に置かれたり抑圧されたりしているのか、そしてどのような法に基づいてそのような地位から脱出できるのかを理論的に裏付けるために有用である。

『学び方』のいわゆる二つの法体系論は、安保条約と憲法の矛盾点が多いにもかかわらず司法が何も手を打たず安保条約を実効化する特別立法を暗黙上認めてきたという認識がある。上述した諸要因の指摘から、本章は、『学び方』で示された広い世界史的視点に現在も立てるかどうかは留保し、『学び方』以後の日本の法体系の変化を考えてみたい。看過されている重要な要因もあるだろうが、二つの法体系論の再検討に必要な要因と考慮すべき論点を挙げておく。まず、国際化の要因。日本法の国際化の原因には、国際機関によるものと取引の便宜という資本の利益を目指したものとに大別されるだろう。前者は、公法部門に多く、例えば、権利分野では、既に第二次世界大戦後からさまざまな人権条約や人権規約が国連を中心に作成され、国内法化しているし、刑事法分野では、子細に検討すれば人権の観点から個々に問題点はあるが、犯罪人引渡条約や国際的な犯罪組織の行動を防ぐマネーロンダリング対策のためのいわゆる麻薬新条約、日本はまだ批准していない死刑廃止条約等が挙げられる。考慮すべき論点として、公法的権利の分野の拡大が普遍的な性格であるのかあるいは強力な国の意向が強く反映したものかを見定めることである（例えば、生物多様性条約や気候変動枠組み条約における国際会議でそれは現われている）。私法分野においては、資本主義的生産流通のグローバル化やコンピュータ技術をはじめとする科学技術の発展に対応する私法の国際的標準化が、有力資本主義国の主導の下で（作成過程では軋轢を生じながらも）なされていく。今書いたことに訂正を加えなければならないのは、私が公法と私法を区別したことである。実際は、生物多様性条約や気候変動枠組み条約の議論過程では、国家がその国の有力企業や産業の影響を考慮しながらあるいは支援を考えながら、条約作成作業をなしており、条約作成に携わる国家は公私の法の領域を跨いでいる。さらには、ＴＰＰにおけるＩＳＤ条項（Investor State Dispute Settlement, 投資家対国家間の紛争解決条項）は、国外の投資家が投資受け入れ国の協定違反に対して受けた損害に対して賠償を請求することを認める条項であり、場合によって国内規制を無効化する効力を持つので、日本の法体系を毀損する可能性をもつ条約も生じてきている[18]（ＴＰＰは不成立）。法における国際化の問題は、日本の法体系の量と質に将来どのような形で影響を与えるかが注視されねばならない。

次に、私が指摘しておきたいのは、『マルチチュード』の次の文である。米国政府は、「二〇〇一年九月一一日以降、……「防衛」から「セキュリティ」への政策転換を〔なした〕。……今日、セキュリティの名のもとに先制攻撃や予防戦争が正当化されることによって、国家主権は明らかに損なわれ、国境はますますその意味を失いつつある。セキュリティの提唱者たちは単なる現行の秩序維持以上のものを要求する。実際に脅威が発生してから行動を起こすのでは遅すぎるというのだ」[19]。日本でのセキュリティの強調は、少し早く、一九九五年三月オウム真理教事件を境にするかもしれない（同年一月一七日、阪神・淡路大震災）。政府の対国内および対国外的な諸治安立法の正当化根拠が「国民の安全」[20]に集約され、その中間集約点が安保法制であり、終点が憲法改正になるのだろう。私は、この「安全」という古くからの統治の正統化条件の前面化、全面化、肥大化に注目したい。オウム事件に端を発した「無差別大量殺人行為を行った団体の規制に関する法律（団体規制法、一九九九年一二月施行）」、いわゆる盗聴法（通信傍受法、二〇〇〇年八月一五日施行）、武力攻撃事態法（二〇〇三年六月一三日施行）、国民保護法（二〇〇四年九月施行）、特定秘密保護法（二〇一四年一二月施行）、が、国家と国民の安全の名の下に、多くの人々の反対があるにかかわらず成立した[21]。それと同様なそしてより国民に義務を押しつけようとする緊急事態法が今日話題になっている。

二つの法体系論は、憲法を頂点とする法体系と安保条約を頂点とする（特別）法体系という性格の相対立する法体系が講和後に日本に存在するということを明らかにした。その後の法体系は、この法体系論を前提とすれば、国際化と安全を蝶つがいにして、二つの法体系を融合させる方向にある。例えば、二〇一六年夏販売の新機種から、本来は所有者の了解が必要な携帯電話（スマートフォン）における位置情報を、本人の了解もなく、捜査目的の理由で警察が裁判所の許可のもと利用できることになった[22]。これは、ある意味では軍事的なあるいは公安警察的なスパイ活動が一般社会に適用されたと見ることができよう。比喩的に言えば、二つの体系の内、安保条約を頂点とする法体系は、憲法を頂点とした法体系を宿主（寄主）として寄生した法体系である。この寄生した体系が、「安全」「国際化」を旗印に宿主（寄主）としての法体系に浸入した法を増殖させている。このような違憲的法が質量とも一定段階に達すると、寄生的に生じた諸法が、絞め殺しの木となって、宿主（寄主）としての憲法の側の諸法を空洞化するであろう。緊急事態法の支持者側の意図は、最終的に日本国憲法改正によって二つの法体系を寄生側で実質的に終結させることにある。

4　今後の研究への要望

終わりにあたって、やや強引にも、ポストモダン哲学を引き合いに出したことの弁解をしておく。本章では、ポストモダン哲学を出す必要もなかったかという疑念が出されるかもしれない。とはいえ、近代の正統化原理を基礎とする現在の国家・社会観を取捨選択し、そしてよりよい方向への理論や運動を提唱するためには、それを乗り越えようとする理論を参照するのも必要である。日本にポストモダンの哲学があてはまる状況があるかという問題もある。哲学であるからには普遍的に通用する部分もあるが、なおその哲学を成立させている土壌が日本にはないという気も私にはある。ポストモダン哲学は、ある部分、多民族社会に移行する土壌の中で従来の支配的思想や文化を見直すことで開花している。昨年来より起こった政治運動が、そのような方向に行くのかどうか未知数である。しかし、日本も事実上多民族社会化に向かいつつある。二つの法体系論が改版されるならば、望むらくは、改版は、日本国籍の有無を問わず日本で生活しているすべての人々が人権と平等を享受できる展望の下で、憲法に内在した価値を軸に据えてなされるべきであろう。

注

（1）水田洋訳『リヴァアサン（一）』（岩波文庫）、二〇二頁。なお、ホッブズは、争いの三つの主要原因は競争、不信、ほこり

（glory）としている（同頁）。

（2）「社会機能から見た」という言葉は、石井が付けた。意図する所は、法体系論と言っても大まかには規範分析からの法体系論（例えば、ベンタム（Bentham,1748-1832）やラズ（Raz,1939-）の提示した理論）と社会的な・政治的な機能からの法体系論（例えば、学生用に編纂された六法体系）に分かれると考えるからである。

（3）天野、片岡、長谷川、藤田、渡辺編『マルクス主義法学講座①』（一九七六年）所収の長谷川正安執筆部分の二四九〜二五二頁、松井芳郎執筆部分の二七二〜二七五頁参照。この同じ視角で、内容は高度ながらわかりやすく書かれた本に野村平爾、戒能通孝、沼田稲次郎、渡辺洋三編『現代法の学び方』（一九六九年）（以下、『学び方』と略）がある。『学び方』は、資本主義の発展を段階論で描き、現代法を「独占資本主義段階以降」の法の変容「国家独占主義段階における法の変容」を中心に論じている。同書、五六、一〇四頁。ただし一〇二頁では「国家独占資本主義段階」と書かれ、一〇六〜七頁は、読者に注意を喚起している。

（4）アントニオ・ネグリ、マイケル・ハート（共著）、幾島幸子訳、水嶋、市田監修『マルチチュード（上）』、七五頁以下参照。

（5）エンゲルス『法学者社会主義』（平野義太郎編『マルクス＝エンゲルス　国家と法』（一九七〇年）所収）、一一七頁。同様な考えは、ヴェーバーによって支配の正統性の原理から論じられている。

（6）フランスのポストモダン哲学の起源。この哲学に関心を寄せている研究者が、その哲学を論じる際に、一般市民による一九六八年のいわゆるフランスの五月革命の敗北から始めているのでそれに従う。なお、キース・A・リーダー、本橋哲也訳『フランス現代思想』（一九九四年）序、市倉宏祐『現代フランス思想の誘い』（一九八六年）、八二〜八三頁参照。リオタール、菅啓次郎訳『こどもたちに語るポストモダン』（ちくま学芸文庫、一九九八年）の訳者後書き、一七九頁がその語が浸透しだした時期を示唆している。なお、ポストモダン哲学を批判した書物にテリー・イーグルトン、森田典正訳『ポストモダニズムの幻想』（一九九八年）を挙げておく。

ポストモダン哲学に属するドゥルーズ、ガダリ共著、財津理訳『哲学とは何か』（一九九七年）Ⅱが、哲学と科学、論理学、芸術の諸関係を論じているが、正直に言って私は理解できていない。ポストモダンと法理論の関わりの大きな流れとして、デリダの脱構築論に取り組む必要があるが、これは筆者の能力を超えることなので、触れない。

（7）小林、前掲書、訳者あとがき、二二二〜三頁（傍点は原文）。大きな物語とは、リオタールによって「……その〔啓蒙という〕

物語においては、知という主人公は、倫理・政治的な良き目的、すなわち普遍的な平和を達成しよう力を尽くすのである。」（同書、八頁）という説明から、諸学を統一するような原理を基礎にした学的物語と説明できる。

（8）私が注意しておきたいのは、ここで今日の日本の法体系のあり方を大きな物語から整序できるかという事実問題であり、これからの法はポストモダンの哲学の要請とどうつきあうかというあるべき法の問題とは異なると言うことである。後者に関しては、困難な問題がある。リオタールは、モダンの科学とポストモダンのそれとは厳格に区別し、モダンの科学との決別を促し、「ポスト・モダン時代の科学はみずからの発展を不連続な、カタストロフィー的な、修正不能な、逆説的《パラドキシカル》なものとして理論化する。」と説明する。（リオタール、前掲書、一四六頁）。近代（モダン）哲学を批判するポストモダン哲学が小さな物語を志向すれば、普遍性、一般性という特徴から比較的大きな物語に属する法は、かつてはそうであったように哲学と親密な関係を結べるかどうかが今述べた困難な問題である。何故ならば、今日の法規範の主要部分は、部分的には修正している所があるにせよ近代の法原理を是として受け容れており、また法規範の属性として社会性があり、法理論はそのような事柄も考慮しなければいけないからである。

近代（モダン）哲学が、近代の人間、社会、国家、社会規範に関して、比喩的に言えば、何層にもわたる正統化理論を形成しているとすれば、ポストモダン哲学がモダン哲学を批判的に扱う場合、どの面の層を、どのくらい深く立ち入って批判しているのかあるいはどの層まで揺れを生じさせているのか、いわばポストモダン哲学のモダン哲学に対する射程の幅と深さ、を考えておく必要がある。イーグルトン、前掲書、四二頁「……わたし自身はポストモダニズムにかんして、多元論的立場をとっている。」参照。その幅と深さの理解が、モダンの哲学を基礎とする諸事柄が、どこまで将来も生き残ることができるのか、あるいは生き残るべきなのかに関わるだろう。

（9）イーグルトン、前掲書、四〇頁。

（10）長谷川、前掲書、二五〇頁。

（11）リオタール、前掲書、序参照。

（12）ネグリ＝ハート、前掲書（上）、一六六～七頁。

（13）ネグリ＝ハート、前掲書（上）、二〇頁。

（14）ハンナ・アレント、志水速雄訳『人間の条件』（文庫版、一九九四年）、四一一頁参照。彼女の説明はこうである。「文字通りのその日暮らしの新しい労働者階級は、生命の必要が強制する急迫のもとに直接立たされた。それだけではない。彼らは、同時に、世界にたいする配慮や世話からも遠ざけられたのである」。

(15)「在特会」は言及されない。確かに、その会は政治運動団体としてはあり得るが、日本国憲法の目指す国際協調主義や個人の尊重とは異質であるので、本章での法運動の観点から省かれる。このような排外主義的運動は各国にもあるが、日本の場合政府の日本国籍非保有者に対する政策（俗に言う外国人政策）が、経済優先で語られ人権の問題として語られていない所に問題がある。

(16)ドゥルーズ＝ガタリ共著、宇野、小沢、田中、豊崎、宮林、森中訳『千のプラトー』（文庫版、下）、一五～一六頁の将棋（チェス）のコマと碁の石の動きを参照。

(17)ラクラフ＝ムフ共著、西永亮、千葉眞一訳『民主主義の革命』（文庫版、二〇一二年）、三五九頁。「民主主義的想像力の偉大な二つの主題――自由と平等――に関していえば、これまで伝統的に優勢であったのは平等の主題であった。だが、今日では自律への要求が次第により中枢的な役割を自由に対して付与するようになってきている。」

(18)「ビッグイシューアイ　TPPがもたらす〝投資家主権〟の社会」『ビッグイシュー』二七七号（二〇一五年一二月）。

(19)ネグリ＝ハート、前掲書（上）、五六頁。

(20)ここで、「国民」と付けたのは常套句としてではない。「国民」の名によって、政府は「日本国籍をもたない人々」を管理し易くしているのである。国際化を掲げる一方で、他方難民を受け容れようとしない政策は、このことを象徴している。なお、安全は国家の存在理由の一つであっても、近代の革命理論が示したように、安全が国家構成員の意見を反映することが、憲法規範上使われる安全と解される。それにもかかわらず、現代国家では、国家の安全は支配的政治体制（同盟体制を含む）、支配的経済体制の安全と抽象化される傾向にある。

(21)大学研究の領域では、いわゆる「デュアルユース」論による防衛装備庁による研究費補助という介入が、市民に奉仕する研究を掘り崩しつつある。

(22)朝日新聞デジタル朝刊、二〇一六年五月一六日。

第四章　日本国憲法第一三条「個人の尊重」の言説空間

西野　基継

現代において、「人間の尊厳」（個人の尊厳）は人口に膾炙している。「人間の尊厳」が、人間生活のほとんどすべての諸側面で引き合いに出され、このようなインフレ的使用が、かえってその核心的意味を希薄化し、場合によっては空洞化するおそれもある。たしかに第二次世界大戦後、憲法、国際法に「人間の尊厳」のテーゼは制定されたが、法概念としての意味の解明は不確定で混沌としている。本章は、日本国憲法の「個人の尊重」についての議論をもとに、その言説空間を明らかにするとともにその限界も確認しようとするものである。

1　日本国憲法の第一三条「個人の尊重」の解釈

（1）通説的見解――日本国憲法とボン基本法の同質説――

日本国憲法第一三条は、近代民主主義の思想の根底にある個人主義の原則を掲げるとともに、それから帰結するところの基本的人権が、国政のうえで最大限の尊重を受けることを宣言したものである。戦前の日本では、個人主義原理は認められず、天皇を頂点にした国体中心主義の考え方により、個人はもっぱら全体の部分としてしか見られなかったことを考えると、本条の制定は大きな意義をもつものであった（しかしながら、本条は、憲法制定過程において、それほど重きを置かれていたわけでない。主務大臣（金森徳次郎）が議会で答弁したように、「個人の尊重」は「そう特別に深い意味ではない」と立法者には考えられていた）。戦後の憲法学で、「個人の尊重」は、個人主義の原理を表明したもので、「人間社会における価値の根元が個人にあるとし、なににもまさって個人を尊重しようとする原理」である、と解された。さらに、多くの学説では、この規定は「個人の尊厳」の原理を意味しており、それは各人の有する「人格価値」に基づく、と解された。このようにして「人格主義」と「個人主義」がほとんど区別されないまま、「個人の尊厳」と「人格の尊厳」の同一視や、日本国憲法の「個人の尊重」がボン基本法の「人間の尊厳」と同趣旨とまで言われることになった。[1] この同質説が、長らく憲法学の通説的な地位を占めてきた。

（2）通説に対しての批判——日本国憲法とボン基本法の異質説——

それに根本的な疑問を呈したのが、ヨンパルト教授の異質説である。それは、「異なる言葉は異なる意味内容をもつ（言葉と概念はけっして同じものではない）」という基本的視点に立って、「個人」、「人格」、「尊厳」、「尊重」という重要概念の言語学的分析を行う。

とりわけ「個人」という言葉の歴史とその概念に関する問題点についての分析で、[2] 個性は、すべての存在するものにあてはまる概念であり、人間だけの特徴ではないことが明らかにされる（たしかに、英語の individual は、一八世紀から人間についても使われるようになり、日本語の「個人」には「人間」という語が入っているが、そのことは、individual の本来の意味には含まれていなかった）。「人間」と「個人」の相違について、⑴「人間」は、「人間」でないものとの対比で理解され、普遍的な意味での人間の本質に関わる概念である。⑵「個人」は、他人または社会に対して個々の現存する人間を表すと同時に、現存するすべてのものは同一でないため、各人の個性を含む概念である。「すべての個人は人間として平等である」と言えても、「すべての人間は個人として平等である」とは言えない。(3)個人として現存するすべての人間は、各自の「個性」を有しているが、「個性」は人間に限った特徴ではないため、人間の最大の特徴である「尊厳」は、個性だけでは根拠づけられない。(4)個人としてわれわれが要求するものは、平等ではなく、自由である（各人の任意に委ねられる）。

「人格」の概念は、「人間」を表すanthroposやhomoと区別して使われたpersonaに由来する。personaは、もとは舞台で俳優がつける「仮面」、そこから転じて「役割」という意味をもっていた。personaは、社会の中で何らかの役割をはたすことに関連した意味をもつが、homoにはそういう意味が欠けている。その後、personaは神学的・哲学的概念として発展させられ、特にボエティウスの有名な定義、「理性的本性をもつ個的実体」は、大きな影響力をもった。この定義によれば、ペルソナは、偶有（accidens）ではなく、完全な実体（substantia）であり、しかも本性上理性をもつ実体であり、さらに「個性」を備えていることが注目される。「個性」は、「人格」と同じではなく、「人格」と別個なものでもなく、人格の概念の中に含まれている。近代になると、カントは、哲学から宗教的な要素を取り除き、人格性の根底に道徳的な自律性を置いた。その後、道徳律よりも自由（自己超越性）を強調して、「人格とは、人間が自由に自分を作りあげる可能性をもつ存在である」と特徴づけられる(3)。

名詞としての「尊重」は人間の一定の態度を、動詞としての「尊重する」は人間の一定の行為を意味する（尊重の対象になりうるのはさまざまであり、また尊重する程度も同じであるわけでない）のに対して、「尊厳」は、人間そのものに内在する一つの特徴、人間の人格としての固有の価値を表す概念である。キリスト教では、人間は「神の似姿」として造られたという点で、人間に特有の価値が出てくる。近代では、カントが尊厳の概念を独自に深化させている。「人格は、客観的目的である。その存在がそれ自体で目的であるようなものであり、その代わりにそれを単なる手段として用いるような他の目的を置くことはできない。そうでないならば、絶対的価値をもつものはどこにも見出されなくなるからである」。「目的の国では、すべてが価格（Preis）と尊厳（Würde）をもつ。価格をもつものには、その代わりに何か他のものを等価物として置くことができる。これに反して、あらゆる価格を超え、等価物の存在を許さぬものは、尊厳をもつ。……何ものかを目的自体であらしめる唯一の条件をなすものは、単に相対的価値、価格をもつのみでなく、内的価値、尊厳をもつ」。ここで等価物がないことを尊厳の特徴と考えるならば、それは個人にではなく、人間にあてはまる。尊厳（Würde）は、価値（Wert）と同じ語源の言葉であり、「人間の尊厳」とは、人間の特殊な、人間だけにある価値と理解される。すべての事物に一定の価値があるにしても、人間の人間（人格）としての価値は、尊厳である。その根拠は、人間の本性、すなわち人格性にある。(4)

ドイツのボン基本法では、その第一条（人間の尊厳の不可侵性）で対比されるのは、個人と社会（他人）ではなく、人間の尊厳と国家権力であるが、そこに内在する基本的価値観は、人間は国家のためではなく、国家は人間のためにあるという意識である。第二条で人格の自由な発達への権利、生命ないしは身体を害されない権利が規定されているが、第一条とは違って正当な理由によって制限されうるということである。他方で日本国憲法では、第一三条に「人間」、「人格」、「尊厳」という用語がない。はっきりと「個人として尊重される」になっているから、これは「人間としての尊厳」のことではない。同条の後段では、制限の規定（「公共の福祉に反しない限り」）があるので、ここで問題にされるのは個人の尊重であって、人間の尊厳ではない。前段と後段の一体化から出てくるのは、人間社会における価値の根元が個人にあるとする個人尊重原理である。それは、アメリカ型の「個人主義」であるが、ドイツ型の「人格主義」ではない。歴史的にも、第一三条は、マッカーサー三原則の「日本の封建制度は廃止される」に由来するから、「個人の尊重」は、「個人の尊厳」と改称されても、内容的にボン基本法の「人間の尊厳」と同様のものではない[5]。

（3）　異質説に対しての反論

ヨンパルト教授の強固な異質説に対しては、さまざまな反論が出されている。用語法的に見て、individuality という言葉が語源的に人間以外のものに使用されたとしても、「個人」は人間以外に使わないのが国語的常識である[6]。

憲法解釈的にも、「個人の尊重」は、「個人の尊厳」ないしは「人間の尊厳」と同趣旨であると解されるべきである。「個人」は、単純に個性という意味ではなく、「人格」との結びつきにおいて理解されるべきである。第一三条前段は、「個人の尊厳の原理」を定めたものであり、「個人の人格を尊重するという基本原理」という趣旨である。というのも、その規定は、個々の人間がそのまま尊いというよりも、一人ひとりがもつ人格性の故に尊厳なる存在であると解されるべきだからである。また「個人主義」か「人格主義」という問題も、解釈論上どれほどの意義があるのか疑問なしとしない。歴史的には、本条が封建制度の廃止の課題を担って生まれ、ドイツには家制度のようなものはなかったが、そこから一方は「個人主義」、他方は「人格主義」に行き着いたというように説明できるのか。少なくとも、敗戦までの時代を、「封建制度」のみによって説明できるのか。第一三条は、一方では利己主義を排し、他方では全体主義を拒絶する意義を担わされ、「個人と国家および社会との関係において個人をすべての価値の根源とする思想」である。ドイツのボン基本法でいわれる「人格主義」は、個人絶対主義と全体主義の両極端を排するものであるならば、日本国憲法の「個人主義」とどう異なるのであろうか[7]。

「尊厳」と「尊重」の間の差異についても、「人間の尊厳」は正しい用語法で、「個人の尊厳」は正しい用語法とは言えない（個性がすべてのものに適用される用語であるから）というヨンパルト教授の主張も、個人が人間としての個人と解されうるならば、十分な根拠をもちえなくなる。教授自ら「日本語の個人は人間を含む言葉であるから、「個人の尊厳」という表現は間違っているとは言えないが、この「個人」は人間としての個人の意味で、または「尊厳」をただ「尊重」の意味で理解する必要があろう」と語っている。

(4) 小括

日本国憲法の「個人の尊重」をめぐる解釈の対立は、一方では「個人」の概念規定の相違――個性だけを強調して人間・人格との関わりを否定する見方とその中に人間・人格を包含する見方の違い――に、他方では日本とドイツの憲法制定の歴史的事情の理解の違い――封建制度と全体主義の対置を強調するか否か――によって生じている。「個人」の日常的用法に倣えば、「個人」には当然「人間」が含意されているように思われる。敢えて「個人」を「人間」から切り離して使わなければならない積極的な理由がなければならない。一つの推測であるが、「尊厳」を「人間」に内在する特徴(価値)と規定する立場に立つとき、「人間」を排した「個人」に「尊厳」は結びつけられないことになる。歴史認識についても、日本にも天皇制軍国主義体制があったので、全体主義がなかったとは言いきれまい。第二次大戦後の世界共通の時代認識のもとに新憲法が創られ、両者ともに「人間としての個人の国家に対する優越性を示す原理」であることに変わりない。

2　日本国憲法第一三条の法規範的性格と前段「個人の尊重」の法的地位

(1) 第一三条の法規範的性格、前段「個人の尊重」と後段「幸福追求権」の融合

憲法施行後一〇数年間では、第一三条は、そこから具体的な権利を引き出すことができない、プログラム的な

いしは倫理的な規範の総称である、と言われた。一九六〇年代から、第一三条解釈の変化が出てきて、特に幸福追求権の意義が注目されるようになった（電気通信技術の進歩によって生じた個人のプライヴァシー侵害を法的に保護する必要性や、高度経済成長がもたらした豊かな社会と引き換えに襲った人間の生存を脅かす公害・環境破壊問題に法的に対応する必要性のため）。第一三条は、憲法に列挙されていない新しい人権を憲法上基礎づける根拠規定として、それ自体独自に具体的権利を保障する規定と解される（「幸福追求権は、基本権体系に占める位置から見て個別基本権と関連するものであるが、単なる後者の総称ではなく、それ自体一つの権利としての性格をもつ。」[8]）。第一三条前段「個人の尊重」と後段の「幸福追求権」を一体化して、同条項の本体を後段に定める立場が多数を占めることになった。代表的な学説によれば、幸福追求権が個人の尊重と不可分に結びついて、人格的生存に必要不可欠な権利・自由を含んだ包括的な主観的権利である、と解される。[9] このように前段と後段を融合的に捉えると、「個人の尊重」の固有の意味が薄れ、それがともすれば「幸福追求権」に埋没してしまいがちになる。

（2）第一三条前段「個人の尊重」の独自性を主張する立場

これに対して、前段の「個人の尊重」に独自の法的性格と意義を見出す見解が、八〇年代後半から出てきた。以下で、いくつかの興味深い学説を取り上げてみよう。

（a）第一三条の「個人の尊重」は、単に利益衡量において個人の利益を重要視することに尽きず、国法の介入しがたい「自律」の領域を認めることにこそ、本質的な意義をもつ。この立場は個人の価値も大事だが、公共の利益も重要だという物わかりのよい「公共の福祉」論には組みしない。「個人の尊重」は、自律領域とその行使の利害調整の領域との区別の基準という意味合いをもつ。「個人の尊重」が「切り札」として働くのは、自律領域の確定作業においてである。[10]

（b）　社会に完全に飲み込まれない「個人を尊重する」ために、「公共の福祉」から制約されるべきでない「人権」を保障する必要があるという視点から、この「切り札」としての人権を、第一三条前段の「個人の尊重」に基づかせようとする。それによれば、憲法上保障される権利には、「切り札」としての人権と公共の福祉に基づく権利が含まれる。「切り札」としての権利には、「各自がそれぞれの人生を自ら構想し、選択し、それを生きること」を保障すること、そのことを何人に対しても主張できること、政府への禁止規範という内容が含まれる。「切り札」としての人権は、絶対的保障という物差しを提供する。(11)

（c）　憲法の立体的・段階的構造に着目すれば、第一三条前段の「個人の尊重」は、日本国憲法の中の「憲法の憲法」と解される。後段は、「個人の尊重」を確保するうえで不可欠な権利・自由の代表的なものとして、生命・自由・幸福追求を例示したと解される。日本国憲法第三章「国民の権利及び義務」には、第一三条前段を受けた後段の三要素から、明文化可能な個別的人権が列挙されているが、個別的に挙げられていない権利・自由を引き出すためには、第一三条前段にまで遡らなければならない。憲法の立体的構造上、第一三条前段は、個別的人権と無名人権を包括的に保障した規範であると解さざるをえない。そして、個人として尊重されるべき法律上の権利または法的保護に値する利益が侵害されたときには、当然に第一三条前段違反となり、第一三条前段は具体的権利として主張される。権利としての「個人の尊重」の具体的内容は、殺人、傷害、身体的・心理的強制、人間以下の生活条件、不法監禁、人身売買、奴隷的使役等に関わる。本条の「個人の尊重」は、「反自律の否定」および「利己主義の否定」という内在的制約の射程内で、具体的には反自然的・反社会的行為を処罰する規範、他者の人権、社会公共的利益によって制約を受け、この限度内で後段の「公共の福祉」による制約を受ける。(12)

（d）　「自己のアイデンティティー」に関わる問題、「私が私でいられなくなる」問題こそ、「個人の尊重（個人の尊厳）」に関わる問題であり、端的に「人権としての個人の尊厳」の問題である。第二次大戦後に国際社会及び敗戦国で「戦後型人権宣言」が唱えられ、人権の基礎として「人間の尊厳」が承認された。国家権力による人権の重大な侵害を許さないのは、人間の尊厳権そのものによる。この趣旨を生かせば、日本国憲法第一三条の「個人の尊重」は、「国家権力が絶対にしてはいけないこと、〝タブー〟を枠づける」機能[13]をもち、客観的な法原則であると同時に主観的人権でもある。「個人の尊厳」の意義は、「生来の価値ゆえに尊厳に値する」人間が、「自ら考え、自ら判断し、自ら決定し、自らふさわしいと思うように生きること」（のかけがえのなさ）である。それは、各人に「私が人間として生きること」、つまり「私が生きること」、「私が人間でいること」、「私が私でいること」を保障する。人権としての「個人の尊厳」は、国家権力による個人の尊厳に対する重大な侵害には直接に適用されるが、それほど重大でない個人の尊厳に対する侵害は、その他の人権規定によって判断される。[14]

(3) 小　括

これらの説は、第一三条前段の「個人の尊重」の独自の法的地位と意味を強調する点で共通している。それは、（国家の介入を受けない）個人の自律の領域を確保すること、自ら人生を構想し選択し生きること、私が人間として生きることの保障を意味している。それは、他の権利・原理と衡量することのできない絶対的な保護の下に置かれ、それらを凌駕する法的地位を占める。それに対しての侵害は、ただちに第一三条前段の違反と解され、「個人の尊重」は、客観的な法原理だけでなく主観的な権利性も有するのである（ただし（a）説では、この点は明確になっていない）。しかも、第一三条前段は、「後段」のように「公共の福祉」による制約を受けず、絶対的に保障する点で、「切り札」としての権利の性格ないしは「国家権力が絶対にしてはいけないことを枠づける」機能をもつと解される。それに対して、（c）説では、第一三条前段を憲法上の最高位に置くが、その実現のために後段の「幸福追求権」を不可欠にし、ここから個別的人権を導き出すという立体構造を説き、結果として「個人の尊重」は、公共の福祉による制約を受ける。他の権利・原理を凌駕する不可侵性は、人格の核心という狭い範囲に定められたが、(d)説では個人の存在を成り立たせる「生」、「人間性」、「アイデンティティー」の統合に「個人の尊重」が関わると説いている点が注意を引く。「個人の尊重」独自説に対して、前段から導かれる権利と後段から導かれる権利を截然と区別することが、果たして可能であるか、またどのような基準によって区別するのか、疑問がある。

他方で、融合説においても、前段「個人の尊重」の法的意味を明らかにした上で、後段「幸福追求権」に関連づけられる限りで、独自説と同様なところがある。後段の法的内容の構成が、「個人の尊重」をいかに理解するかによって左右されているように思われる（「人格的利益説」対「一般的行為自由説」）。独自説でも、「個人の尊重」は孤高ではなく、法体系の中にあることを否定しない以上、他の法的諸規定との関連は避けられない。したがって、条文上の根拠を前段に求めるにせよ、それとも後段に求めるにせよ、前段「個人の尊重」規定との有機的連関の中で権利内容を考察することから、前段の解釈が後段に影響を及ぼしていることは看過されてはならない（そのことが、どれほどの重みをもって受け止められているかということは、また別の問題である）。

3　日本国憲法の「個人の尊重」をめぐる議論の限界と今後の課題

(1)「尊厳」の多義性

尊厳は、人間そのものに内在する一つの特徴、人間の人格としての固有の価値を表す概念である（人間哲学的には、人間には他のものには見られない上位の価値があることを意味する）。人間が尊厳を有しているのは、人間には肉体があるとか、現に存在する人間は個人であるとかという理由ではなく、人格性を有しているからである。このように理解された尊厳は、どんな人間の場合にも、質としても量としてもまったく同じである。この世の生命、自由、財産は、奪うことが可能であるのに対して、ある人間の尊厳をどんなに侵害しようとも、その人の人間としての尊厳が奪われた、または尊厳を失ったということは言えない。[15] 人間に既に与えられている属性、人間から決して切り離されえないものというように理解されるとき、そのことは、「尊厳」概念が、「人間」概念の中に内包されているということを意味する（尊厳の問題は、人間観に解消される）。キリスト教的またはカント哲学的に人間の尊厳を根拠づけることは、尊厳を人間の本質として理解し、人間から尊厳を決して奪うことができないというように考えられる。しかし、それがそのまま法概念に移行されたならば、理論上奪われるはずのない「人間の尊厳」が、なぜ法で保障されなければならないのかわからなくなる。この形而上学的モデルは、前提の強さに問題がある。形而上学的性質と理解された人間の尊厳は、経験的主体によって侵害されえないから、その保護の要求は空虚となるであろう。人間の尊厳の存在論化は、その脱規範化、保護する力の喪失をもたらす。[16] 基本法の「人間の尊厳」の規定は、哲学的概念とは同じものではない。人間の尊厳について、前法的概念と法的概念を原則的に区別して議論する必要があるのではないか（ドイツの初期の憲法学者たちには、人間の尊厳を人間の本質から直接に導き出す見方[17]があったが、今日まで引き継がれているわけでない）。

人格性の概念の内容についても多様であることが留意されるべきである。キリスト教的人格概念（三位一体説、神の似姿説）やカント的な人格概念（道徳的自律性）の他にも、「人格とは、人間が自由に自分を作り上げる可能性をもつ存在である」という、道徳律よりも自由に重点が置かれた定義もある。自己の生を自由に創造し決定する存在としての個人をもって「人格的存在」と捉える立場もある。またドイツの憲法裁判所判決における基本法の人間像は、孤立した無制限な個人でもなければ、全体に埋没したその一部分でもなく、個人主義と全体主義の中庸である人格主義に拠っているもので、共同体被拘束的ないしは共同体被関係的な人間と性格づけられる。「人格」には哲学的概念から経験的概念までの幅があり、それぞれが同じような仕方で「尊厳」概念の根拠づけを担えるのか、吟味される必要があろう。現代では、ドライヤーによれば、人間の尊厳の三つの基本類型（賦与理論、能力理論、関係理論）が説かれる。[18]

（2）「個人」概念の展開と深化

「個人の尊重」と「人間の尊厳」の解釈の対立は、「人間」と「個人」それぞれの概念規定の違いに起因している。ラフに言えば、「個人」概念から「人間」概念を完全に切り離して、個（体）性ないしは多様性を強調して理解するのか、それとも「個人」概念に「人間」概念を含ませ（内在化させ）、（人間としての）共通性を強調して理解するのかによって、立場が分かれてくる。[19]

「個人」は、多様性を必然的に含む概念である。それに対して、「人間」は、類概念として、「人間一般」を議論対象にして、高度に抽象的・総合的な人間像として提示されがちである。それが規範的に主張されると、その理念的人間像は、現実の人間に対し評価的に機能し、基本権享有主体の制限の理論的基礎となる危険をも有する。しかるに、「個人」という概念は、個性ないしは多様性を本質とするから、何らかの統一的な人間像を構成することを最初から不可能にする。実存する多様な個人を多様なままに把握する概念として、「人間」より「個人」の方が適切なのである。[20]

「個人」概念の把握の仕方において、社会の中の実質的な不平等の拡大・深化につれて、現実の多様で異なった個々の人間の在り方に定位して、強い個人に対する弱い個人を対置して後者を重視する傾向が強まっていく。社会法における新しい人間把握は、抽象的な人間性や人格主義的な意味での人格から「ありのままの個人」へ、また「強い個人」から「弱い個人」へ変化していかなければならない。「弱い個人」を認めることは、人を自立させ強くするための道であるとともに、弱ければ弱いなりにそこでの個人の尊厳・幸福追求を大切にし、また援助によって可能なかぎり強い主体に近づけさせるものである。[21]

近代立憲主義の想定する個人は、強い個人である。自らの意思によって自己決定する自立した個人が、その結果を自らに引き受ける負担に耐えることが、想定されていたはずである。しかし、実存する個人は、そのような強い個人像から、はなれて遠い。「強い個人の自己決定」を軸に組み立てられた近代立憲主義は、自己決定できない弱者を疎外する論理ではないのか。生命科学の急展開は、「強い個人」の意思が生命までも左右してよいのか、さらに現在と将来の生命を人為的に操作し生産することまでできるのかと問題提起している。[22]

個々の人間を成り立たせている構成契機としての身体性・唯一性・有限性も顧みなければならない。[23] 煎じ詰めれば、個人は、それぞれ固有の由来をもつ生命に他ならない。生殖と遺伝的偶然性、個としての生命の成立と発達プロセス（受精から出生まで）、個としての生命の誕生と有機体的システムの発達を通して、個人ができ上がる。生殖的クローニングによる人間の遺伝的素質の操作は、ゲノム配列の偶然性に根拠づけられた人間の不完全性を壊すことになる。もともと、この不完全性は、個人の本質と唯一性を成している。基本法も、人間を不十分な「自然の投企」とみなしている（特殊人間的な能力が発達不足であっても、保護しなければならない）。積極的な品種改良は、人間の個性喪失の危険を伴ってくる。それは、個々の個人の水平化の危険をもたらす。プログラム化され規格化された人間は、プログラム化され規格化された役割の中で、自己同一性を獲得できない。[24] このような脈絡で、「尊厳」は、「生命」の問題圏に根を下ろして再構成されなければならないだろう。[25]

（3）日本における「個人の尊重」論議に不足していること

日本の議論は、「尊厳」概念の一般的規定に終わっており、そこから法規範として継続形成されるべき考察が貧弱である。「個人の尊厳」の法的性格は、単なる（倫理的）宣言なのか、（国家構成的）原理なのか、それとも（個人を保護する）権利なのか。「個人の尊厳」は、他の人権・原理といかなる関係にあるのか（完全に具体化されているのか、それとも余剰が残されているのか）。「個人の尊厳」の独自の（他の法規範によって果たせられない）法的機能はあるのか。ドイツの議論では、「人間の尊厳」は、他の個別的基本権と異なって、それ固有の特殊な保護領域をもたず、人間経験の全体性に関連した法概念と解される。[26]その意味内容の輪郭づけは、近似的にしか達せられない。積極的定義ではなく、消極的定義がここでは有用とされる（客体定式）。このことは、尊厳の意味を人間の本質（理性的存在、自律的存在）において考える系列に対して、社会の中で他者との関わりにおいて、個人はいかに扱われなければならないかを考えるとき、とても重要であるように思われる。憲法制定から半世紀余りが過ぎ、ドイツでは理論と実務の両面で膨大な研究成果を積み上げたが、その文献の洪水に呑まれ、方向感を見失い、人間の重荷（Menschenbürde）であると嘆かれる。[27]日本では、尊厳論議はあったものの、活発なものではなく、（本論への）導入的叙述にとどまり、表層的で断片的な考察が幾分冷めた感じで語られてきた印象を受ける。立法者意思のこの条項への希薄な関わりが、このことに影を落としているかもしれないが、未来志向的に「個人の尊厳」から汲みだされるべきことは、まだまだ大きいのではないだろうか。

注

（1）宮沢俊義『全訂　日本国憲法』（日本評論社）二〇〇四年、一九七頁。

（2）ホセ・ヨンパルト『人間の尊厳と国家権力』（成文堂）一九九〇年、二六〜三〇頁。英語の individual は、ラテン語の individuum から由来しているが、その語源は in-dividuum（分割されざるもの）であり、その「不可分性」から「個性」ないしは「個別性」という意味変化が生じて、その後 individualitas（英語の individuality）という言葉が用いられるようになると、「不可分性」の意味は次第に忘れられ、「個性」ないしは「個別性」の意味が強められていった。「個性」は、「普遍性」の反対概念として理解され、他の個体から識別しうる独自の個体全体を表すが、中世の普遍論争を通して考察が深められ、現実の世界に実存するものはすべて「個（別）性」を有していて、けっして同一ではないのである。ここから、「個（別）性」(individualitas) は、人間に限ったものでなく、すべての現存するものにあてはまることがわかる。

(3) ホセ・ヨンパルト『人間の尊厳と国家権力』三七〜五〇頁。

(4) ホセ・ヨンパルト『人間の尊厳と国家権力』五七〜六四頁。

(5) ホセ・ヨンパルト『人間の尊厳と国家権力』七一〜八八頁。第二四条二項の「個人の尊厳と両性の本質的平等」については、すべての個人は人間であるから、人間として同じ尊厳をもち、そのゆえに平等であるから、この規定は正しく理解されよう。この補充解釈によって得られた正しい理解でもって第一三条を考え直すのは不可能でないが、第一三条の「個人の尊厳」の原型は、破れてしまうと言わざるをえない。その不備を改正する可能性がない時点では、第一三条のこの新しい理解が裁判所で認められるようになったら、第一三条の「変遷」であるといってもよい。

(6) 粕谷友介「憲法の解釈と憲法変動」（有斐閣）一九八八年、七九〜八二頁。また日本国憲法改正作業の初期の段階での議論に、一九四六年二月九日の総司令部の内部小委員会案あるいは民政局長のための覚書［人権の章についての小委員会案］（『日本国憲法制定の過程』Ⅰ原文と翻訳、二一七〜二一八頁）は、「日本の封建的制度は、廃止されるべきである。すべての日本人は、人間であるがゆえに個人として尊重される。生命、自由及び幸福追求に対する国民の権利は、一般の福祉の範囲内で、すべての法律およびすべての政府の行為において、最大の尊重を受けるものとする」としていたことは注目される。これがマッカーサー草案一二条となり、その手交後に政府が作成した三月二日案ではその一部が削除されたが、「人間としての個人」が、憲法制定過程ではっきりと自覚されていた。

(7) 佐藤幸治「第一三条［個人の尊重・幸福追求権］」（樋口・佐藤・中村・浦部『注釈日本国憲法』上巻所収）（青林書院）一九九三年、二五五〜二六二頁。

(8) 種谷春洋「生命・自由および幸福追求権」芦部編『憲法Ⅱ人権⑴』（有斐閣）一九七八年、一三三〜一四七頁。種谷は、前段「個人の尊重」を「個人の尊厳の原理」と呼び、個人の人格を尊重する基本原理を述べたものと解する。その中には、個人の平等かつ独立な人格価値の承認、国政が個人を尊重して行うように国政の根本態度を規律するもの、第一三条全体の核心を形成するもの（同条項が「公共の福祉」の範囲においてのみ認められると解されるべきでない）が含まれている。

(9) 佐藤幸治「個人の尊厳と国民主権」佐藤・中村・野中『ファンダメンタル憲法』（有斐閣）一九九四年、七頁。

(10) 江橋崇「立憲主義にとっての『個人』」ジュリスト　八八四号（一九八七年）三～一〇頁。
(11) 長谷部恭男「国家権力の限界と人権」樋口陽一編『講座憲法学』3権利の保障［1］（日本評論社）一九九四年、四三～七四頁。
(12) 粕谷友介「憲法の解釈と憲法変動」八三～八六頁。
(13) ピロート／シュリンクの『基本権　国家法Ⅱ』から引用されたこの用語は、人間の尊厳の積極的な規定よりも消極的な画定に狙いを定め、国家権力のいかなる行為が人間の尊厳の侵害と特徴づけられるかを問う中で、人間との国家権力のある種の関わり方がそれ自体耐え難いという点で、意見が一致するところから、タブーの枠付けとしての人間の尊厳の保障の機能が社会学的にはっきりしてくるというように考えられている。Vgl. Pieroth/Schlink, Grundrechte Staatsrecht II, C. F. Müller 2005, Rn. 358.
(14) 根森健「人権としての個人の尊厳」法学教室一七五号（一九九五年）、五二～五七頁。
(15) ホセ・ヨンパルト「再び個人の尊重と人間の尊厳は同じか」『法の理論』一九号（二〇〇〇年）一一五頁。人間の尊厳が人間の自由や生命と同じでないことは、次の考察からも明らかにされる。国家権力は、人間の自由や生命を正当に（場合によっては不当にも）奪うことができる。奪われたとき、その人間は自由または生命を失ってしまう。ところが、国家権力は、人間の尊厳を侵すことができても、侵された人間は人間としての尊厳を失わない。ナチスの強制収容所で殺害されたユダヤ人は、たしかに人間の尊厳が侵されたと言えるが、人間としての尊厳を失ったことにはならない。このように、人間にとって最大の価値をもつといわれる生命、自由を奪っても、その人間の尊厳は奪われないのである。
(16) U. Neumann, Die Tyrannei der Würde, in: ARSP 84（1998）S.162-165.
(17) H. C. Nipperdey, Die Würde des Menschen, in: A. Neumann u. a.（Hrsg.）, Die Grundrechte Bd. II, Berlin 1954 S.1.「人間の尊厳の概念は、それ以上の法学的定義を必要としない。…人間そのものの固有価値、独自性、本質性、本性が問題なのである」。
(18) H. Dreier, Kommentierung von Art.1. GG, in: ders（Hrsg.）, Grundgesetz-Kommentar, Bd. I, Tübingen 2004 Rn. 54-57.
(19) 中村英樹「憲法上の自己決定権と憲法十三条前段の個人の尊重」九大法学　第七六号（一九九八年）一八八―一九四頁。
(20) 押久保倫夫「個人の尊重の意義」時岡弘先生古稀記念『人権と憲法裁判』（成文堂）一九九二年、六七～七〇頁。
(21) 笹倉秀夫「基本的人権の今日的意味」社会福祉研究（鉄道弘済会弘済会館編）第七〇号（一九九七年）一四―二一頁。
(22) 樋口陽一『憲法Ⅰ』（青林書院）一九九八年、二八～三六頁。

（23）恒藤恭によれば、カントの人格の尊厳の中に、個人の尊厳の根源を求めることは妥当でない。そこでは、普遍妥当的な道徳法則と理性的人間の対応関係において尊厳が語られても、精神と身体の不可分的統一である個人が、その存在性格において尊厳を認められているわけではない。人間の身体的存在は、人格一般が個人の人格にまで個別化される機因であるか、それとも根本悪の発生の源を形作るかのいずれかであるから、それでは個人の尊厳の根拠を的確に理解できないであろう。「人間の精神的存在と身体的存在とは、相互に密接な依存関係をたもちながら、不可分の統一体を形成するのであって、かような根本的性格を有する個人の現実的存在が、全体として個人の尊厳の基盤となっている次第である。もとより、個人の現実的存在がそれだけで尊厳の価値をそなえているわけではなく、価値意識との関係において初めて尊厳の価値が存立する基盤となりうるはずである」（恒藤恭「個人の尊厳」、同『法の精神』岩波書店、一九六九年、一六九～二〇一頁）。

（24）W. G. Vitzthum, Die Menschenwürde als Verfassungsbegriff, in: Juristen Zeitung 40（1985）S. 208f.

（25）西野基継『人間の尊厳と人間の生命』（成文堂）二〇一六年。

（26）T. Geddert-Steinacher, Menschenwürde als Verfassungsbegriff, Berlin 1990 S.22; W. Höfling, Kommentierung von Art.1 GG, in: Sachs（Hrsg.）, Grundgesetz Kommentar, 3 Aufl. C.H.Beck 2003, Rn. 7.

（27）U. Neumann, Menschenwürde und Menschenbürde, in: M. Kettner（Hrsg.）, Biomedizin und Menschenwürde, Suhrkamp 2004 SS. 42-62.

第五章　最高裁の職務専念義務論
――「契約の論理」の観点から――

笹倉　秀夫

1　問題の所在

最高裁は旧日本電信電話公社法三四条二項（「職員は、全力を挙げてその職務の遂行に専念しなければならない」。傍線は筆者による。以下同じ）を、組合のリボン・バッジ・プレート等の着用を認めないほどに厳格な、（身体活動の面で、与えられた作業のみをする義務とともに）、精神的活動の面で、一心不乱に職務に集中すべき義務を労働者に課した規定だと解釈してきた。そして右の傍線部分は、国家公務員法一〇一条一項（「職員は、法律又は命令の定める場合を除いては、その勤務時間及び職務上の注意力のすべてをその職責遂行のために用い、政府がなすべき責を有する職務にのみ従事しなければならない。職員は、法律又は命令の定める場合を除いては、官職を兼ねてはならない。職員は、官職を兼ねる場合においても、それに対して給与を受けてはならない。2　前項の規定は、地震、火災、水害その他重大な災害に際し、当該官庁が職員を本職以外の業務に従事させることを妨げない。」）の傍線部分（「その勤務時間及び職務上の注意力のすべてをその職責遂行のために用い」）に対応しており、これらが上記の意味での一心不乱の集中義務の根拠となる、と考えてもいる。
　こうした解釈の典型は、目黒電報電話局事件最高裁第三小法廷一九七七（昭和五二）年一二月一三日判決（TKC-27000264）である。本判決は、組合のプレートを着用して労働に従事した労働者を電電公社が処分したところ、次のように述べて処分を有効とした。

　ところで、公社法三四条二項は「職員は、全力を挙げてその職務の遂行に専念しなければならない」旨を規定しているのであるが、これは職員がその勤務時間及び勤務上の注意力のすべてをその職務遂行のために用い職務にのみ従事しなければならないことを意味するものであり、右規定の違反が成立するためには現実に職務の遂行が阻害されるなど実害の発生を必ずしも要件とするものではないと解すべきである。本件についてこれをみれば、被上告人の勤務時間中における本件プレート着用行為は、前記のように職場の同僚に対する訴えかけという性質をもち、それ自体、公社職員としての職務の遂行に直接関係のない行動を勤務時間中に行つたものであつて、身体活動の面だけからみれば作業の遂行に特段の支障が生じなかつたとしても、精神的活動の面からみれば注意力のすべてが職務の遂行に向けられなかつたものと解されるから、職務上の注意力のすべてを職務遂行のために用い職務にのみ従事すべき義務に違反し、職務に専念すべき局所内の規律秩序を乱すものであつたといわなければならない。同時にまた、勤務時間中に本件プレートを着用し同僚に訴えかけるという被上告人の行動は、他の職員の注意力を散漫にし、あるいは職場内に特殊な雰囲気をかもし出し、よつて他の職員がその注意力を職務に集中することを妨げるおそれのあるものであるから、この面からも局所内の秩序維持に反するものであつたというべきである。

　見られるように最高裁は、日本電信電話公社法三四条二項中の「全力を挙げてその職務の遂行に専念しなければならない」が、国家公務員法一〇一条一項中の「その勤務時間及び職務上の注意力のすべてをその職責遂行のために用い」に対応しており、本件におけるようなプレート着用をも禁止するまで一心不乱の集中義務は、ここに根拠を求められる、と考えている。最高裁のこうした解釈は、妥当か。

そもそも上記解釈は、国家公務員法一〇一条一項（地方公務員法三五条も同旨）の文言自体ないしその前後の関係に照らして、誤りである。国家公務員法一〇一条一項の前段：「その勤務時間及び職務上の注意力のすべてをその職責遂行のために用い」は、当然のことながら後段：「職員は、法律又は命令の定める場合を除いては、官職を兼ねてはならない。職員は、官職を兼ねる場合においても、それに対して給与を受けてはならない。」との関連において読まれなければならない。公務員は他に官職を兼ねてはならないとするこの後段を踏まえて前段を読むと、「その勤務時間及び職務上の注意力のすべてをその職責遂行のために用い」ることができなくなるのは、官職を兼ねることの帰結であり、この帰結を防止するのが条文全体の狙いである、となる。それゆえ「その勤務時間及び職務上の注意力のすべてをその職責遂行のために用い」は、〈その官職とともに別の官職を兼ねたり別の職業を遂行したりしてはならない。「その勤務時間及び職務上の注意力のすべてをその職責遂行のために用い」ることを妨げるから〉と読み取るべきである。上記条文は、学界内外で本来そう考えられてきたように、兼業禁止を意味する「職務専念義務」の規定に過ぎない。もし「その勤務時間及び職務上の注意力のすべてをその職責遂行のために用い」が、最高裁判決に言うような厳格な一心不乱の集中の義務を意味しているなら、条文のメッセージが前段と後段でちぐはぐとなり、条文は奇怪なものとなるのである。

しかも、一〇一条一項前段が一心不乱に仕事に集中することを意味しているのだとすると、続く一〇一条二項の規定が一〇一条一項前段との関係では理解できなくなる。一〇一条二項は「前項［一項］の規定は、地震、火災、水害その他重大な災害に際し、当該官庁が職員を本職以外の業務に従事させることを妨げない。」となっている。これは別の官職を兼ねることの禁止には結びつくことがらだが、一心不乱の集中義務とは結びつかない。

以上のことは、一〇一条一項前段：「その勤務時間及び職務上の注意力のすべてをその職責遂行のために用い」の文言内の前後関係自体からも言える。最高裁は、「職務上の注意力のすべてをその職責遂行のために用い」の箇所のみを前面に押し出すのだが、しかし右で「職務上の注意力のすべて」の前には、「その勤務時間及び」が入っている。勤務時間の全部を職責遂行のためにだけ用いられないのは、その時間帯に兼業しているときである。そしてその時間帯に兼業しているときは、「職務上の注意力」のすべてを職責遂行のために用いられない（時間外兼業でもそうである）。「のすべて」は、「その勤務時間」と「職務上の注意力」の双方にかかるのであって、「その勤務時間及び職務上の注意力」の「すべてをその職責遂行のために用い」るとは、ただ一つのこと、すなわち〈他の業務にも従事して勤務時間を割かれること、および兼業して注意力を分散させること、があってはならない〉という兼業禁止を命じているのだと理解できる。「その勤務時間」を割いたり「職務上の注意力」を分散させたりすることになる兼業はするな、ということである。

だとするならば、日本電信電話公社法三四条二項の「全力を挙げてその職務の遂行に専念し」もまた、別「官職」を兼ねることの禁止を旨とするものにすぎない、と理解できる。では民間の労働者には一般にこの（兼業禁止を意味する）職務専念義務が課せられないのはなぜか。それは、公務員ないし準公務員が兼業で民間の職を兼ねると憲法一五条二項（「すべて公務員は、全体の奉仕者であって、一部の奉仕者ではない。」）が禁止している「一部の奉仕者」になることをもたらすからである。(1)

日本電信電話公社法三四条二項に関する最高裁の解釈が誤りだとすれば、最高裁の、厳格な一心不乱の集中義務論は法的根拠をもたないことになる。では最高裁の解釈は、法律を超えた議論に依拠すれば成り立つものだろうか。

かつて伊藤正巳最高裁判事は、一九八二（昭和五七）年四月一三日の不当労働行為救済命令取消請求事件最高裁第三小法廷判決（TKC-27000090、『最高裁判所民事判例集』三六巻四号六五九頁。「ホテル・オークラ」内において、就業時間中に組合員である従業員が、各自「要求貫徹」・「ホテル労連」と記入したリボンを着用して処分された事件）の補足意見で、次のように述べた。

労働者の職務専念義務を厳しく考えて、労働者は、肉体的であると精神的であるとを問わず、すべての活動力を職務に集中し、就業時間中職務以外のことに一切注意力を向けてはならないとすれば、労働者は、少なくとも就業時間中は使用者にいわば全人格的に従属することとなる。

伊藤のこの見方を深化させるには、労働者は労働契約の結果として職場で使用者に全人格的に従属するとの最高裁の見方は近代の労働契約とどう関係するかを考察する必要がある。

このうち契約の典型となる民事契約（とくに他人同士の間での有償契約）は、①両当事者がその自由な意思でもって関係を形成すること（それゆえ当事者は対等であること）、および、②当事者の一方が給付を約束し、他方がそれに対応する（等価の）対価を支払うことを約束すること、を軸とする点が中軸とする。このうち①の契約当事者性の問題は「3」、「4」で扱うこととし、②の等価交換の問題を次の「2」で扱う。

2　「契約の論理」としての等価交換

給付と対価の等価交換において「等価」は、どのようにして決まるか。それは、それぞれの交換行為の定型的関係を基準として、契約目的を達する上で通常必要な給付の程度と、それに見合う対価との釣り合いを考えることによって決まる。その際、対価の相場は、給付に要する必要経費によって決まる。

労働契約の場合、対価とは賃金であり、それは労働力が再生産されるに通常必要な生活費と訓練の費用、およびその労働力の需要度に規定される。そして「労働者がおこなう通常必要な給付の程度」は、その対価（賃金）に対応した程度・内容のものとなる。対価が特別高額ではなく、通常のものであれば、給付もまた、通常人に要求される業務量（労働時間、労働密度）のものであり、当該給付に必要な標準の（一つの国、および生活水準が同等な諸国での通常の）仕事量、それを支える誠実さ、努力度・集中度を軸としている。加えて一般に契約では、求められる仕事が遂行されれば対価が支払われるものであって、（愛着や忠誠といった）精神面での態様を問う必要はない。したがって前提になっている業務態様は、一心不乱の集中義務を課すほどに過度のものではありえない。[2]逆に言えば、公務員に通常の民間労働者とは異なる勤務態様を求めるには、通常の民間労働者以上の対価提供がなければならない。しかも「通常の民間労働者」の勤務と対価の関係は、国内だけではなく先進国間の国際的標準というものに照らしても考慮すべきである。はたして日本の公務員は、特別高額の対価を得ており、それゆえ特別の集中を求められる、国内的および国際的な位置にあるだろうか。

確かに契約では、締結時にその契約対象物や契約の対象行為について相手側に偽りがないこと、相手側が約束を誠実に履行することが前提となる（信頼関係が欠かせない）。これを反映して、誠実でない行為、たとえば詐欺や不当表示、説明義務違反、さらには履行遅滞や不履行に対しては、法的制裁が加わる構造となっている。両当事者はさらに、契約に当たって相手が性格としても誠実な人であることを期待するし、締結後も誠実な性格であることが確信できないとその後も安心した関係維持ができない。両当事者は相互に友好的でないと、取引を長続きさせえない。加えて両当事者は、相手が献身的に努めてくれることをも、期待する。このようなものとしてはそれらは、法的関係の人間的基礎としては契約時において「法的にレレバントな要素」だとは言える。

だがこの点については、次のことを忘れてはならない。自分に対し好意的であるとか忠実で献身的であるとかは、契約を根拠にしても相手に法的強制を加えることができる性質のものではない。また、それらが相手に見られないからといって、そのことを理由に契約を解除しうる事項でもない。弁護士と依頼者との有償委任の関係、医師と患者の準委任契約などでは、どうしても気が合わなければ解除はありえようが、通常の労働契約は相手に自分への好意や献身が見られないとして解除はできない。通常の労働契約は、相手側に好意や献身があればラッキーではあるものの、それらを前提にしてはいないのだ。それらがなくとも、作業遂行と対価との等価交換がまもられておればよいのである。

それどころか、一般に契約当事者は、契約履行によってそれぞれが利益を享受する関係にあるとともに、相手の履行態様によってはヨリ少なく、またはヨリ多く利益を得るという関係、さらには利益相反の関係にもある。労働契約では、なおさらである。労働者が仕事に一心不乱であるか・内心において使用者をどう見ているかは──昇進・昇級等で判断材料の一つにはなるものの──契約の履行にとっては枠外のことである。契約は、第一義的には人の外面的な行為を主要関心にするものなのである。相手側の内面的心理・態度をも法的に規律しようとするのは、相手の人格への不当な強制である。内面的心理や個人的生活態度が「法外的」要素とよばれるのは、(3)このゆえである。(4)（上記判決の後の時代の法になるが）労働契約法三条四項は、「労働者及び使用者は、労働契約を遵守するとともに、信義に従い誠実に、権利を行使し、及び義務を履行しなければならない。」としており、それ以上の職務一心不乱の集中義務は規定していない。信義則の常識から言って、そういうものである。(5)

3　契約時と履行時とでの「契約の論理」

上記①の、両当事者の自由・主体性・平等性は、契約成立に当たってだけではなく、契約締結後、その履行の場面においても貫徹する。したがって、労働者がその労働契約の履行の場において使用者に全面的に服従する関係は、この点からも出てこない。

ところで、契約履行の場面における自由・主体性・平等性は、憲法二四条が明確に出しているところである。すなわち同条は、婚姻を合意（契約）によるものとして構成する。それまでの家制度的・家父長的婚姻を否定する立場から、婚姻する際の、そして婚姻関係に入ったあとの男女の対等・相互主体性を制度化しようとしたのである。すなわち本条は、この合意の論理（契約形式）が履行時（婚姻生活中）にも重要な意味をもっていることを、「婚姻は、［…］夫婦が同等の権利を有することを基本として、相互の協力により、維持されなければならない」というかたちで示している。婚姻中の財産権、住居の選定のあり方などに関しても、「個人の尊厳と両性の本質的平等に立脚して、制定されなければならない。」としている。婚姻生活を始めたあとも、「個人の尊厳と［……］本質的平等」という、合意が前提としていた原理に則った処理が求められる。そこでも一方当事者が他方当事者に全面的に服従することはありえない、というものである。

婚姻関係のこの特徴は、労使関係にも妥当する。労使関係もまた、合意、契約を通じて形成される持続的な共同関係という点で同じ性質のものである。しかも婚姻関係と労使関係は、歴史的経過が似ている。すなわち労使関係においてもまた、かつては労働者が使用者に対し――妻が夫に対してと同様――人格的に従属していたり、職場において労働者は自由・主体性を否認されたりしていた。これが、戦後になって、労働関係の契約的構成によって克服されようとしているのである[6]。したがって、現代において労働者は使用者の指揮命令下に入るとしても、指揮命令もまた、契約の履行上でのものである以上、「個人の尊厳と［……］本質的平等」を前提にしており、それに制約されている。

以上の考察にもとづきつつ、憲法二四条の「婚姻」を「労使関係」の語に置き換えて同条を書き換えると、次のような法文になるだろう。

> 労使関係は、被用者と使用者の合意に基いて成立し、労使が同等の権利を有することを基本として、相互の協力により、維持されなければならない。2　採用、労働、賃金、社会保障、赴任先の選定、退職並びに労使関係及び職場に関するその他の事項に関しては、法律は、個人の尊厳と労使の本質的平等に立脚して、制定されなければならない[7]。

「労使が同等の権利を有することを基本として、［…］維持されなければならない」のである。

この関係を、中小企業経営者の団体、中小企業家同友会が発行している『中小企業における労使関係の見解』（一九七五年）は、次の二点において明確に指摘している。①「企業内においては、労働者は一定の契約にもとづいて経営者に労働力を提供するわけですが、労働者の全人格を束縛するわけではありません。契約は双方対等の立場で取り交わされることがたてまえですから、労働者が契約内容に不満をもち、改訂を求めることは、むしろ当然のことと割り切って考えなければなりません。その意味で労使は相互に独立した人格と権利をもった対等な関係にあるといえます。」②「労使は、相互に独立した権利主体として認めあい、話し合い、交渉して労使問題を処理し、生産と企業と生活の防衛にあたっては、相互に理解しあって協力する新しい型の労使関係をつくるべきであると考えます。」「自主・民主・連帯」は、労使関係の目標でもあると言える、と。

確かに労働者は、労働契約の結果、使用者の指揮命令下に置かれつつ作業する。そして日本の職場には、指揮命令者から「これは業務命令だ」と言われれば服従しなければならない雰囲気がある。しかし、今日においては指揮命令の関係は、身分関係でも権力関係でもない。それは、作業をする上では指示が欠かせないということから来る、機能的関係にすぎない。しかも指示は、労働者に対し一方的強制としてあるのではなく(8)、労働者の人格上の必要による制約を受ける。加えて契約一般がもつ論理（①契約当事者の対等性・相互主体性の原則、②双方の利益が一致する関係と相反する関係との併存）が、使用者側の指示権行使を制約する。

さらに、契約の履行中は契約の形式のもつ論理が作用し続けているのであるから、その契約を実効的なものにする努力も、認められる必要がある。この点からして、労働組合の活動（労働状態の監視、組合団結の維持行為など）や討論会・勉強会は、契約自体の一環として、職場において認められなければならない。そうでなければ、契約はその履行の局面で効果を確保しえない(9)。同様に労働者は、職場においてもその主体性を維持する行為を確保できる。主体性を不断に維持してこそ、契約関係は生きてくる。ここでも契約は、両当事者に——義務とともに——それぞれの権利・主体性を保障するのであって、一方当事者（ここでは労働者）に全面的な服従を求めるものではない。職場での労働者の契約主体性は、勤務時間外や休憩時間中はもちろん、さらには勤務時間中にも業務への実質的な支障がない限り認められると判断すべきであろう(10)。

4　国家・国民と公務員

国家や公共企業体を使用者とする労働契約では、事は上とは別のものとなるだろうか。まず、対国家であっても労働契約である以上、民事契約の論理が貫徹する。国や国民側は公務員に対し、「国のため熱心に働いてほしい」、「一心不乱で職務を遂行してほしい」という希望をもつのは自然だろうが、給付に対応する対価以上の態様の勤務は、法の枠外のものであるから法的に強制したり違反を制裁したりできない。裁判所もまた、それを判決によって強制・制裁しえない。給付に対応する対価以上の、たとえば本件プレート着用禁止を肯定するまでに厳格な一心不乱の集中のような勤務態様を求めるなら、それに相応する対価を支払うか、相手の好意を引き出すために契約外のサービスを提供しておかなければならない。公務員がそのような対価ないしサービスを受けているとは言えないのだから（公務員の俸給、その他の待遇は社会の給与・待遇水準をはるかに超えたものではない）、公務員であることを理由にそのような反対給付を求めるのは、「同一賃金、同一労働」の原則に反する。「公務に熱心で献身的である公務員」は、国民の多くが望むところではあろうが、法律や判決で強制したり制裁したりできる性格のものではない。

では、特殊民主主義国家においては、公務員は一心不乱に国民に服さねばならないのだろうか[11]。第一に、国民は公務員の使用者であるから（国民は、公務員と労働契約を締結するところの国家法人の主体的構成員であるから）、国民は相手方契約当事者としての公務員の権利・主体性を尊重しなければならない。国民は労働契約の当事者である以上、その契約ないし公務員の権利に制約を受けているのである。第二に、民主主義的である国家は通常、また自由主義をも原理にしている。自由主義は、少数者の権利、とくに人権尊重を重視する。したがって、公共の福祉の名の下に、少数者である国家公務員に対し多数者である国民の利益を優先させることはできない。

そもそも（公務員である人物も含まれる）個人と国家との関係は、どういうものか。結論を言えば、団体と同様国家は、契約形式をとって形成される。それゆえそれは、ある限定された目的のための道具である（団体はその構成員の目的実現のための手段にすぎない）というものとなるから、各構成員はその団体に全人格・生命・全精神・

全生活を提供することはない（個人と国家との関係は、現代においてはゲゼルシャフト――ゲマインシャフトに対する――の団体原理である）。

ヨーロッパでは近世以降、国家が、或る目的達成のための契約によって成り立ったのかどうかが、とりわけ重要な問題となった。国家が契約によるという立場は、近世の社会契約説において前面に出てきた。この思想の特徴は、(a) 国家が個人の道具であること（個人が国家形成・運用の目的であること）、(b) 国家に包摂されきらない個人の存在部分を認めること、(c) その部分に固有の個人の権利として基本的人権が属していることを確認すること、(d)個人の意思を国家運営において決定的なものとして重視すること（人民主権）、(e)法による国家運営を確保することにある。(a)・(b)・(c)・(e)が自由主義原理に、(d)が民主主義原理に関わっている。

日本の場合も――明治憲法下の国家は明らかに契約関係ではなかったものの――日本国憲法下の国家は、次の点で契約的に把握しうる。すなわち日本国憲法は、個人の主権や尊厳性は説くが、国家の独自価値については語らない。日本国憲法は、法の支配（国家を越えた価値物としての各人の権利、それを反映した法の存在）を重視している。また、前文にある、「そもそも国政は、国民の厳粛な信託によるものであつて」以下は、国政が国民が（自由・生命・幸福追求を実現するという）その目的を達するために道具として構成するものであること、その道具の運用のための権限（統治権＝立法・司法・行政権）を信託したこと、信託は当然のことながら契約によるものであることを意味している。こうしたことが可能なのは、契約に先だって、人民の一人ひとりが独立自由であるときである。日本国憲法は、独立した自由人の契約関係として国家関係を捉えているのである。

5　結　論

以上の考察を踏まえれば、国家公務員法一〇一条一項の解釈においては、次の点を念頭に置かなければならない。第一に、国家公務員も国家法人（その法人を構成する国民自身）との労働契約によって仕事に従事している点で、国家公務員と国家法人とは契約主体同士として同等の権利をもつ。したがって、その契約にもとづいて労働に従事している国家公務員にも、「個人の尊厳と…本質的平等」（憲法二四条）が認められなければならない。国家公務員は、国家（国民）に一方的に従属し奉公する者ではない。

前述の「ホテル・オークラ」事件最高裁判決で伊藤正巳裁判官が次のように述べているのは、この考えに結びついている。

私は、職務専念義務といわれるものも、労働者が労働契約に基づきその職務を誠実に履行しなければならないという義務であつて、この義務と何ら支障なく両立し、使用者の業務を具体的に阻害することのない行動は、必ずしも職務専念義務に違背するものではないと解する。そして、職務専念義務に違背する行動にあたるかどうかは、使用者の業務や労働者の職務の性質・内容、当該行動の態様など諸般の事情を勘案して判断されることになる。このように解するとしても、就業時間中において組合活動の許される場合はきわめて制限されるけれども、およそ組合活動であるならば、すべて違法の行動であるとまではいえないであろう。

契約の論理である、①等価交換性、②当事者の対等性・尊厳性、③契約の第一義的な外面性を基底に置くことが、肝要なのである。使用者である自分たちと被使用者である公務員の関係がこうした労働契約による関係であることを忘れて、公務員に特別奉仕を求めるような国民は、やがて自分たち自身が労働契約の論理を無視した特別奉仕を自分の使用者（ないし国家自体）から求められることになり下るだろう。

注

(1) 憲法一五条二項は、公務員が民間の職業を兼ねることは明らかに禁止している。「全体の奉仕者」と「一部の奉仕者」とを対置し、公務員に〈一部の意見・利益だけに従属するな〉と求めているからである。ところで最高裁は、公務員に対する上記のような厳しい職務遂行義務を根拠づけるのに――国家公務員法一〇一条（一項）の他に――この憲法一五条二項をも援用する。しかしこの解釈は、正しくない。そもそも、公務員も憲法が人権を保障している「国民」の一部である。その憲法が、本条でもって公務員に他の国民に比して過重な労働を課す（加えてストライキを禁じ、市民としての政治活動を禁止する）関係は、考えられない。

(2) 逆に、仕事中に業務行為ではない動作や思考（排泄、水分補給、休息、自分を私的に訪ねてきた者への対応、緊急に対応が必要な私用ケータイの電話やメール対応など）をすることは、どうであろうか。契約は、人間の自然および社会的存在性を前提としつつ、すなわちそういう「雑事」が介在することを踏まえつつ、仕事の基本的ノルマ遂行を眼目に締結される。それゆえ常識の範囲内で仕事に特段の支障がなければ、信義則違背とはなりえない。

(3) 広中俊雄「近代市民法における人間　社会関係における「人的要素」と近代市民法」(『法哲学年報』Vol. 1963　Part II (1964)、および同「社会関係における《人的》要素と近代法」『私法』二七号、一九六五年)。広中は言う、「近代法においては、人間は、他者との関係においてザッハリッヒな態度ないし行動に出るものとして扱われるのが原則である。」借家賃貸借契約やサービスを提供する契約の一方当事者は、当事者間の人間関係が損われたと判断するとき、契約を解約したい気分にはなる。しかしそれは、直ちには解約理由とはならない。そうした人間的要素は、有償契約による住居使用という法的関係において解約に関わる面では第二義的位置にしかないからである。かれは事情によっては別途、不法行為等を問題にすることはできるが。

(4) これは、法一般にも妥当することである。法は、生活の外枠・形式を準備する。生活の中身は、人びとがその枠内で、〈自分たちにとって実際に妥当なあり方とは何か〉を考えつつ形成していくのである（末弘厳太郎はこの中身＝人間の実存に関わる事柄を「生ける法」と呼ぶ。末弘厳太郎『末弘厳太郎著作集』第四巻三・四章）。法を考えるときには、外枠・形式と中身・

実体との両方を考えることが重要となるものの、前提として両者の区別も大切である。

（5）近時、民間労働者に対しても組合のプレートやリボン着用を禁止する傾向がある。しかしこれは上記の最高裁判決の後遺症としての現象であって、後述のように本来の「契約の論理」を逸脱した事柄である。

（6）このような理解に対しては、①婚姻は全人格的な関係、ないし愛の関係であって、ビジネスライクなドライな労働関係とは異なると反論する人がたくさんいるだろう。しかし、全人格的な関係とか愛の関係とかは、法の外の関係性であって、婚姻は法的に把握される場では、相互扶助とか同居義務とか信義誠実遵守とかの法的関係に尽きる。同様に労働関係は、法的には契約として把握される（法の外では相互信頼にもとづく人間的関係を軸とするが）。ましてや労働契約は、労働者の労働力の売買ないし賃貸借に関わる。売買・賃貸借契約においては、両当事者は対等であるし、その履行中に一方が他方に全面的に奉仕するのではなく、履行に実際必要な限りで、そのための行為に集中するものであるから、憲法二四条の趣旨は、労働契約には――婚姻以上に――もっと適合的である。

（7）以上のことはまた、近代契約観からも言える。たとえばロック的社会契約論では、契約によって国家を形成した各人は、契約後はその国家に全面的に服するのではなく、契約後も契約の論理、すなわち各人の主体性を保持しつつ生きていく。すなわち各人は、不断にその意思を投票や集会等で表明するだけではなく、政府が契約違反を犯した場合には、appeal to heaven による抵抗・革命を実行する。契約の論理は、契約後の社会関係でも発現するのである。

（8）「ホテル・オークラ」事件第一審判決（一九七五（昭和五〇）年三月一一日）は、「勤務時間中である場面では、使用者の業務上の指揮命令とこれに従つて労働者が労務の給付ないし労働に服しなければならない上下関係が支配する。」と言う。これでは労働者は、ここでは前近代的な支配従属の関係に入っていることになる。

（9）アメリカ連邦最高裁判決、REPUBLIC AVIATION CORPORATION v. NATIONAL LABOR RELATIONS BOARD. NATIONAL LABOR RELATIONS BOARD v. LE TOURNEAU CO. OF GEORGIA. 324 U.S. 793 (65 S.Ct. 982, 89 L.Ed. 1372) は、労働組合活動はワーグナー法によってはっきり認められているが、経営者が職場の秩序を維持する権利も同様に法によって認められている。これら二つの権利の保障は調和のある社会にはともに欠かせないのだから、両権利の正しい配分・調整がなければならない、という前提から出発する。そして、周囲から孤立した工場敷地での、労組による昼休み時間中の情宣活動を、その時間以外には活動の機会がないという理由で認めた。

(10)　この点については、賃金請求事件広島地裁民事第三部一九九三（平成五）年一〇月一二日判決（TKC-27825414）が、次のように述べている。

「少なくとも被告のような私企業における労働者の職務専念義務は、労働者がその労働契約に基づいて行うべき労働を誠実に履行する義務と解すべきであり、労働者がその精神的・肉体的活動のすべてを職務遂行に集中すべき義務とまでは解すべきでないから、本来の職務以外の行為であっても、労働を誠実に履行すべき義務と支障なく両立して使用者の業務を具体的に阻害することのない行為については、必ずしも職務専念義務に違反するものではないと解するのが相当である。

しかして、弁論の全趣旨によれば、国労の組合バッジは、縦約一・一センチメートル、横約一・三センチメートルの大きさであり、その表面には、黒地にレールマークが描かれＮＲＵとローマ字が表示されていることが認められる。すると、右組合バッジは、いずれも小さく目立たないものであり、また、具体的な主義主張が表示されているものでもないから、その着用行為は、原告らの労働を誠実に履行すべき義務と支障なく両立し、被告の業務を具体的に阻害することのない行為であって、原告らの職務専念義務に違背するものではなく、更に、就業規則二三条の趣旨は前記のとおりであるから、実質的には同条が禁止する勤務時間中の組合活動にも該当しないというべきである。」

(11)　この点については、公務員の特別な忠誠義務を憲法一五条二項に求める最高裁の見解があるが、この見解は注（1）で見たように、まったくの見当違いである。

第六章　国家・社会の変革と行政法

晴山　一穂

1　本章の課題

学部と大学院の先輩に当たる中村浩爾氏の古稀記念を兼ねた本書のタイトルが『社会変革と社会科学——時代と対峙する思想と実践——』と名づけられ、私にも執筆の機会が与えられることとなった。大学のあり方を含めて、国家と社会のあり方が大きく問われた一九六〇年代後半から一九七〇年代にかけて大学時代を過ごした私にとって、その具体的筋道や方法はともかくとして、国家と社会の変革というテーマは、今日に至るまで私の一貫した問題意識であった。そして、このことは私の研究にも反映し、初めて論文という名のつく文章を書いた大学院の修士課程以来、行政法という私の専門分野に即しながらこのテーマをいかに理論化・具体化するかが、私のこれまでの研究上の最大の問題関心であったと思っている。

もとより、課題の大きさと比較すると、これまで私が公にしてきた成果は微々たるものに過ぎないが、本書の執筆者の一員に加えていただいたこの機会に、これまでの私の研究経過に触れながら、国家・社会の変革という観点との関わりを念頭に置いて、行政法に関する自分なりの問題意識を改めて整理してみたいと思う。本来であれば、より理論的・体系的な論述が必要となるテーマであることは論をまたないが、私の能力と時間的な準備の関係で、ごく大まかなスケッチにとどまらざるを得ないことをあらかじめお断りしておきたい。以下、第2節と第3節において大学院入学以降の私の研究経過を跡づけたうえで、第4節と第5節において、国家・行政の変革とそれに向けた行政法の課題に関する私の考えを述べることとしたい。

2　研究対象としての「現代日本の行政法」

私は、京都大学大学院で、故杉村敏正先生の下で行政法の研究を開始したが、そのとき以来今日に至るまで、私にとっての研究対象は、一貫して「現代日本の行政法」であった。このことの意味については、若干の説明が必要となる。

1　「国家法としての行政法」であること

そのひとつは、私にとっての行政法研究の対象は、なによりも「国家法としての行政法」であるという点である。このことは、行政法とは、歴史的に近代国家成立以降各国における国家法として形成され、確立されてきた法分野であるという認識が前提となっている。ここで「行政法」という場合には、行政に関する法律・命令を中心とする行政法規範、学説・判例を通して歴史的に形成されてきた行政法理論・行政法イデオロギー、そして行政組織・公務員制度・行政争訟制度など行政法の具体的執行を支える行政法制度の三つを包括する広義の行政法のことを指しているが、この意味での行政法の体系的成立は、議会、裁判所、そして行政組織・官僚制が確立される近代国民国家において初めて可能になったと考えるからである。この意味からするならば、ある国の行政法のあり方は、当該国家の権力構造・統治構造のあり方と密接に結びついており、このような国家の権力構造・統治構造、ひいては国家という存在そのものを社会科学的観点からどのように捉えるのかという問題との関連を抜きにして、行政法のあり方は論じ得ないということになる。

2　「現代日本の行政法」であること

もうひとつは、1を前提としたうえで、私の関心が、「現代日本の行政法」をどのように認識し、その将来のあり方をどのように考えるかという点にある、ということである。

（1）戦後日本の行政法が抱える基本矛盾

右にいう「現代日本」とは「戦後日本」のことを指しているが、それは、第二次大戦後の日本の権力構造・統治構造が、戦前のそれと基本的に異なること、法規範のレベルでいえば、行政法の基本に据えられるべき憲法が、天皇主権に基づく明治憲法から国民主権に基づく日本国憲法へと根本的な転換を遂げたことを踏まえてのことである。

このようにして、研究の焦点を「戦後日本の行政法」に当てることになると、そのあり方を規定する戦後日本の権力構造・統治構造とはいかなるものであるのかという問題が必然的に問われることになる。それは、一言でいえば、ポツダム宣言の受諾と日本国憲法の制定によって、法規範の次元では天皇主権から国民主権への根本的転換が図られたにもかかわらず、講和条約によって占領体制を脱した後においても、日米安保条約によるアメリカへの強い軍事的・政治的・経済的従属が継続し、事実上国家主権が制限された状態の下で、日本国憲法の実現・具体化が大きく妨げられてきた、ということに集約できる。日本という国家が置かれたこの特殊な状況、そして、その下で日本の行政法が抱える基本的矛盾をどのように評価し、その克服の道筋をどのように考えるのかという問題は、行政法研究者にとっても避けることのできない課題ということになる。

（2）法体系二元論と社会法論

ちょうど私が研究を開始したこの時期は、日本が置かれたこうした状況を〝憲法体系と安保法体系の矛盾的併存〟という視角から把握した〝法体系二元論〟が大きな注目を集めていた時期であった。これは、先進資本主義国でありながらアメリカへの強い従属の下に置かれた戦後日本の基本的矛盾を法規範のレベルで理論化したものであり、この観点に立つと、戦後日本の行政法もまた、必然的にこの矛盾の下に組み込まれざるを得ないことになる[1]。法体系二元論については、その後、それが内包する問題点の指摘も含めてさまざまな角度からの議論が交わされることになるが[2]、私自身にとっては、戦後の日本法が抱える基本矛盾をその核心部分において剔出した理論として強い印象を残すものであった。

他方でまた、当時は、現代日本法の総体をどのような視角から把握するかをめぐって、民科法律部会を中心に、いわゆる〝現代法論争〟が展開された時期とも重なっていた（法体系二元論自身も、現代法論のひとつとして論争の一角を占めることになる）。行政法からの論争への関わりは大きなものではなかったが、私自身は、労働者階級を中心とする民衆の社会変革をも視野に入れた運動と、それに基づく法的実践の重要性を提起した社会法論（社会法視座）から一定の示唆を受けたことも、ここであわせて付言しておきたい[3]。

法体系二元論にせよ、社会法視座にせよ、そこに共通しているのは、戦後日本法をめぐる矛盾に着目し、そこに変革の契機を見出そうとしている点にあると私には思われた。

3　新自由主義改革への対応

1　一九七〇年代までの問題意識

一九六〇年代から一九七〇年代は、私にとって、学部と大学院を経て、最初の赴任先である福島大学で研究・教育を開始した時期に当たる。この時期は、住民運動や労働運動の高揚を背景として全国に革新自治体が誕生・波及し、その先進的な施策が国をも動かすなかで、社会保障・福祉の分野や公害・環境行政の分野において、少なからぬ施策の前進が見られた時期に当たる（老人医療費無料化、一九七〇年公害国会における公害規制立法の強化など）。こうした時代背景の下で、国民の権利保障に向けて国・自治体の果たすべき役割とそれを理論的に支えるべき行政法（行政法理論）の役割に対して、大きな関心が集まるようになる。私自身、京都在住時代は、蜷川革新府政の下での各種の先進事例に学びながら、憲法に基づく国家と自治体の役割、その観点に立った国家と行政の民主化の課題に理論的関心を抱き、これらの課題に対して行政法の観点からどのように接近すべきかを考えていた。

2　一九八〇年代以降の問題意識

国家と行政をめぐるこのような状況に大きな転換をもたらすこととなったのは、ほかならぬ臨調行革（第二次臨時行政調査会答申に基づいて行われた行政改革）である。臨調行革は、「自立自助」と「行政への依存体質からの脱却」の名の下で、福祉の大幅削減を進めるとともに、民営化と規制緩和を通して民間企業の自由な利潤追求活動を保証し、行政の役割を、国民の権利・福利の保護から民間企業活動の支援・補完へと大きく転換させることを目的とするものであった。それは、今日に至るまでその規模を拡大しながら途切れることなく続けられてきた一連の新自由主義改革の先駆けをなすものと位置づけることができる。

当時、私は、二つの公務員労働組合と協力しながら、室井力氏（当時名古屋大学教授）を中心とする研究会の一員として、臨調行革の批判的検討に携わるという貴重な機会を得ることができた。そのひとつは、第二次臨調の委員に任命された全日本自治団体労働組合（自治労）の委員長であった丸山康雄氏を輔佐するために自治労の下に設けられた丸山事務所の研究グループである。そこでは、丸山氏の臨調での意見表明を理論的に補佐するために、課題ごとに集中的な検討作業が行われ、その成果は、丸山委員の臨調における発言・意見という形で反映されることになった(4)。もうひとつは、国家公務員労働組合連合会（国公労連）との共同研究であり、臨調発足に先立って民主的行政改革のあり方を研究するために設けられた行政政策研究会の成果を継承しながら、組合関係者と行政法グループとの間で臨調対応のための研究会が継続的にもたれ、私は、そこで、主として公務員制度を担当しながら臨調の諸答申の批判的検討作業に携わることとなった(5)。

臨調行革は、その後、新自由主義的性格を一層濃厚にしながら、橋本行革、小泉構造改革を経て、現在の安倍内閣の諸政策へと継承されることになるが、臨調後、私自身は、国家行政に関しては国公労連の下に設立された行財政総合研究所の一員として、また、自治体行政に関しては日本自治体労働組合連合会（自治労連）の下に設置された自治労連・地方自治問題研究機構の一員として、公務員労働運動と連携しながら、新自由主義的行政改革に対抗する立場に立って、憲法に基づく国・自治体の役割、それを踏まえた民主的行政のあり方、そしてそれを支える公務員制度と公務労働のあり方について、継続的に研究を続けながら現在に至っている。

4　国家・行政の役割と行政法

臨調行革に始まり現在に至るまで間断なく続けられてきた新自由主義的行政改革は、日本の国家と社会のあり方に大きな変容をもたらすこととなった。この事態は、私にとって、国家（自治体を含む広義のそれ）の役割、そしてそれと密接に結びついた行政法の役割について、改めて基本に立ち返った考察の必要性を痛感させるものであった。そして、このことは、以下の二つの観点との関係において問われることになった。

1　「官から民へ」との関係——国家の公共性——

（1）新自由主義改革への対抗

そのひとつは、いうまでもなく、「官から民へ」「小さな政府」という新自由主義改革の中心テーマとの関係である。すなわち、新自由主義は、右のスローガンの下で、国民の生活と権利を擁護すべき国家の役割を大幅に縮減し、この分野において従来国家が担ってきた事務・事業を民間部門に大幅に開放し、そこでの民間大企業による自由な利潤追求活動を保証しようとするものにほかならない。その手法の中心となるのが、公的事務・事業の民間化（民営化・民間委託）と規制緩和（経済的規制・社会的規制を中心とする公的規制の緩和・撤廃）であり、臨調行革以来のこれらの施策の相継ぐ強行の結果、日本社会は、市場原理の異常なまでの横行とその下での著しい格差の拡大と貧困化という深刻な事態を迎えることになる。

このことは、法的観点から捉えるならば、憲法が保障する国民の基本的人権（とりわけ生存権を核心とする各種の社会権）を擁護すべき国家の役割と、それを行政の場で具体化すべき行政と行政法の役割を著しく後退させ、憲法の描く国家像とは反対に、国家と行政・行政法を民間大企業に奉仕するための道具に転換させることを意味するものにほかならない。このことを踏まえるならば、民間化と規制緩和を中心とする新自由主義的諸政策の法的限界（つきつめるならば憲法的限界）を明らかにして、憲法に基づく本来の国家の役割を解釈論として導き出すとともに、その実現に向けた行政法のあり方を具体的に提起することこそ、新自由主義改革に対抗するための行政法の主要な理論的課題ということになる。(6)

（2）国家論的裏づけ

しかし、ひるがえって考えると、このような法理論が正当性と現実性をもつためには、それを理論的に根拠づける国家そのものに対する客観的認識が不可欠となってくる。従来「国家論」というテーマの下で多角的に論じられてきたこの問題についてここで詳述する余裕はないが、以下では、さしあたり対象を資本主義国家に絞ったうえで、①国家（国家概念自体多義的であるが、ここでは国家機能とそれを担う国家機構を主たる念頭に置いている）は、支配階級たる資本家（現在においては独占企業と富裕層）の利益を擁護し、労働者を中心とする被支配階級を抑圧するための階級的機能をその本質とするものであるが、同時に、それは、当該社会全体を維持するための「社会的・共同的」機能をも必然的にそのなかに取り込まざるを得ないという矛盾した存在であること、②国家の階級的機能の強弱と態様は、労働者を中心とする被支配階級と広範な市民層による社会運動によって規定・制約されるものであること、③市民革命以降の世界の民主主義の発展と基本的人権の定着は、国家の階級的機能を抑制・制御し、広範な国民各層の権利と利益の実現のために国家が重要な役割を果たす可能性を切り拓くものであること、④これらの国民が、民主主義的政治制度の下で議会の多数派を掌握し、官僚機構を始めとする国家機構の民主化に成功するならば、国家を国民多数の権利と利益の実現に奉仕する存在へと転換させる現実的可能性が切り拓かれること（国家の民主的変革、真の意味での国家の社会的・共同的機能＝国家の公共性の実現）、そして、⑤こと日本に関しては、こうした国家の民主的改革を進めるうえでの最大の拠り所として日本国憲法を有していること、以上の点を指摘しておきたい。

2　グローバリゼーションとの関係――国民国家の役割――

もうひとつは、前世紀末葉以降急速に展開しつつあるグローバリゼーションとの関係において国民国家の役割をどのように評価するか、という観点との関係である。グローバリゼーションの評価自体きわめて多様であるが、ここで念頭に置いている議論は、グローバリゼーションの進展を理由に国民国家の役割の相対化ないし低下を説く見解であり（「国家の揺らぎ」「国民国家の相対化」「ポスト国民国家」など）、この見解の根底には、多かれ少なかれ、グローバリゼーションに対する肯定的な評価と、国民国家が果たしてきた役割に対する否定的評価が横たわっていることに留意する必要がある。また、これらの議論は、従来は、政治学、歴史学、経済学など法学以外の分野において多く見られた議論であるが、最近は、行政法学の分野においても、「一般行政法における国際行政法理論を構築する作業[7]」の必要性が提唱されるなど、国家の枠を超えた行政法・行政法理論の体系化への関心が高まっていることが注目される。

この問題も簡単に答えを出せる問題ではないが、ここではさしあたり、①グローバリゼーションの性格をどう捉えるかはさまざまな見解があり、一律の評価は避けなければならないが（そこに一定の肯定的側面があることは否定できない）、少なくとも、その大きな要因として、アメリカを中心とする多国籍企業・国際金融資本による国境を超えた野放図な利潤追求活動があるということ、②現在のグローバリゼーションが、市場原理に最高の価値を置く新自由主義の世界的な展開と密接に結びついた現象であり、1の（1）で見たわが国における新自由主義政策の推進もこれと密接に結びついていること、③こうした状況の下で、国民の権利・利益を守るべき国民国家の役割は、グローバリゼーションの下でも低下しないどころか、むしろ強まっていること、④グローバリゼーションの害悪に対しては、各国における規制とあわせて、国家間の協力を前提とする国際的なレベルでの多国籍企業・国際金融資本に対する規制の強化が不可欠となること、の四点を確認しておきたい[8]。

以上を前提としたうえで、行政法における最近の国際行政法に関する研究動向については、従来の行政法学において十分念頭に置かれてこなかった一国の枠を超えた行政法現象の世界的展開に関心を喚起するものとして、それ自体、積極的な意味をもつものと評価することができよう。そのうえで、ここでは、そのことが「国家法としての行政法」という基本的枠組みを揺がすものと捉えるべきではないこと、国際行政法への関心は、国民の権利保護に果たす国民国家の役割の軽視につながるものであってはならないこと、の二点を指摘しておきたい（論者がそのように説いているということでは必ずしもないが）。

5　国家および行政法の民主的変革に向けて

以上が、これまでの私の研究経過とその中で培ってきた問題意識であるが、最後に、以上を踏まえて、今後のわが国における行政法の役割と課題をどのように考えるべきか、また、それを実現するためには今後何が必要になるのかについて、改めて私の考えているところを整理しておきたい。それは、一言でいえば、「国家および行政法の民主的変革」と表現することができる。

1　憲法に基づく行政・行政法

第4節で述べたように、法的観点に立つならば、行政の基本的役割は、日本国憲法の国民主権原理に基づいて、憲法が国民に保障する各種の基本的人権を、現実の行政（公務）の場を通して具体的に実現することにある。そして、この行政の役割を、行政法規範・行政法理論・行政法制度の全体を通して法的に根拠づけ、その実現を法的に支えていくことに行政法の基本的役割があるということになる。日本国憲法を前提とする限り、このこと自体は何人も否定しえないところであろう。しかし、行政と行政法が実際に右の役割を果たしていくためには、現在の日本が抱える以下の二つの基本問題を解決し、右にあげた行政・行政法の役割を実際に実現しくための現実的条件を切り拓くことが必要となる。

（1）安保条約の廃棄と平和主義の実現

第2節で見たように、現在の日本は、安保条約の下でアメリカへの強い従属の下に置かれており、この状態から脱却して、わが国が真の主権国家として自立しない限り、憲法の平和主義（これは行政・行政法がその基本的役割を果たすための不可欠の前提である）を実現できないだけでなく、国民の基本的人権を保障するための政治・経済のあり方を作り出していくことも不可能となる（安保条約は、既述のとおり、軍事だけでなく政治・経済を含めた日本社会全体のアメリカへの従属を根拠づけるものである）。そのためには、安保条約一〇条に基づいて同条約の廃棄をアメリカに通告し、日米関係を真に対等な主権国家間の関係に転換させること、すなわち、法的にいえば、憲法体系と安保法体系の矛盾・対立を解消し、日本の法体系を憲法体系の下に一元化することが必要になってくる。こうして安保条約が廃棄されるならば、米軍の特権的地位を保障するための米軍地位協定（それに伴う各種の秘密協定を含む）とその下にある一群の特別法・特例法の体系も解消されることになり、さらには、二つの法体系の矛盾の集中点である沖縄を米軍の支配から解放し、名実ともに本土と一体となった憲法体系の下に統合することが可能になる。

さらに、日本国憲法の平和主義を実現するためには、安保条約の廃棄と並ぶ二つ目の課題として、自衛隊を解散し、戦力を持たない真の平和国家を作りあげるという課題が提起されることになる。自衛隊解散に至る道筋と解散後の自衛のあり方、自衛隊の組織改廃の具体的方法などについては、さまざまな角度からの国民的な議論が必要となるが、自衛隊が憲法九条二項の戦力に該当することは明らかであり、その解消は、平和主義実現のための不可欠の課題であることを改めて確認する必要がある。

こうして安保条約と自衛隊がなくなれば、それを前提として作り上げられてきたさまざまな政治的支配・抑圧体制（米軍地位協定、特定秘密保護法、自衛隊による諜報活動など）もまた解消され、国民の政治的自由・市民的自由の真の確立が図られることになる。

（2）新自由主義の廃棄と生存権・社会権の保障

第４節で見た臨調行革以降の新自由主義の野放図な横行は、経済的側面にとどまらず、教育やイデオロギーの側面、さらには個人の尊厳という人間のあり方に関わる側面も含めて、日本全体に危機的な状況を生み出しつつある。憲法に基づく行政・行政法の役割が十全に発揮されるためには、こうした新自由主義の横行に歯止めをかけ、憲法の保障する基本的人権、とりわけ生存権を中核とする各種社会権（教育権、勤労権、労働基本権など）の実現を可能とする政治・社会のあり方を創出することが不可欠の課題になる。また、すでに見たように、わが国における新自由主義の横行がアメリカの多国籍企業が主導するグローバリゼーションと密接に結びついていることを踏まえるならば、国内における新自由主義の規制は、国際的レベルでの多国籍企業に対する民主的規制と一体的に進めなければならないことはいうまでもない。日本がアメリカへの従属から脱して、国際社会の一員としてそれに向けた役割の一端を担っていくためにも、日米の大企業と富裕層に奉仕する現在の日本の政治のあり方の根本的転換が必要となる。

2　国家の民主的変革の方向と筋道

以上に見たように、日本国憲法に基づく行政と行政法の役割を実現するためには、現在の政治・経済のあり方の転換が必要になるが、そのためには、現在の政治・経済システムの部分的な改革・改良では対応できないことは明らかであり、究極的には、アメリカへの従属と大企業優位の政治・経済構造を生み出している現在の日本国家のあり方そのものの根本的な変革、すなわち国家の民主的変革[9]が必要となることは、1であげた課題の性格からも明らかであろう。

ここで国家の民主的変革という課題は、端的にいえば、第4節1の（2）であげた国家論に関する理論的視座、とくにその④を踏まえてのものであるが、わが国においてこの基本的な課題を実現していくためには、いくつかの具体的課題の解決が必要になってくる。以下では、国家・行政の民主的変革のための具体的諸課題（その多くは行政法上の課題でもある）について箇条書き的に記しておきたい。もとより、以下にあげるのはごく基本的な事項にとどまり、これらの他に検討すべき多くの課題が残されていることはいうまでもない。

（1）議会制民主主義の徹底

・議会への民意の正確な反映――小選挙区制の廃止、民意を正確に反映できる選挙制度の実現、選挙運動の自由化、政治資金規制の強化

・国会による行政の統制の強化――国政調査権の活性化、政府委員制度の復活

（2）行政の民主化

・前提としての情報公開の徹底、行政の透明性の確保

・政策決定過程・行政執行過程への国民各層の意見の反映――行政手続の民主的拡充（公聴会制度の民主化など）、審議会制度の民主化（経済財政諮問会議など財界偏重の審議会の廃止、労働組合や市民の参加の保障など）

（3）行政組織・公務員制度の民主化

・社会権領域を中心とする行政組織の抜本的拡充、公務員定数の大幅増加（非正規の正規化を含む）

・公務員制度の民主的改革――「全体の奉仕者」としての公務員の役割の発揮、公務員に対する労働基本権・政治活動の権利の完全保障、特権官僚制の廃止（天下りの禁止、官民交流の制限、昇任制度の民主化など）

（4）地方自治の実現

・新自由主義に奉仕する地方分権改革から住民に奉仕する地方自治の実現へ

・国と地方の役割分担の転換――軍事大国化と福祉削減のための「国と地方の役割分担」から、国と地方が協力して国民・住民の権利保障に奉仕するための「国と地方の役割分担」へ

（5）行政に対する司法統制の強化

・裁判制度の民主化、行政訴訟・国家賠償訴訟を通した司法統制の強化

3　行政法理論の民主的発展

以上に述べた国家および行政の民主的変革の課題は、当然のこと、これまでの行政法理論、とりわけ行政法解釈論の根本的な見直しを伴わざるを得ない。すなわち、戦後の行政法学は、明治憲法の下で形成された国家・公権力優位の行政法理論の反省のうえに立って、日本国憲法に基づく新たな民主主義的行政法学の構築という課題を抱えて出発することになるが、この課題は、学説の努力によって一定の前進を見るものの、行政の場における国民主権と基本的人権尊重の徹底という日本国憲法の要請から見るならば、きわめて不十分な段階にとどまっている。とりわけ、現在の行政のあり方を決定づけている「官から民へ」の新自由主義政策（民間化・規制緩和）、そしてその下での行政の公共性の解体政策に対する批判的観点の弱さは、憲法学におけるこの問題に対する関心

の弱さとも相俟って、わが国の行政法学の重大な弱点といわなければならない。さらに、わが国が抱える諸問題の根幹にある安保体制に対する行政法学の関心と批判的視点の弱さについても、同様のことがいえよう。

以上は行政法学説についてのことであるが、より重大な問題として、行政判例、とりわけ最高裁判例の問題をあげなければならない。具体的分析は別途必要となるが、行政事件訴訟法改正以降の原告適格や処分性に関する柔軟な解釈、裁量統制の手法としての判断過程審査の採用など、学説から一定の好意的評価を受けている反面で、実体判断の面では、部分的な例外はあるにせよ、行政裁量の広範な承認と人権保障の観点からする行政統制の視点の弱さという従来からの最高裁の姿勢に、基本的な変化は見られない。総じて、わが国の最高裁には、時の政治権力にとって不利になる判断を回避したり、場合によってはより踏み込んで政治権力に有利な判断を下す傾向が異常なほど強く、その根源には、最高裁裁判官の任命方法とも絡んだ、わが国最高裁の抜きがたい体制擁護体質があると私は考えている(10)。

本章では、以上の点も含めて、これまでの考察を踏まえた行政法解釈理論の再検討とその再構築に向けた理論的課題について、最後に一節を設けて論じる予定でいたが、この点の考察は改めて別の機会に行うこととしたい。

＊注は最小限にとどめざるを得なかった。本章の内容に関連する私の著作として以下のものがあるので、あわせて参照願えれば幸いである。

〔参考文献〕

晴山一穂『現代国家と行政法学の課題――新自由主義・国家・法』（日本評論社、二〇一二年）
晴山一穂『政治主導を問う――地域主権改革・国会改革・公務員制度改革――』（自治体研究社、二〇一〇年）
晴山一穂『行政法の変容と行政の公共性』（法律文化社、二〇〇四年）

注

(1) 長谷川正安ほか編『安保体制と法』(三一書房、一九六二年)は、安保体制の下に組み込まれた日本法の特質が各法分野にどのように現れているかを分析した著作であり、行政法からは、杉村敏正「行政法の諸問題」が、安保体制によって歪められた日本行政法のあり方を主要な法関係と法理論に即しながら描き出している。

(2) 法体系二元論については、提唱者によるものとして、長谷川正安「安保闘争と憲法の諸問題」法律時報三二巻一一号(一九六〇年)、同「安保体制と憲法」注(1)・『安保体制と法』、その意義と限界を検討するものとして、和田進「二つの法体系論と長谷川正安」法律時報六〇巻一一号(一九八八年)、森英樹「『二つの法体系』論の原点と視点」杉原泰雄ほか編『平和と国際協調の憲法学』(勁草書房、一九九〇年)など参照。

(3) 現代法論争の経過とそこでの議論の状況については、戒能通厚・広渡清吾・前田達男「現代法論争の到達点と課題」季刊現代法一〇号(一九七九年)参照。

(4) 臨調に提出された丸山委員の意見は、全日本自治団体労働組合・地方自治総合研究所編『行政改革への提言・丸山康雄意見集』(日本評論社、一九八三年)に収録されている。なお、丸山康雄『証言・第二次臨調』(新地書房、一九八三年)も参照。

(5) 国公労連での研究会の成果として、臨調以前のものとして渡辺佐平編『民主的行政改革の理論』(大月書店、一九七八年)が、臨調開始後のものとして関恒義・室井力編『臨調行革の構図』(大月書店、一九八二年)がある。もっとも、私自身は研究会には関わっていたが、右のいずれにも執筆していない。研究会で私が担当した公務員制度改革に関する検討の結果は、晴山「公務員制度改革の行方」季刊労働法一二八号(一九八三年)、同「公務員制度論」法律時報五五巻七号(一九八三年)等として公表の機会を得た。

(6) 晴山『現代国家と行政法学の課題』第Ⅲ部、とりわけ第八章参照。

(7) 斎藤誠「グローバル化と行政法」磯部力ほか編『行政法の新構想Ⅰ』(有斐閣、二〇一一年)三七四頁。グローバル化の下での行政法の変容を指摘するものとして、他に、藤谷武史「特集『グローバル化と公法・私法の再編』序文」社会科学研究六五巻二号(二〇一四年)、原田大樹「グローバル化時代の公法・私法関係論」同、原田大樹「政策実現過程のグローバル化と国民国家の将来」公法研究七四号(二〇一二年)も参照。

（8）グローバリゼーションの下での国民国家の役割については、晴山・注（6）第一〇章を参照。

（9）本稿で国家や行政について言う「民主的変革」の語は、「民主化」または「民主的改革」と置き換えてもよいが、その内容は、単なる部分的な改革・改良にはとどまらず、国家権力そのもののあり方の大きな転換を伴うものであるから、そのことをより直截に表現しようとする場合には「変革」の語がよりふさわしいということになる。また、それが、権力の所在の転換を伴うという意味では「革命」の語を用いることも可能であろう。

（10）砂川事件第一審判決が出された後の一九五九年七月、当時の最高裁長官田中耕太郎が駐日アメリカ公使と密談し、米軍駐留を違憲とした一審判決を最高裁が全員一致で見直すとの見通しを伝えたという衝撃的な事実は、その象徴的事例である。これについては、布川玲子・新原昭治『砂川事件と田中最高裁長官』（日本評論社、二〇一三年）、吉田敏浩ほか『検証・法治国家崩壊』（創元社、二〇一四年）、二〇一三年四月九日付け朝日新聞など参照。

第七章　部分可視化と取調べ受忍義務基準論の含意
――二〇一六年刑事訴訟法等「改正」についての覚書――

豊崎　七絵

1　二〇一六年「改正」の全体像と本章の課題

1　部分可視化と実質証拠的利用――取調べ中心主義を基底とする冤罪の危険――

二〇一六年五月二四日、第一九〇回国会・衆議院本会議において「刑事訴訟法等の一部を改正する法律案」が可決成立し、六月三日に公布された。今回の立法は、検察不祥事や数々の冤罪事件に端を発し、その防止を図るためのものであるとも謳われ、具体的には、取調べの録音・録画制度（取調べの可視化）の導入に注目が集まった。

しかし改正法が定める録音・録画制度は、その対象事件について僅か裁判員裁判対象事件と検察官独自捜査事件に限られており、後述のとおり、捜査当局にとって都合の良い部分だけを切り取ることが可能である。また改正法は録音・録画記録が自白調書の任意性立証のために用いられることを想定しているところ、さらに録音・録画記録から犯罪事実についての心証がとられる事態、すなわち実質証拠としての利用もありうることが懸念されている。

取調べひいては刑事手続全体にかかる本来の改革課題は、代用監獄制度（代用刑事施設制度）と取調べ受忍義務を根幹とする日本特有の取調べ中心主義から脱却し、近代的な公判中心主義に立脚した手続を具体化することであった。[1]しかし、ここに改革のメスが入れられることは皆無であった。

取調べの部分可視化と録音・録画記録の実質証拠的利用は、それだけでも誤った判断を導く危険がある。まして日本特有の取調べ中心主義を基底とするものであるとき、それがもたらす冤罪の危険は計り知れない。

2　二〇一六年「改正」と特定秘密保護法——治安立法・軍事立法の一翼——

一　またこの改正法は、録音・録画制度の導入のみならず、通信傍受（盗聴）の拡大、協議・合意制度（司法取引）の導入、刑事免責の導入、証人等の氏名・住居の秘匿措置（証人保護）の導入などから成る点で、端的に捜査・訴追権限拡大強化法であるところ、さらに特定秘密保護法と並び、治安立法ひいては軍事立法の一翼を担うものである。[2]たとえば特定秘密保護法違反事件では、改正法との関係で、次のような法執行が行われる懸念がある。

改正法は盗聴の対象犯罪を拡大したが、そこには「あらかじめ定められた役割の分担に従って行動する人の結合体により行われる」、つまり二人以上の者が役割分担をして行われる窃盗、詐欺、恐喝が含まれる（通信傍受法三条一項、同別表第二）。他方、特定秘密の取得罪では窃盗、詐欺、暴行、脅迫による特定秘密の取得が処罰されるので（特定秘密保護法二四条）、これら窃盗などの取得手段が二人以上の者で役割分担して行われたということで嫌疑を抱けば、警察は盗聴可能である。このような「合法」盗聴はもちろん、濫用が懸念される違法盗聴も併せ、報道機関の取材活動や市民運動の情報収集活動が、盗聴の対象となる危険がある。

司法取引の対象犯罪には詐欺、恐喝が含まれているので（刑事訴訟法三五〇条の二第二項一号）、検察官は、特定秘密の取得罪に関わる事件で、「XがYの犯罪事実について供述すれば、Xは不起訴にする」といった取引をX

にもちかけることが可能である（特定秘密保護法二四条三項参照）。刑事免責は、対象犯罪に限定がないから、特定秘密保護法違反事件でも利用されうる（刑事訴訟法一五七条の二、一五七条の三）。司法取引・刑事免責は、引き込み型冤罪の危険があるのはもちろん、「国に売られるかもしれない」という市民相互の不信感をつくり出し、市民運動を衰退させる懸念がある。

また検察側が請求する証人Xを保護する必要があるとして、その氏名・住所が被告人・弁護人に開示されないとすると（刑事訴訟法二九九条の四第二項）、被告人・弁護人は証人への事前面接（証人テスト）が困難となり、反対尋問の準備ができないなど、有効な防御活動・弁護活動に支障を来す。司法取引や刑事免責に応じた者がこのような保護の対象とされた場合、引き込みの危険は増幅しよう。さらに法廷でXの供述調書しか出てこない場合（同条四項参照）、およそXなる人物が実在するかということすら確認できなくなる。果たして供述調書の供述者といわれるXなる者は、市民運動に潜入した捜査協力者か、それとも内部の裏切り者か。誰であるか、確かめようもない。証人保護は、このような密告の恐怖を隣り合わせにすることによって、市民運動を瓦解させる危険がある。

二　このようにして改正法は、盗聴という警察による市民の監視の仕組み、ならびに、密告という市民相互による監視の仕組みをつくることによって、国家の統治政策に対する市民の監視や異論を封じるものである。また、政府は二〇一七年の通常国会で共謀罪法案の提出を目指している。共謀罪の検挙に有用だとして盗聴の対象がさらに広がれば、監視は日常化することになる。

ついに憲法改正勢力が国会の三分の二を占め、改憲をめぐる攻防が緊迫化してゆく中、改正法が治安法・軍事法の性格を免れるのは困難である。

3　本章の課題

本章は、改正法のうち、取調べの録音・録画制度について批判的に検討するものである。すなわち、録音・録画制度の全体像について、改正法の下での弁護実践の可能性と限界も含め、概観した上で、在宅被疑者の任意取調べ及び別件起訴後の本件（録音・録画制度の対象事件）取調べにかかる問題を検討する。その上で、取調べ受忍義務の有無を、録音・録画義務の有無を決する基準とする論理、すなわち取調べ受忍義務基準論の含意と問題点について考察する。

2　取調べの録音・録画制度の全体像

1　録音・録画制度の問題点

改正法は、録音・録画制度の対象事件について裁判員裁判対象事件と検察官独自捜査事件とした上で（刑事訴訟法三〇一条の二第一項。以下、断りのない限り、条文は同法による）、さらに録音・録画義務を逮捕・勾留中の被疑者の取調べに限定し、在宅被疑者の任意取調べや参考人の取調べは除いた（三〇一条の二第四項）。それでも改正法については、なるほど「全面可視化」には至っていないものの、「対象事件では、身体拘束中の被疑者取調べの全過程を録音・録画することが原則となる」点で、評価する向きもある。[3] しかし逮捕・勾留中の被疑者も、その前に任意取調べを受けていたり、重要参考人として取り調べられていたりという場合もあり、実際、足利事件のように、任意取調べで虚偽自白がなされるケースもある。身体拘束如何に拘わらず取調べを全て可視化しなければ、取調べの全過程を可視化したとはいえない。

また改正法は例外事由を設けている（三〇一条の二第四項一号〜四号）。たとえば、「記録をしたならば被疑者が十分な供述をすることができないと認めるとき」には録音・録画しなくていい（同条同項二号・四号）。条文自体曖昧であるばかりか、録音・録画による取調べの適正化より、取調べの実施・供述（自白）獲得を優先させていることは明白である。

さらに改正法は、前述のとおり、逮捕・勾留中の被疑者の取調べに録音・録画義務を課す一方で、自白調書の任意性を立証するための、検察官に義務付ける証拠調べ請求の対象については「当該書面が作成された取調べ……の開始から終了に至るまでの間」の録音・録画記録とする（三〇一条の二第一項）。つまり録音・録画義務が課される取調べの範囲より、任意性を立証するための記録の証拠調べ請求義務が課される取調べの範囲は狭いとの解釈を許容しうる書きぶりとなっている。しかしこれは、自白調書が作成される前の取調べで被疑者に不当な圧力がかけられ、その影響が続く状態で調書が作成されてしまった場合などで、任意性の判断に誤りを生じさせることが懸念される。

もとより録音・録画記録を自白調書の任意性判断に用いる場合、記録されている当該取調べのやり方が違法・不当か、また違法・不当であるとしても自白調書を排除すべきか、評価が分かれることがある。なぜなら取調べのための細則の定めが存在せず、判例も自白排除に積極的とはいえない現状において、取調べのやり方は捜査機関の裁量に大きく委ねられているからである。このように取り調べる側のやり方に着目するだけでは限界があるとなれば、今度は取り調べられる側、すなわち自白をした被疑者の供述態度に着目し、そこから被疑者の心理状態を推測して、自白調書を排除するか否か決定しがちになろう。しかし取調べ時の映像・音声から知覚し得た被疑者の供述態度から、被疑者の心理状態を的確に推断するのは、決して容易なことではない。さらに警察が管理する拘禁の下、見通しが持てない取調べに日々晒されることによって、被疑者が累積的に被るダメージは、取調べでの映像・音声には反映されにくく、見過ごされがちである。

また改正法は、録音・録画記録を自白調書の信用性判断の補助証拠として用いることや、さらに実質証拠として用いることを制限する明文規定を設けていない(4)。なるほど録音・録画記録は、全面可視化を最低の条件として、取調官の誘導等を防止ないしチェックする機能を持つものとして期待されている。しかし、このような取り調べる側に対する監視ではなく、取り調べられる側に対する事後的な見物になってしまうならば、自白の信用性は誤って判断される危険がある。すなわち、犯人でなければ自白するはずがない、自白は大筋で一貫しているといった印象論で、自白の信用性が安易に肯定されてしまうという問題である。

このようにして録音・録画記録が、取り調べる側に対する監視のためではなく、取り調べられる側に対する事後的な見物のために用いられるならば、映像・音声のインパクトとも相俟って、誤った判断の危険を増幅させることが懸念される。そもそも法廷が取調べビデオの上映会と化せば、それ自体、公判中心主義の否定であり、露骨な取調べ中心主義である(5)。

2　弁護実践の可能性と限界

確かに改正法の下での右の危険を回避するため、被疑者は、弁護人の援助を得て、取調べそのものを拒否するという対抗手段に出ることも予想される。しかしこのような対抗手段も、捜査実務が取調べ受忍義務を肯定し、また取調べへの弁護人立会いを否定する現状において、その成功が保証されているものではない。そこで被疑者は取調べの場で黙秘することとし、取調官による「説得」と本人の黙秘といった様子が録音・録画されることになるとしても、そのことは、自白を得たい取調官にとって、「説得」なる取調べそのものを中断する動機にはなりにくい。

それでも幸い被疑者本人が黙秘できたとすれば、調書ないし録音・録画で有罪心証をとるという前提がなくなり、そのことは公判中心主義にフィットするようにみえるかもしれない。しかし、黙秘しても取調べが終了しないこと自体、被疑者本人の自由を侵害している。果たして、法廷で調書ないし録音・録画記録を取り調べる必要がなくなったということだけで、公判中心主義が達成されたというべきか。取調べに耐える本人の苦痛を置き去りにしたままでは、かえって被疑者・被告人を単なる証拠方法・客体に貶め、その権利主体性を軽視しているのではないか。

3　「任意」取調べの活用と取調べ受忍義務基準論

1　「任意」取調べ活用の危険

一　改正法の下、懸念される問題の一つは、取調べの録音・録画義務をかいくぐるため、捜査機関が録音・録画義務のない「任意」取調べを活用することである。(6)「任意」であるといいながら、実質的には身体拘束に匹敵する態様の取調べは、本来、任意取調べでないというべきである。これに関して、「名目は任意同行であっても、実質的に身体拘束に当たる状況で取り調べた場合には、録音・録画義務の潜脱という違法が生じる」との解釈がある。(7)

しかし法案の国会審議における政府側答弁は、「あくまでも今回は、適法な形での身柄拘束がなされる中での取調べについては、この対象事件に当たる限り録音、録画の義務の対象となる」というものであった。(8) これは、実質的に身体拘束に当たる違法な取調べが録音・録画されておらず、検察官から録音・録画記録の証拠調べ請求がなされなくても、そのことを理由に、供述調書の取調べの請求が却下されるわけではないことを意味しよう。(9)

二　また政府側解釈と異なり、実質的に身体拘束に当たる取調べには録音・録画義務の潜脱という違法が生じると解釈したとしても、その実際的効果には限界がある。なぜなら取調べについて、監視がついたり、宿泊を伴ったり、長時間に亘ったりした場合でも、任意取調べの範囲を広くとる判例の下では、そもそも実質的な身体拘束であると認定されること自体容易でなく、ゆえに録音・録画義務の潜脱もなかなか認められないことが予想されるからである。[10]

つまり「任意」取調べは、逮捕できるほどの「罪を犯したことを疑うに足りる相当な理由」がない場合でも、身体拘束に匹敵する態様で、潜脱的、脱法的に行われうるのが現状である。このタイプの取調べは、別件逮捕・勾留と同様、客観的な裏付けなき、見込み取調べの危険が高い。それにも拘わらず、「任意」の名の下に、録音・録画の対象とはされないということである。

他方、逮捕できるほどの「罪を犯したことを疑うに足りる相当な理由」があるにも拘わらず、捜査機関はあえて逮捕に踏み切らず、身体拘束に匹敵する態様で「任意」取調べを実施するとき、そこには、法定の拘束期間を超えて、実質的拘束期間を長くしたいという動機がある。このタイプの取調べは、改正法の下、録音・録画義務をかいくぐるという動機でも活用される危険があろう。

三　ところで改正法は、被疑者国選弁護制度について、勾留された全事件に拡大した（三七条の二、三七条の四）。[11]このことは、被逮捕者ならびに在宅被疑者は同制度の対象でないことをも意味する。被逮捕者の場合、それでも当番弁護士制度があり、拘束期間も法定されている一方、在宅被疑者の場合には私選弁護に限られ、弁護人の援助を得ないまま取調べに臨むケースが多く、また在宅被疑者であることの時間的制限もない。[12]その取調べは任意であるといっても、ひとり在宅被疑者が捜査機関に対峙し、任意同行を断り、取調べを拒否するというのは、実際のところ容易とはいえない。

また裁判実務上、任意取調べとみなされる範囲は広いから、その取調べで作成された自白調書が排除されるためのハードルも高い。なるほど被疑者側の対抗手段として、捜査機関に弁護人立会いや録音・録画を要求したり（さもなければ取調べに応じないと突っぱねる）、やむを得ず手持ちのレコーダーで取調べを秘密録音したりするということは考えられる。しかし、弁護人がいなければ、全て被疑者本人の事実上の機転に依存せざるを得ない。以上の現状に鑑みると、任意取調べにおける録音・録画制度の欠如は、被疑者の権利侵害や冤罪の禍根を残す。

2　別件起訴後勾留中の対象事件取調べの問題

一　また任意取調べに関しては、政府側が、法案の国会審議において、別件起訴後勾留中の対象事件（余罪）取調べに録音・録画義務はないとの答弁を行ったことが、大いに注目される。

すなわち、「起訴後の勾留中の被告人に対しましても、起訴された事件以外の余罪につきまして取調べを行うことはできると考えられます。もっとも、この場合には、この被告人に取調べ受忍義務が課されない点でその法的性格は在宅の被疑者の取調べに近くて、被告人は取調べを受けること自体を拒否することができると考えられます。そのことから、本法案における録音・録画義務が課される取調べにつきましては、この刑事訴訟法三百一条の二第四項において逮捕若しくは勾留されている被疑者を取り調べるときと規定しているところでございます。したがいまして、こういった起訴後の取調べについては録音・録画義務の対象とはなりません」というのである。[13]

これは、要するに、勾留は「起訴された事件」（別件）について行われているもので、「余罪」（対象事件）について行われているものではないので、取調べを受忍する義務はなく、その取調べは「在宅の被疑者の取調べに近〔い〕」ことを意味する。

二　別件起訴後勾留中の取調べについて「取調べ受忍義務が課されない」というのは、それだけみれば正しいようにみえる。しかし在宅被疑者の取調べですら、前述のとおり、建前は任意といいながら、実際には身体拘束に匹敵する態様の取調べが行われ、それが許容されることもある。まして現に勾留されている者が、取調べ受忍義務がないという建前どおりに、容易に取調べを拒否できるものではなく、「説得」の名の下、強制的な取調べが行われる危険に満ちているのが現状である。

もっとも別件起訴後勾留されている者の場合、在宅被疑者の場合より、弁護人が選任されている割合は多い。そこで、「取調べ受忍義務が課されない」というのであれば、弁護人の援助を得て、取調べを拒否するという対抗手段は考えられる。しかし代用刑事施設たる警察の留置施設では、留置室から出ることを拒否するという場面（出房拒否）、あるいは留置事務室等で取調べのために出頭することを拒否するという場面において、弁護人は立ち会っておらず、また留置担当官は取調官に対し被留置者の出房・取調べを拒む義務がない（「捜査と拘禁の分離」の不徹底。刑事収容施設法一六条三項参照）という現状の下、被留置者はひとりで警察（留置担当官、取調官）の執拗な「説得」と対抗しなければならない。引野口事件の例をみれば、「出房しない」、「取調べに応じない」、「自白はしない」という固い意思を持ち、自白調書を作成されることのなかった被告人でさえ、実際には拒否することが如何に難しいか、よくわかる。[14]

さらに、起訴後は起訴前よりも長期間の勾留が可能である。そのことによる危険も考え合わせなければならない。

三　なお別件起訴後勾留が対象事件の取調べを目的とするものであれば、もとより別件勾留として違法と言わねばならない。もしも政府側答弁が、ともかく取調べ受忍義務さえ課さなければ対象事件の取調べができるとの前提をとっているとすれば、それは本末転倒である。また違法な別件勾留か、それとも許される余罪取調べか、裁判所が的確に判断するためには、録音・録画を義務付け、裁判所はその記録により取調べ状況を確認することが、むしろ有効である。

3　録音・録画義務の有無を決する基準

一　ともあれ政府側答弁は、取調べ受忍義務の有無を、録音・録画義務の有無を決する基準とするものであった。しかし法制審議会・新時代の刑事司法制度特別部会（以下、特別部会という）では、むしろ別の基準論が議論の前提とされてきたというべきであり、少なくとも取調べ受忍義務の有無が明示的に取り上げられ、問題とされることはなかった。

すなわち特別部会の議論において対立がみられたのは、刑事訴訟法三〇一条の二第四項所定の録音・録画が義務付けられる事件とは、逮捕・勾留の理由とされている事実に限られる（すなわち、逮捕・勾留の理由とされる事実が対象事件でなければ録音・録画は義務付けられない）か、それとも取調べの対象とされている事実（すなわち、取り調べられるところの本件が対象事件であれば録音・録画が義務付けられる）か、という点であった。しかし最終的には、後者の、取調べの対象とされている事実であるということで整理されたと理解できる。[15]このことは、被疑者として逮捕・勾留されているか、それとも（取調べ受忍義務のない）被告人として勾留されているか如何に拘る議論がなかったことからも裏付けられる。以上は、政府側答弁とは異なり、別件起訴後勾留中の対象事件取調べは録音・録画の対象であるとの解釈を裏付ける沿革的理由になろう。[16]

ただ特別部会において、問題となる場面として具体的に言及されていたのは、逮捕・勾留中の被疑者の対象事件取調べであった。[17]なるほど「起訴後の勾留中の在宅調べ」に関する発言もあったところ、それは、取調べの流動性の下、対象事件の取調べということで録音・録画義務が発生するのはいつかという問題、すなわち逮捕・勾留中の被疑者の対象事件取調べと共通する問題の一環として触れられていた。[18]

二　また特別部会において、在宅被疑者の取調べについて録音・録画義務の対象外とすべきだとの見解も、取調べ受忍義務がないことをその理由とするものではなかった。

すなわちその見解の実質的な理由とは、「在宅での取調べのうち特に録音・録画の必要性が大きいものとそうでないものの範囲を明確に区別することは困難である上、身柄拘束前の取調べ状況は身柄拘束後の取調べに反映されるため、身柄事件を制度の対象とすれば実際には身柄拘束前の任意の取調べの適正確保も十分図られる」というものであった。その上で、「身柄拘束下での取調べは、取調べ状況をめぐる争いが比較的生じやすく、特に制度の対象とする必要性が大きいことに異論はなかった」とされた[19]。この理由については、それ自体、種々疑問がある。もっともここで確認したいのは、在宅被疑者には取調べ受忍義務がないから、その取調べは録音・録画制度の対象外であるとは指摘されてこなかったという経緯である。

三　そうすると、強いて言えば、特別部会では取調べ受忍義務の有無が録音・録画義務の有無を決する基準ではないことが積極的に確認されたわけではなく、また別件起訴後勾留中の対象事件取調べと録音・録画義務との関係について明示的に確認されたわけでもないという「間隙」に乗じて披瀝されたものが、先の政府側答弁であったということか。

政府側は、特別部会の議論の経過の説明として、「録音・録画制度の対象となるのが、被疑者として逮捕、勾留されている間に対象事件について行われる取調べであるという趣旨は、この答申の記載から、また答申の経過から明らかでございます」というばかりか、特別部会の「委員に誤解を生じさせるようなことはなく、日本弁護士連合会出身の委員を含め、各委員の御理解の下、全員一致で答申案の取りまとめが行われたものと考えております」とまで、繰り返し述べている[20]。

しかし日弁連は、別件起訴後勾留中の対象事件取調べも録音・録画義務の対象であるとの、政府側答弁とは真っ向から対立する解釈に立っている（後述）。そして特別部会の委員達もまた、前述の議論の経緯に鑑みれば、逮捕・勾留中の被疑者の取調べと別件起訴後勾留中の取調べとで録音・録画義務が課されるか否かにつき取扱いを異にするとか、取調べ受忍義務の有無が基準になるとか、是認していたとは到底考えられない。

考えてみれば、「別件起訴後勾留中の対象事件取調べに録音・録画義務がない」というのは、被疑者・被告人にとって明らかに不利益であるから、「録音・録画義務がない」ことが明示的に確認されない限り、「録音・録画義務がある」という前提が採られなければならないのではないか。それを、国会審議の終盤に差し掛かり、突如「録音・録画義務がない」と強弁を振るうのは、実質的な不意打ち、時機に遅れた不利益変更であり、刑事立法過程に求められる適正手続に反する。(21)

四　しかし他方で、法文を文理解釈したとき、別件起訴後勾留中の対象事件取調べは録音・録画の対象になるという解釈を一義的に導き出せるであろうか。

三〇一条の二第四項は、「第一項各号に掲げる事件について、逮捕若しくは勾留されている被疑者を第百九十八条第一項の規定により取り調べるとき……被疑者の供述及びその状況を録音及び録画を同時に行う方法により記録媒体に記録しておかなければならない」と定める。

別件起訴後勾留中の対象事件取調べに関する、この法文の解釈のあり方について、「対象事件である殺人事件について、別件被告人として勾留されている対象事件の被疑者として取り調べるときに当たると考えるのが通常の読み方である」というのが日弁連の見解である。(22)しかし少なくとも立法過程において、政府側が異なる解釈を示し、その解釈を文理的に排除できない場合、それが施行後に公権的解釈となる危険を阻止するためには、まずは法文の明確化に向けた修正が追求されるべきであろう。

だが日弁連は「解釈が異なる」というに止まり、もっぱら法案賛成の姿勢に終始した。(23)しかしそのような対応は、政府側が、政府側解釈こそ特別部会の議論の経緯に沿うものであり、日弁連委員も誤解していないとまで詭弁を弄する状況において、妥当とは言い難い。刑事訴訟法等の一部を改正する法律案に対する附帯決議も、政府側解釈を前提とした上での録音・録画の努力目標を謳うものであり、同解釈にお墨付きを与える役割を果たし得るものであった(24)。

4　取調べ受忍義務基準論の含意

一　それにしても、なぜ政府側は、別件起訴後勾留中の対象事件取調べに関し、上述の答弁をなしたか。政府側答弁の論理は、「逮捕・勾留中の被疑者取調べには、取調べ受忍義務があるから、録音・録画義務が課される」とする一方、「別件起訴後勾留されている者の対象事件取調べも、在宅被疑者の取調べも、まして参考人の取調べも、取調べ受忍義務がないから、録音・録画義務も課されない」と展開しうるものである。この取調べ受忍義務基準論の含意は何か。これについて、以下の二点を指摘しておきたい。

二　第一に、取調べ受忍義務基準論は、その前提としての取調べ受忍義務肯定説を、より一層、判例、弁護実務、ひいては学説に浸透させ、また、あわよくば法律上明文化させることを目論んでいるのではないか。つまりこの基準論は、「取調べ受忍義務がないのであれば、録音・録画義務を課す必要もない。逮捕・勾留中の取調べ（被疑者の余罪取調べも含む）について録音・録画義務があるというのであれば、取調べ受忍義務があることを正面から認めるべきであり、ひいては法律上明文化すべきだ」と迫りうる含みを持つ。

このような、取調べ受忍義務の肯定が強いられるという構図には、大いに既視感があると言わざるを得ない。すなわち特別部会では、身体不拘束の原則を実現させるため、勾留と在宅との間の中間的な処分を設けるべきであるとの主張がなされ、具体的に検討されたことがあった。しかし捜査当局は、「このような中間処分を導入するのであれば、被処分者たる被疑者について、取調べのための出頭・滞留義務すなわち取調べ受忍義務を明文化せよ」と迫った。結局、受忍義務肯定説と否定説との溝は埋まらず、中間処分が特別部会の最終取りまとめ案「新たな刑事司法制度の構築についての調査審議の結果【案】」の別添「要綱（骨子）」に入り、法案化されることはなかった。[25]

そもそも特別部会の初期の議論では、黙秘権の保障ないし取調べの任意処分性の確保のため、刑訴法一九八条一項の曖昧な規定を改正し、取調べ受忍義務の否定こそ明文化されるべきだとの主張がなされたところ、一切議論すらされず、端からネグレクトされた。[26] 他方で捜査当局は、中間処分をめぐる議論に顕れているとおり、取調べ受忍義務の明文化をちらつかせ、取調べ及び身体拘束に係る改革を頓挫させてきたのである。

取調べ受忍義務肯定説の浸透化ひいては明文化は、肯定説（捜査当局）にとって、取調べ受忍義務を課した取調べ実務が合法化されるという意味を持つだけでなく、取調べ及び身体拘束の抜本的改革を阻止するという意味を持つ。

三　第二に、取調べ受忍義務基準論は、録音・録画義務の範囲について受忍義務が課される取調べに限定することによって、改正法附則九条が定める施行後三年経過後の「検討」ないし「所要の措置」を講ずるにあたり、録音・録画義務が任意取調べまで広がらないようにするための「論理」として位置づけられているのではないか。これは、部分可視化をいかにして合理化し、固定化させてゆくか、という捜査当局の問題意識の顕れの一つということである。

これに対し、全面可視化を前提に、録音・録画の目的が取調べの適正確保や事後検証とされるとき、その取調べに受忍義務があるか否かは、録音・録画義務の問題とは全く関係がない。なぜならここでの問題は、建前として任意取調べか否かではなく、違法・不当な取調べを防止することであり、また実際にどのような取調べが行われているかをチェックすることだからである。加えて、取調べ受忍義務は黙秘権に反するから、いかなる被疑者取調べも受忍義務はなく、その意味で全て任意取調べであるとの取調べ受忍義務否定説に立った場合、そもそも受忍義務のある取調べは想定されないから、受忍義務の有無を録音・録画義務の有無の基準にするという発想は出てこない。受忍義務の有無が録音・録画義務の有無を決する基準ならば、否定説の下ではおよそ録音・録画義務は生じないという不可解な結論になってしまう。さらに、黙秘権＝取調べ拒否権と捉え、可視化はこの意味での黙秘権に内在する権利であって、最低ラインであり、これを下回る保障は一切認められないという、取調べ受忍義務の否定と可視化とを結び付ける見解においては、(27) むしろ受忍義務がないからこそ録音・録画を義務付けなければならないということになる。このようにして、任意取調べも含む全ての取調べは録音・録画されるべきであるという見解には、これを正当化する理論的な筋がある。

対照的に、可視化消極論を基本的な前提として、任意取調べには録音・録画義務は不要であるとの見解を合理化してきたものは、捜査側の都合であり、取調べの実態にもそぐわない言説であった。たとえば、録音・録画の必要性が大きい取調べかどうかを区別するのは困難であると言われるところ、しかし録音・録画してみなければ必要性が大きいかどうか分からないのは当然であり、違法・不当な取調べを防止するためには、むしろ録音・録画すべきだという反論は容易である。また、身体拘束前の取調べ状況は身体拘束後の取調べに反映されるから、後者の取調べが録音・録画されれば前者の取調べの適正も確保されるとも言われるところ、しかしこのような理解が正しいことは実証されておらず、むしろ部分可視化による捜査機関の良いとこ取りの危険性こそ、布川事件をはじめ、冤罪事件の実証するところである。

このようにして任意取調べに録音・録画義務はないとする従来の理由に弱点があるとすれば、捜査当局としては、さらに理由を補うことによって、三年後、録音・録画義務の範囲を広げる方向で見直される危険を封じなければならない。そのために用意されたのが、政府側答弁にいう取調べ受忍義務基準論ではないか。もとより取調べ受忍義務を肯定してきた捜査当局にとって、この「論理」はうってつけというべきであろう。

四　しかし取調べ受忍義務基準論には、以下の問題点がある。

まず、取調べ受忍義務は黙秘権ならびに身体・行動の自由を侵害するものであるから、これを肯定することはできない[28]。

また録音・録画とは、違法・不当な取調べを防止するために、また実際に違法・不当な取調べが行われていないかチェックするために行われるものであるから、取調べの性格や事件の性質によってあらかじめ録音・録画の要否が左右されるという論理的な関係はない。むしろ全面可視化こそ筋道である。

改正法の部分可視化は妥協の産物にすぎず、これを固定化する理論はないというべきである。

4　民主主義法学と学者の使命

本章は、改正法が定める取調べの録音・録画制度、すなわち同制度に内在する問題点、「任意」取調べの活用による録音・録画義務の潜脱の危険、別件起訴後勾留中の対象事件取調べにおける録音・録画義務の是非、そして取調べ受忍義務基準論の含意と問題点について、論じてきた。

筆者は、このたびの改正案について、国会の参考人として反対意見を陳述する機会があり、その結論として、「あるべき法改正は、公判中心主義にかなう刑事手続に向けた抜本的な改革であり、端的に捜査、取調べを抑制することであります。捜査、取調べの可視化は、この抜本的な改革と併せて行うべきであります」と述べた[29]。この考えは、警察をはじめ抜本的改革を阻止する圧倒的な力が存在し、理不尽な妥協が強いられるプロセスを目の当たりにし、そして改正法が成立した後も、全く揺らいでいない。

権力は、人びとを「実現可能な改革」というレトリックで惹き付け、人びとの言質をとり、人びとの想像を遥かに上回る改悪を突き付ける。たとえ人びとにとって耳障りでも、人びとのため言葉を尽くし真実を語ること、虐げられている人を代弁すること、それが民主主義法学に根ざした学者の使命であると思う。

今般の刑事立法の問題点を洗い出しながら、あるべき改革とは何か、引き続き検討を重ねてゆきたい。

注

（1）筆者はこのような問題意識から今回の「改革」の動きについて批判的に検討してきた。豊崎七絵「取調べ受忍義務否定説の理論的基礎——身体・行動の自由との関係」福井厚先生古稀祝賀論文集『改革期の刑事法理論』（法律文化社、二〇一三年）一一六頁以下、同「身体拘束と取調べ——法制審特別部会『基本構想』の思想と論理」法律時報八五巻八号（二〇一三年）一一頁以下、同「被疑者・被告人の身体拘束の在り方」川崎英明＝三島聡編著『刑事司法改革とは何か　法制審議会特別部会「要綱」の批判的検討』（現代人文社、二〇一四年）一七五頁以下、同「取調べ及び身体拘束の改革」刑法雑誌五五巻一号（二〇一五年）八九頁以下。
（2）新屋達之「総論——constitutional changeの観点からみた『新時代の刑事司法』」法と民主主義四九〇号（二〇一四年）四頁以下、斉藤豊治「治安政策の現状からみた『新時代の刑事司法制度』」同一〇頁以下、足立昌勝「秘密保護法と捜査手続——『新時代の刑事司法』との関係で」一六頁以下参照。
（3）後藤昭「刑訴法改正と取調べの録音・録画制度」法律時報八八巻第一号（二〇一六年）一三頁。
（4）もっとも録音・録画記録の実質的証拠的利用に対しては、①取調べの一部だけの視聴や自白しているという生々しい映像・音声の視聴は、事実認定者に不当な偏見を与えるから、法律的関連性がなく、実質証拠とすることは許されない、②録音・録画記録は伝聞証拠であるから、供述録取書に求められる供述書の署名押印に代わる措置が講じられなければならない、あるいは、③直接主義・口頭主義、公判中心主義の要請から、取調べの録音・録画記録を実質証拠として調べる必要性はない、といった問題が指摘されうる。そのうち②については、正木祐史「被疑者取調べの『可視化』——録画ＤＶＤの証拠利用の是非」

法律時報八四巻九号（二〇一二年）一六頁、伊藤睦「取調べ可視化と証拠法」法律時報八五巻九号（二〇一三年）七三～七四頁、高内寿夫『公判審理から見た捜査』（成文堂、二〇一六年）三三七頁以下、白取祐司「取調べの録音・録画と実質証拠化問題」『浅田和茂先生古稀祝賀論文集［下巻］』（成文堂、二〇一六年）一五七頁参照。また関連して、安部祥太「被疑者取調べの録音・録画制度と記録媒体の証拠法的取扱い」青山ローフォーラム三巻一号（二〇一四）一二五頁以下も参照。

(5)　この問題に関連して、宇都宮地判平成二八年四月八日公式判例集未登載（今市事件第一審判決）、東京高判平成二八年八月一〇日判タ一四二九号一三二頁が注目される。

(6)　新屋達之「刑事訴訟法等『改正』とは何だったのか」法と民主主義五一〇号（二〇一六年）八頁。白取祐司「『改正』刑事訴訟法をどうみるか　『取調べ全過程可視化』という欺瞞」世界二〇一六年八月号二九頁以下も参照。

(7)　後藤・前掲注（3）一三頁。

(8)　第一九〇会国会参議院法務委員会会議録七号二二頁［林眞琴法務省刑事局長答弁］（二〇一六年四月一四日開会）。

(9)　なおこのような取調べの下で作成された自白調書については、自白法則ないし違法収集証拠排除法則による排除が考えられる。

(10)　最決昭五九・二・二九刑集三八巻三号四七九頁、最決平元・七・四刑集四三巻七号五八一頁参照。

(11)　これは、被疑者国選弁護制度の「拡充」として位置付けられてきた一方、しかし取調べへの弁護人の立会いが特別部会の途中で落とされたことにも顕れているように、被疑者弁護の内容の充実という課題から切り離されていることに注意しなければならない。これについて、高平奇恵「被疑者国選弁護制度の拡充」川崎英明＝三島聡編著『刑事司法改革とは何か　法制審議会特別部会『要綱』の批判的検討』（現代人文社、二〇一四年）一九二頁以下参照。

(12)　確かに最終的には公訴時効による縛りはあるが、二〇一〇年改正により、人を死亡させた「凶悪・重大犯罪」に関する公訴時効の廃止、再延長、遡及適用が実現した（刑訴法二五〇条、附則三条）。

(13)　第一九〇会国会参議院法務委員会会議録七号二三～二四頁［林眞琴法務省刑事局長答弁］（二〇一六年四月一四日開会）。第一九〇会国会参議院法務委員会会議録九号五頁［林眞琴法務省刑事局長答弁］（二〇一六年四月二一日開会）、第一九〇会国会衆議院法務委員会会議録一八号一五～一六頁［林眞琴法務省刑事局長答弁］（二〇一六年五月一八日開会）も同趣旨。

(14)　豊崎七絵「警察拘禁の実際的意義――引野口事件を素材として」福井厚編『未決拘禁改革の課題と展望』（日本評論社、

二〇〇九年）一三七〜一三八頁。

(15) 後藤・前掲注（3）一三頁参照。

(16) 関連して、第一九〇会国会参議院法務委員会会議録八号一九頁［大澤裕東京大学大学院法学政治学研究科教授発言］（二〇一六年四月一九日開会）参照。

(17) 特別部会の議事録については、http://www.moj.go.jp/shingi1/shingi03500012.html 参照。以下、議事録の引用は、「特別部会ないし作業分科会の回数、PDF版議事録の頁数、発言者名」とする。被疑者の余罪取調べに関する議論については、第二〇回会議・八頁（安岡崇志）、同一五頁（後藤昭）、第一作業分科会第七回・一〜七頁（保坂和人、小坂井久、後藤昭、露木康浩、岩尾信行、高橋康明、川出敏裕）、第二一回会議・四頁（保坂）、同八頁（大野宗）、同一四頁（龍岡資晃）、同一五頁（神津里季生）、第一作業分科会第一〇回・八〜一〇頁（小坂井、露木、高橋、後藤、上冨敏伸）、第二三回会議・一三〜一四頁（安岡、上野友慈）、同一九頁（露木）、同二〇頁（周防正行）、第二六回会議・二一頁（栗生俊一）、同二六〜二七頁（種谷良二、保坂、安岡）参照。

(18) 第一作業分科会第一〇回・八〜九頁（露木康浩）。

(19) 法制審議会・新時代の刑事司法制度特別部会「時代に即した新たな刑事司法制度の基本構想」（二〇一三年一月）九〜一〇頁。

(20) 第一九〇会国会参議院法務委員会会議録一四号一四頁［林眞琴法務省刑事局長答弁、岩城光英法務大臣答弁］（二〇一六年五月一九日開会）、第一九〇会国会衆議院法務委員会会議録一九号二一頁［岩城光英法務大臣答弁］（二〇一六年五月二〇日開会）。

(21) 葛野尋之『少年司法の再構築』（日本評論社、二〇〇三年）五〇七〜五〇八頁は、「市民の人権保障のために、刑事法の適正さがこれらの点において要求されるのであれば、刑事立法の過程についても、適正手続が問題となりうるのではなかろうか」との問題提起の下、具体的には「刑事立法過程における『告知』と『聴聞』の保障」を論じる。

(22) 第一九〇会国会参議院法務委員会会議録八号一九頁［河津博史日本弁護士連合会司法調査室副室長発言］（二〇一六年四月一九日開会）。

(23) 日弁連の対応に対する批判として、小池振一郎「取調べの録音録画——法律化の要因と問題・今後の展望」法と民主主義五一〇号（二〇一六年）一三頁（注1）。

(24) 刑事訴訟法等の一部を改正する法律案に対する附帯決議（平成二八年五月一九日、参議院法務委員会）の事項「一」参照。
(25) 詳細は、豊崎・前掲注（1）「被疑者・被告人の身体拘束の在り方」一七五頁以下、特に一八三～一八四頁参照。
(26) 豊崎・前掲注（1）「身体拘束と取調べ」一三頁、豊崎・前掲注（1）「取調べ及び身体拘束の改革」九三～九四頁参照。
(27) 渕野貴生「取調べ可視化の権利性と可視化論の現段階」法律時報八五巻九号（二〇一三年）五八頁以下。
(28) 取調べ受忍義務の否定と身体・行動の自由との関係を考察したものとして、豊崎・前掲注（1）「取調べ受忍義務否定説の理論的基礎」一一六頁以下。
(29) 第一九〇会国会参議院法務委員会会議録一一号四～六頁（二〇一六年四月二八日開会）。

第八章　社会変革と統計学

福島　利夫

1　保育所入所「待機児童」の三つの定義

西内啓『統計学が最強の学問である』（ダイヤモンド社、二〇一三年）という統計学の本が人気となっているが、社会変革にとっても最強の学問と言えるのだろうか。

最近の身近な例として、「保育園落ちた日本死ね！」という匿名ブログ（二〇一六年二月一五日）を発端とする、保育問題を見てみよう。問題点として、保育士の賃金（月給約二二万円）が全産業平均より約一一万円低いことや保育所の数が不足していること、さらに保育所で乳児の死亡事故が発生していることなどが挙がってきた。

それらと関連して、定義の変更による待機児童数の過小評価が問題となった。「日本経済新聞」二〇一六年四月二三日付けの記事「待機児童二・三万人の裏側」が、次のように取り上げている。国が初めて待機児童数を発表したのは一九九五年である。国は当初、認可保育所に入れなかった子どもをすべて待機児童と数えていた。ところが、二〇〇一年に定義を変更し、自治体が独自に助成する認可外施設を利用する子どもなどを除くようにした。これによって二〇〇一年の待機児童数は四割減（旧定義三万五千人→新定義二万一千人）となった。さらに、国は二〇〇八年から、四月時点に加えて年度途中の申し込みを足した一〇月時点の人数（第三の定義）も公表し始めた。最後に、二〇一六年三月末、新定義から漏れた数を公表し、対象外としていた「隠れ」待機児童数が明らかにされた。同じく「日本経済新聞」二〇一六年五月四日付けの記事「待機児童」では、二〇一五年四月の人数として、「公式」待機児童二万三一六七人と「隠れ」待機児童五万九三八三人を紹介し、合計八万二五五〇人になるとしている(1)。

なお、二〇〇一年にはもう一つ別の変更もあった。保育所の年度途中からの入所について、従来は定員の一〇パーセント以内の増員が可能であったのが、一九九八年度から変更が始まり、二〇〇一年一〇月以降二五パーセントを超えてもよいことになった。つまり、費用をかけない「つめこみ」方式である。二〇〇二年度から始まった「待機児童ゼロ作戦」はこれらが前提である(2)。

以上に見られるように、政策基準としての統計数値をめぐる切実な攻防が読みとれる。重要なことは、政府発表のデータを鵜呑みにしてはいけないし、調査で使用されている用語の定義や調査時点などといった調査の仕組み全体を正確に理解することである。

2　統計学が敬遠される二つの理由

以上で見たように、統計数値は重要な役割を担っているが、統計学は敬遠されることも多い。第一に、統計が社会の中から作りだされることが軽視されて、数理偏重に陥りがちだからである。たしかに、統計学というと、無味乾燥で数式が多用されるという印象がある。数学の応用部門の延長という性格を持っている数理統計学を利用する場合には、とくにその限界に注意することが必要であるが、ここではそれとは別の社会統計学を取り上げる。[3] 社会統計学は統計が社会の中から作りだされることを重視し、数理分析の前に、統計制度論や統計調査論などを取り扱い、素材としての吟味から始める。

第二に、政府が国民一般を一方的に調査と管理の対象として取り扱っているように見えるからである。五年ごとに実施される国勢調査は全数調査であるが、人口統計の歴史は古く、昔から徴税や徴兵の基礎として利用されてきており、国家による統治には不可欠の手段であった。この場合には、調査する側は権力で支配する立場であり、調査される側は権力に支配される立場という、対立し、同等ではない関係に置かれている。そして、現在もなお、こうした「お上《かみ》」対「下々《しもじも》」意識は広く国民感情として残っている。

そして、統計調査の結果も、政府が最大の利用者であって、国民一般には必ずしも利用しやすいものにはなってこなかった。ただし、二〇〇七年に統計法が六〇年ぶりに全部改正[4]されたことによって新しい可能性が生まれている。新統計法は、「行政のための統計」から「社会の情報基盤としての統計」へ転換するという理念を掲げ、政府統計が「国民経済の健全な発展及び国民生活の向上に寄与することを目的とする」と謳《うた》い、「広く国民が容易に入手し、効果的に利用できるものとして提供されなければならない」としている。

この新しい可能性は、統計制度と民主主義の関係としても貴重である。統計行政から国民が疎外されることなく、統計がよそよそしいものとはならずに、利用者にやさしい（ユーザー・フレンドリー）統計になることが望まれる。

3　社会問題と統計批判

1　「統計労働時間」とは何か

政府統計に対する批判的表現の例としては、まず「統計労働時間」が挙げられる。これは、よく利用される厚生労働省の「毎月勤労統計調査」が事業所の賃金台帳にもとづいたものであるために、「企業が認知した時間（賃金が支払われる部分）」にすぎないのであって、「実労働時間」ではないという過労死弁護団による指摘である。そして、実態と統計の「乖離」をたんに「誤差」ととらえるだけでは、日本社会の異常性の説明としては決定的に不十分と主張する。(5)つまり、「サービス残業（賃金不払い残業）」の実態を隠す企業の労務管理制度という土俵を前提とした統計調査方法であり、それを容認する統計数値を生みだしている。そこから、「現在の日本においては、正確な労働時間を把握すること自体が、たたかいの課題である」(6)と強調する。これに対しては、世帯を通じた統計調査である総務省統計局の「労働力調査」が、もう一つ別の数値を提供している。そして、この二つの統計数値の差が「サービス残業時間（賃金不払い残業時間）」と考えられる。(7)

2　「完全失業者」とは「失業者」と同じなのか

「完全失業者」という言葉を失業統計で用いるが、ふだんの日常生活では登場することはない。残念ながら、これは特定の業界の仲間内でしか通用しない特殊な「専門用語」（Jargon：わけのわからない言葉）の使用になっている。「失業者」の定義は、一五歳以上人口の中で、働く意思と能力があり、さらに求職活動をしたけれども職には就けていないことである。求職活動をしていないと、「非労働力人口」に分類される。そして、総務省統計局の「労働力調査」では、調査期間の月末の一週間に収入を伴う仕事に一時間以上従事すると、その人は「失業者」とは認定されない。

もし、失業中の人が実家の店の手伝いを短時間でもすれば、家族従業者の場合は無給であっても「従業者」に分類されるので、その人は「失業者」ではなくなる。このように、日本の統計では「失業者」を狭く限定している。そのために、言葉でも区別して、専門用語で「完全失業者」という表現をとっている。この定義にもとづいて、二〇一五年の「完全失業者」二二二万人という数値が発表される。だから世間一般の常識的な判断とすれば、その倍ぐらいの四〇〇万人以上の「失業者」がいると考えてもけっして不思議ではない。

必要なことは、つぎの三つのレベルの概念を区別することである。[8] ①社会通念上の概念（世間の常識としての通俗的な概念。たんに共通性を抽象しただけの原始的で未熟な概念）、②経済学上の概念（学術的な専門用語としての概念）、③統計上の概念（調査の行政上の目的や技術的制約・便宜にもとづく約束事としての概念。調査票の注意書きや集計・表示のさいの定義と分類基準）である。

3　「貯蓄ゼロ世帯」の二つの比率

近年、格差と貧困の象徴として「貯蓄ゼロ世帯」の増大がよく取り上げられる。[9] とくに日本銀行情報サービス局内に事務局を置いている金融広報中央委員会の「家計の金融行動に関する世論調査」（二人以上世帯）（以下「金融委調査」と略す）が有名であり、この調査は毎年行われている。それによれば二〇一三年の「金融資産を保有していない」との回答が三一・〇パーセントであり、これが「貯蓄ゼロ世帯」と一般に表現されている。この調査の実施および結果の集計は、株式会社日本リサーチセンターに委託されており、標本世帯数八〇〇〇のうち、回収世帯数は三八九七（回収率四八・七パーセント）である。この調査による数値では、一九六六年以降「貯蓄ゼロ世帯」の比率（パーセント）は約三〇年間、ほぼ一桁が続いてきた。八〇年代の平均は五・六パーセント、九〇年代の平均は九・六パーセントである。九三年に一〇・五パーセント、そして九六年の一〇・一パーセント以降一〇パーセント台となった。さらに、二〇〇三年の二一・八パーセントから二〇一二年の二六・〇パーセントまで二〇パーセント台が続き、二〇一三年に初めて三〇パーセント台となった。

じつは「貯蓄ゼロ世帯」について、もう一つ別の数値がある。それは、厚生労働省「国民生活基礎調査」の大規模調査（三年ごと）（以下「厚労省調査」と略す）の「貯蓄表」によるものであるが、二〇一三年の「貯蓄なし」との回答は一六・〇パーセントである。「厚労省調査」は政府の基幹統計調査として厚生労働省が主管する重要な統計調査であり、結果の集計は厚生労働省大臣官房統計情報部が行っている。「貯蓄表」の調査客体数三万六四一九世帯のうち、回収客体数は二万七〇八一世帯（回収率七四・四パーセント）、さらに集計客体数は二万六三八七世帯である。

以上の二つの「貯蓄ゼロ世帯」の数値を比較してみよう。「金融委調査」では、二〇〇一年一六・七パーセント（以下パーセント省略）、〇四年二二・一、〇七年二〇・六、一〇年二二・三、一三年三一・〇であり、「厚労省調査」では〇一年八・二、〇四年九・四、〇七年一〇・二、一〇年一〇・〇、一三年一六・〇である。最新の二〇一三年は、「金融委調査」では三一・〇パーセント、「厚労省調査」では一六・〇パーセントであり、その違いは約二倍である。この違いの大きさは、二〇〇一年の数値でも同様である。ただし、双方とも、比率の増加傾向を表している点では共通している。それは前者の八〇年代以降の数値の動向でも見ることはできる。

最近に至るまで、この二つの「貯蓄ゼロ世帯」の数値のうち、「金融委調査」の数値が多用されてきた(10)。日本の貧困実態を告発し、貧困を克服するための政策の実現を訴える社会運動などにとっては、事態の深刻さを表現する数値としてとっつきやすいのかもしれないが、もう少し冷静な取り扱いが必要である。「家計の金融行動に関する世論調査」という表現にも表れているように、「金融委調査」は「世論調査」と位置づけられ、外部機関に委託されている。「厚労省調査」と比較して、標本数の少なさや回収率の低さという問題点も挙げられる。結論として、二〇一三年の「貯蓄ゼロ世帯」の数値は三一・〇パーセントではなく、一六・〇パーセントを使用するのが望ましい。

4 「国民負担率」論の虚構を克服し、「連帯の政府」実現へ

「国民負担率」論は、財政を根拠にした社会保障抑制論の一つであるが、登場したのは一九八二年の臨時行政調査会答申においてである。この「国民負担率」論は、内容上の問題だけでなく、用語法自体の虚偽性という独自な問題を抱えている。第一に、「国民」には二つの用法がある。①「国民」は独立した単独用法としては、「一国の住民」としての個人またはその集合を意味する。②マクロの経済用語では、英語のNationalの訳語に当たる「国民」を他の言葉と組み合わせた「国民○○」といった接頭・複合用法がある。この場合は、「一国の」、「全国レベルの」、「公的な」という意味で使用される。たとえば、「国民所得」、「国民経済」などである。

第二に、「国民負担」にも二つの用法がある。①「国民の個人負担」という意味である。②「一国の公的負担」の意味であり、その中身は「個人負担」と「企業負担」とから構成されている。経済主体として「国民」をとらえて、その内容が自然人としての「個人」と法人としての「企業」とに分かれていると考えることもできる。だから、これらの経済主体のあいだで負担をどう配分するかが大きな争点となる。

このように、わかりにくく、混乱を招く「国民負担」や「国民負担率」といった用語は使用すべきでないだろう。どうしても使用したければ、「公的負担」または「租税負担および社会保障負担」という表現で十分である。

第三に、「国民負担率」論では、「負担」のみに焦点が当てられている。しかし、「負担」は一方的なものではなく、「給付」（または「還元」）とワンセットになっている。社会保障や教育などのさまざまな公共サービスの提供に見られるように、相当部分が国民生活の部面に「還元」される。ここでも、「負担」の配分の場合と同じように、「給付」（「還元」）の配分をめぐって政府サイドと住民サイドの攻防が行われる。以上のように、「負担」の配分と「給付」の配分は一体となって作用し、全体として所得の再分配という財政の基本的機能の一つの役割を果たしている。

第四に、「公的負担」と「私的負担」の関係を見てみよう。これもじつは、二つの「国民負担」を言いかえた

ものである。つまり、一方に「租税・社会保障負担」である「公的負担」が存在し、他方に個人（または家計）の「私的負担」が存在する。どちらも同じく「国民負担」という名前を持っている。そこで、この二つを区別するために、前者を「国民負担」一号、後者を「国民負担」二号と名づけてみよう。いずれにせよ、負担全体、つまり総負担を見るには、この両者を合計しなければならない。

たとえば、「国民負担」一号、つまり「公的負担」が低くても、一人ひとりの国民には民間保険料、利用料、家族の介護労働など、いろいろな「国民負担」二号、つまり「私的負担」が必要となる。教育を例に取ってみれば、もし「公的負担」が皆無になったとすると、それだけの分、「国民負担率」は低くなる。しかし、反対に「私的負担」は大きくなり、教育費は個々の家計の捻出にまかされる。その結果、低所得層は就学や進学を断念せざるを得なくなる。このように、公的な道筋をとるか、私的な道筋をとるかの違いがあっても、必要となる資金や労力などの「負担」全体の大きさは変わることがない。もう一つ別の言い方をすれば、「公的負担」が小さく、「私的負担」が大きいアメリカ型の「小さな政府」と、反対に「公的負担」が大きく、「私的負担」が小さいスウェーデン型の「大きな政府」のどちらを選ぶのが、国民一般にとって生活しやすい社会になるかの問題である。この点について、イエスタ・エスピン・アンデルセンはアメリカとスウェーデンの公的社会支出と民間の社会支出の対比表を作成し、その合計が両国ともに約四〇パーセントとなることを導き出している。(12)

第五に、「国民負担率」の検討に入る。(11) これは、「租税負担および社会保障負担」の対「国民所得」（NI：National Income）比率の俗称である。じつは、この比率の分母である「国民所得」も二つの意味を持っている。それは、広義の「国民所得」と狭義の「国民所得」である。広義の「国民所得」は、一国の経済活動の規模とフローを表示する概念の総称であって、それ自体は抽象的である。そのために、「国民所得」を実際に分析する際には、それを構成する一連の指標を取りあげることになる。それらが、国内総生産（GDP）や国民総生産（GNP）、そして狭義の「国民所得」（要素費用表示の国民純生産）である。

これらの関係はつぎのようになっている。

①国民総生産－《マイナス》海外からの要素所得受取＋海外への要素所得支払＝国内総生産
②国民総生産－《マイナス》固定資本減耗＝市場価格表示の国民純生産
③市場価格表示の国民純生産－《マイナス》間接税＋補助金＝要素費用表示の国民純生産（＝狭義の「国民所得」）

ここから、狭義の「国民所得」（ＮＩ）を分母にする問題点が明らかになる。①対「国民所得」比という場合、ＮＩは規模をはかるためのモノサシであり、たんなる相対的尺度にすぎない。それは、「国民所得」を全体集団と捉えて、それに対する部分集団の内的構成比率を計算するというものではない。しばしば目にする「国民所得に占める比率」と言う表現は、この点を誤解している。じっさいに、「国民負担率」の分子を構成する租税には間接税が含まれている。しかし、分母である狭義の「国民所得」（ＮＩ）は間接税を含まない。この点では、同じく相対的な尺度ではあるが、国内総生産（ＧＤＰ）のほうが適切である。②ＮＩを使用するほうが、分母が小さくなるので、「国民負担率」の数値は大きくなる。とくに、ヨーロッパ諸国のほうが間接税の比率が大きい分だけ、分母はいっそう小さくなり、「国民負担率」の数値はさらに大きく表示される。

最後に、「国民負担率」（「公的負担率」）論の結論的な争点は、「小さな政府」と「大きな政府」との違いを数値で表現（二〇一二年では、アメリカ三一・一（対ＮＩ比）、二四・八（対ＧＤＰ比）に対してスウェーデン五六・一（対ＮＩ比）、三七・〇（対ＧＤＰ比）[13]）し、「小さな政府」を体現する「国民負担率」（「公的負担率」）の低いほうが「負担」（正確には、「公的負担」）が軽くてすむという主張に落ち着く。じつはこの「負担」の軽さというのは、「個人負担」ではなく、主として「企業負担」の削減を意味している。

公的な医療保険制度も児童手当もないアメリカは「国民負担率」が低い。そして、日本も低い。「国民負担率」が低いこれらの国は「小さな政府」となっているが、その意味するところは、国民生活に直結している分野では公共サービスの低下をもたらすことであり、庶民にとっては「私的負担」が大きく、不安定な生活を送ることでしかない。しかし、以上で見たように、「国民負担率」論は「負担」のみを強調し、しかもその数値を過大に見せる仕掛けを施して、社会保障を始めとした公共サービスの抑制を誘導する。それだけではない。「小さな政府」は「選別主義」を指針として、社会保障などの対象を一部の低所得層に限定し、国民を分断することに腐心する。そこには、「争いと憎しみ」が生まれることになる。対比して「大きな政府」は「普遍主義」を指針として、対象を限定しない。そこには、「連帯」が生まれる。

「国民負担率」の数値の大小の意味を「小さな政府」と「大きな政府」との違いとして整理しただけでは、たんなる量的な比較の視点からまだ抜け出せておらず不十分であり、さらに一歩分析を深めて、質的な違いを見出さねばならない。それが、「選別主義」と「普遍主義」の違い[14]であり、「争いと憎しみの政府」と「連帯の政府」の違いの発見である。「国民負担率」を大きくして「大きな政府」にすることによって、「普遍主義」と「連帯の政府」を選択する道が望まれる。

4　量の変化の中に質の変化を発見する

前節で最後に挙げた、量と質の関係はいろいろなケースで見つけられる。一見すれば同じものであっても、じっさいには概念が異なるものがある。数字の外面的同質性にとらわれてこの点を見落とすと、たんなる量の大小の比較という、漠然とした量的比較にとどまってしまう。統計学がその対象とするのは、たんなる量ではなく、あくまで質的に規定された量としての「限度」あるいは「度量」（Maß）[15]である。質の違いが、量の違いとして反映される場合、それを読みとることが必要である。ヘーゲル論理学の用語ではさらに、「特有的定量」あるいは「比率的定量」（spezifisches Quantum）というものがある。これは、当の事物のもつ特殊な質と結合している量のことである。たとえば、すべての生物はその種に特有の大きさで存在している。つまり、「ゾウのようなネズミ」はいないわけである[16]。

1　「児童手当」と「子ども手当」の違い

「児童手当」はヨーロッパ諸国などでは重視されているが、日本ではあまり目立たない制度として存続してきた。ところが、民主党政権の下で「児童手当」ではなく、「子ども手当」が一時的にせよ取り入れられ、注目を集めることになった。世界的には、一九二六年のニュージーランドに始まっているが、日本ではようやく一九七一年に制度が発足した。そして、これによって日本の社会保障も制度上は一応完成したとみなされることになった[17]。けれども、その内容は矮小化されていた。世界的には、所得制限無し、第一子から支給が標準的であり、児童全般を対象としている。支給年齢も一四～一八歳が大多数であり、進学する場合はほとんどがさらに延長される[18]。つまり、「普遍主義」である。

日本では、「児童手当」は「選別主義」で何重にも制限をかけて出発した。厳しい所得制限、第三子以降、義務教育修了（中学校修了）まで、低額（月額三〇〇〇円）という内容であった。それ以降、一九八六年に第二子以降に拡大、小学校就学前に縮小、一九九二年に第一子以降に拡大、三歳未満に縮小と、支給総額規制の枠内でのプラス方向とマイナス方向の抱き合わせという奇妙なやりくりとして制度変更が行われた。そして、支給年齢の拡大が支給総額増大を伴って、二〇〇〇年に小学校就学前に、二〇〇四年に小学校三年修了までに、二〇〇六年に小学校修了までにと進行した。

その後、二〇一〇年四月から「子ども手当」に移行し、所得制限無し、中学校修了までになったのが大きな変化である。しかし、二〇一二年四月から再び「児童手当」に戻った。ただし、中学校修了まではそのままである。所得制限は年収九六〇万円未満（夫婦と児童二人）である。支給額は、〇〜三歳未満が月額一万五〇〇〇円、三歳〜小学校修了が第一子・第二子で一万円、第三子以降で一万五〇〇〇円、中学生が一万円、そして所得制限超は当分の間の特例給付として五〇〇〇円となっている。

以上の推移を見ると、「児童手当」から「子ども手当」への移行は、大きな枠組みとしては「児童手当」の中での量的変化ととらえることも可能である。しかし、たんなる量的変化ではなく、「選別主義」から「普遍主義」への転換という質的変化を明瞭にするために、名称も変えるという手段を取り、その清新さをアピールすることに成功している。

ひるがえって、一九八六年に「中学校修了」から「小学校就学前」に移行したときにも同様のことが考えられる。つまり、「児童手当」から「乳幼児手当」への名称変更がふさわしかったのではないかということである。

2　「格差社会」論から「貧困社会」論へ

近年の「格差社会」論の隆盛は二〇〇五年に始まった。「格差社会」とは、正確には「格差拡大社会」であるが、その出発点は一九九〇年代後半以降の「『日本的経営』の見直し」路線による正規雇用の減少という、雇用の変質である。[19] そして「格差」も、所得の大小や高低といった、たんに「量的な格差」にとどまるのではなく、「質的な格差」として構造的・制度的にとらえる必要がある。つまり、その違いが異なる「階層」として固定化され、分断化されていることに注目し、「階層社会」ないし「階層化社会」としてとらえることである。さらに、互いに無関係に存在している、たんなる「差異としての格差」ではなく、異なる階層同士が「対立としての格差」を形成していることを見出すことによって、「階級対立」にもとづいた「階級社会」として位置づけることが可能となる。つまり、資本の支配に対する労働者階級の視点である。こうして、「格差社会」という表層の深部に、「階層社会」、さらに「階級社会」を見出すことができる。そこで、カール・マルクスが『資本論』において提示した、一方における「富の蓄積」と他方における「貧困の蓄積」という対立物[20]としての「質的格差」の構図が明らかになる。これによって、「格差社会」論が「貧困社会」論に導かれる。

5　ジェンダー平等統計の運動論的性格

国連による一九七五年の国際女性年に始まる近年の女性解放運動は、ジェンダー平等（男女平等）として問題を提起してきた。その運動の中から誕生したのがジェンダー平等統計である。そして、ジェンダー平等統計が新しいというのは、男女平等の社会を作りだすための運動に統計を積極的に活用するということだけではない。それは、既存のすべての統計をジェンダー平等の視点から見直して、ジェンダー平等に敏感な（ジェンダー・センシティブな）統計に作り直そうとするものである。つまり、すべての統計をジェンダー平等統計にしてしまおうという、清新で壮大なもくろみを持っている。言いかえれば、統計自体に、ジェンダー平等統計運動を展開するという運動論的な性格が刻印されているのが大きな特徴である。ここには人権論と運動論が組みこまれている。

国際的には、国連がほぼ五年ごとに『世界の女性』を刊行しているとともに、スウェーデン中央統計局がジェンダー平等統計の世界の先端モデルとして活躍している。スウェーデン中央統計局は、利用者にやさしい（ユーザー・フレンドリー）統計を提供するための工夫として、コンパクトなポケットブック『スウェーデンの女性と男性』を二年ごとに発行している。さらに、二〇か国以上の他国がポケットブックを発行するに当たって、スウェーデンが財政的援助と技術的援助を行っていることは特筆に値する。[21]

以上のように、ジェンダー平等統計は統計それ自体に「社会変革」がインプットされているという不思議な性質を備えており、本章の結びにふさわしい統計である。

注

（1）同様に、「朝日新聞」二〇一五年八月三日付けの記事「待機児童　減ったと言われても」では、朝日新聞が二〇政令指定都市と東京二三区について独自に調査した結果として、同年四月一日現在の待機児童は厚生労働省の定義で七〇六三人だが、入所できないのに待機児童に数えられない「隠れ待機児童」は三万四八八人と指摘している。
（2）福島利夫「少子化社会と子育て支援」近昭夫・岩井浩・福島利夫・木村和範編『現代の社会と統計――統計にもつよい市民をめざして』、産業統計研究社、二〇〇六年、八四頁参照。
（3）数理統計学と社会統計学の区分ならびに統計学の歴史については、福島利夫「統計学とマルクス経済学」『経済』新日本出版社、二〇一五年五月号、八四～八五頁参照。
（4）以下は、総務省政策統括官（統計基準担当）監修『統計情報』全国統計協会連合会、二〇〇七年七月号（特集：統計法改正）参照。
（5）川人博『過労死社会と日本――変革へのメッセージ――』、花伝社、一九九二年、一〇一～一〇二頁参照。
（6）同上書、一〇四頁。および川人「過労死の現場が経済学研究と運動に求めるもの」『経済』、新日本出版社、一九九一年八月号、二〇四頁。ならびに、森岡孝二『過労死は何を告発しているか』、岩波書店、二〇一三年、六七頁。
（7）森岡、同上書、一一二～一一八頁参照。
（8）以下は、福島利夫「労働統計」経済統計学会編『社会科学としての統計学　第3集』、産業統計研究社、一九九六年、二六三頁参照。

(9) 背景として、内閣府「国民経済計算」によれば、日本の家計貯蓄率は低下してきている。二〇〇一年度三・五パーセント以降も低下が続き、二〇一三年度はついにマイナス一・三パーセントとなった。つまり、貯蓄の吐き出しに転じている。詳細は、福島利夫「貧困・不安定就業と生活保障システム」宮嵜晃臣・兵頭淳史編『ワークフェアの日本的展開』、専修大学出版局、二〇一五年、二一六頁参照。

(10) たとえば、白井康彦『生活保護削減のための物価偽装を糾す!』、あけび書房、二〇一四年、四三頁、本田由紀『社会を結びなおす』、岩波ブックレット、二〇一四年、六〜七頁、同『もじれる社会』、ちくま新書、二〇一四年、六四〜六五頁、湯浅誠『反貧困』、岩波新書、二〇〇八年、三四〜三五頁参照。

(11) 「国民負担率」論の全体像については、福島利夫「国民の負担と給付をどう考えるか」『経済』新日本出版社、二〇〇六年五月号参照。

(12) G・エスピン・アンデルセン著、渡辺雅男・渡辺景子訳『ポスト工業経済の社会的基礎』、桜井書店、二〇〇〇年、二四六〜二四八頁参照。

(13) 財務省・報道発表資料「国民負担率の国際比較」、二〇一五年二月二六日。

(14) 井手英策『経済の時代の終焉』、岩波書店、二〇一五年、二二五〜二二七頁参照。

(15) 大橋隆憲・野村良樹『統計学総論』〔新訂版〕、有信堂、一九七八年、七六頁参照。

(16) 島崎隆「度量〔限度〕Maß」岩佐茂・島崎隆・高田純編『ヘーゲル用語辞典』、未来社、一九九一年、九七〜九八頁参照。

(17) 社会保障制度の中での児童手当の位置づけについては、福島利夫「社会保障・社会福祉の日本的構造」岩井浩・福島利夫・藤岡光夫編『現代の労働・生活と統計』、北海道大学図書刊行会、二〇〇〇年、三一九〜三二三頁参照。

(18) 大塩まゆみ『家族手当の研究』、法律文化社、一九九六年、九二〜九三頁。

(19) 以下の詳細は、福島利夫「『日本的経営』の見直しと格差・貧困の諸相」『専修大学社会科学研究所月報』第五六二・五六三・五六四号、二〇一〇年参照。

(20) カール・マルクス『資本論』では以下のように述べている。「一方の極における富の蓄積は、同時に、その対極における、すなわち自分自身の生産物を資本として生産する階級の側における、貧困、労働苦、奴隷状態、無知、野蛮化、および道徳的堕落の蓄積である。」(第一巻、新日本出版社・新書版第四分冊、一一〇八頁)

(21) 福島利夫「訳者まえがき」スウェーデン中央統計局著、福島利夫訳『スウェーデンの女性と男性　ジェンダー平等のためのデータブック　二〇〇六』、ノルディック出版、二〇〇八年、五頁参照。なお、原著（スウェーデン語版ならびに英語版）は二年ごとに発行されていて、インターネットのスウェーデン中央統計局のホームページからもダウンロードできる。また、日本のデータについては、男女共同参画統計研究会編『男女共同参画統計データブック――日本の女性と男性――二〇一五年』、ぎょうせい、二〇一五年参照。こちらは三年ごとの発行である。

第Ⅱ部

時代と対峙する思想

第一章　バーリン「二つの自由概念」の原型

濱　真一郎

1　二つの「二つの自由概念」（一九五二年と一九五八年）

本章の目的は、アイザィア・バーリンの教授就任講演「二つの自由概念」[1]（一九五八年）の原型を探ることである。具体的には、彼の初期の講演である『ロマン主義時代の政治思想』（一九五二年、出版は二〇〇六年）の第三章「二つの自由概念――ロマン主義的自由と自由主義的自由」[2]を、教授就任講演の原型として捉える作業を行いたい。

＊以下、本章では、バーリンの『ロマン主義時代の政治思想（*Political Ideas in the Romantic Age*）』をPIRAと略記し、参照する際に本文中に頁数と共に記す。

バーリンは後者の「二つの自由概念」（一九五二年）で、干渉の不在としての消極的自由に対して、真の自我との一致としての積極的自由とを対比させているが、それは前者の「二つの自由概念」（一九五八年）での議論を先取りするものである。後者を検討することは、バーリン自由論の形成を理解する上で有用であると思われる。そこで、本章の第一節および第二節では、「二つの自由概念」（一九五二年）の概要を整理することにする。本章の末尾では、思想史家であるバーリンが時代とどう対峙したかについて、検討することにしたい

2　消極的自由――J・S・ミルとベンサム――

1　消極的自由

バーリンは「二つの自由概念」（一九五二年）で、自由の観念について確認する作業からはじめる。彼によると、人類史のなかで重要な役割を果たしてきたほとんどの言葉と同じく、「人間の自由（human freedom）」や「自由（liberty）」は多くの意味を有する（バーリンは 'freedom or liberty' という表現を用いているので、その両者を同義で理解しているように思われる）。しかしながら、この言葉の多くの意味に共通する、核となる中心的な最小限の意味がある。それは「制約の不在（absence of restraint）」である。より詳しく言えば、特定ないし不特定の他者による「強制の不在（absence of coercion）」である。なお、「自由」がその意味で用いられない場合もあるが、われわれが政治的自由について語るとき、それは以下を意味する。すなわち、自由のための闘争（個人ないし集団ないし共同体による）は、自分たちが望まないように行為するよう強制してくる権力を打破ないし無力化する努力として、理解されている。結局、自由に関連する言葉（'liberty', 'libertarian', 'liberal'）が多義的であるとしても、それらの言葉は常に、誰かに対する干渉への抵抗を含意するものとして理解されているのである（PIRA, pp. 155-156）。

さて、一八世紀の思想によって、自由の理想の近代における古典的定式化がなされた。その具体的成果は、アメリカの独立宣言やフランスの人権宣言に結実した。それらの文書は権利を定めており、それらの権利は特定の領域の侵害を禁止している。その領域の侵害は法によって禁止されている。法は、その領域の侵害を防ぐための道具であり、侵害が起こった場合にはその侵害に対して罰則が科される（PIRA, p. 156）。

以上から理解されるように、政治的自由は消極的な概念（negative concept）である。政治的自由を要求することは、特定の領域で人は行いたいことを禁止されない、ということを意味する。自分が行いたいことを実際にするかしないかはともかく、それをすることを禁止されないのである（PIRA, p. 156）。なお、政治的自由は、他者による干渉の不在を意味しており、そして市民的自由（civil liberty）は、他者による干渉が、法や行為規範によって排除される領域を定めているのである（PIRA, p. 158）。

以上から明らかなように、自由は、第一義的には「～からの自由（freedom against; liberty from）」である。ただし、自由のこの捉え方は、それと対応する以下の積極的な主張を（断言しないまでも）含意している。すなわち、消極的条件が実現されない限り、すなわち人々が実際に「自由」でない限り、人々の望み、理想、政策といった積極的要素を実現することはできないのである（PIRA, p. 160）。

ともあれ、自然権を信じるペインやコンドルセにせよ、より実証的で経験的に思考するヒューム、ベンサム、J・S・ミルにせよ、自由主義者たちにとっての自由の観念は、「積極的な目的（positive goal）」ではなかった。むしろ、自由の観念は、積極的目的の侵害を防ぐための「手段」に過ぎなかった。自由であることは、抑圧されないことである。自由は、人間の目的を意味するのではなく、干渉の不在を意味する言葉なのである（PIRA, pp. 165-166）。

2　自由主義的な消極的自由――J・S・ミル――

バーリンは以上を確認した上で、（政治的自由としての）消極的自由について、自由主義的な（J・S・ミル的な）それと、ベンサム的なそれを区別している（PIRA, p. 192）。まずは前者からみていこう。

バーリンによると、政治的自由の近代における擁護論のなかで、ミルの『自由論（On Liberty）』（一八五九年）は最良のものである。ミルの著書では、以下のことが明白にされている。すなわち、ミルの目的は、彼と同時代の自由主義者たち（the liberals of his time）がそうであるように、国家がそこから先は干渉できない境界線を定めることである。彼は、自己保存だけが、他者が本人の欲さないことをさせるための唯一妥当な理由である、という原理を提示した（PIRA, p. 160）。

ミルにとって、一九世紀のすべての自由主義者たちと同じく、自由は中心的な政治的理想であった。自由はあまりにも神聖であって、それが消滅したり縮減したりするよりは、むしろ死の方が好ましい。ただし、それは純粋に消極的なものであり、善き生の構成要素ではなく、善き生の必要条件である。要するに、自由が確保されているからこそ、生に価値が生まれるのである（PIRA, pp. 160-161）。

3　ベンサムの消極的自由

さて、ベンサムにかんしては、自由が望ましいのは、人がそれを保有しなければ、自分自身の最大幸福を合理的に追求できないからである。ベンサムはエルヴェシウスの独創的な考えを継承した。すなわち、人々に自分の幸福を追求させるためには、報酬と刑罰を整備しなければならない。それらを整備すれば、人々は、巧妙に工夫された心理学的および社会学的な条件によって、知ってか知らずか、幸福を求めるのである。なお、社会をこのように整備する人々は、より大きな権力を与えられる。社会を整備してもらう人々は、その整備から利益を得る。したがって、徳のある立法者は大きな自由を獲得し、市民の自由は縮減されることになる（PIRA, pp. 161-162）。

ベンサムは、エルヴェシウスの以上の考えが正しいかを気に留めていなかった。彼が関心を寄せていたのは、最大多数の人々の幸福を最大化するための条件であった。彼は、社会を合理的に組織化することで幸福を最大化できると信じていたのである。なお、彼は、個人の自由が必要であるとも信じていた。なぜなら、第一に、人々は概して強制されるのを嫌うからである。第二に、共通善に反する邪悪な目的を追求するための既得権益が認められたら、幸福が最大化されないからである。このように、ベンサムは、個人の自由が必要だとするが、彼にとって自由は手段に過ぎない。実際、初期のベンサムは、自由をそれほど熱烈には擁護していなかった。なぜなら、彼は以下を信じていたからである。すなわち、功利主義的な社会は、賢明で慈悲深い専制君主によって、より迅速かつ効率的に建設されるだろう、そして、そのような専制君主の方が議会よりも説得しやすいであろう、と。ところが、ベンサムは晩年になると、民主的ルールをより好ましいと考えるようになった。それは単に、適切な専制君主を見つけたり育成したりする希望を失ったからである（PIRA, pp. 162-163）。

結局、ベンサムにとっての自由は「～からの自由（liberty against）」である。すなわち、愚者や悪人、党派的な利益や野望、抑圧的な政府、外国の敵、国内の以下のような人物（怠惰ないし愚かな人物、自分勝手ないし厭世的な人物、禁欲的ないし頑固な人物、あるいは単に偏狭であったり偏見に満ちたりしているような人物）からの自由である（PIRA, p. 163）。

3　積極的自由――ストア派、カント、フィヒテ――

1　積極的自由

さて、バーリンによると、以上で検討した自由の「消極的」観念と対をなす、自由の「積極的」観念と呼ばれるものが存在する。「積極的自由（positive freedom）」の観念の一つに、模範（pattern）を変えられないのなら、その模範に順応すればよいという教説がある。この意味での「自由」は独特のものである。すなわち、干渉をいかにして避けるかという問題を解決するためには、干渉を受け入れるしかないのだ、ということを認めることによって、問題を解決するのである。つまり、干渉を受け入れることの帰結として、もはや干渉は存在しない、干渉は幻想だったのだ、ということになる。結局、この教説は、干渉を受け入れることを「自由」と呼ぶのである

(PIRA, pp. 166-167)。

2　ストア派――「内なる砦」への逃避――

バーリンはこうした教説の一つとして、ストア派のそれをあげている。（ストア派の教説はキリスト教の特質にも深く入り込んでいる。）自由の自由主義的教説（liberal doctrine of freedom）――筆者の理解ではJ・S・ミルのそれ――によると、外部の力（force）は、それが人であろうと自然であろうと、意図的であろうとなかろうと、個人の努力を抑圧しうる。よって、その個人は自由をある程度失っていると言うことができる。対するストア派の教説は、自分の領域への侵入者と戦わずに、自分に帰属するものを捨て去れ、と推奨する。すなわち、人は自分の所有物を保持したいと欲するが、征服者はそれを奪っていく。喪失感を消すためには、それを保持したいという欲求を消さねばならない。もしも自分の財、家族、生命に固執しなければ、喪失感はそもそも生じないのである。ここで用いられている知恵は、自分が制御できない存在からの危険にさらされる領域からの戦略的撤退である（PIRA, p. 167)。

結局、自分の欲求が脅威にさらされないための二つの方法がある。第一は、自分の欲求を脅かす人々を打ち負かすことである。第二は、自分の欲求そのものを消し去ることである。この場合、満たすべき欲求が存在しないのだから、そもそも自分の欲求を満たすことはできない。守るべきものがないので、軍隊も必要ない。キリスト教やストア派の哲学者によれば、魂の内なる砦（the inner citadel of the spirit）こそが、唯一の真の自由である。なぜなら、それは決して侵略されないからである。何かを守る必要があるのなら、それを守る必要が生じる前に、それを断ち切ってしまえばよい。こうして私は、自分の自由と独立を永遠に保持できるのである（PIRA, pp. 167-168)。

3　ロマン主義（1）――カントの影響――

以上で、ストア派における積極的自由について確認した。以下では、ロマン主義における積極的自由について検討する。まずはカントに注目したい。なお、バーリンによると、科学者としてのカントは、ヘルダーやハーマンのロマン主義的見解を、理性に対する攻撃とみなした。しかしながらカントは、皮肉なことに、ロマン主義の創始者の一人と正当にみなされるという。すなわち彼は、道徳哲学の分野において、ロマン主義の創始者となるのである(3)。

以上を確認した上で、ロマン主義における積極的自由の観念に対するカントの影響についてみていこう。まずは、カントによる「肉体の生」と「魂の生」の区別について。バーリンによると、一七世紀から一八世紀にかけて、各自の不滅の魂のなかに含まれる内なる光にかんするプロテスタントの教説の主たる影響で、以下の考え方が発展した。すなわち、神の静穏の世界は、過去や未来や、特定の部族や地域に存するのではない。そうした世界は、人間の魂の領域に存するのであって、現世においてすべての人間が到達できるのである（RIPA, p. 171）。

この見解に従えば、人間によって生きられる生は二つある。すなわち、肉体の生と魂の生である。肉体の生は、自然科学によって発見され定式化される物理法則に従う。魂の生は、魂の法に従う。カントは、アリストテレスや西洋哲学の主要な傾向に則って、この魂の法を「理性」と呼ぶ。それは、そこにおいて人間が、道徳的・精神的な目的や、絶対的な真理や誤謬や、何らかの絶対的価値について、知的に語ることのできる唯一の状況である（PIRA, p. 171）。

この二つの世界という観念（物質的世界は、因果的に決定されており、そこでは人間の身体は他の物体と同じく自然法則に従う。それに対して、道徳的、知的、精神的な世界が存する。そこでは人間は、自分がどのような理想を有するかを自由に構築する）は、すべての西洋思想を支配する大いなる二元論である（PIRA, p. 172）。

自由は、物質的世界においては完全に不在であり、精神的世界においてはその中心に位置している。自由な人間とは、その魂が、自らの「内なる」発展法則に従う人間のことである。「内なる」発展法則とは、道徳的・審美的な目的であったり、論理的、歴史的、法的な原理であったりする。それらは自身の内なる理想に従っている。社会生活を、純粋に物理的関係で捉える限り、政治的自由は意味をなさない。「自由」が、複数の自由な精神のあいだの関係を意味するならば、自由な精神はお互いの自由の存在を認識することになるから、お互いを「目的以外のもの」として扱うことは禁止される。結局、人間は、自分自身の内的理性に従って自己発展するのである（PIRA, pp. 172-173）。

バーリンは次に、カントの自我論に注目する。カントは、その後の一世紀半の西洋思想を支配する二つの新しい観念を提示した。第一の観念は、道徳および政治の目的は、発見されるのではなく創造されるのだ、という観念である。そうした目的は、人間の外部の領域で発見されるのではなく、人間が自らに課すものなのである（PIRA, p. 176）。

第二の観念は、真の自我という観念である。この観念は、キリスト教の基本原理でもあるが、カントの自我論に由来する。カントの自我論とは、自己組織化の原理としての自我論のことである。能動的に自己組織化する真の自我は、経験的な自我とは異なる。真の自我は、世界を生み出す力を伴っている。それは、経験を知覚するだけでなく、目的や理想や道徳的・政治的原理を生み出すのである（PIRA, p. 177）。

4　ロマン主義（2）――フィヒテによる「内なる砦」との同一化――

さて、フィヒテはカントを受け継ぎ、最後のステップを踏んだ。すなわち、自我の実体を、ある種の超越的自我（super-self）として把握した。フィヒテはさらに、この超越的自我を神と同一化させた。超越的自我は、世界の創造的原理であり、それ自体を具体化するのであり、暴力的な革命によって社会を変化させる英雄的個人として登場することもある。この思考枠組では、フィヒテはジャコバン派、すなわちフランス革命の暴力的な支持者である（PIRA, pp. 177-178）。

ただし、フィヒテの後期の思想では、彼の創造的衝動は社会組織化の形態をとる。個々の人間はある意味で従属的である。なぜなら、人間は本質的に社会的であり、社会的逆流の嵐と圧力の下ではじめて、真の創造、すなわち個性の発展が生じうるからである。よって、個人の自我は、社会と実質的に同一化され、次に、社会の最も組織化された形態である「国家」と、すなわち、社会化された集産主義的な国家と、同一化される。最終的に、自我は、部分的には人種として、部分的には文化として、国民に統合される。自我は共通の言語、慣習、制度を負っている。すなわち、ドイツの諸部族は、微細な絆で結びつけられている。この絆は、経験的な分析では説明し尽くすことができない。それは、ドイツの諸部族を形成し、あるいは諸部族によって形成され、それぞれの部族を結びつけ、過去と将来の部族を結びつけ、時間を超えた神秘的な総体を形成する。絶対的な意志の作用、すなわち自我が、ばらばらの経験的な複数の自我のあいだで、自らを表明する。結局、フィヒテにおいては、世界は、超越的人格（a super-person）の生や活動として理解されるのである（PIRA, p. 178）。

次に、フィヒテの自由の捉え方をみていこう。ストア派は、外部の世界から「内なる砦」に逃避することによって、自由を確保しようとした。それに対して、ロマン主義の思想家たちは、外部の世界を「内なる砦」に同化させて、外部の世界を漸進的に支配することによって、自由を発展させようとした（PIRA, p. 182）。

フィヒテによると、人は外部の世界を理解するときに（外部の世界が従っている法は、実は自分が最も自由に活動する際の法なのだと了解するときに）、外部の世界を自分の「内なる」体系に取り込む（PIRA, pp. 182-183）。すなわち、外部の世界が自分と異質のものではなく、自分の一部となる。自由は、自分と敵対する要素から逃避することによってではなく、それと「一体化すること」によって、達成されるのである（PIRA, p. 184）。バーリンは、フィヒテの考えを説明するために、ここで音楽の演奏家の例をあげている。演奏家は、他人が作曲した楽譜という「外部」の指図に従う。誰も楽譜に従えと強制する者はいない。しかし、その演奏家は、他人が作曲した楽譜に忠実であればあるほど、演奏家としての役割を果たし、演奏家としての能力をいっそう自由に開花させるのである（PIRA, pp. 184-185）。

この例が示すように、私は法（音楽的な指図）に従うが、法があるから、すなわち私が従うルールがあるから、私は自由であることができる。ロマン主義の説明では、もしもある計画が外部の力によって強制されるならば、私は強制されることに不平を言うだろう。しかし、もしもその計画が私の「内なる」欲求と合致しているなら、そのときに限って私は自由である。なぜなら自由は私が欲することをなす自由だからである。こうして、自由は法への服従ということになる（PIRA, pp. 185-186）。

5　「積極的自由」の観念は多くの人間の生を犠牲にする

以上で、ストア派、カント、およびフィヒテにおける積極的自由について確認した。さて、バーリンによると、積極的自由の観念は混乱に基礎づけられている。それは、多くの人間の生を犠牲（cost）にするという混乱である。すなわち、すべての人間は積極的な目的を有している。しかし、自分たちの目的が何であるかを知らない人々や、両立不可能な複数の目的を追求している人々や、実現不可能な目的を追求している人々や、他者の目的追求と暴力的な対立状況にある人々にとっては、目的の実現の障害(obstacles)を取り除くことはほとんど意味がない。結局、「積極的自由」について語る人々の議論によれば、以上のような望ましくない状況で自由を与えられている人々にとっては、自由には価値がないと感じられるものとされる（PIRA, p. 205）。

しかしながら、バーリンに言わせれば、だからとって自由が自由でなくなるわけではない。自由はやはり自由なのである。例えば、盲目の人が美しい絵画を評価できないとしても、やはりその絵画には価値がある。それと同じく、貧しい人にとって市民的自由が無意味だとしても、やはり市民的自由には意味がある（PIRA, pp. 205-206）。

4　自由の人間主義的および非人間主義的定義

バーリンは最後に、自由の「人間主義的定義」と「非人間主義的定義」の区別に言及する。彼によると、自由の具体的な内容は、人間本性、人間の能力、生の目的にかんする異なる考えを有する思想家たちが、どのような具体的文脈を想定しているかによって異なってくる。さらに、自由の観念は、人間を、包括的な統一組織の一部として捉える論者たちと、時空のなかの経験的存在として捉える論者たちによっても、変わってくる。後者の考えをとる論者たちは、他者からの侵害から守られるべき特定の領域が必要だと考える。この領域の大きさはどの程度か、この領域はどのような場合も存在すべきか、といった問題については争いがある。とはいえ、そうした領域の範囲が定められていなければ、人間の目的は達成されない、ということには合意がある。目的を達成したいという人間の欲求や理想は、それ自体が目的であるから価値があるという理由で、尊重されている。それはちょうど、カントが、人間は道徳の唯一の源泉であるから、人間を目的として扱うように推奨したことと同じである（PIRA, p. 206）。

バーリンによると、自由には、以上の人間主義的定義と、非人間主義的定義がある。後者には多くの種類がある――例えば、超越論的、神政主義的、「有機体的」（ヘーゲル主義的ないしファシズム主義者的な意味での）、あるいは英雄主義的（バイロンやニーチェ的な意味での）な定義である。それから、歴史（バークやドイツの歴史学派）、階級（マルクスなど）、人種（国家社会主義者）の要請に従えと命じるような定義である。さらには、暴力的な終末論の利益のための自己破壊という審美的理想や、ショーペンハウアー、トルストイ、ヒンズー教の聖人によって唱道される静寂主義による定義である――。これらの二つの定義のあいだには、究極的には、議論の余地はありえず、主張と反論しかなく、説得ないし暴力によって相手を転向させる試みしか存在しない（PIRA, pp. 206-207）。

結局、「自由」という言葉の用法は、それを用いる論者の、生の究極的理想にかんする見方を示している。人間社会の人間主義的見方と非人間主義的見方のあいだの裂け目を、架橋することはできない。その一方にはフィヒテとゲレスが、他方にはミルがいる。十九世紀の偉大な思想家たちは、どちらかの側に近いのであって、両者のあいだでの中立は不可能である。二つの理想は両立できないし、互いに妥協することもできない。一方が人間の思考を支配したこともない。結局、「自由」という用語の用い方は、人間がどこに立っているかを最も正確に示す指標の一つなのである（PIRA, p. 207）。

5　思想の力

以上、本章では、「二つの自由概念」（一九五二年）を、「二つの自由概念」（一九五八年）の原型と捉えて、その内容を整理した。すなわち、前者ですでに、消極的自由と積極的自由の概念が提示されていることを確認した。なお、バーリンは、消極的自由と積極的自由の区別に加えて、自由の人間主義的定義（カント）と非人間主義的定義の区別も提示している。

消極的自由と積極的自由の区別にかんしては、バーリンは積極的自由の危険性を示している。すなわち、積極的な目的の追求のためには、犠牲をいとわないという考えである。あるいは、自分の積極的目的を知らない人物にとって、自由は無意味であるという考えである。ここから、バーリンは積極的自由の危険性をほのめかしていると思われる。

自由の人間主義的定義と非人間主義的定義の区別にかんしては、バーリンはカントが提示した前者に傾倒している（PIRA, p. 206）。ただし、J・チェルニスによると、バーリンは後に価値多元論を擁護するようになるので、彼のカントへの傾倒はやがて見られなくなる。[4] 実際、「二つの自由概念」（一九五八年）では、自由の人間主義的定義への言及はない。

さて、バーリン自由論のもう一つの核は価値多元論（value-pluralism）である。彼はこの立場を「二つの自由概念」（一九五八年）の末尾で主張している。[5]〔なお、バーリン自身は「多元論（pluralism）」という用語を使うことが多いが、「価値の多元論（the pluralism of values）」という用語を用いることもある。[6]「多元論」は多義的だが、彼の言うそれは価値ないし理想にかんする多元論のことである〕。ところが、「二つの自由概念」（一九五二年）では価値多元論は主張されていない。

最後に、思想史家であるバーリンが時代とどのように対峙したかについて、若干の検討を行っておこう。彼の思想史研究は、一方でそれぞれの思想家への内在的な理解を重視しつつも、他方では歴史のなかで発揮されてきた思想の力（the power of ideas）についての考察でもあった。思想の力について、彼は「二つの自由概念」（一九五八年）で以下のように述べている。「百年もまえに、ドイツの詩人ハイネはフランス人に向かって観念〔思想〕の力を過小評価することのないようにと警告を発している――平静な大学教授の書斎のなかではぐくまれた哲学的概念が一文明を破壊してしまうこともあるのだ」。[7] バーリンによると、ハイネは、カントの『純粋理性批判』をドイツ理神論の首を切り落とす剣として語り、ルソーの著作を――ロベスピエールの手によって――旧体制を破壊した血染めの凶器と描写した。ハイネはさらに、フィヒテおよびシェリングのロマン主義的信念が、狂信的なドイツの後継者たちによって自由主義的な西欧文化への敵対物に変じ、恐ろしい結果を招来するであろうことを、予言したのである。[8]

バーリンは、この思想の力を、講演『ロマン主義時代の政治思想』を準備する段階で実感していたと思われる。すなわち、バーリンがこの講演を行った一九五二年は、フィヒテやシェリングの狂信的な後継者が主導したナチス体制が終焉してから間もない頃であるし、スターリン最晩年におけるソヴィエト体制の諸政策が進行中であった[9]（スターリンが没するのは一九五三年）。こうした時代状況のなかで、バーリンは思想史家として、思想の力を過小評価することがないように読者に向けて警告していたのである。

注

（1）これは、オックスフォード大学チチェリ講座の社会・政治理論教授への就任講義である。講義そのものは一九五八年に行われ、同年に出版された。本章では以下を典拠とする。Isaiah Berlin, 'Two Concepts of Liberty', in Isaiah Berlin, *Liberty: Incorporating Four Essays on Liberty*, edited by Henry Hardy (Oxford University Press, 2002). 生松敬三訳「二つの自由概念」アイザィア・バーリン著、小川晃一ほか共訳『自由論』（みすず書房、一九七一年）。二つの自由概念とは、積極的自由（positive freedom）と消極的自由（negative freedom）のことである。積極的自由は、何らかの「真」の目的に従って、自己支配ないし自己実現を行う自由である。Ibid., pp. 179-180. 邦訳、三二〇〜三二三頁。消極的自由は、一定の境界線を越えて干渉を受けない自由である。Ibid., p. 174. 邦訳、三一一〜三一二頁。バーリンによると、積極的自由は、「私は自分自身の主人である」という言明が含意する自己支配というメタファーに基づいて、人々の「真」の目的を実現するという名目で、人々を嚇し、抑圧し、拷問にかけることを可能とする。Ibid., pp. 179-180. 邦訳、三二〇〜三二二頁。

（2）Isaiah Berlin, 'Two Concepts of Freedom: Romantic and Liberal', in Isaiah Berlin, *Political Ideas in the Romantic Age: Their Rise and Influence on Modern Thought*, edited by Henry Hardy (Chatto & Windus, 2006).

（3）Isaiah Berlin, *The Roots of Romanticism*, edited by Henry Hardy (Chatto & Windus, 1999), pp. 68-69. 田中治男訳『バーリン　ロマン主義講義』（岩波書店、二〇〇〇年）一〇五～一〇六頁。

（4）Joshua L. Cherniss, 'Berlin's Early Political Thought', in George Crowder and Henry Hardy (eds.), *The One and the Many: Reading Isaiah Berlin* (Prometheus Books, 2007), p. 109.

（5）Isaiah Berlin, 'Two Concepts of Liberty', *supra* note 1, pp. 212-217. 邦訳、三八一～三九〇頁。

（6）Ibid., p. 217. 邦訳、三九〇頁。

（7）Ibid., p. 167. 邦訳、二九九頁。

（8）Ibid.

（9）バーリンによると、20世紀の災禍をもたらしたのはマルクスに直接責任があるわけではない。一九世紀のマルクスは、重要な問題があると信じ、自分がその問題を解決しようと、そして実際に解決したのだと考えた。それに対して、二〇世紀のレーニンやスターリンは、人間を悩ませてきた問題そのものを消してしまい、人間を「治療」しようとしたのである。Isaiah Berlin, 'Political Ideas in the Twentieth Century', in *Liberty*, *supra* note 1, pp. 72, 76-78, 82. 福田歓一訳「二十世紀の政治思想」、アイザィア・バーリン著・前掲注（1）『自由論』一二九、一三六～一四〇、一四七頁。

第二章　歴史法学とパウンド
――プラグマティズム法学の試み――

戒能　通弘

1　歴史法学とパウンド

本章が考察の対象とするのは一九世紀後半から二〇世紀初頭のアメリカの法思想である。従来の理解においては、この時代の法思想は、レセ・フェールと社会民主主義、リーガル・フォーマリズムと反フォーマリズムの間の対立のコンテクストで捉えられることが一般的であった。本章が考察の主要な対象とするロスコー・パウンド（一八七〇～一九六四年）も、上記の定式化の確立において多大な影響を与えたのであるが、近年のアメリカの法制史、法思想史研究では、そのパウンドが批判した一九世紀後半の歴史法学に対する再評価がなされ、歴史法学とパウンドの関係についても新たな理解が示されている。

パウンドの批判の影響もあり、一九世紀後半のアメリカの歴史法学は、契約の自由といったレセ・フェールの前提に固執し、そこから、演繹的に法的結論を導くものとして捉えられてきた。さらに、その歴史法学は、著名なロックナー判決を基礎づけたこともあり、大企業、資本家の浅薄な代弁者と見なされることもある。一方で近年の研究は、歴史法学が、自然法論や法実証主義とは明確に区別される独自の法思想を形成してきたことを強調している。[1] そして、例えばD・ラバンによって、歴史法学者たちは、法的諸原理の内的発展の考察に排他的に焦点を合わせる法形式主義者であったわけではなく、むしろ、法と社会の関係、法が社会の刺激にどのように応答してきたかに焦点を当ててきたとの指摘がなされている。[2] ならば、社会学的法学を提唱し、社会的利益を法に反映させることを試みたパウンドとの共通点も、パウンド自身の想定とは反するが、見出すことも可能になってくる。実際、ラバンとともに、近年のアメリカ法制史、法思想史研究をリードしているB・タマナハは、歴史法学者たちが今日のリバタリアニズムに近い立場で、一方で、パウンドやリアリストたちがニューディールの政策を支持し、社会的目的の実現のために法を用いることを唱導していたように、法の基本原理においては対立していたが、法と社会の関係についての両者の見解には重なるところがあると指摘している。[3]

本章ではまず、簡潔にではあるが、近年の研究で明らかになりつつある歴史法学派の法思想の実像を示すことから始めたい。歴史法学派には、T・クーリ、C・ティードマン、さらにはわが国ではあまり言及されることがないJ・ポマロイやW・ハモンドなども含まれるのであるが、ここでは、パウンドが直接の標的としたジェームズ・カーター（一八二七～一九〇五年）に焦点を当ててみたい。続いて、そのカーターを含め、アメリカの歴史法学派を思想面で支えていたH・スペンサーの社会的ダーヴィニズムに触れる。歴史法学派の法思想は、スペンサーの思想を裁判の場面で応用したものでもあったのだが、それにより、歴史法学派とパウンドの争点が明らかになるであろう。その争点とは、パウンド自身が論じていたような演繹か、経験かという法学の方法論の違いではなく、上記のタマナハの指摘にも含意されているように、社会認識、歴史観の違いに基づいたものであった。よって、本章でパウンドを考察する際も、パウンド自身の法思想史研究から、その社会認識を示すことになる。その上で最後に、パウンドが、自らの社会認識に基づかせた社会的法学を、立法、あるいは裁判の場でどのように実現しようとしたのかについても検討したい。パウンドは、歴史法学派の社会認識、歴史観を基礎づけていたスペンサーの社会的ダーヴィニズムも批判していたが、その結果、立法に関しても、歴史法学派とは異なった評価をするようになる。

2　歴史法学

1　歴史法学派

パウンドは、歴史法学が、自然権、レセ・フェール、自由競争といった第一原理から結論を導く、「既決の諸概念（predetermined conceptions）からの演繹という方法」[4]を採っており、過度の形式性、リーガリティに基づいていると批判していた。同様の歴史法学批判は、現代の、例えばM・ホーウィッツによっても踏襲されている。コモン・ローが資本家に有利な形に転換された一九世紀半ば以降の、アメリカの裁判官の形式的、非道具主義的なアプローチは、詐欺的な形態の非道具主義（fraudulent form of non-instrumentalism）であったとホーウィッツは指摘している。本章の冒頭で紹介したように、偏狭なイデオロギーに基づく形式主義というのが、歴史法学派に対する一般的な評価であろう[5]。

ただ、近年、歴史法学に対する評価が変わりつつある。この点も冒頭で触れたが、例えば、タマナハによれば、法形式主義の確立に大きな貢献をしたとされている歴史法学派のクーリは、どのルールが適用されるべきかについての困難な問題はつねに生じ、ルールの適用は、単純な演繹の問題ではないと考えていた。また、同じく歴史法学者のティードマンも、裁判官の法解釈が、社会的諸力、すなわち、世論、あるいは当該事例に対する社会の見解の範囲や性質によって影響を受けると言明していたとされている。さらに、次項で検討するカーターも、新たな事実類型が継続的に生じ、社会もつねに変化するため、法における不確実性はつねに存在すると論じていたとタマナハは指摘している。[6] 加えてタマナハは、歴史法学派の法思想が偏狭なイデオロギーに基づくものではなかったことも示そうとしている。例えば、レセ・フェールの哲学により、一九世紀後半の形式主義的な裁判所の形成に多大な影響を与えたクーリも、資本家の利益ではなく、アメリカ社会の「集合的利益（collective good）」を促進していたと捉えられている。タマナハによれば、当時の裁判官たちの世界観は、自然権、レセ・フェール、自由競争に基づくものであったが、彼らはレセ・フェール原理主義者であったわけではなく、公的、社会的な目的であるならば、例えば、労働者の健康や安全のために企業活動を規制することも適切であると考えていたのであった。[7] 言い換えると、レセ・フェールは、基本的にはアメリカ社会の公的、社会的なものを反映していると歴史法学者たちは考えていたことになる。

歴史法学派の法思想を詳細に検討している清水潤によれば、一九世紀アメリカの歴史法学派には、以下のような共通の法概念があった。すなわち、法は命令ではなく、慣習に基づくものであり、そのような慣習法は、一時の多数派によって創られる制定法よりも、社会の価値観や正義感覚を反映することができる。そして、その際の慣習法とは、イギリス、アメリカのコモン・ローであったが、歴史法学では、コモン・ローは、長い間の人々の正義感覚を体現するものであると論じられていたのであった。[8] 次に検討するカーターなども、人々の正義感覚を法に反映させるためには、立法よりもコモン・ローの方がより適しているとも論じていた。

2　カーターの歴史法学

カーターはハーバードのロースクールを経て、一八五三年からニューヨーク・ウォール街の法律事務所に勤めていた。その一方で、カーターは、ニューヨーク市法律家協会の創始者であるとともに、指導者であったが、べンサムの影響を受けつつ、コモン・ローの準則を生かす形での法典化を進めたD・フィールド主導の法典編纂に反対し、民事法典の採択の阻止に成功している。その死後に出版された『法——その起源、成長と機能（*Law: Its Origin, Growth and Function*）』（一九〇七年）は、パウンドによって、アメリカの歴史法学の典型例と評価されている。(9)

カーターは、一九世紀後半の規制主義的立法の増大を批判するとともに、逆に、産業の発展など、アメリカ社会の急激な変化に対応できないという批判からコモン・ローを擁護することを試みていた。その際、カーターも、ほかの歴史法学者たちと同様に、法とは慣習であり、慣習とはコモン・ローに過ぎないと論じていた。カーターによれば、国家の法とは膨大なルールの体系であるが、それは世論の産物であり、裁判官によって積み重ねられてきたものであった。裁判官たちは、各々の時代の最も進んだ思想と文化を代表しており、彼らは一般の人々と近い関係にあり、共感もできた。したがって、コモン・ローの裁判所においてこそ、「正義についての社会的な基準が確認され、宣言される」のであり、「裁判官の仕事は、それまで適用されてきたそれ［正義の社会的基準］を適用する」(10)（引用文中の［　］は引用者による補足説明）ことと捉えられる。

このように、慣習、すなわちコモン・ローを法の中心に置くことは、社会的再分配を追求する立法ではなく、コモン・ローの伝統的な契約法、財産法を優先することになり、コモン・ローの私法に対する干渉を、「正義の社会的基準」に反するとして排除することになる。(11)

この点は、歴史法学派における社会的再分配への反対という政治的な含意を示してはいるが、そのような評価だけでは、カーターの理解としては不十分であろう。カーターには、法の運用の観点から、コモン・ローが立法に優位するという議論もあった。歴史法学派の多くは、慣習が法の源泉であるならば、法は慣習には追いつけないため、既存のものを繰り返すか、それを区別する方法、すなわち、すでに知っているものによって未知のものに対応するのが最善の方法である、加えて、立法は将来に対するルールを盲目的に形成するため、非科学的であると論じていた[12]。カーターも、裁判官たちは「すでに宣言された法に従わなくてはならない。もし当該の事例が新しい特徴を持つならば、彼らは既存のルールと一貫するように判決を下さなくてはならない[13]」と論じていた。そして、法典、立法においては、法、ルールの形成は単なる暗闇の中のジャンプに過ぎず、それらは正義に言及することのない暴力的な手法であるとも論じている[14]。

カーターが慣習、コモン・ローを立法に優位させたことには、スペンサーの社会的ダーヴィニズムの影響を見ることもできる。カーターは、慣習は人々の「生命（life）」と関連づけられ、その慣習は法に先行し、「無意識に（unconsciously）」生じると論じていた。『法――その起源、成長と機能』でもカーターは、コモン・ローの裁判官は、「すでに存在し、社会によって無意識に創られた、いわば生命の産物であるルールを見つけ出す。しかし彼らが強制する成文法は、立法権力を持つ人々によって意識的に創られたルールである[15]」と論じている。次に、カーターも含めたアメリカの歴史法学派に影響を与え、逆に、パウンドによって否定されたスペンサーの社会的ダーヴィニズムがどのようなものであったか、簡単に確認しておきたい。

3　スペンサーの社会的ダーヴィニズムとアメリカ法学

K・パーカーによると、スペンサーの思想は、人間の未来として、自律的、かつ無意識的に機能する産業社会を描く目的論的な歴史哲学によって、民主主義の領域を狭めることに特徴がある[16]。スペンサーの要点は、周知のように、社会は漸進的に発展するのであり、社会を意思によって作り変えようとすることは失敗するというものであった。スペンサー自身も、立法によって社会に干渉することを批判していたのであり、メインと同様、法も無自覚に身分から契約に基づくものに発展すると考えていた[17]。

一九世紀後半のアメリカでは、意識的な立法による法改革か、発展法則に基づくコモン・ローの法形成かという、まさにスペンサーの用語に基づいた論争が展開されていた。例えば、歴史法学派の代表的な論者であるティードマンは、まず、法的なルールは社会的諸力の産物であり、正義感覚を反映すると論じる。そして、その正義感覚は、進化の法則に沿って発展するとも論じられている。その際、ティードマンは、カーターと同様に、つねに改善する正義感覚が民主的な多数派によってではなく、コモン・ローの裁判官によって発見されることを強調している。一方、法実践の場でもこのような法理解は明白な影響を及ぼしていた。著名なロックナー事件（一九〇五年）でも、そこで争点となった労働時間を制限したニューヨーク州法は、社会の正義感覚を反映しているとは考えられず、むしろ伝統的なコモン・ローの契約や財産の概念こそ、そのような正義感覚を反映していると考えられたのであった(18)。

3　パウンドとプラグマティズム

1　パウンドの社会認識、歴史観

パウンドは歴史法学に対する苛烈な批判者であり、歴史法学が過度に演繹的であり、個人主義に基づく法的前提から結論を導くとして、周知のように、それを「機械的法学（mechanical jurisprudence）」であると批判し、社会的事実、社会的利益に基づく自らの社会学的法学（sociological jurisprudence）と対置していた。ただ、本章で繰り返し論じてきたように、歴史法学派は、法の発展、変化を否定しておらず、演繹的な法学に基づくものではなかった。また、歴史法学派の多くは、過度の不平等を批判しており、必要とあるならば財産権の制限も可能であると考えていた。歴史法学の欠陥を代表しているとパウンドによって批判されたカーターでさえ、過度の経済的不平等を縮減するために所得税を課すことを認めている[19]。歴史法学派は、スペンサーの社会的ダーヴィニズムの影響を受けつつも、すでに見たように、法は社会の正義感覚、あるいは社会の集合的利益を反映しなくてはならず、裁判官こそがその判定者としてふさわしいと論じていたのであった。

本節では、歴史法学派と対置させる形でパウンドのプラグマティズム法学を検討するが、パウンドが「機械的法学」と名づけたものを批判したのも、法は社会を反映しなくてはならないという、実際は、歴史法学派と共通の問題意識からであった。パウンドは、歴史法学派の権利論に代わるものとして社会的利益を対置しているが、その考察の目的として、「最大の利益の総計、あるいは私たちの文明において最も重みを持つ利益に、全体の利益の概要においては最小の犠牲になるように、効果を与えること[20]」を挙げている。パウンドにおいても、法は、社会の集合的利益を実現しなくてはならないと考えられていたのである。ならば、歴史法学とパウンドの間の争点は、社会認識、歴史観の違い、法が反映すべきものの違いということになるであろう。さらにパウンドは、スペンサーの社会的ダーヴィニズムも批判していたが、それは、コモン・ローと立法の関係についての、パウンドと歴史法学の理解の相違を生み出していた。以下、社会認識・歴史観、社会哲学、それから、コモン・ローと立法の関係からパウンドと歴史法学の違いを明らかにしたい。このような整理は、パウンドのプラグマティズム法学の試みの意義を、より明確にするであろう。

歴史法学派が影響を与えた一九〇五年のロックナー判決には、O・W・ホームズの著名な反対意見が付されていた。ロックナー判決では、修正第十四条のデュー・プロセス条項が契約の自由を保障するものであると判示されていたが、ホームズは、「修正第十四条はハーバード・スペンサー氏の社会的統計を定めているのではない」との反対意見を提出している。さらに、「この事例は、この国の大半の人々が受け入れていない経済理論に基づいて判決された[21]」とも指摘しているように、スペンサーの社会的ダーヴィニズムが、歴史法学派が論じていたようには、社会の実態を説明していないとも断じていた。パウンドも、社会的ダーヴィニズム、歴史法学派の権利論を歴史的観点から批判している。

パウンドは、一七世紀から一九世紀の終わりまで、法理論は、すべての社会的利益を個人の自然権の観点から捉え、それらの自然権を特権化してきたと、まず指摘する。そして、パウンドによれば、公共政策の観点は後景に追いやられ、コモン・ローの裁判においても、「非常に手に負えない馬であり、一度それにまたがると、どこに連れて行かれるか分からないようなもの[22]」と否定的に捉えられていた。たしかにアメリカ開拓期においては、自然権の制限は、勤労と契約についての個人の自由に干渉することと見なされていたとパウンドは認めている。しかしながら、パウンドによれば、「一九世紀の終わりのアメリカ産業社会においては、一定の企業における雇用者と労働者の間の無制約の契約の自由という社会制度は、価値の保存ではなく破壊に導いた」のであり、「個々の労働者の生活における社会的利益の犠牲に導いた」のであった[23]。

パウンドは、法は社会的事実に焦点を合わさなくてはならないと論じ、立法者や裁判官、そして法律家に承認するよう圧力をかけている社会的利益の一覧として、一般的安全における社会的利益、社会的制度の安全における社会的利益、一般的道徳における社会的利益、社会的資源の保存における社会的利益、一般的発展における社会的利益、個人の生活における社会的利益を挙げている。そして、その中で、最も重要なものが、個人の生活における社会的利益であると論じているが、それは、「個々人が社会の基準にしたがって人間の生活を生きることができるという、文明社会における社会生活が関係する請求、欲求あるいは要求[24]」と言い換えられている。具体的には、例えばパウンドは、「法が所有者と認める人を除いて、人間の存在の自然的な媒体であり、人間の活動の手段であるものから完全に排除することは、双方の側の利益の合理的な衡量、それらを調和させる、あるいは所有者の側と同様に排除される側の犠牲もできる限り最小限にするような合理的な試みによって評価され正当化されなければならないという感情が増している数多くの兆候がある」[25]とも論じている。パウンドによれば、歴史法学派がしたように、財産権を特別視すべきではなく、それは、一般的安全における社会的利益であり、個人の生活における社会的利益と衡量、調和させなければならないのであった。

2　プラグマティズムと立法

パウンドは、スペンサーにも批判を加えていたが、そのスペンサーは、レセ・フェールの最大の擁護者と見なされることもあるように、国家の干渉に対して反対し、個人主義を擁護していた。岡嵜修が整理しているように、可能な限りの自由を保障し、政府による不必要な干渉を排除すれば、社会は自然の法則に基づき、進化していくとスペンサーは考えていたのである[26]。ただ、著名なプラグマティズムの思想家であるW・ジェームズは、強い個人を擁護しつつ、自然の法則に社会の変化を委ねるというスペンサーの矛盾を指摘している[27]。さらに、ジェームズは、生理学の研究によって、習慣は所与のものではなく、各人の脳の特性によって形成されると論じることで、スペンサー流の運命論に抗してもいた[28]。

パウンド自身もスペンサーを批判していたが、それは、W・スモールやF・ワードのスペンサー批判を参考にしたものであった。パウンドは、スペンサーが、社会的諸力をあたかも神の水車（mills of the Gods）のように扱い、それらを記述することは学ぶことができるが、人間によっては制御できないものとして扱っているというスモールの指摘に同意する。そして、パウンドは、社会の発展が無意識なもので意図されておらず、自発的な過程であるという立場ではなく、意識的、意図的に社会の状況を改善することが可能であると論じていたワードを評価していた[29]。

前節では、歴史法学派の権利論の時代的限界についてのパウンドの指摘を概観したが、上記のスモールやワードによるスペンサーの批判を想起させる形の歴史法学批判もパウンドにはあった。パウンドは、カーターなどが、法的原理の発展を無意識で必然的な過程として捉え、立法によって法を変革しようとする企図の不毛さを論じていたことを批判した上で、このような「法的な悲観主義（juristic pessimism）」と決別し、意識的な法改革を促すためにも、社会の発展の手段として立法を評価すべきであると論じているのである。[30]上述のプラグマティスト、ジェームズが、スペンサーを批判した際の視点が、パウンドにも受け継がれ、立法の位置づけも、パウンドと歴史法学派とは異なったものになっているのであった。

ラバンによると、パウンドは一方では、コモン・ローが社会的利益を反映できるようになると考えていた。その際、パウンドは、非個人主義的な社会学的法学が研究者たちによって発展させられ、それが裁判官たちによって受け入れられることを期待していた。すなわち、個人主義から法の社会化への転換は緩慢で苦痛を伴うものではあるが、最終的には、裁判官たちが社会学的法学を取り入れるだろうとパウンドは考えていたとラバンは指摘している。ただ、他方で、社会学的法学にとっては、立法の方がより適切な手段であり、立法府は、アメリカの法システムの主要な機関として裁判所に取って代わるべきであるともパウンドは論じていた。その際のパウンドの根拠には、裁判所には社会的事実を確認する手段がないというやや凡庸なものもあった。[31]

4　プラグマティズム法学の試み

パウンドの法学は、周知のようにプラグマティズム法学とも呼ばれているが、すでに示したジェームズのスペンサー批判とパウンドの歴史法学批判の共通項が、パウンドの試みの背景を示していると思われる。パウンドは、上述のように立法を高く評価していたが、それとともに、コモン・ローの裁判所が、人々の慣習やその変化を反映した決定を下すことができるという歴史法学派の見解を厳しく批判している。そして、立法こそが、「社会の実験室（sociological laboratory）」を用いて人々の一般意思を把握することができると論じていた。[32] このようなパウンドのプラグマティズム法学＝実践・経験主義法学の試みは、本章で検討してきた、スペンサーと歴史法学派の発展法則、そしてそこから導かれる社会認識、歴史観に、パウンドが対峙していたこととともに理解されるべきであろう。パウンドのプラグマティズム法学は、法形式主義を克服する試みとして一般的には理解されているが、実際は、その背景には、社会的ダーヴィニズム、それを反映した歴史法学派の社会認識、歴史観、さらにはそれを実践面で支えていた裁判所への挑戦という、より根本的な対立があったのである。

注

（1）清水潤「アメリカにおける不文憲法の伝統（二）」『中央ロー・ジャーナル』第十巻第二号、三一～六八頁、二〇一三年、四頁。
（2）D.Rabban, *Law's History, American Legal Thought and the Transatlantic Turn to History*, Cambridge University Press, 2013, p. 364.
（3）B. Tamanaha, *Beyond the Formalist-Realist Divide: The Role of Politics in Judging*, Princeton University Press, 2010, p. 89.
（4）R. Pound, 'Mechanical Jurisprudence', *Columbia Law Review*, vol. 8, pp. 605-23, 1908, p. 610.
（5）B. Tamanaha, *Law as a Means to an End: Threat to the Rule of Law*, Cambridge University Press, 2006, pp. 24-5, 35.
（6）Tamanaha, *Beyond the Formalist-Realist Divide: The Role of Politics in Judging*, pp. 55, 80, 84.
（7）Tamanaha, *Law as a Means to an End: Threat to the Rule of Law*, pp. 38, 51.
（8）清水潤「アメリカにおける不文憲法の伝統（二）」、四六～四七頁。
（9）Rabban, *Law's History, American Legal Thought and the Transatlantic Turn to History*, p. 31.
（10）J. Carter, *The Provinces of the Written and the Unwritten Law*, Banks & Brothers, 1889, p. 13.
（11）K. Parker, *Common Law, History, and Democracy in America, 1790-1900*, Cambridge University Press, 2011, p. 238.

（12）Ibid.
（13）Carter, *The Provinces of the Written and the Unwritten Law*, p. 43.
（14）Parker, *Common Law, History, and Democracy in America 1790-1900*, p. 239.
（15）J. Carter, *Law: Its Origin, Growth and Function*, G. P. Putman's Sons, 1907, p. 87.
（16）Parker, *Common Law, History, and Democracy in America, 1790-1900*, p. 220.
（17）Ibid., p. 228.
（18）Ibid., p. 246.
（19）Rabban, *Law's History, American Legal Thought and the Transatlantic Turn to History*, p. 431.
（20）R. Pound, 'A Survey of Social Interests', *Harvard Law Review*, vol. 57, pp. 1-39, 1943, p. 39.
（21）O. W. Holmes, *Lochner v. New York*（1905, dissenting）, 198 U.S. 45, p. 75.
（22）Pound, 'A Survey of Social Interests', p. 5.
（23）Ibid., p. 9.
（24）Ibid., p. 33.
（25）Ibid., p. 35. なお、パウンドの社会的利益の考察については、拙著『近代英米法思想の展開――ホッブズ＝クック論争からリアリズム法学まで』、ミネルヴァ書房、二〇一三年、二二五～二三二頁をご参照されたい。
（26）岡嵜修『レッセ・フェールとプラグマティズム法学――一九世紀アメリカにおける法と社会』、成文堂、二〇一三年、一〇四頁。
（27）同上書、一九四～一九五頁。
（28）同上書、一八二頁。
（29）Rabban, *Law's History, American Legal Thought and the Transatlantic Turn to History*, pp. 457-58.
（30）Ibid., p. 453.
（31）Ibid., p. 467-68. ただ、パーカーは、特に一九三〇年代以降、パウンドが伝統的なコモン・ロー的思考に回帰するようになったと指摘している。Parker, *Common Law, History, and Democracy in America, 1790-1900*, p. 285.
（32）Rabban, *Law's History, American Legal Thought and the Transatlantic Turn to History*, p. 468.

第三章　G・ジェイコブとイギリス法学史の二つの流れ
――『各人が自分自身の弁護士』の成立をめぐって――

深尾　裕造

「イギリスが資本主義の発展において優位を獲得したのは、イギリス法の構造の故にではなく、むしろ部分的にはその法構造にもかかわらずそうなったのである」ウェーバー『経済と社会・法社会学』世良晃志郎訳（創文社、一九七四）三八四［四七二］頁（傍点筆者）

1　法学無き国？

冒頭に掲げたウェーバーの「にもかかわらず」論は、かつて、ウェーバーかマルクスかと喧しく論じられていたとき、よく引用された言葉であった。なるほど、ウェーバーからしてみれば、イギリスは、「大陸ヨーロッパ法に比べて、法の合理性の程度も著しく劣り、また法の合理性のあり方も別種のものである。ごく最近にいたるまで、いずれにせよオースティンまでは、『科学』の名に値するようなイギリス法学は、大陸的な概念を基礎として判断する限り、ほとんどまったく存在していなかった」(同書五二五［五一〇］頁) にもかかわらず、何故に資本主義的な合理的経営が可能となったのかは大いなる疑問であった。彼の見出した答えの一つは、「この種の要求［計算可能な法を求める要求］は、あらゆる経験の示すように、先例に拘束された形式的で経験的な法によっても、まったく同じようによく、しかもしばしば一層よく満足されうるからである」(同書四六八［四九三］頁) というものであった。

しかし、先例拘束性原理が確立するのは、半公式判例集が出版され、裁判所の審級制も確立する一九世紀後半以降の話である。(1) それ以前の資本主義的な合理的経営は如何にして支えられていたのであろうか。

実際、一六七七年のリンカンズ法曹院の講義以降、もしくは、それ以前から組織的な法曹教育は途絶えていた。(2) ジェントルマン子弟向けの法学教育をめざし大学で始まったブラックストンのヴァイナ講座も後継者に恵まれず、(3) ダイシーの一八八三年ヴァイナ講座教授就任講義も「イングランドの大学において法学教育は可能か」と題したものであった。法曹院でも、一八四六年議会特別委員会の影響の下、法曹院教育評議会が設立され、一九世紀後半以降法学教育制度の整備が進み、一八七二年以降、バリスタ資格試験制度が整備されるが、これも、アトーニ＝ソリシタ階層(4)の追い上げを受けて成立したものであった。(5)

その意味で、一八世紀は法学教育にとって空白の世紀ともいえるのである。しかし、前段でも論じたように、この間にアトーニ＝ソリシタ階層の地位が急速に向上し、このことが大学におけるジェントルマン法学教育や法曹院のバリスタ法学教育復活への引金となったことに留意することが必要である。実際、ディケンズの『荒涼館』に見られるように、貴族の所領経営の実権を握っていたのは、タルキングホーンのような下位弁護士達であったからである。最近流行の「ジェントルマン資本主義」にしても、これらの徒弟的に教育された下位法曹の執事的

活躍無しには機能しなかったであろう。(6)

この組織的法学教育空白期の法知識のあり様を知る手掛かりとして、当時の法律書カタログを見てみよう。出版される法律書の多くが、上記アトーニ＝ソリシタ乃至修習書記向けのものであったことに驚かされるであろう。実際、一八世紀後半になっても総数三〇〇名程度の実務バリスタ層相手では出版業者は商売にならなかった。(7)現在でも、学術書の出版は困難で、書店に並ぶのは教科書的書籍や試験向け書籍が多い。しかし、逆に、こうした大量に販売される書籍が広汎な法文化を作り出していることも忘れてはならないのである。

世紀末に出版された『イングランド法律図書目録 Bibliotheca Legum Angliæ』（一七八八）のインデクスを見て、興味深いのはジェイコブの名を冠した法律書が二四冊も固まって出てくることである。(8)この一八世紀法律書のベスト・セラー作家ともいうべきジェイコブが、一七三六年G・Jのイニシャルで出版したのが、本章で検討する『各人が自分自身の弁護士――英法要綱』である。同書出版に至るまでの彼の軌跡を追うことで、この空白期の法知識の一側面に迫ってみよう。

2　ジェイコブ法律著作群の形成

ジャイルズ・ジェイコブは、ハンプシャ州の麦芽製造人の息子で、当時の例に漏れず、アトーニの下で法を学んだようである。(9)少し、時代が遅れるがディケンズ『荒涼館』のガッピー君のような存在であったのかも知れない。その後、ウィリアム三世に仕え外交に忙しい政治家ウィリアム・ブラスウェイトの秘書兼所領執事となり、二七歳頃に最初の法律書『完全なる荘園裁判所管理人 The Compleat Court Keeper』（一七一三）を出版する。同書は、副題に「もしくは、所領執事補佐――リート裁判所論、荘園裁判所論等、契約、条件付契約、捺印契約等、定期賃借契約等の文例集、領主及び執事の権限と借地人の特権等、謄本保有者に関する多様な法律事件等と共に、荘園、地代、所領執事帳簿、執事報酬等の調査をも含む」として宣伝されたように、荘園裁判所のみならず、定期借地、契約、所領調査等、所領経営全般に係わる指南書として人気を博し、所領管理人の必携の書物として一八世紀を通して再版が重ねられることになる(10)。

同年には治安判事業務関連の制定法要録として『新・旧制定法評論』も出版。自らの実務経験上の必要に基づいて企画されたものであろう。翌年には『熟達せる不動産譲渡弁護士』と王座裁判所、民訴裁判所での不動産譲渡実務先例集『書記忘備録』を出版。さらに、次の年には不動産譲渡文書一般に拡大した『大文例』、治安判事及び治安判事書記等、彼の下僚の業務に関する『現代［治安］判事』を出版し、ヘイル遺稿集『国王の訴訟』の編纂にも携わる。翌年には、『荘園裁判所管理人必携』と共に、土地改良等、荘園経営改善のための農業書まで出版。まさに、「地方の黄金時代」を支えるに相応しい実務書を次々と出版していくことになる。『マンスフィールド・パーク』のラッシュワース家もリート裁判所、荘園裁判所を抱えており、サー・トマス・バートラムはアンティグア島のプランテーション経営に、このような荘園管理技術を生かせたのかもしれない。

同年、一七一七年には、初期の地方法実務に係わる著作から、一歩踏み込んで、中央法廷との結び目となる『ウェストミンスタ裁判所発給令状・訴訟手続全目録』を上梓。その翌年には、『現代［治安］判事補遺』、『完全なる教区役人』に加え、商事関連分野にも手を伸ばし『商人法』を出版、カヴァーする法律分野を広げていった。一七一九年に出版された『共通拠点に整序された制定法』も、初期の『新・旧制定法評論』のような治安判事のみに向けられたものではなく、法廷弁護士から代訴弁護士も含め、商人にいたるまで一般的な制定法知識の要請に応える制定法要録として企画されたものであった。

しかし、より注目すべきは同年に公法分野に進出し『重罪私訴及び謀殺法』とともに出版された『憲法 Lex

Constitutionis』であろう。副題に、「ジェントルマンの法」とされているように、統治者に必要な法知識を集めたもので、従来の地方統治関連書と異なり、国王、国王大権、貴族院、庶民員、国務官僚、財務、消費税、関税、郵政、国家会計、海軍、軍務局、州軍監、治安判事等の中央の国政レヴェルも含めた統治行為関連法が議会法案作成方法とともに解説され、序論にコモン・ローの入門的概説が付された。序論で臣民の自由、財産権について論じ、それを守るための統治関連法の解説を行ったと言えなくもないのだが、基本的には、憲法＝統治に関する法と考えられていることになるのであろう。[11] ホウルズワースも注目したように、この種の法書としては初めてのものであり、ジェイコブも序文で、先行する類書として、Mr. Chamberlain, *Present State of Great Britain* がイングランド法一般について論じているが、極めて手短且つ不完全で、法学的素養に欠け、並ぶものなきクック『法学提要』や我々の法書、典拠を調べてもいないと手厳しく批判している。[12] ロックには直接言及してはいないものの、ちょうど、一六九三年にロックが『教育に関する考察』で、ジェントルマン子弟が学ぶべきは、訴訟のための法学ではなく、イングランドの憲制と統治のための法知識であると論じていた構想に対応する法書といえるのかも知れない。[13]

翌年には『税法』が新たに出版され、種々の租税に関する議会制定法が詳細に検討される。さらに一七二一年には『諸法概説』と題し、学生、実務家向けコモン・ロー、ローマ法、教会法の概論を出版する。副題からすると、教区牧師をめざし大学で学ぶジェントルマンの次男坊を主たる読者としていたものかもしれない。これも『マンスフィールド・パーク』バートラム家の次男坊のエドマンドにピッタリの書物であった。[14]

地方の治安判事関係の法律書も好評を続け、翌年には『現代［治安］判事・新増補』、その翌年には『完全なる教区役人』が再版を重ね、翌一七二四年には『自由と所有の諸法律』の名の下に、前述の *Lex Constitutionis* に欠けていた人権関係分野の著作が現れることとなる。初版が入手できないので、アレクサンダー・ポープへの新年の贈物とされた第二版（一七三六）を見てみよう。「イングランド臣民の利益と保護のために、そして、彼等の生命、資産、土地、保有地、動産、資財、権利、特権等の保護のために制定されたすべての諸法、制定法、命令についての要論」という副題が付され、「自由と所有の諸法律」として、第一に、ヘンリ三世の現行マグナ・カルタを「自由権と所有権の偉大なる防塁」「イギリスの自由の憲章」として英文で紹介（2-19）新註解（19-35）が加えられ、次ぎに、人身保護法（36-44）にも新註解（44-52）が付される。この二大法律の新註解を終えた後に、コモン・ロー、諸制定法全体から項目別に自由権と所有権に係わり、我々の生命と財産に必要な安全に関連する法が、第1章「権威ある人々の臣民への義務と責務及び宣誓」以降主題別に論じられる（53-118）。一八世紀における自由権と財産権の保護が刑事法と深く係わっていたこともあり刑事法に関係する章が続くが、第6章「市民の権利及び訴追一般」では、自己負罪禁止や拷問による自白禁止、正当防衛、緊急避難や刑事責任能力等、権利保護に不可欠な議論が展開され、第9章「議会及び公の事柄」では、議員資格及び選出方法として参政権問題が論じられると共に、議会庶民院、貴族院の同意無しの臣民への課税の禁止、兵士宿泊強制割当の禁止が論ぜられ、公衆の抗議として、チャールズ一世治世の権利請願、ジェームズ二世治世の権利と自由の宣言が挙げられている。第10章「自由権を侵害する諸法律について」では、慎重に現政府への批判ではないとした上で、以下の六法律が自由を侵害する傾向にあると批判される。第一に、州民によって選出されるべき州長官選任権を國王に与えたとされるエドワード二世期制定法が、次ぎに、人身保護法停止法、第三に、メアリ女王期暴動法、四番目に、ジョージ一世期の反逆罪関連法、五番目に、宣誓と財産の登記を全ての人に強制する最近の法令、そして最後に、七年議会法が批判される。ここでは、自由権に議会法令を批判する憲法的役割が担わされていることが理解されよう。

これが訴訟嫌いであったとされるポープへの贈物とされたのであるが、ポープが『イーリアス』（一七一五〜二〇）や『オデュッセイア』（一七二五〜二六）を英訳し、ギリシア古典を大衆化することで英文学の基礎を築いたように、ジェイコブは同じように法知識を大衆化する役割を果たしたとも言えよう。[15] もちろん、法律文献の英語化はジェイコブに始まったわけではない。共和制期にも、法律書、訴訟手続でラテン語・法律フランス語を使用することが禁止され、クロムウェルの法律顧問ウィリアム・シェパードにより、『英法概要 Epitome』をはじめ多くの法律書が英語で出版された。王政復古により共和制期の法令は無視されるようになったが、シェパードが出版した簡便な英語による法律書は出版され続けた。その意味では、ジェイコブの著作群は、シェパードの法律文献の英語化路線を受け継ぐものであったともいえよう。[16] しかも、制定法令集については、英語化は印刷術導入以来進行していた。実際、治安判事を通して中央政府の統治を徹底させるためには、制定法令集の英語化、要録化は不可欠であったのである。[17] しかし、『ロール法要録』の英語化が挫折したように、英語化は一気に進んだわけではない。専門用語の正確さを損なうことなく、英語化を完成させるためには、最終的には、『ヴァイナ法要録』（一七四一～五六）の出現まで待たざるをえなかったのである。[18]

かくして、イングランド法の全分野へと手を広げたジェイコブは、一七二五年には『学生必携』を出版する。内容的には、Action にはじまり Writ で終わる法律基礎用語辞典であり、『旧土地法論』やラステル『法律用語集』に代わる役割を果すもので、一七二九年に出版され、旧来の法律辞典を駆逐することになる『新法律辞典』の先駆けともなったのであるが、その発展を支えたのが、より専門的な要請に応え『共通拠点に整序されたコモン・ロー』と題して一七二六年に出版された学生向小法要録であった。前述の如く、『ロール法要録』の英語化が進まない中で、同書は、一七一九年に出版された『共通拠点に整序された制定法』と合わせると、シェパード『英法概要』を引き継ぎ、法要録と言うより法律百科辞典に近いものとなった。[19] こうした、アルファベット順の法要録と、学生向けの法律基礎用語辞典の編纂の経験を経て出版された『新法律辞典』（一七二九）は、ジェイコブの法律著作の内で最も成功したものとなり、カウエルの『法律用語解説』を凌駕（最終版一七二七）し、その後、アメリカでも印刷され、トムリンによって引き継がれ、一八三八年最終版まで一世紀にわたって法律用語辞典の世界を支配することとなったのである。(20)

さらに、一七三〇年にはソリシタ向けに『完全な大法官裁判所実務法曹』を、翌年には、各法分野別に全法分野を網羅した索引集『法索引』を出版。そして、一七三二年にロンドン市の諸特権を解説した『都市自由特権』を出版。所領管理のための法実務書の出版から始まったジェイコブの著述活動は、学生向入門書、法律辞書も含め、全法分野に著作領域が拡大されることとなった。

そして、これら全著作を総括するかのようにG・Jのイニシャルの下に一七三六年に「家庭の法学」ともいうべき『各人が自分自身の弁護士――新たな教育的方法による英法要綱』が出版されたのである。より専門的な法実務書としては、その翌年に『イングランドの王座裁判所、民訴裁判所における完全なるアトーニの法実務』が出版され、一七三〇年のソリシタ法実務に加え、アトーニ法実務書も完成させ、下位法曹の法実務分野全般をカヴァーする著作群を完成させる。その後、一七四〇年に『不動産法』、『狩猟法』が、死後一七四九年に『法の文法』が出版され、一八世紀を通して彼の著作の多くが再版され続けられることになるのである。

3　『各人が自分自身の弁護士　Every man his own lawyer』

『各人が自分自身の弁護士―英法要綱』は、イングランド法全体をカヴァーする、ジェイコブの全著作の総括であるとともに、「新たな教育的方法で」と副題に付されたように、『学生必携』に見られたような従来型のアルファベット順配列の要録本とは異なり、以下のような編別で叙述された。

第一編　訴権と救済方法、令状、訴訟手続、勾引状と保釈手続
第二編　裁判所、訴訟代理人、訴状代理人、及び陪審員、証人、事実審、執行等
第三編　不動産及土地所有権、動産、その獲得方法、祖先、相続人、遺言執行人、遺産管理人
第四編　婚姻、婚外子、幼児、精神薄弱者、精神病者に関する諸法
第五編　臣民の自由について、マグナ・カルタ、人身保護令状、およびその他の制定法
第六編　国王、国王大権、女王、貴族、裁判官、州長官、検死官、治安判事、村治安官等
第七編　刑事犯、反逆罪、謀殺罪、重罪、夜盗罪、強盗罪、強姦罪、獣姦罪、貨幣偽造罪、偽証罪等

二〇年近く後にオックスフォードでイングランド法を講じたブラックストンの『英法釈義』（一七六五～六九）風に並び替えれば、以下のようになろう。

ブラックストン	ジェイコブ
人の権利（Right of Person）　絶対的／相対的	＝第五編／第六編、第四編
物の権利（Right of Thing）	＝第三編
私的不正＝権利侵害（Private Wrong）	＝第一編、第二編
公的不正＝権利侵害（Public Wrong）	＝第七編、（第一編、第二編）

第五編は、一七二四年の『自由と所有の諸法律』を基礎としたもので、現行法である一二二五年のヘンリ三世九年マグナ・カルタの英訳に加え、『自由と所有の諸法律』の項目別第九章の「臣民への課税」節で扱った議会

の同意無き課税禁止の根拠となる「無承諾課税禁止法」の英訳を新たに加えることで、ジョンのマグナ・カルタから削除された国王評議会の同意無き援助金の徴収禁止規定が補われた。この第五編は、統治行為論を扱った一七一八年『憲法』を基礎とした第六編と共に現代における憲法分野の解説となる。第七編が刑法、第四編が家族法、第三編が物権法、相続法を扱い、第二編、第一編が裁判所構成法と民刑事訴訟法をカヴァーしている。

一見すると、契約法、不法行為法を扱う債権法分野が欠けているようにみえるが、第一編（一頁〜一一四頁）の訴権論が金銭債務訴権から始まっているように、債務法はいまだ、訴訟物として訴権法に入っていたからなのである。訴権分類の後、二頁目から直ちに金銭債務訴訟論に入り、金銭債務の発生原因を七つに分類し詳論。続けて、ミドルセックス訴状論、逃亡者勾引状書式が紹介され、金銭債務訴訟がイングランド中に及ぶことが示され、さらに、金銭債務勾引状書式と保釈金手続が説明される。勾引状による債務者の未決勾留と保釈金制度の組み合わせによる債務者投獄制度が債権回収の最も効率的手段として利用されていたからであろう。さらに、金銭債務訴訟の訴陳、訴答、法律効果不発生抗弁の方式が説明され、続けて特殊主張侵害訴訟が、約束不履行、失当行為及び注意義務違反、過失一般、契約上の詐欺、妨害行為に五分類され論じられ、各場合の訴陳、訴答、法律効果不発生抗弁の方式が説明された。勘定訴訟、捺印契約訴訟も訴答方式と共に説明される。これ以降、五一頁から、動産返還訴訟、横領訴訟、名誉毀損訴訟が詳論され、トレスパス訴訟としての暴行訴訟に続けて、不動産侵害訴訟、アサイズ訴訟、不動産毀損訴訟、自救的動産差押と差押動産返還訴訟が地主―借地人関係として詳細に説明され、一〇七頁から出訴期限法、法廷外紛争解決方法、仲裁裁定が説明される。出訴期限法までの訴権の説明（一〜一〇七頁）の大部分が債務訴訟論であり、契約に関する訴訟がその中で大きな位置を占めていることが理解されよう。(21)

本書は出版されるとともに大人気を博し、翌年再版が出版され、四四年の死後も人気が続き、一七九一年まで一一版を数えることとなり、少なくともイングランド識字階層の法知識の拡大に大きな役割を果たしたのである。否、イングランドのみに留まらない、関西学院大学所蔵の第七版は、イギリス本国よりも早く、本国―植民地関係が緊迫化しつつある一七六八年にニューヨークで出版されており、第五編「臣民の自由について」に登載された無承諾課税禁止法の与えた影響も検討されるべきであろう。この出版は、一七六〇年代に「代表なしの課税は暴政である」、「代表なくして課税なし」という独立戦争のスローガンが形成されていく過程と共鳴関係にあったのかもしれない。我々は、法学や法知識の問題を考えるときに、現代のような制度化された教育が一般化した時代の視点からのみ見ることは避けねばならないのである。

4　アカデミズム法学とジェイコブ的伝統

ジェイコブの『各人が自分自身の弁護士』は、従来の訴訟法学と異なり、荘園経営に必要な法知識という経営法学的視点からの実務指南書として出発し、商業に必要な法知識、ジェントルマンの地方・国家経営に必要な法知識というようにカヴァーする法分野を広げていくとともにイングランド法の全体像を一般大衆に近付きやすいものとすることに大きな成功をおさめたが、ブラックストンは彼の『英法釈義』（一七六五～六九）でジェイコブの著作に全く言及することはなかった。その序文「法の学習」に収められた一七五八年教授就任講義でも、ジェイコブの著作の存在は完全に無視された。一八世紀庶民の法知識を研究したプレストは、それをブラックストンの「見栄っ張り的誤り」と評し、「大学アカデミズム帝国主義と知的貴族趣味との混合物」の結果だと見なした[23]。確かに、ジェントルマン子弟の教育の場たるオックスフォード大学に法学教育を根付かせるためには、ジェントルマンに仕える執事以下の人々が学ぶための実務書は相応しくなかったのかもしれない。むしろ、古典的なローマ法の素養を通してイングランド法を分析した財務府裁判所判事ギルバートの著作こそが『英法釈義』の依拠すべき法律書に相応しく、『英法釈義』の構成も、ジェイコブの著作のような実際の法実務に即した叙述方法ではなく、ユスティニアヌス『法学提要』を模範にすべきであって、論述方法もジェントルマンに読まれる相応しい洗練された表現方法で叙述されるべきであったのであろう。(24)

『荒涼館』のアトーニ書記ガッピー君は、アトーニ資格を獲得して主人公エスタに結婚を申込み失敗するが、その母親の不満な態度に一定のリスペクタブルな地位を築きながらもジェントルマンとしては尊敬されないアトーニ階層の悲哀が現れている。北部の企業家と共に、イギリスの資本主義化を支えたのは、このような人々であったのだろう。

しかし、一八世紀の大衆的法律書によって、広汎な法知識が人々の中に根付いた意義は大きい。コルセット職人として戯画化されることの多いトマス・ペインが『コモン・センス』でイギリス憲法を批判し、『人間の権利』でバークを批判できた背景には、これら一八世紀法書により、自学自習で修得可能なものとなった法知識の大衆化が背景にあったからであろう。一九世紀初期のチャーチスト運動の背景にあったのもこうした大衆的法文化であり、不文法としてのイングランド憲法を支えてきたのは、こうした法的世論であった。イギリスにおける立憲主義の強さの秘密はここにあるのといえよう。ダイシーが一九世紀イギリス法史を『法律と世論』との関係において論じたのも、こうした法的世論の成長に着目していたからではないだろうか。

最初の問いに帰ろう。「イギリスが資本主義の発展において優位を獲得したのは、イギリス法の構造の故にではなく、むしろ部分的にはその法構造にもかかわらずそうなった」のであろうか。

確かに、人・物・訴訟という『法学提要』編別の持つ人格的側面を切り捨てて、総則・物権・債権・親族＝相続という『パンデクテン』編別へ合理化していったドイツ流の法学は一九世紀後半のイギリスにも大きな影響を及ぼすようになる。[24] しかし、ディケンズはこうした「合理化」の行き着く先を『ハード・タイムズ』の中で見ていた。[25] 市場主義的合理化が進む中で人間性を維持するためには、何らかの抑制装置なり対抗文化が社会的には必要とされるようになったということであろうか。文学の持つ人間観察の総合性が、近代イギリスの抱える問題を明らかにし、国家からも市場からも自由なジェントルマン的プロフェッションとしてのバリスタ層が生き残る途を残したのかも知れない。[27] 天皇機関説の運命を見るとき、成文憲法があることが、立憲主義を保障するわけでもなかった。ナチズムに席巻されたドイツの大学や、戦前の天皇機関説の大学アカデミズムにおける優位とその急速な崩壊過程は、立憲主義的法文化の一般社会への浸透度の低さに起因するものであったともいえよう。[28] こうした法文化を基礎としないウェーバー的近代＝「合理化・近代化政策」の行き着く先がナチズムの「ユダヤ人大量虐殺」であったとすれば、その「近代」とは一体何であったのか。[29] 我々はヨーロッパ近代法文化から何を学ぶべきか、もう一度問い直しても良いのではないだろうか。

注

（1）望月礼二郎「一九世紀イギリスにおける先例拘束性原理の確立」岡田・広中・樋口編『社会科学と諸思想の展開』（創文社、一九七七）五七一～五九六頁、J・H・ベイカー『イギリス法史入門』〔総論〕（関西学院大学出版会、二〇一四）二七九［一九九］～二八一［二〇〇］頁。法廷年報以来の説得的権威としての判例法主義と、拘束的権威を意味する先例拘束性原理とを分けて考えることが肝要である。

（2）拙稿「ヘイル『ロール法要録』序文、若きコモン・ロー法学徒に向けて―一八世紀法文献史研究の起点として―」『法と政治』六〇巻二号一四九～一五〇頁参照。D. Lemming, *Gentlemen and Barrister: the Inns of Court and the English Bar, 1680-1730*, Oxford, 1990, pp.75-109.

（3）後継者 Sir Robert Chambers は、年収二〇〇ポンドのヴァイナ教授職から、年収六〇〇〇ポンドのベンガル最高裁判事に転出。Sir Robert Chambers, *A Course of Lectures on the English Law 1767-1773*, edited by Thomas M. Curley, vol.I,

Oxford Clarendon Press, 1986, p.18, p27.

（4）本稿では、コモン・ロー裁判所代訴弁護士たるAttorney、大法官裁判所代訴弁護士Solicitorやコモン・ロー裁判所訴答作成弁護士Special Pleader、大法官裁判所訴状作成弁護士Equity Draftsman等、後にソリシタに名称が統一される下位法曹達をアトーニ＝ソリシタ階層と呼ぶ。

（5）拙稿「一九世紀後半イングランド法曹養成制度の展開とその帰結」『法と政治』五五巻三号三一五～三三二頁。

（6）ディケンズ『荒涼館』（一～四）青木雄造・小池滋訳（ちくま文庫）。

（7）バリスタの法知識に不可欠であった判例集の出版は遅れ、手書きで回覧されていた。James Oldham,'The indispensability of manuscript case notes to eighteenth-century barristers and judges' in Anthony Musson & Chantal Stebbings ed. *Making Legal History*, Cambridge U.P., 2012. pp.30-52. Michael Lobban, 'The English treatise and English Law in the eighteenth century' in S. Dauchy, J. Monballyu, & A. Wijffels (eds.), *Auctoritates: law making and its authors, Iuris scripta historica* 13, Brussels, 1997, pp.82-85. ダンマンは、一七八五年の『法律家名簿 Law List』三七九名の分析から、実務バリスタを一二一～二九五名、また、大法官裁判所判例集と巡回陪審裁判区バリスタ団所属から一五五名と推計。Daniel Duman, 'The English Bar in the Georgian Era' in Wilfrid Prest ed., *The Profession in early modern England*, Croom Helm, 1987, p.87-8, p.97. 実務バリスタ数とアトーニ＝ソリシタ数との比較は一九世紀にならないと正確な統計は手に入らないが、一八二一年のアトーニ＝ソリシタは八七〇二人に対して、前年一八二〇年の実務バリスタは八四〇人で、その内、巡回陪審に組織されているバリスタは三一六人に過ぎないが、一七九〇年の二一六名からは大幅に増えていた。

（8）*Bibliotheca Legum Angliae*, Part I, Compiled by John Worrall, 1788 [Lawbook Exchange, 1997], Index J. 前時代のウィリアム・シェパードの著作二〇冊を越え、最も多作な法律書著者であった。*Every man his own lawyer* のようにJacob の名で索引化されていない法律書もあり、ロバーンによれば法律書のみで二九冊、一八世紀中に再版も含めると一〇二版以上を出版した。

（9）経歴等については、Matthew Kilburn, 'Jacob, Giles, bap, 1686, d.1744', in *Oxford Dictionary of National Biography* を参照。

（10）ホウルズワースはこの成功をジェイコブ自身の荘園裁判所実務経験によるものとしている。William Holdsworth, *A History of English Law*, vol.XII, p.381.（以下、*HEL*）

（11） Wilfrid Prest,'Law books' in *The Cambridge History of the Book in Britain*, vol.V 1695-1830, edited by Michael F. Suarez, S.J. & Michael L.Turner, p.799

（12） *Lex Constitutionis* は、恐らくこうした題名で出版される初めての書物であった。*HEL* vol. XII, pp.339-40.

（13） 「法学を自らの職業とすることを意図しないジェントルマンが、その目的のために、我が法を学ぶ正しい方法は、古のコモン・ローの書物や、それらから今日の統治の説明を与えてきたより現代に近い若干の作者の書物の中に我がイングランドの憲制と統治についての考えを見出すことである。そして、それについて真実の考えを獲得したら、次ぎに、我々の歴史を読み、それを各国王治世に制定された諸法律と結びつけなさい。このことが、我々の制定法の理由への洞察を与え、それが制定されるようになった真の根拠を示し、それらが如何なる重要性を持つものかを示すこととなるであろう。」John Locke, *Some Thoughts concerning Education*, 5th ed. 1725, p. 336.

（14） ジェイン・オースティン『マンスフィールド・パーク』中野康司訳（ちくま文庫）七三二頁。ヘーゲル『政治論文集』（下）上妻精訳（岩波文庫）一九四〜一九六頁

（15） 「四十年前英語はあまり知られていなかった……今では、英国の小説が一作出るや否や二十人の飢えた翻訳家がその作品に飛びつき、先を争ってそれを貪る」（一七八八）。メルシェ『十八世紀パリ生活誌』（下）原訳「英語」一四六頁。

（16） J. D. Cowley, *A Bibliography of Abridgements, Digests, Dictionaries and indexes of English Law to the Year 800*, Selden Society, 1979, pp. lii-liii, p. lv n.2.

（17） 制定法の英語による記録の始まりはエドワード三世治世三六年であるが、一般化するのはヘンリ七世期以降。印刷本制定法令集も初期はラテン語とフランス語であったが、一五一九年ラステル『制定法要録』が英語で出版されて以降、英語での出版が続くようになり、治安判事関係の法令には目印が付されるようになる。*The statutes of the realm*, vol.I, pp. xxi-xxv, pp. xl-xlii.

（18） Cowley, *op.cit.*, p. lviii.

（19） シェパード『英法概要 Epitome of all the common and statute laws now in force』（1656）は、制定法要録と法要録を一体化したものであると同時に、最初の英語の法要録であった。ロール『法要録』英語化が進まなかったのは、シェパード『英法概要』が一定の役割を果たしていたからかも知れない。J. D. Cowley, *op.cit.*, p.liii

（20）Ibid., pp.xc-xci., *HEL* vol. XII, p. 176.
（21）同様なことは、ブラックストンにもいえる。契約法は人の法や物の法と言った実体法的分野ではなく、私的不正の人的財産への侵害の分野で、金銭債務訴訟、捺印契約訴訟、引受訴訟、詐欺訴訟と関連づけて説明される。vol.3 ch.9 II pp.153-166.
（22）第二版以降、ＥＣＣＯで確認できた出版年代は下記のとおりである。1737 2nd, 1740 3rd, 1750 4th, 1757 5th, 1765 6th, 1772 7th, 1784 9th, 1788 10th, 1791 11th.　一七八八年版『イングランド法律図書目録』に掲載されている一七八七年第八版は確認できなかった。恐らく、出版年に関しては、一七七八年の印刷間違いであろう。また、一七八八年のカタログで第八版しか掲載されていないのは、他の版の在庫がなかったのかも知れない。
（23）Wilfrid Prest,'Lay Legal Knowledge in Early Modern England' in Jonathan A. Bush & Alain Wijffels ed., *Learning the Law*, The Hambledon Press, 1999, p.310.
（24）アラン・ワトソン『ローマ法と比較法』瀧澤栄治／樺島正法訳（信山社、二〇〇六年）二〇一頁以下参照。大学法学部が法廷弁護士養成の主流となるのも二〇世紀半ば以降でしかなかった。一八九二年女王顧問弁護士となり、畿内巡回陪審裁判で活躍、メイドストン市裁判官となったディケンズの息子ヘンリは、ケムブリッジ数学トライポス第一級試験席次二九番で卒業したことが、彼の能力の証しであった。
（25）資本主義の発展について欠かせない株式会社法の発展については、自由設立主義と有限責任制を統合した一八五六年イギリス株式会社法、会社法のマグナ・カルタと称される一八六二年統合法典が、ヨーロッパの会社法の源流となったということも見落としてはならない。大隅健一『株式会社変遷論』八五～八七頁。石井三記・寺田浩明・西川洋一・水林彪編『近代法の再定位』viii～ix頁。このパンデクテン方式の合理性の意味については、サヴィニー『現代ローマ法体系』小橋一郎訳、第一巻三二六［三七〇］～三二七［三七一］頁参照。
（26）チャールズ・ディケンズ『ハード・タイムズ』田辺洋子訳（あぽろん社、二〇〇九）の冒頭の書き出しを参照。
（27）ダイシーは、青年時代にベンサム主義者であったディケンズが、『ハード・タイムズ［世の中］』でラスキンの高い評価を得たことを、ディケンズの天才的鋭敏さに帰している。A・V・ダイシー『法律と世論』清水金二郎訳（法律文化社、一九七二）三八〇～三頁。文学の果たす役割については、塩野谷祐一『ロマン主義の経済思想－芸術・倫理・歴史』（東京大学出版会、二〇一二）終章を参照。

（28）家永三郎『日本近代憲法思想史研究』（岩波書店、一九六七）第三章、一般国民の憲法思想参照。家永は、学問の世界における天皇機関説の優位に比し「教育の世界での憲法思想がいかに非立憲的であったか、思い半ばに過ぐるものがあろう」（三〇八頁）と論じている。

（29）広渡清吾「ナチズムと近代・近代法」前掲『近代法の再定位』所収六九〜七一頁。

追記　本稿は平成一九―二一年度科学研究費助成事業基盤研究（C）課題番号一九五三〇〇一六「一八世紀イングランド法文献史研究」及び平成二七―二九年度科学研究費助成事業基盤研究（C）課題番号一五K〇三〇九五「マグナ・カルタの８００年―その記録と記憶」の研究成果の一部でもある。発表の機会を与えていただいたことに感謝したい。

第四章　チェルヌィシェフスキー『何をなすべきか』の女性・社会解放論
――「新しい人たち」の一九世紀から二一世紀へ――

後藤　宣代

1　一九世紀の「新しい人たち」のバイブルとしての小説『何をなすべきか』

二〇一一年のアラブの春に始まり、スペイン、ニューヨーク、そして二〇一五年の日本と、いまや世界中の若者たちが声を上げ、新しい世界を熱望して行動している。いまから一五〇年前、やはりロシアの若者たちが新しい社会を夢見て、封建的な社会を変革しようとした。当時の若者には、行動の指針となったバイブルが存在した。それは、一八六二年に発行されるやいなや、若者を中心に熱狂的に読まれ、一九七五年に至るまで、六百万部を超えたといわれている。[(1)] そのバイブルは小説の形をとっており、題名は『何をなすべきか』、副題は「新しい人たちについての物語から」である。著者は、ニコライ・ガヴリーロヴィッチ・チェルヌィシェフスキー（一八二八～一八八九）。かのカール・マルクス（一八一八～一八八三）が、『資本論』第一巻の「第二版あとがき」に、「ロシアの偉大な学者であり批評家」と評したことで、つとに有名である。チェルヌィシェフスキーは、社会思想家であり、経済学者であり、文芸評論家であり、編集者であり、そして何より、その生涯の殆どを獄中で過した革命家であった。

彼は、学位論文「現実にたいする芸術の美学的関係」(一八五五)で、唯物論美学を基礎づけ、『ロシア文学のゴーゴリ時代の概観』(一八五五~一八五六)その他で、文芸評論におけるリアリズム理論の確立に貢献し、L・フォイエルバッハ(一八〇四~一八七二)の影響を受けつつ、『哲学における人間学的原理』(一八六〇)においては、弁証法的唯物論に接近した、といわれている。[2]また『資本と労働』(一八六〇)やJ・S・ミル(一八〇六~一八七三)に関する一連の研究は、マルクスにロシア語を学ばせる契機となったことで、あまりに有名である。

ところが、一八六二年、突然に逮捕され、その後の人生は獄中の人となり、ペテルブルクのペテロ・パウロ要塞監獄に収容され、一八六四年には、あまたのロシア・インテリゲンチャと同様に、シベリアの徒刑監獄に送られる。ペテロ・パウロ要塞に未決囚として獄中での執筆が許されたわずかの間、検閲の見落しでひそかに持ち出され、ロシアはもとより世界中の人々、とくに若者に熱狂的に愛読された小説、それが『何をなすべきか――新しい人たちについての物語――』(一八六二~六三)[3]で、彼が逮捕されるまで編集を担っていた革命的文芸誌『同時代人』に三回にわけて連載された。これは、獄中にあり、生命の危機にあって、未来、つまり「新しい人たち」に託した彼の「遺言書」とも言うべきもので、そのなかには、彼の思想のすべてが語られている。

『何をなすべきか』は、官憲の検閲を考慮して、「イソップの言葉」が随所に見られ、形式は恋愛小説となっており、きわめて暗示的表現が多い。日本においては、一九三一年に英訳からの重訳(神近市子訳)、一九四八年にロシア語からの翻訳の第一分冊が出版されたが、訳者である石井秀平の死によって完訳を見ることが無かった。ようやく、ロシア語からの完訳が出版されたのは、その出版から一〇〇年以上後のことで(一九七八年：上巻[4]および一九八〇年：下巻[5])、数々のロシア文学や社会思想を翻訳してきた金子幸彦によって、一般読者のもとに届くこととなった。しかし、一九九一年にソ連邦が崩壊すると、ロシア革命を準備した本、レーニンの愛読書であり、この著作に心酔していたレーニンが、同名の著作を書いていることもあり、急速に忘れられてしまった。

ところが二〇〇二年、チェルヌィシェフスキーの同志であり論敵でもあった若者たちを描いたトム・ストッパード作の戯曲『コースト・オブ・ユートピア』（邦訳『ユートピアの岸へ』）がロンドンで初演されるやいなや大好評となり、ニューヨークでも上演され、二〇〇七年トニー賞最優秀作品賞をはじめとする主要七部門を制覇したことで、一八六〇年代のロシア若者に対する関心は急速に高まることとなった。上演時間が九時間という異例の長さにもかかわらず、世界各地で上演され、日本でも二〇〇九年に蜷川幸雄演出で上演（全三部作、九月一二日～一〇月四日、「シアター・コクーン」）されると、連日、若者を中心に大好評を博した。激動の一九世紀ロシアを舞台に、自由を求め革命に燃えた若者たちを描いた群像劇にあって、この時代の中心人物、チェルヌィシェフスキーは、第三部にほんの少し登場する脇役で[6]、まして彼が「新しい人たち」に託した『何をなすべきか』は語られないままであった。

そこで、本章では、一九世紀の「新しい人たち」に献呈された『何をなすべきか』を、その中心をなす女性解放の視点から分析することを通して、彼の社会解放思想の全体像を明らかにし、二一世紀の「新しい人たち」へ手渡したいと考える。

2　『何をなすべきか――新しい人たちについての物語から――』分析

1　家父長制支配からの脱出

この小説の主人公はヴェーラ・パーヴロヴナという名の女性で、その生い立ち、恋愛、結婚、そして経済的自立の成長物語の体裁をとっている。ここで小説の内容について概観しておこう。

小説の冒頭は、主人公の夫ロプホーフが、妻と彼の友人キルサーノフとの間に愛が芽生えたことを知って、ピストル自殺を装って姿を消すところから始まる。この異常ともいえる行動こそが、実は、「新しい人たち」の恋愛様式と行動基準を規定するものであることは、読者は小説の後半で知ることとなる。主人公が受けた教育は「ごく普通」であったが、きわめて聡明な女性であることは、フランス語やドイツ語が堪能であること、ピアノや声楽を自在にこなすことなどから明白である。彼女は、無知で貪欲な封建的両親のもとで、社会の貧困を目撃しながら育つ。彼女の資質の「注目すべき点」は、自由と平等を望む近代的市民感覚を持っていることで、それは母親から財産目当ての婚姻を強いられたとき、次のように主張することで明らかである。少し長いが引用しておこう。

わたしは支配することも服従することも望みません。わたしは人をあざむくことも、自分を偽ることもいやです。ほかの人の意見を顧慮することもいやです。他の人のすすめてくれるものを自分では必要もないのに手に入れようとすることもいやです。（中略）わたしがもし一人の男を愛するようになったら、それがどんなことか、いまはわかりません。わたしがわかっていることは自分がだれにも従属したくないこと、自由でいたいことです。おまえはわたしのために何かをする義務がある、というようなことをだれからも言われないために、だれの世話にもなりたくないということです。わたしは自分の望むことだけをしたいんです。ほかの人もそうするといいと思いますわ。わたしはだれからも何一つ要求したいと思いません。だれの自由をも束縛しようと思いません。自分自身が自由でありたいからです。(7)

家父長制の支配するロシア社会にあって、決然と近代的自我と女性の自立を主張する主人公は、それゆえにこそ、自分を商品と考える母親や、男性の所有物と考える求婚者の利害は、苦痛以外何ものでもない。そんな折、彼女の弟の家庭教師ロプホーフの出現は、大いに関心をひくこととなる。ロプホーフは「この世から貧乏がなくなることが可能であり、女性が女性に生まれたことを謳歌できる日が来る」と明言する。この発言に、主人公は自分の理想が実現できると確信する。

ふしぎなことだわ。貧しい人のことや女のことや、どういう愛が必要かというようなことについてあの人の話したことはわたしが自分でもさんざん考え、感じてきたことなんだわ。わたしはどこからこういうことを知ったのかしら。いままで読んだ本のなかには書いてあったかしら。いいえ、本にはなかった。本ではみんな疑問つきだったりして、何か特別の、ありえないことのように書かれてあった。いいことだけど、実現できない空想のように書いてあったわ。ところがわたしには、こういうことは簡単な、一番簡単なことで、なくてはならない、ごくあたりまえことで、かならず実現するし、一番確実なことのような気がしていた。（中略）貧乏がなくなり、だれも人を強制しなくなって、みんなが陽気に、善良に、幸福になったら、ほんとにすばらしいことだわ。(8)

こうして、主人公は弟の家庭教師と親密になり、母親の卑俗な打算と厳しい監視の目を出し抜き、偽装結婚することとなる。学者になることへの志しを捨て、女性を家制度という監獄から救い出す救世主のような男性の行動を、著者は次のように語らせる。

ぼくが君を救いだすというふうに君は考えているのかしら。ぼくがそのために努力しはじめたと君は考える。待ってくれたまえ。（中略）ほんとうはぼくが自分自身を解放したいのかもしれないのだ。そう、もちろん自分自身をだ。自分自身が生きたいし、愛したいし、わかるかな、自分がそうしたいのだ。すべては自分のためにしていることなのだ。(9)

これは、「理性的エゴイズム」と言われ、個人の利益は相互の利益に転化し、逆に、相互の利益となるような個人の利益を追求すべきだという思想である。[10]

彼らの婚姻形態で特質すべき点は、「金をもつ者は権力と権利をもっている」から、「女は男の負担で生活しているあいだは、男に従属している」と女性の経済的自立が婚姻の前提となっていることである。そのうえで、「すべての人間は全力をつくして自分の独立をまもらなければなりません。相手をどんなに愛していようと、どんなに信頼していようと、これに従属してはいけません」と、両性の精神的自立を打ち立てていることである。

大変ユニークなのは、その生活スタイルである。各人は固有の部屋をもち、個人生活にはまったく干渉しないように努め、お互いの部屋を訪問する場合は、身なりを整え、ノックし、相手の許可を待つというのである。このような行動の背後には、著者自身の女性解放に関する理念が貫かれている。著者が妻となるオリガ・ソクラトヴナ・ヴァシーリヴァとの経緯を綴った厖大な日記『現在私の幸福を構成する一女性と私との間柄の日記』に、きわめて端的に叙述されているので引用しておこう。

私の理解によれば、女性は家族のなかで不適切な地位を占めている。いかなる不平等も私を憤慨させる。女性は男性と対等でなければならない。しかし、棒が長いあいだ一方の側に曲げられていた場合、これを真っ直ぐにするためには、反対の側によほど大きく曲げなくてはならない。だから、女性が男性に従属している現在は、私の理解によれば、あらゆるまともな男性は、自分の妻を自分より高い位置におかねばならぬ。この一時的な優越は未来の平等にとって必要である。[11]

この日記の一節を読む日本の読者は、二一世紀になんなんとする一九九九年に、ようやく日本で制定された男女共同参画社会基本法の「ポジティブ・アクション」（男女間の格差を改善するための積極的改善措置）を想起するであろう。この日本にあっては、二一世紀を迎えても、なかなか実現していないなか、一五〇年も前に「一時的な

優越は未来の平等にとって必要」と提起していたチェルヌィシェフスキーの女性解放論の先見性を見るべきである。(12)

では、経済的自立はどのようにおこなわれていくのか。家父長制からの解放としての婚姻、つまり、女性を解放するための「偽装結婚」を果たした主人公は、裁縫店の経営に着手する。これこそが、新しい生活、未来のための社会的実践である。この裁縫店の経営については次章であらためて論じよう。ここでは、婚姻の実態についてさらに言及していくこととする。

しばらくして、主人公の夫は、妻が自分の友人キルサーノフに愛情を持ち始めたことを、主人公の見た夢の内容から察知することとなる。夫がとった驚愕すべき行動こそは、小説の冒頭に描かれたピストル偽装自殺と失踪である。

キルサーノフは医学者として恵まれた生活をおくっていた。密かに主人公を愛してしまった故に、友人夫妻から遠ざかっていたが、ある時、主人公の夫が肺炎に罹ったために看護にあたり、友人夫妻と交流が再開する。こうしたなかで主人公の心のなかに変化が現れたのであった。

つまり、封建制の桎梏から解放され、経済的および精神的自立の道を歩む独立した個人となることができ、この段階ではじめて「新しい人たち」を選択する余地が与えられ、「性格の異なるにしたがって、理解の仕方にも大きな違いのあること」を知り、「性格が成熟して、子供っぽい柔軟さを失って、一定の形をとるようになった」結果、夫と自分の性格の違いに気づき、具体的には夫の友人に新たな愛情を抱き始めたことになる。

このような事態は、当時、実際に起こったことである。『何をなすべきか』に見習って、女性を解放するために「偽装結婚」の形態をとった人々が、その後の夫婦生活のなかで、直面した問題であった。(13)二一世紀の現在では、たとえ思想信条を同じくしたとしても、「性格の不一致」からの離婚ということになろう。驚くべきは、その後の対応である。主人公の夫は、妻の心の変化を知り、嫉妬するどころか、妻と自分の性格を分析し、両者とも矯正すべき性質はないと断じ、お互いの発達を保障するために共同生活を断念することの積極的意義を展開し、しかも、自分の友人に惹かれていく妻に精神的負担を与えないように、姿を消すのである。

2　女性の自立への道

キルサーノフとの新たな夫婦生活をはじめた主人公は、性別による歴史的・社会的差別に目をむけ、その解放へとむかい、夫は、医学研究を一層発展させていく。主人公は、女性の置かれてきた状況について次のように位置づける。

いままで女性が知的生活のなかであんなにわずかな役割しか演じてこなかったのは、暴力の支配が女性から教養の手段も、教養をめざそうとする意欲もうばってきたからだわ（中略）人間がなにかを『自分はできない』と考えると、実際にできなくなってしまうものだ。女性は『あなた方はよわい』と言いきかされている。そこで彼女たちは自分をよわいものと感じて、実際によわくなってしまう。(14)

現代ではジェンダーと概念化されている事態を、すでに「発見」し、女性たちを解放するための事業に着手していく。少し長いが引用しておこう。

わたしたち女性には、市民的生活のほとんどすべての道が形式上は閉ざされている。私たちにとって、形式上の障害によって閉ざされていないような、社会的活動の道のなかでも、非常に多くの道が――ほとんどすべてが――実際的にはわたしたちのまえに閉ざされている。生活のすべての領域のうちで、ただ一つ家庭生活の領域は女性にのこされているが、それも家族の一員であるということにすぎない。しかもここでも家族のなかで身をちぢめていなければならない。（中略）女性がさまざまな道にわかれて進むように努力する日がくるまでは、女性の独立はありえないだろう。女性に独立した活動の道は、法律によって閉ざされていないとしても、慣習によって閉ざされている。[15]

こうして、主人公は、男女間の分業の固定化が、権利のうえにも慣習のうえにも廃棄されることこそ女性解放であると考え、その実現に着手していくのである。興味深いのは、主人公の夢という形で、女性の位置と女神（女性美）[16]の変遷史が語られ、そこから未来が展望されていることである。夢によれば、古代フェニキアでは、女性は奴隷で、女神は官能の象徴である。古代ギリシャ・ローマでは、女性は快楽の対象で、女神は肉体的快楽の象徴である。中世では、女性は純潔・貞淑を要求され、女神は「聖処女」と呼ばれる。いずれも「女神たちの王国」では、女性は男性の所有物・従属物である。未来では、女神は「愛のかがやきに照り映え」、そこで女性たちははじめて解放される。なんと未来の女神は、主人公その人であり、私的所有の廃棄、生産と生活の社会化された社会で、「精神的発達」と「肉体的発達」の結合により、人々は「労働が楽しみの自由な生活」をおくっているのである。では、どのように未来をつくりだすのか。ここにこそ、著者が「新しい人びと」に託した「遺言」、未来構想があるのである。

3　女性解放と社会解放への行程

経済的自立が女性にとって不可欠と考える主人公は、裁縫店の経営に着手する。この事業は、彼女にとって利潤追求が目的ではなく、新しい理念の実践の場である。以下、この実践活動の内容を概略し、その理念を分析していこう。

みんなが幸福になるためには、どういう生き方をしたらいいか、ということについて、心の正しい、かしこい人たちがたくさんの本を書いています。それによると、一番大切なのはあたらしいやり方で仕事場を経営することです。わたしが知りたいのは、それに必要なやり方がわたしたちにできるかどうかなんです。（中略）わたしはりっぱな裁縫店を経営して、それを見てよろこびたいんです。[17]

では、どのような経営理念でおこなわれていたのであろうか。

「全員の一致のためにはひとりひとりの参加者が大切なのだ。なぜなら一番内気な者や一番技能の劣る者の沈黙の同意も、すべての者にとって有益な制度の維持発展のために、また事業全体の成功のために、もっとも腕いい従業員の積極的な活動におとらず、有益なもの」とされ、したがって、利益金の配分も、「個人の技能にたいする報酬ではなく、裁縫店全体の性格の結果であり、その組織と目的の結果であって、その目的とは、個々人の特技がどのようなものであれ、仕儀とに参加するすべての者ができるだけおなじ利益を得る」というものであった。つまり、各人の「労働に応じて」、あるいは「必要に応じて」の配分というよりは、各人は必要な賃金の支払いをうけとっているので、「仕事に参加」しているという、いわば「資格に応じて」同等な配分を受けるというものである。

彼女たちは利益の一部を予備資金として「急に金銭が入用になった従業員にこの資金から貸付」するという、無利子の「銀行制度」を創設する。さらに「多くの品物を卸値で、すなわち割安に仕入れ、従業員はこれらを店をとおして買う」という「購買取次制度」も創設する。やがて、労働と生活を合理的にするために、「一軒の大きな家に住み、共同炊事をして、大家族がやるように食料品を貯え」、生産も生活も社会化していくのである。

それだけではない。注目すべきは、「裁縫店の活動のもう一つの側面」としての、「仕事のときの朗読」である。初めは主人公が朗読係であったが、次第に女性たちが交代で行うようになっていく。朗読は、やがて「一種の入門講座」に展開し、「むすめたちは知識欲がさかんになり、仕事もすこぶる順調に進み」、「裁縫店はあらゆる知識を授けるリセー」に成長していく。こうして、労働の場は学習の場へと展開していくのである。

裁縫店を開いて三年目、ふたりの女性が家庭教師の資格試験に合格し、多くの女性たちが結婚し、成長していった。「この店の秩序がむすめたち自身によってうちたてられ、維持されているのだ、と説明するときにこそ、ヴェーラ・パーヴロヴナは自分が裁縫工場からうけるよろこびのうちでもこれが一番大きな喜びだと思」い、「この裁縫工場は自分がいなくてもやっていけるし、同じような店がほかにもまったく独立して出現するだろう。（中略）女工たち自身の考えと能力だけでやっていける」と確信するのである。

3　チェルヌィシェフスキーの社会解放論

こうした生産と生活の社会化および「活動のもう一つの側面」である生産労働と教育の結合について、著者自身が、別の著作（『資本と労働』(18)）のなかで包括的に論じているので、さらに立ち入ってみよう。

『資本と労働』によれば、資本家のもとでは勤労者は従属せざるを得ない。まずもって勤労者は自由で独立していなくてはならない。生産のもっとも有利な状態は、労働の生産物が働いたひとに属するような状態であり、生産は一人では規模が小さいから、相互に敵意をもたない勤労者は結集することができる。独立を保持した上で結集するには、協同組合方式以外にない。資本家の生産の目的は販売で、相互の生存競争は必然的に恐慌に追い込まれるが、協同組合方式のもとでは、生産力を上げる競争に転化する。新しい道具の導入や生産の改良によって生産力を上げれば、生産物の量はふえ、一方、一個あたりの必要労働は減る。その結果、労働時間の短縮が行われ、自由な時間を休息や新しい仕事にために充てることができる。つまり生産の協同組合方式は、勤労者の独立と自由を、勤労者相互の協業の上にうちたて、この協業によって生産力を発展させ、必要労働を短縮することによって、余剰をも生みだし、その労働の成果もまた働いた勤労者自身とその家族に属するというものである。「活動のもう一つの側面」である生産活動と教育の結合については、「人類の幸福のためには生産の増強は必要であるが、生産の発達は労働の分化を必要とする」、つまり、生産力の発展が目的で、その手段として「労働の分化」、すなわち分業に基づく協業が挙げられているという。ここで、さらに分業に基づく協業と人間発達の関係について、著者の見解を見ておこう。

労働が高度に分化されるとなると、労働者の身体があらゆる部面を順ぐりにつかってはたらきあらゆる状態に順ぐりにおかれるように、また労働者の健康がさまざまな形態によってたもたれるように作業を転換させながら、労働者が、順ぐりにひとつのしごとから別なしごとへと移行していくのをさまたげるものは何もなくなる。（中略）労働の分化の原則自体は、このような多様性を何らさまたげるものではない。逆に多様性をもたらすものである。それは、人間を同じしごとの単調さからすくいだし、さまざまなしごとに生きいきと交代で従事するにいたらせる。[19]

つまり、分業による労働の多様化と水平化の重要性と、水平化による作業転換がもたらす労働者の多様な発達が述べられているのである。また、分業に基づく協業によって生産力が発展し、それだけ必要労働が短縮され、新しい仕事につく時間が与えられる。この新しい仕事の一番大きな内容が教育なのである。教育によって人間の能力が向上すればするほど、それだけ一層、生産力が向上し、必要労働が短縮し、文化や芸術といった創造的活動に参加できるのである。まさに、労働における解放と労働からの解放、人間発達の行程が明らかとなる。[20]

4　二一世紀の「新しい人たち」の物語への展望

こうしてみてくると、官憲の目をそらすために、ユートピア小説の形式をとりながら述べられた彼の社会解放論の先駆性、普遍性は明らかである。では、一九世紀に書かれた『何をなすべきか』は、二〇世紀社会主義の試みと崩壊を経験し、その後、全世界を席捲してきた新自由主義主導のグローバル資本主義の惨憺たる帰結を目の当たりにする二一世紀の初頭において、いかに読まれるべきであろうか。

アメリカの代表的なマルクス主義文芸理論家・思想家であるフレドリック・ジェイムソンが、トマス・モアから現代のＳＦ小説にいたる古今のユートピア・ディストピア論を比較・検証しつつ、シニカルな理性を排して、「ユートピア的想像力」の現代的役割を強調していることは、まこと興味深い[21]。さらにジェイムソンは、マルクス『資本論』の現代的意義に果敢に取り組み、新著『二一世紀に、資本論をいかによむべきか？』（日本語訳の題名）を著していることは、必然的展開というべきである[22]。二一世紀の「コースト・オブ・ユートピア」への船出は、すでに始まっているのである。

その際、出発点におかれるべきことは、家族論の新たな展開である。「家父長制支配からの脱出」を遂げた近代的家族は、その後、どのような帰結を迎えることになるのであろうか。

この点については、日本学術会議の家族論に関する最近のシンポジウムが注目されるべきである。

二〇一三年七月六日、日本学術会議講堂において、第七回基礎法学総合シンポジウム：テーマ「親密圏と家族」が開催された。主催は、基礎法学系学会連合（日本法社会学会、日本法哲学会、比較法学会、法制史学会、比較家族史学会、民主主義科学者協会法律部会）と日本学術会議である。冒頭で、企画責任者の森謙二による趣旨説明があり、そこでは社会科学にとって、きわめて重要な提起がおこなわれているので、長いが引用しておくこととする。

産業革命の後、近代家族が成立する。この近代家族は、社会的生産の機能が解除されているという意味で〈前近代家族〉と区別され、人間を再生産する生殖の単位であると同時に、個々人の生活単位として純化された。近代という時代は、この生殖の機能を担った家族と社会的生産の機能を担った市民社会によって構成され、それぞれが独自の構成原理をもちながら、国家の下に統合された。自由と平等を標榜した市民社会に対して、近代家族は夫婦と子どもを中心とした〈愛〉共同体であるとされ、契約の原理が支配する市民社会に対して、近代家族は家内的親密圏と位置づけられた。

この近代家族の解体現象が、高度に発達した資本主義社会において展開する。その解体現象の一つはまず婚姻制度の動揺として表れる。先進西欧社会では、一九七〇年以降に事実婚・同棲（いわゆる『非婚カップル』）の増加、そして非嫡出子の増加として現象するのに対し、日本における婚姻制度の動揺は一九八五年以降に未婚率の増加、未婚化現象として展開した。

近代家族の解体を、日本の社会学では『家族の個人化』現象として捉える人が多い。この『個人化』現象は、これまでのさまざまな家族の機能が市場原理に委ねられ、また社会化することによって、幼い子どもを除くならば家族員への依存をしなくても生活が可能になってきたことを意味している。個々人が自らの意思に基づいて生活単位を決定することも可能になった。

このような状況の中で、これまで家族は生殖単位を含んだ生活単位であるという枠組が崩れ、次第に生殖単位と生活単位のズレが顕在化することになった。生殖医療の発展に伴う体外受精の展開も夫婦が生殖単位であるという従来の常識を覆すことになり、また親子関係の決定システムも複雑化し多様化するようになった（いわゆる『多元的な親子関係』）。もう一方では、必ずしも生殖単位を含まない生活単位、たとえばゲイやレズビアンのような同性カップルの存在や、コレクティブハウス、グループホームやシュアハウスの居住者、兄弟家族の同居等々、多様な形態での生活単位も登場してきたことも表現されている。

このような個々人の多様な生活形態は、新しい親密圏の形成あるいはその可能性を予感させるが、他方では多くの問題を投げかけている。一つは、『家族とは何か』という問いかけである。近代家族が前提とした夫婦や親子関係が普遍的なものとして妥当しなくなってきている。現代、多様な『夫婦』や多様な『親子』関係を社会的に認知し、多様な生活単位の存在を尊重しようとする傾向も西欧社会では強くなり、これに対応した新しい家族政策も展開されるようになってきた。ただ、人間の再生産（生殖）の場をこれからどのように再構築するかは充分に議論されていない。(23)

森によれば、こうした近代家族の解体はヘーゲル的な「家族・市民社会・国家」という枠組全体の変化を示し、その原動力は「個々人の多様な生活形態」の存在と「生殖革命」である。この「生殖革命」は、周知のように、一九七八年の試験管ベビー、ルイーズ・ブラウンの誕生という、試験管のなかで卵子と精子を結合させる体外受精の成功を嚆矢とするもので、これが「人間の再生産（生殖）」のあり方を根底から変えたのである。こうした企画趣旨を受けて、シンポジウムの報告者の一人、上杉富之は、「ポスト生殖革命時代の親子と家族」と題した報告のなかで、この「生殖革命」は、すでに日常生活に浸透しているとし、日本産科婦人科学会の統計を挙げながら、二〇一〇年には体外受精は年間出生数一〇七万一三〇四人に対し、二万八九四五人が体外受精による出生であり、実に二・七パーセント、つまり三七人に一人の割合で体外受精による出生であることを根拠に、現代は「ポスト生殖革命時代」と規定することが適切であると断じた（ちなみに、二〇一四年に国内でおこなわれた体外受精は、日本産科婦人科学会によれば、二一人に一人であり、いっそう増加の方向にあるという）。そしてアメリカを例に挙げ、ゲイ・レズビアンのカップルがドナーからの卵子あるいは精子提供により子どもを持つことが可能となり、さらに新たな卵子あるいは精子を提供されて親子関係を重ねた結果、「多元的な親子関係」が存在するようになったと述べた[24]。

このように二一世紀における展開を規定しているのは、科学革命に他ならない。振り返ってみると、チェルヌィシェフスキーの時代は生産力のマニュファクチャー段階であり、マルクス『資本論』においては、産業革命後の機械制大工業段階である。二一世紀の科学革命時代では、生産力を牽引し労働を変革しているのは、情報・インターネット革命であり、家族形態を変革しているのは、生殖・生命科学である。こうした労働と家族の双方における人類史的ともいうべき巨大な変革は、二一世紀の「新しい人たち」について、どんな物語を紡ぎ出すことになるのであろうか。大いに期待されるところである[25]。

注

（1）チェルヌィシェフスキー著、金子幸彦訳『何をなすべきか』（上）、岩波文庫、一九七八年（「訳者のまえがき」）三～四頁。
（2）ベリンスキー・チェルヌィシェフスキー著、小沢政雄・海老沢遥訳『革命的民主主義教育論1』、明治図書、一九七八年（訳者による「解説にかえて」）二〇七頁。
（3）Н.Г.Чернышевский, *Что Делать? -Из Рассказов о Новых Людях-*, Художественная Литература,1976. この版は、それ以前の諸版と新たに発見された草稿とを厳密に照合した決定版である一九七五年に出版されたもの（叢書）を、新たに単行本として出版したものであり、本章で引用する際は、この一九七六年版を参考にしている。ただし、断りのない場合は、金子幸彦訳の岩波文庫に従っている。
（4）金子幸彦訳、前掲書。
（5）チェルヌィシェフスキー著、金子幸彦訳『何をなすべきか』（下）、岩波文庫、一九八〇年。
（6）ここで、ロシア社会思想史におけるチェルヌィシェフスキーの位置について言及しておくこととする。ロシア・インテリゲンツィヤ史の第一人者であるイヴァーノフ＝ラズームニクは、インテリゲンツィヤが担ったロシア社会の最良にして最高の倫理的価値と、その社会学的重みを主張する。ロシア・インテリゲンツィヤ史を貫く哲学は、とりもなおさずロシア文学の哲学でもあり、文学とは、生活のプリズムを通して屈折した無数の光線が集まる焦点であり、ロシア文学は、ロシア史において他国とは違う特殊な、しかし計り知れない意義を有するものである。だからこそ、それはロシア・インテリゲンツィヤの福音書なのだと位置づける（イヴァーノフ＝ラズームニク著、佐野努・佐野洋子訳『ロシア社会思想史――インテリゲンツィヤによる個人主義のための闘い――』（上）、成文社、二〇一三年、一〇頁）。この脈絡で言えば、小説の形式をとる『何をなすべきか』は、まさにロシア社会思想史の王道ということができる。この点については、周知のように、日本を代表する経済学史家の内田義彦も、ロシアの場合は、その後進性ゆえに、イギリスの場合の経済学やドイツの場合の哲学ではなく、文学が近代市民社会形成にとって大きな役割を果たしたと繰り返し述べている。さらにイヴァーノフ＝ラズームニクは、一八六〇年代の社会主義思想の最大の代表者として、ゲルツェンでもなく、ベリンスキーでもなく、他でもないチェルヌィシェフスキーを挙げている（同上、四七六頁）。この点で、トム・ストッパードの戯曲『コースト・オブ・ユートピア』で、片隅に追いやられていることは、大いに問題であり、だからこそ本章で取り上げる所以である。

ちなみに二〇一二年に生誕二〇〇年を迎えたゲルツェンを記念して、『ゲルツェンと一八四八年革命の人びと』（長縄光男著、平凡社新書、二〇一五年）が出版されている。

（7）チェルヌィシェフスキー著、金子幸彦訳『何をなすべきか』（上）、岩波文庫、一九七八年、七六〜七七頁（以下、『何をなすべきか』と省略）。

（8）『何をなすべきか』（上）、一二八〜一三〇頁。

（9）同右二一三頁。

（10）イヴァーノフ＝ラズームニク『ロシア社会思想史』を書評した渋谷謙次郎は「西欧主義の社会学的個人主義とスラブ主義の倫理的個人主義の架け橋としてのロシア・インテリゲンツィヤ、その頂点としてのチェルヌィシェフスキーら一八六〇年代ロシア・ナロードニキ」と位置づけている（『週間読書人』二〇一三年六月二一日付書評）。

（11）Н.Г.Чернышевский, Дневник моих отношений с тою,которая теперь составляет моё счастье, *Полное собрание сочинений, Том1*, Москва,1939, с. 444.

(12) 日本におけるチェルヌィシェフスキーの女性解放論については、小野理子による一連の研究が先駆的にして詳しい。小野以外の『何をなすべきか』研究は、もっぱら男性研究者によるもので、しかも男性革命家像に焦点が当てられていた（例えば長縄光男「『何をなすべきか』――ラフメートフの形象を中心として――」金子幸彦他編『ロシア社会解放思想の先駆者　チェルヌィシェフスキーの生涯と思想』社会思想社、一九八一年）。このようななか、日本における女性運動の高まりを背景に、女性研究者によって『何をなすべきか』の女性解放論がでてきたことは、注目に値する（小野理子「チェルヌィシェフスキーの女性観――そして恋愛小説としての『何をなすべきか』――」『神戸大学教養部人文学会論集』二二号、一九七九年。同「ロシアにおける女性解放思想の発達とその日本への影響」女性史総合研究会編『日本女性史　第四巻　近代』東京大学出版会、一九八二年。同『ロシアの愛と苦悩』人文書院、一九九〇年）。小野は、チェルヌィシェフスキーの『何をなすべきか』を、「エンゲルスより二〇年早く、エンゲルスの『家族・私有財産と国家の起源』の思想に迫っていた」（『ロシアの愛と苦悩』一八一頁）と高く評価している。筆者は、小野からチェルヌィシェフスキーおよびロシア女性解放史に関して多大なご教示を得ており、その御礼として小論を書いている（後藤宣代「戦後日本社会におけるグローバル・ウーマン――小野理子：女性解放の思想と行動――」ロシア・ソヴェート文学研究会編『むうざ　第二七号　特別付録　小野理子追悼号――春の回るを斡むる人――』二〇一〇年）。

(13) Richard Stites, *The Women's Liberation Movement in Russia-Feminism, Nihilism, and Bolshevism,1860-1930*, Princeton University Press, 1978. イヴァーノフ＝ラズームニクは、「婦人解放のみがロシア社会の確固とした獲得物となり、これに関してはそれ以来、西欧の前方に立つこととなった」と、一八六〇年代の解放運動の先駆性を述べている（前掲『ロシア社会思想史』（上）、四八八頁）。

(14) 『何をなすべきか』（下）、一八三～一八五頁。

(15) 同右、一九六～一九七頁。

(16) 「美なるものは生活である」、チェルヌィシェフスキーは「現実にたいする芸術の美学的関係」のなかで、生活における美こそが最高であり、女性の美は健康美こそが最上であると述べている（『チェルヌィシェフスキー著作選集Ⅰ』同時代社、一九八六年所収）。

(17) 『何をなすべきか』（上）、二八七頁。

(18) チェルヌィシェフスキー著、石川郁男訳『資本と労働』、未来社、一九六五年。
(19) チェルヌィシェフスキー「政治経済学の基礎」、ベリンスキー・チェルヌィシェフスキー著、小沢政雄・海老沢遥訳『革命的民主主義教育論1』、明治図書、一九七八年、一三一〜一三三頁。
(20) 周知のように、こうした社会解放論の基本線は、マルクス『資本論』と同様であり、二人は、まさに「同時代人」なのである。ちなみに『資本論』におけるマルクス解放論、とくに「全面的に発達した個人」、「労働と教育の結合」、そして「労働日短縮の意味」については、内田義彦が繰り返し強調しているところである(内田義彦『資本論の世界』岩波新書、一九六六年)。また、この基本線は、「働きつつ学ぶ」権利を担う基礎経済科学研究所の基本理念へ継承され、二一世紀の今日に至っている。
(21) Fredric Jameson, *Archaeologies of the Future: The Desire Called Utopia and Other Science Fictions*, Verso,2005(フレドリック・ジェイムソン著、秦邦生訳、『未来の考古学I――ユートピアという名の欲望――』作品社、二〇一一年)。
(22) Fredric Jameson, *Representing Capital: A reading of Volume One*, Verso, 2011(フレドリック・ジェイムソン著、野尻英一訳、『二一世紀に、資本論をいかによむべきか?』作品社、二〇一五年)。
(23) 森謙二「親密圏と家族　企画趣旨」第七回基礎法学総合シンポジウム(二〇一三年七月六日　日本学術会議講堂)当日配布資料。
(24) 上杉富之「ポスト生殖革命時代の親子と家族――多元的親子関係と相互浸透的家族――」同右。
(25) ちなみに、ジェイムソンは、ラカン派マルクス主義の哲学者であるスラヴォイ・ジジェクとともに、情報・インターネット革命を視野に入れて、グローバル資本主義を止揚する過渡期社会像を大胆に構想している。Fredric Jameson, Slavoj Zizek (ed.), *An American Utopia: Dual Power and the Universal Army*, Verso, 2016. 筆者自身は、冒頭で触れた二〇一一年のニューヨークで始まったオキュパイ・ウォールストリート行動を、「社会運動から始まる二一世紀の新しい生活革命」と位置づける試みを行っている(後藤宣代「社会主義、二〇世紀の到達点から二一世紀の構想へ」『立命館経済学』第六一巻第五号、二〇一三年)。

第五章　集団のダイバーシティ・マネジメント
――G・ジンメルの社会学に依拠して――

川本格子

1　分化した社会・集団のマネジメント

G・ジンメルは初期の『社会分化論』（一八九〇）から晩年の『社会学の根本問題』（一九一七）にいたるまで、集団の拡大・分化と個人の個性の発達について論じている。それは、「社会分化（Differenzierung）と個性」の関係として、また「社会と個人」の関係として論じられている。ジンメルによれば、地縁・血縁に基づく、原初的な小さな村落共同体は未分化であり、その構成員はよく似ており、個々人の個性は未発達である。しかし、人口の増加や圏の拡大にともなって、個人はそれぞれ個性を発達させていく。こうして発達した個性は個々人の集団内部での役割をさまざまに異なったものにし、その結果、分業の基礎になっていく。分化の進んだ社会は、さまざまな個性をもった個人の分業を基礎に成り立っているのである。

現代社会は、ジンメルが社会分化を論じた頃と比べても、分化の度合いは進んでいるといえるだろう。国家の枠組みを超えた人や物、通貨、組織の移動が見られ、社会においても、企業などの集団においても、その構成員の多様化が進んでいる。こうした多様性を包含し、多様性を活かした集団を作ろうとするのが「ダイバーシティ

（diversity）」をめぐる取り組みである。

「ダイバーシティ」は「多様性」を意味し、組織や集団のマネジメントの方法「ダイバーシティ・マネジメント」として、自治体の刊行物や企業の組織経営を議論する場で用いられている。また、「インクルージョン（inclusion）」「受容」という語と共に用いられることもある。これは、集団を構成するものの多様性を受容することによって、集団を機能させようという考え方である。企業のダイバーシティ・マネジメントは構成員の多様性を、販売や商品開発などに活かし、競争力を強めて収益をあげることを目的としている。経済産業省はこれを競争力強化を進める「経営戦略の一環」であると捉えている。（経済産業省：二〇一四、七）そういう意味で、そもそもこの考え方は、資本主義的な競争原理に基づいている。しかし、実際に取り組まれることは、人種や肌の色、国籍、宗教、性別などの違いをいかにして互いに受容するかということであり、この点では、競争のみならず、共生の思想につながるものであるとも言えるだろう。実際、自治体における取り組みはいわゆる社会的弱者や少数者への福祉的な配慮という観点をもって行われる場合もある。

この論考では、ダイバーシティの受容を、企業の単なる競争力の向上を目指すものではなく、また単に社会的弱者や少数者への福祉的配慮でもないと捉えたい。そして、分化した社会・集団を維持する上で欠かせないものであるということ、すなわち、人間が社会・集団において生きていくためには不可欠なものであるということを論じるつもりである。

本章では、まず「ダイバーシティ・マネジメント」について素描し、その問題点を整理する。次にジンメルの、集団と個性の関係について説明する。そして、最後に、ジンメルの社会学をもとにダイバーシティとそのインクルージョンが集団の維持に果たす役割とその社会学的な意味について論じることにする。

2　個人の多様化とその受容

1　日本におけるダイバーシティ・マネジメントへの取り組みと目的

日本において、ダイバーシティという語がそのままカタカナで表現されて、組織マネジメントとともにしばしば語られるようになった契機の一つとして、二〇〇三年の内閣府男女共同参画推進本部決定が挙げられる。(山口：二〇一五、一四) そのためもあって、日本でダイバーシティを論じたものでは、まず第一に企業や自治体における女性活用や女性の幹部登用があつかわれることが多い。しかし、もちろんその取り組みの内容は、女性の登用にかぎったものではない。人種の違い、宗教の違い、身体的な特徴の違いなど個々人の違いを乗り越えて人材を採用し、さらにその違いを活かして組織運営することが目指されている。また、子育てと仕事、介護と仕事の両立を必要とする人への対策、性的少数者への対応も、ダイバーシティ・マネジメントの対象とされている。つまり、個人の属性の違い (人種・性別・国籍など) や働き方 (ライフ・ワークバランス) の違いを広く認めて、その違いを受け入れ、さらにはその違いを組織運営により有利に反映させようということが、ダイバーシティ・マネジメントの目的である。

『個を活かすダイバーシティ戦略』(二〇〇八) では、具体的に、企業や自治体がどういう目的でダイバーシティに取り組み、どういう結果や効果を出したかということが扱われている。ここで扱われている企業の業種はさまざまだが、その効用でもっとも多いものは人材の確保である。性別、国籍、身体的な特徴 (障がい) などを度外視すれば、その分だけ雇用の範囲が広がる。また、働き方を柔軟にすることによって、介護や子育てに手を取られて離職する者を減らし、熟練した人材を確保することもできる。

また、外資系企業との合併に伴い、人種や国籍、民族、肌の色、宗教の違いをどのように認め合って集団を形成するのかということが課題となって、ダイバーシティ・マネジメントに関する部署を設けた企業もある。この場合は、多様性を包摂するマネジメントの実施は必要に迫られたものであるということができるだろう。

ダイバーシティ・マネジメントで結果を出している集団では、こうした取り組みが、「福利厚生や社会貢献」ではなく、企業集団の利益につながるものであると述べている。（マーサージャパン　二〇〇八、九四）しかし、こうした取り組みは、年功序列の廃止や成果主義の導入、集団内部での競争の促進など、新自由主義的な側面をもつ内部改革とともに進められる場合もあれば、逆に成果主義を止め、長期的な視点をもって人材育成に取り組むという方法をとる場合もある。

いずれにせよ「多様性が創造性を育み、発明を生み、それがビジネスに成功と収益をもたらす」（マーサージャパン：二〇〇八、八九）ことがダイバーシティの目的であり、成功した際に得られる成果であるといわれている。このように見れば、集団のダイバーシティ・マネジメントは、それがうまく機能した場合には、個人の多様性を尊重するものであると同時に、集団をより有効に存続させ、機能させることができるものだということが言えるだろう。

2　ダイバーシティ・マネジメントの問題点

こうした効果があるとされるダイバーシティ・マネジメントではあるが、このような取り組みにきわめて熱心な企業もあれば、そうでない企業もある。「『ダイバーシティ』が人材戦略のキーワードとなっている」（前川、他二〇一五、二五四）というビジネス書もあれば、内閣府の男女共同参画推進本部決定をとりあげ、「これ（ダイバーシティ）にはデメリットも含むと考えられていたからこそ、政府が旗振りをしなければ、さらにいえば大々的に旗を振らなければ、企業への浸透がかなわなかったといえる」（山口　二〇一五、一四）という論者もいる。

働く人々の多様性を認め、これを包摂する集団をつくっていくには、集団の個々の構成員の啓発が必要である。そして、多様性を受容していくためには、労働者が働きやすい環境をつくることも必要とされる。長時間労働をなくしたり、現場で発生する諸問題を経営者側が把握し、その対策をとることが求められる。こうした取り組みは、短期間で収益に直結するものではない。そういう意味で、こうしたマネジメントに時間と金を割くことが、企業にとって負担となることは想像に難くない。そこを押してまで、こうしたマネジメントに取り組むのは、企業の社会への福祉的貢献ということになる。すると、ダイバーシティ・マネジメントは倫理的で、普遍的な価値をもつものであるかもしれないが、場合によっては各企業の努力目標になってしまうだろう。

問題点はもう一つ別な観点からも見いだされる。それは、そもそもこうしたことが一定の社会的背景や、企業それぞれの必要に応じて取り組まれるべきものであるのかどうかということである。

たとえば、女性の幹部登用の促進は政府によって「旗振り」されて、ようやく動き出したものだという指摘があった。しかし、もし「女性活用」ということが、「少子高齢化」にともなう労働力の不足を補うということを目的にしただけのものであるならば、人口問題が解決した時には女性活用は不要になるのか。あるいは、状況が変われば、女性は家庭にあるべきといった主張が繰り返される可能性はないのだろうか。もしそういうことならば、これは社会のその時々の都合に合わせた政策でしかない。このことは、女性活用に関することだけではない。障がい者や外国人の就労に関しても、その時々の社会の必要に応じて、政府によって促進されたり、制限されたりするようでは、ダイバーシティ・マネジメントは一時的な意味しか持たないということになる。時代や状況によっては、多様性よりも一様であること、同一であることが求められるようになるかもしれない。

多様性を受容することには、もっと積極的な、普遍的な価値があるのではないか。むしろ、広い意味で、社会・集団にとって必要であり、また、社会的に力のあるものが、弱者に手をさしのべるといったことでもないような、集団にとっての必然性があるのではないだろうか。そこで、次に多様性を受容することが、社会・集団において、またその構成員である個人にとってどのような意味を持つのかということについて、社会学的な観点から考察してみたい。

3　集団の自己保存と成員の多様性

1　ジンメルの形式社会学

ジンメルは形式社会学を確立した社会学者として知られている。この時代、比較的新興の学問であった社会学が何を対象とした学であるのかという問いがあった。社会のなかで起こる事象はすべて社会学の対象であると考えると、歴史や倫理、美学、宗教、政治などすべてが社会学の対象ということになってしまう。それぞれ、異なった領域をもつ学問が存在するかぎり、それらをすべて一まとめにして社会学の対象としてしまっては、個々の学問にとっても社会学にとっても意味がない。そこでジンメルは、社会学にとって固有の研究対象を規定した。それが形式社会学である。

ジンメルは社会を個人を超えたところに実在するものであるとは考えない。また、同時に社会とは抽象的な概念にすぎず、すべては個人に帰するものだという考え方も退ける。そして、社会を個人の相互作用であると考える。晩年の『社会学の根本問題』（一九一七）では、「社会概念を最も広く解すれば、諸個人の心的相互作用を意味する」といい（Simmel：[1917]＝1999,68／1992,20）社会は「すべて個人と個人との間を一瞬の休みもなく永遠に往復する直接の相互作用が――永続的な構造や独立の構成物に――結晶したものにほかならない」と言う。そして、「社会というのは、もともと、機能的なもの、諸個人の能動的及び受動的な活動のことであって、この根本性格から見れば、社会（Gesellschaft）と言うより社会化（Vergesellschaftung）と言うべきある。」（Simmel：［1917］＝1999,70／1992,22）と述べる。

人間はさまざまな社会集団を形成する。家族や、地縁血縁に基づく原初的な共同体から、一定の目的をもって集まる同業組合や企業、公的な自治体や国家など、社会集団はさまざまである。集団を生み出す背景や目的はさまざまであるが、集団には一定の共通する諸個人の間の形式的行動様式があるとジンメルは考えている。たとえば、支配、従属、競争、模倣、分業などといったものがそれにあたる。社会学はこうした諸個人の間の形式的な行動様式、諸個人の間の相互作用を固有の研究対象とするのである。

2　集団の自己保存

社会・集団を諸個人の相互作用であると捉えているジンメルだが、社会に生じる事象をすべて個人に還元して説明できるものではないとも考えている。その例として、ジンメルは、「社会集団の自己保存」（1898）で個人の自己保存と集団の自己保存について取り上げる。集団はそれを構成する個人が亡くなったり、離脱したりしても、その同一性を保つ。また、個人は、自身が属する集団のうちのどれかが維持できなくなってしまっても、個人として存在し続けることは可能である。ある同業組合が解散しても、その構成員である人びとはそのまま存在し続けるし、ある構成員が退会しても、その組合は存続し続けるということである。そこで、ジンメルは「一つの方法上の救済策」であるとしながらも、「われわれはそれ（集団）を統一体として、自立的な形象として取り扱わなければならない。」（Simmel：［1898］＝1992,315／1986,29~30）と言う。集団はあくまでも、そこに加わる個人の相互作用であるが、「それがあたかも統一的な実在であるかのように取り扱う」（Simmel：［1898］＝1992,315／1986,30，強調ジンメル）ということである。

ところで、集団の凝集力（Zusammenhalt）が強ければ、その集団は解体しにくく、自己保存力が強いといえる。企業なり、組合なりがその凝集力や自己保存力を強く保つことができれば、それぞれの集団の目的遂行に有効だろう。また、集団がその構成員の生業に関わっている場合など、集団の存続はそれを構成する個人の生存にとっても有益である。逆に、企業倒産はその構成員である個々の社員の生活を脅かす。

それでは、社会集団が、統一体として機能し、自立的な働きを維持し続けるにはどのような条件を必要としているのか。次に、集団の「強さ」を集団を構成するものとの関連から考察してみたい。もちろん、ここで念頭においているのは分化した社会である。分化した社会においては、より大きな集団の内部により小さな集団がいくつも存在している。国家、地方自治体から私企業、学校、地域の協同組合などさまざまである。したがって、集団を構成する諸要素は個人だけでない。より小さな集団が、より大きな集団の諸要素となる場合もある。

3　集団の保存の二つの可能性

1　保守的な集団

ジンメルは集団が維持されるのには二つの可能性があるという。一つは「（その集団の）形式ができるだけ長持ちすること（Konservierung）、つまり、安定性（Festigkeit）、固定性（Starrheit）」をもつことによって可能となる。もう一つは「その形式ができるだけ変化しやすいもの（Variabilität）であることによって」可能となる。（Simmel:［1898］=1992,351 ／ 1986,80-81）前者の場合、例えば、物体がしっかりした固い素材でできていて、外からの力に抗して、その形を変えないというのに似ている。後者の場合は、しなやかな物が、外部からの力に対して柔軟性をもって持ちこたえる、いわば、「柳に雪折れ無し」というような状態をイメージすればよい。

ジンメルによれば、集団は、それが潜在的にも顕在的にも敵意を持ち合った異質な諸要素からなる場合には、保守的なやり方で自己保存をはかることが多い。集団の諸要素は、それぞれ異なった目的や性質をもつのだが、そうした異質性（Verschiedenheit）が調和的な、内的統一へとまとまらない場合には、集団は保守的にならざるをえないというのである。（Simmel：［1898］＝1992,352／1986,81）なぜならば、集団に与えられる外部からの刺激が諸要素に作用すると、相反する諸要素はそれぞれに異なった反応をし、その対立をいっそう深めてしまう可能性があるからである。こうした集団を維持させるには、集団を全体として保守的（konservativ）な方法で維持していく必要が出てくる。外部からの刺激が集団の凝集にとって有益ではないかと思われる場合でも、集団内部のそれぞれの、そもそも対立し合う諸要素が対立を深める方向へと進んでしまうことがある。例えば、外部からの挑発によって帰属集団への忠誠心が呼び覚まされるような場合である。こうした場合も、初めは一致団結していても、しだいに集団内部での争いへと発展することはありうる。そこで「融通性のない、頑固な保守主義は、集団をその現状の形式のままに保存することに適している」（Simmel：［1898］＝1992,352~353／1986,81~82）ということになり、集団は自らを維持するためにはどんな変化も拒否するという姿勢をとることになる。

集団内部の相違（Divergenz）が一つの著しいものである場合も同様である。ここで、著しい場合というのは、例えば「和解不可能なしれつな階級対立（Klassengegensätze）がみられるばあい」が想定されている。（Simmel：［1898］＝1992,353／1986,83）このような場合には、対立する階級の指導者たちは、互いの間に、接近、仲裁、融和がみられる場合よりも、社会的生活形式の安定を強く求め、それに固執するようになる。（Simmel：［1898］＝1992,353／1986,83）たとえば、内部に階級、階層の深刻な対立を抱えた国では、為政者は、デモや集会による僅かな社会生活の変化にも敏感に反応し、これを鎮めようと努めることはわれわれもよく目にすることである。また、このような集団はいかなる変化も拒むために、外部からの新しい参入者を禁じることもある。すなわち、こうした集団では、現状の構造をそのまま維持することが重視されているのである。

2　柔軟に変化する集団

もうひとつの集団維持の可能性は、集団が変化しやすい柔軟性（Bildsamkeit）をもっている場合である。ジンメルはこれを説明するのに、社会階層を採り上げている。ここでは、集団の階層を「最も高い層」「もっとも幅広い層」「中間的な層」と三つに分類している。「最も高い層」でイメージされているのは、貴族階級である。「もっとも幅広い層」は「大衆」（Masse）を例としている。「中間層」（die mittlere Schicht）とは文字どおりその中間にある層である。前二者は、どちらも保守的傾向があり、集団の形式が変化しないことを指向する。貴族政体は従来の身分制度に依拠するものであるかぎり保守的な性質をもつ。大衆も直接感情が刺激され、興奮のあまり衝動的に振る舞うという状況にある場合以外には、現状の維持につとめることが多く、現状がドラスティックに変化することには慎重になる傾向がある。ジンメルは、三者の中で中間層こそが柔軟に変化を受け入れると指摘する。「中間層」ということでジンメルが例示しているのは「中産階級」（Mittelstand）である。唯一この階層のみが、上下いずれにも境界をもち、それぞれの階層から人の流入を受け入れ、あるいは送り込むことができる。こうした流動的な性質から、この階層は状況によって態度を変えるという特徴をもつという。

こうしたジンメルの言う社会階層は、現代のわれわれの捉える社会階層とは異なっている面が多い。例えば、一九八〇年代の日本であれば、「中流」「中産階級」であるという意識は多くの人びとに共有されていたもので、どちらかと言えば中産階級が大衆であり、もっとも幅広い層を形成していたといえるだろう。今日の社会階層についてのわれわれの認識はまたそれとは異なっている。だが、ここでは、この問題にはこれ以上立ち入らないことにしたい。ただ、確認しておきたいのは、社会階層が固定化せず、上下何れの階層にも流動的に出入りできる状態であれば、「層と層との隔たりはなくなり、真の連続性（Ununterbrochenheit）があらわれる」（Simmel：[1898]

=1992,362 / 1986,94）ということである。そして、人びとの流動性とそれによる社会階層の連続性が集団の保存に役立つ。

「集団が外的ないしは内的な状況の変化や攻撃などにもかかわらず自己を保存し続ける事態は、（中略）集団が弾力に富み、す早く変容することによって達成されるであろう」（Simmel：［1898］=1992,362 / 1986,95）とジンメルは言う。集団の自己保存にとってより有利なのは、集団内部の階層が多層的であり、そこに流動性と連続性があって、内外の変化に対する柔軟性を備えている状態であると言えるだろう。

4　個性化と連帯

1　個性の二側面

形式社会学の確立に先立って、『社会分化論』で、ジンメルは社会分化と個性の発達について論じている。この論考の最初に述べたように、分化した社会はそれを構成する個人の個性を発達させる。個性は集団内部でその個人が特殊な役割を果たすことと結びつき、分業の基礎となる。分化した社会は分業をもとにして成り立ち、その集団を構成するものは、互いに依存しあって存在している。だが、分化による個性化は個人の特殊性をより明確に際だたせるという特徴もつ。『社会分化論』でジンメルはこれを「集団の分化」と「個人の分化」に分けて論じている。

「集団の分化」は、個人の個性を発達させ、個人に社会の中での特殊な役割を果たさせるようにする。個人は分業の担い手として、社会集団の中で自らの果たすべき限られた役割に従う。つまり、個人はそれぞれが集団内で一面的な性質を発揮する。これに対して「個人の分化の意味するところは、まさに一面性の廃棄なのである。」

(Simmel：[1890] =1989,284 / 1968,150) 個人は個性化することによって、自らが一つの全体として機能できるように、自身のもつ感情や知性などをそれぞれに発達させようとする。こうした個人はいわば、「全人」(der ganze Mensch) であろうとするために、集団の中の一つの部分としての分業の担い手であることを拒む。こうした個性のあり方は、シュライエルマッヘルの個性のとらえ方を基礎にしており、これを『哲学の根本問題』(一九一〇) で「形而上学的個性主義」(Simmel：[1910] =1996,60/1976,87) と呼んでいる。こうした個性主義にとっては、他人と異なっているということはもはや問題ではない。むしろ、自分自身の唯一無二の個別性にしたがって、自身を完成させることが重要なのである。

分化の進んだ社会において、個人はこのように二方面への個性化に導かれる。そのために、集団において個々人は相互にその差異を強く意識することになる。それは、異なった役割を担う特殊性を発揮する個人としてであると同時に、自らが一個の全体として完成されたものになろうとする個性的存在者としてである。前者の場合には、互いの違いが重要になり、後者の場合は、自身の個性が全体として十分に開花し、発揮されることが重要となる。

2　集団の自己保存と成員間の対立

集団がよりよく自己保存するためには、集団内部での階層の著しい懸隔や対立によって、集団内が固定化したり、構成員の異質性が内的調和にいたらないというような事態は避けなければならないだろう。しかし、ジンメルは集団内部に対立や反目がまったく存在しないような状態を想定しているのではない。社会化の形式のうちには、対立や敵対、反目なども含まれている。ジンメルは「集団の諸要素が互いにいだきあう嫌悪感や敵対感は、こうした感情にもかかわらず存在する全体の統一をさらにいっそうきわめてはっきりと高めることができる」と言う（Simmel：［1898］=1992,367~368／1986,103）。嫌悪感（Aversionen）や敵対感（Antagonismen）は社会的な結合の力を減らす働きをすると同時に、結合の糸をより強く意識させ、より張りつめさせることになるというのである。遠く離れた、自分とは関係の薄い人間のもつ自分とは異なった特異性に対して、われわれは、これといった感情をもたない。しかし、それが同じ集団内に属する人間であるとなると、自分との違いが、良くも悪くも強く意識されるようになる。

こうした嫌悪感や敵対感は時として、他者への暴力行為や侮辱へと発展する。そうした場合には、これに対処するための法（Gesetze）が作られることになる。この場合、法は個の利己主義を調整し、個々の構成員を全体へ共属させ、連帯させるはたらきをする。そういう意味で、法の存在は、そもそも対立をはらんでいる異質な人びとのあいだにつくられる共属感や連帯感の一つの表れなのだと考えられる。こうしたことから、ジンメルは集団がその統一を維持するためには「差異の刺激」（Unterschiedsreize）が必要だと言う（Simmel：［1898］=1992,368／1986,104）。異なっているということ、異なっているという意識が、却って統一感を生み出すもとになるというのである。

そもそも、分化した社会・集団において、その構成員が個性化し、それが他の個性と異なっていることはありうる。それが一時的に、また一定の条件のもとに、するどい対立に到ることがあるかもしれない。そして、差異を意識することによって生じる「対立一般」は社会化の形式として、どこにでも存在しうる。しかし、ここから共属感や連帯感が生じてきた場合には、集団の自己保存にとって有用であるといえるだろう。

5　ダイバーシティの社会学的意味

ここで、この論考の初めに提示した問題に立ち返りたい。それは、集団の構成員のダイバーシティを認め、これを受け入れる（インクルージョンする）ためのさまざまなマネジメントは、その集団やそれを構成するものにとっていかなる社会学的意義を持つのかということである。

個性化を突き詰めると、自己自身の全人的な発達を求めるようなあり方に行き着く。だとすると、ある個人の、「他とは違っていることによって発揮される特殊なあり方や着眼点をビジネスに役立てる」というようなことが、このマネジメントの方法として、必ずしも機能するわけではない。そもそも個性の多様性とは、他者との目に見えるような形での違いを意味するものではないからである。

しかし、それでも、集団が流動性と柔軟性を保持し、自己保存力を高めるには、こうした個性的存在者の多様性を受け入れることが必要である。個人が、相互の異質性を意識しつつも、深刻な対立に陥ることを避け、互いの多様性を受け入れることが、集団の内部構造の硬直化を退けることに繋がるのである。

このように見れば、ダイバーシティ・マネジメントは、競争に勝ち残るための経営戦略というだけではなく、個性化した個人によって構成される人間の社会・集団を維持していくために不可欠な方法であるといえるだろう。そういう意味で、営利目的ではない自治体の運営にもダイバーシティ・マネジメントへの取り組みがみられるのである。

利己主義的な考え方を調整し、他者の違いを受け入れ、そのために自己の立場や考え方を譲歩することは、一種の利他的なふるまいであるといえるだろう。しかし、このように、利他的にはたらくことは、強者が自らの善意に基づいて行うものではないし、企業やその他の集団が、弱者や少数者への福祉的配慮として取り組むようなものでもない。むしろ、それは社会・集団を維持するために必要とされることである。人間が社会・集団という形式でしか生きられないのである以上、自身とは異なる他者を排除しないこと、それを受容することは、人間が生き延びていくための不可欠な条件であるといえるだろう。

参考文献

経済産業省経済産業政策局経済社会政策室編、二〇一四、『平成25年度ダイバーシティ経営企業一〇〇選・平成二五年度なでしこ銘柄　ダイバーシティ経営戦略2――多様な人材の活躍が、企業の成長力に繋がる――』経済産業調査会。

前川孝雄・猪俣直紀・大手正志・田岡英明、二〇一五、『この一冊でポイントがわかる　ダイバーシティの教科書』総合法令出版。

マーサージャパン with C-Suite Club、二〇〇八、『個を活かすダイバーシティ戦略』ファーストプレス。

Simmel, Georg, [1890] 1989, „Über sociale Differenzierung“, Georg Simmel Gesamtausgabe Bd.2, Frankfurt am Main: Suhrkamp（居安正訳　一九九八『社会分化論』『現代社会学大系第1巻　新編改訳　社会分化論　宗教社会学』青木書店、所収）。

――――, [1898] 1992, ‚Die Selbsterhaltung der socialen Gruppe. Sociologische Studie‘, Georg Simmel Gesamtausgabe Bd.5, Frankfurt am Main: Suhrkamp（大鐘武編訳　一九八六「社会集団の自己保存――社会学的研究――」『ジンメル初期社会学論集』恒星社厚生閣所収）。

――――, [1910]1996, „Hauptprobleme der Philosophie“, Georg Simmel Gesamtausgabe Bd.14, Frankfurt am Main: Suhrkamp（生松敬三訳　一九七六『哲学の根本問題』『ジンメル著作集　6』白水社、所収）。

――――, [1917] 1999, „Grundfragen der Soziologie (Individuum und Gesellschaft)“, Georg Simmel Gesamtausgabe Bd.16, Frankfurt am Main: Suhrkamp（清水幾太郎訳　一九七九『社会学の根本問題』岩波文庫）。

山口道昭、二〇一五、「ダイバーシティを支える法務――最近の話題から――」『月刊地方自治職員研修6　通巻六七五号』一四～一六頁、公職研。

第六章　ラクラウの言説理論
——ポピュリズム論をめぐって——

形野　清貴

はじめに

近年、世界各地でポピュリズムと称される政治現象が増大している。ヨーロッパ諸国では一九八〇年代以降、反エリート、反既成勢力、移民排斥、反イスラムを主張する極右・急進右翼政党が劇的に勢力を拡大してきた。こうした動きは世界各地にさまざまな形で広がりを見せ[(1)]、我が国でも二〇〇〇年代に入って、戦後政治構造の崩壊の過程で登場した「小泉政治」や「橋下現象」が「日本型ポピュリズム」の名で取り上げられるようになっている[(2)]。また、直近の二〇一六年アメリカ大統領選挙でのトランプの勝利は、ポピュリズムとの関連で新たにさまざまな議論をまき起こしている。これらの背景には、グローバル化の進展に伴う世界の地政学的な変動を始め、グローバル資本主義の下での各国における格差と貧困の広がり、代議制民主主義の行き詰まりによる政治不信の高まりなど、各国国民の現状に対する不満の増大があると考えられる。その意味では、ポピュリズムは世界的な時代転換を象徴する普遍的な政治現象であると言っても過言ではない。

本章は、こうした現代世界に広がりを見せるポピュリズム現象を念頭に置きながらも、それらの「存在」を実体的に分析対象とするのではなく、それらの現象の持つ意味を「存在論」的に考察したE・ラクラウのポピュリズム論の紹介を意図するものである。ラクラウはアルゼンチン出身の政治理論家で、一九七〇年代初頭以降はイギリスのエセックス大学を拠点に研究活動を展開し、二〇一四年に没した。彼は、政治学を言語学や記号論のみならず、脱構築や精神分析など多様な領域へと結びつけ、彼の理論は「言説理論」(discourse theory) と特徴付けられることとなる。そこで、本章では、まず彼の理論的軌跡を簡単にたどった後で、彼の言説理論の基本的な構図を説明し、その後で彼のポピュリズム論について紹介することとしたい。

1　ラクラウの理論的軌跡

ラクラウは、青年時代にアルゼンチン社会党、その分裂後には国民左派社会党に加わり、後者の政治指導部メンバーを務めるなど、政治活動への参加を通じて当時の母国でのペロニズムをめぐる激動の政治を経験した。その後、彼はイギリスへと渡り政治理論家として活躍するようになるが、彼の政治思想の中には、ペロニズムをはじめとするポピュリズムに対する理論的究明が一貫した課題として存在し続けることになる。[3]

彼の最初の著作である『マルクス主義理論における政治とイデオロギー』(一九七七年)[4]は、その副題に「資本主義・ファシズム・ポピュリズム」を掲げており、ポピュリズムに関する彼の最初の理論的著作と言ってもよい。その中で、彼は、アルチュセールの「イデオロギー的審問」概念に基づいて、マルクス主義的イデオロギー論の再構成をはかるとともに、さらに進んでポピュリズムの一般理論を構築しようと試みた。[5]

この著作において、ラクラウは「敵対」(antagonism) 関係の二つのタイプを区別する。厳密な意味での「階級闘争」

概念が適用されるのは、生産様式レベルにおける階級矛盾から派生する敵対についてであって、具体的な社会構成体レベルにおける敵対は、政治的・イデオロギー的支配関係を媒介とした「権力ブロック」対「人民」間の矛盾に基づくものである。ポピュリズムにおいて中心的な地位を占めるのは「人民」への言及である。ラクラウによれば、「人民」は、具体的な社会構成体における支配的矛盾の一方の極をなすものであり、人民／権力ブロック間の矛盾は、一定の社会構成体を形成している支配的な政治的・イデオロギー的諸関係の複合体である。あるイデオロギー的言説をポピュリズム言説に変形するものは、それが人民・民主主義的言説を接合する「特殊な形式」であり、「ポピュリズムは、人民・民主主義的審問を支配的イデオロギーに対して一つの総合的・敵対的な複合体として提示することを本質とする(6)」。

この時期のラクラウは、伝統的マルクス主義の階級還元主義を批判することによってマルクス主義の理論的刷新を図ろうとしていた。彼は、グラムシの「ヘゲモニー」の概念を発展させるために、イデオロギー的なもののリージョナルな理論を確立しようと試みた。社会構成体やその内部の政治的諸勢力の複雑な諸関係を理解するには、イデオロギーの種差性について考えなければならない。さまざまなイデオロギー体系の背後に「階級」を探し出そうとする代わりに、ラクラウは、イデオロギーの人民・民主主義的な諸要素の存在を指摘し、イデオロギー体系の構成諸要素を結びつけている「接合原理」を探求すべきであると主張したのである。

その後、ラクラウはこの著作で展開されたファシズムやポピュリズムについてのイデオロギー的分析が「伝統的なマルクス主義的階級概念をあまりにも字義どおりに受け入れて、ただ諸階級のみがヘゲモニー勢力として自己を構成しうるということを強調し」ている点で不十分であったと自己批判し(7)、その後の著作の中で、共同研究者のC・ムフと協力して「ヘゲモニーに関する言説的構成の一般理論」を展開するとともに、当時ヨーロッパで展開されたポスト・マルクス主義論争の中で自ら「ポスト・マルクス主義」を掲げることになる(8)。その記念碑的な著作が一九八五年に出版されたムフとの共著『ヘゲモニーと社会主義戦略』[9]であった。

2　言説理論の基本的構図

ラクラウの社会理論において「言説」（discourse）の概念が中心的な位置を占めるようになったのは、一九八〇年頃からである。「ポピュリズム的切断と言説」という論文[10]で、彼は言説的なものを「社会それ自体の基礎をなす社会的な意味の産出の諸現象の総体」として提示した。それは社会的なものの一分野ではなく、社会的なものそれ自体と同義である。というのは、どのような社会的実践も、それが意味を産出する限りで社会的な実践となるからである。

言説理論は、すべての対象や行動は意味を持っており、それらの意味は歴史的に種差的なルールのシステムによって伝達されると考える。どんな事例であれ、その意味は、そのアイデンティティと意味作用を構成する言説の秩序に依存する。言説理論は、すべてのアイデンティティの究極的な偶発性を強調するが、それにもかかわらず、意味の部分的な固定化は可能であるとともに必要でもあることを認める[11]。

ラクラウは共著『ヘゲモニーと社会主義戦略』において、言説の構造を説明するために、接合、要素、契機および結節点という四つの基本的なカテゴリーを導入している[12]。「契機」とは、ある「言説の中で接合されている」ように見える「示差的な諸位置」であり、それに対して、「要素」とは、その浮動的な性格のゆえに「言説的に接合されていない」ような諸差異である。「接合」（articulation）とは「接合的実践の結果としてそのアイデンティティが変更されるように、諸要素の間に関係を打ち立てるような実践」であって、この諸要素の諸契機への構造化を説明する概念こそが「結節点」（nodal points）である。結節点は、意味の特定のシステムないし「意味作用の鎖」を結わえる言説における特権的なシニファンないし参照点（ラカンの語彙では「クッションの綴じ目 *points de capiton*」）である。

その後の著作において、ラクラウは、「空虚なシニファン」（empty signifiers）のカテゴリーを導入することによって言説的構造化の論理をさらに発展させた[13]。言説理論では、社会的な場は決して閉鎖されることはできないが、政治的実践はこの閉鎖の欠如を充足しようと試みる。たとえ社会的なものの完全な閉鎖が実現できないとしても、閉鎖と充足を目指す観念は（不可能な）理想として機能する。現実の社会はそうした（不可能な）理想に基づいて部分的に組織されているのである。これらの理想の出現と機能にとって必要なものが空虚なシニファンである。政治的言説の接合は、結節点として機能する空虚なシニファンの周りで生じるのである。

ところで、社会諸システムは根本的に政治的な性格を持っており、言説やそれらを通じて産出されるアイデンティティは、敵対の構築や権力の行使を含む本来的に政治的な実体である。敵対の構築と行為主体間の政治的境界線の創設はアイデンティティや社会的客観性そのものにとって構成的である。社会的敵対の構築を説明するために、ラクラウとムフは、「等価性」（equivalence）と「差異」（difference）という二つの論理を導入する。等価性の論理が、等価的なアイデンティティを創出することで差異のシステムを分裂させ、二つの対立する陣営の間に政治的境界線を創設する機能を果たすのに対して、差異の論理は、現存する等価性の鎖を解体させ、それら脱接合された諸要素を拡張的なシステムへと組み込む働きをする。こうして、等価性の論理を利用するプロジェクトが二つの敵対的な極の周りに意味を圧縮することによって社会的空間を分割しようとするのに対して、差異の論理を利用するプロジェクトは敵対的な極性を弱め、その分裂を社会の周辺に追いやろうと努める。

言説理論では、社会的行為主体が彼らのアイデンティティを「生き抜き」、行為する仕方に関する諸問題、つまり主体性の概念に関する諸問題が中心的な重要性を持つ。ラクラウとムフは、「主体位置」(subject positions)と「政治的主体性」（political subjectivity）とを区別する。主体位置は言説構造の内部における主体の立場を示しており、通常、個人はいくつかの異なる主体位置（男性、父親、労働者、フェミニスト、など）を持っている。これに対して、政治的主体性の概念は社会的アクターが行為する仕方に関係している。ラクラウは、主体の行動は主体がそれを通じてそのアイデンティティを獲得する言説構造の偶発性のゆえに生じると論ずる。これは「転位」（dislocation）のカテゴリーを前提とする。転位は言説構造の偶発性があからさまにされる過程に関係している。例えば、社会生活の諸領域への資本主義的諸関係の拡張による旧来の言説構造の「脱中心化」は、既存のアイデンティティを掘り崩し、その危機を引き起こす。しかし、転位は単に外傷的な出来事ではなく、生産的な側面も持っている。つまり、転位は新しい言説的な構築物を刺激する意味のレベルでの欠如を生み出し、その構築物が転位された構造を縫合しようと試みることになるのである。

ラクラウとムフの言説理論は、接合的実践と政治的行為を可能にする条件としての社会的閉鎖の不可能性に基づいている。ヘゲモニー的プロジェクトの主要な狙いは、できるだけ多くの利用しうる諸要素（「浮遊するシニファン」）を接合することによって具体的な社会秩序を形成する結節点を構築し安定させることである。この点で、ラクラウは「神話」（myths）と「社会的想像力」（social imaginaries）との概念的区別を導入する。神話は多様な社会的な要求や転位にとっての記入の表面として機能する。神話が社会的転位を中和させて、多くの社会的要求を組み込むことに成功したとき、神話は社会的想像力に変形したと言うことができる。集合的な社会的想像力は、ラクラウによって、「地平」ないし「知覚可能性の場を構造化する絶対的な限界」とされるのである。

ここで、言説の性質に関してよく誤解されることのあるいくつかの点を指摘しておきたい。[14]その一つは、あらゆる対象が言説の対象として構築されると主張することは、思考にとって外的な世界の存在を否定するものではないということである。これについて、ラクラウとムフは、「すべての対象が言説の対象として構成されるという事実は、思考に外的な世界があるかどうかという問題や、実在論／観念論の対立とは何の関わりもない」とする。第二は、言説の概念が示しているのは単なる言語的領域だけではないということである。これについて、彼らは、言説的構造の物質的性格を提唱し、ウットゲンシュタインの「言語ゲーム」を引き合いに出して、言説を構成するものの中には言語的要素だけでなく、非言語的要素も含まれるとする。第三は、言説内部の関係やアイデンティティは恣意的なもの、その意味でカオス的なものではないということである。これについて、彼らは、具体的な言説内部の関係やアイデンティティは必然性を持つとするが、それは「偶発性の場への部分的な制約としてのみ存在」するのであって、「どのような言説も、言説性の場を支配し、差異の流れを引き留め、中心を構築する試みとして構成されるのであ」るとし、こうした部分的固定化の機能を果たす特権的なシニファンを「結節点」と呼んでいる。

3　政治の論理としてのポピュリズム

ポピュリズムに関するラクラウの問題意識は、ポピュリズムを形式主義的に提起することであり、彼の表現を用いれば、その「存在」ではなく、あくまで「存在論」的分析の対象として考察することである。彼のポピュリズム論の最も顕著な特質は、ポピュリズムを「人民」のアイデンティティ構築の「政治的な論理」として認識し、この主体化の論理を新しい普遍性の生成として理論化する点にある。彼が「ポピュリズム的理性」と呼ぶのは、特殊性から普遍性を構築するポピュリズムの論理のことである。[15]以下、彼の後期の代表作であり、ポピュリズムについての彼の体系的著作である『ポピュリズム的理性について』（二〇〇五年）[16]の内容を要約的に紹介したい。

ラクラウによれば、社会的なものを構築する様式には、前述のように差異の論理と等価性の論理という二つのものがあるが、ポピュリズム出現の前提となるのは、差異の論理を犠牲にした等価性の論理の拡張であって、そこには共同体空間の内部での根源的な排除が内包されている。ポピュリズムは、二つの陣営への社会の分割を前提とし、「全体」（ポプルス populus、つまりすべての市民）であると主張する「部分」（プレブス plebs、つまり特権を持たない人々）として自らを提示する。すなわち、ポピュリズムは、多元的な社会的諸要求の等価からなる全体的アイデンティティの構築を前提としているのである。ラクラウはポピュリズムに関わる三つの変数を指摘しているので、それらを順次見ていくことにしたい。

まず第一の変数は、空虚なシニファンを通じる等価性関係の成立である。彼のポピュリズム分析の出発点は、それぞれの社会に現存する国民諸層のさまざまな社会的要求に置かれる。現存の制度システムによって十分に満たされないそれら諸要求は、等価的接合を通じてより広い社会的主体性を構成する多元的な要求である「人民的」要求へと変化することになる。つまり、ポピュリズムが出現する前提条件として彼が挙げるのは、「人民」を権力から分離する内的な敵対的境界線の形成と、「人民」の出現を可能にする諸要求の等価的接合であり、それまでは曖昧な連帯感を超えることはなかった安定した意味体系へのこれらさまざまな要求の統一化である。そしてそれを通じて、質的に等価的な諸環の単なる合計以上のものである「人民的」アイデンティティが形成されることになる(17)。

ラクラウは、「人民」の構築とは「不在の完全さ」に名前を与える試みであると考える。敵対の根源には欠如の経験、つまり社会的なものの調和の中に出現するギャップ（権力によってかなえられない要求）が存在する。ポピュリズムは、二つの陣営への社会の分割を伴うが、それは敵対的な「人民的」陣営全体の意味を自らに凝縮する特権的なシニファンの存在を前提としている。だが、ここには「人民的」諸要求の複合体内部での差異と等価の間の緊張が存在しており、それは時として「人民」の解体の可能性をもはらんでいる（ビクトリア期自由主義によるチャーティズム言説の解体[18]。

さて、いかなる「人民的」アイデンティティも、全体としての等価の鎖に言及するいくつかのシニファンの周りに凝縮される必要があるが、鎖が拡張されればされるほど、これらのシニファンはますます元々の特殊な要求に固着することをやめる。つまり、「人民的」アイデンティティは、次第に「空虚なシニファン」として機能するようになる。つまり、それは「秩序」「正義」「自由」などが示しているものと同様に、構成的に不在である完全さの名前として機能するのである（ロシア革命における「パンと土地と平和」[19]）。

ここから、「人民的」シンボルの曖昧さと、指導者の中心性という、ポピュリズムに特徴的な二つの側面が現われる[20]。人々に統一性を与えるシニファンの空虚さは、それが異質な社会的地盤に基づくことの必然的な結果である。また、名前によって等価的に結びつけられている異質な諸要素の塊は必然的に単独性（singularity）であり、単独性の極端な形態は個人性である。このように、等価的論理は単独性へと導き、そして単独性は集団の一体性と指導者の名前との同一化へと導くのである。

ラクラウは、S・ジジェクのラカン解釈にしたがって、対象のアイデンティティを保証するのはネーミングの遡及効果であるとする。アイデンティティと対象の統一性はネーミングの作用から生じるのであるが、この役割を遂行するためには、シニファンは単に偶発的なものだけではなく、同じく空虚なものにならなければならない。だが、空虚なシニファンとは決して「シニフェをもたないシニファン」ではなく、普遍性（不在の完全さ）を表象する特殊な内容をもっている。つまり、ポプルスはプレブスに具現されることによって初めて存在しうるのである。しかし、そうした構成的役割を果たす名前は空虚なシニファンであるので、どんな種類の要求がその等価的な鎖に入ってくるかを決定できない。このことがポピュリズムのイデオロギー的な曖昧さをもたらすのである[21]。

ところで、ネーミングがこのような遡及効果を持つことのできるのは、ラクラウが「備給」（investment）と呼ぶ情動の働きによる。情動は言語と切り離して考えることはできないが、意味の鎖の差異的なカセクシスを通して自らを構成する。部分的対象への情動的備給なくしてポピュリズムは存在しない。「人民」（ポプルスであると主張するプレブス）を構成する必要が生じるのは、あの完全さが達成されておらず、そして社会内部の部分的諸対象（目標、人物、シンボル）がその不在の名前になるようにカセクシス化されるときだけである。(22)

次に、ラクラウの言うポピュリズムに関わる第二の変数とは、浮遊するシニファンを通じる内的境界線の転移である。(23) これまで述べてきたように、ポピュリズムを担う「人民的」アイデンティティの出現の条件には、等価的な鎖を表象するとともに構成する空虚なシニファンの存在があった。等価性の存在は多元的な要求の存在を前提としており、等価性と差異という二つの契機の間の緊張はどんな政治的境界線の構築にも、「人民」のどんな構成にも内在しているが、現実には等価性によって構築される二元的境界線が曖昧になるという可能性が存在する。というのは、同一の諸要求が対抗するヘゲモニー的企図の構造的圧力を受け、等価性の環を担う空虚なシニファンの特殊な意味が相互の等価的境界の間で非決定になることがあるからである。ラクラウは、意味がそのように「宙づりにされる」シニファンを「浮遊するシニファン」（floating signifiers）と呼ぶ。「空虚な」シニファンは、安定した境界線を前提とする「人民的」アイデンティティの構築に関係するのに対して、「浮遊する」シニファンは、その境界線の転移の論理を示しており、既存の象徴システムが大きく揺らぐ有機的危機の時期に目立つようになる（アメリカにおけるニューディィル言説の解体と右翼的ポピュリズの台頭における「小人 small man」の大義の意味変化）。

最後に、ポピュリズムに関する第三の変数としてラクラウが挙げるのが、政治的接合にとって構成的な異質性である。(24) ここで重要なのは、社会的諸要求の中には等価的鎖へと組み込むことのできないものも存在するということである。これらは内部に対立する外部であり、そこで、等価的鎖は敵対的な勢力ないし権力と対立するばかりでなく、一般的な表象空間に接近することのできないものとも対立する。前者の敵対はある種の言説的記入を前提とするのに対して、後者の対立は表象空間そのものに対する外部性を前提としており、ラクラウはこのタイプの外部性を「社会的異質性」（social heterogeneity）と呼ぶ。差異が表象可能である空間を必要とするのに対して、異質性はその共通空間の不在を前提とする。ラクラウは、マルクスの「ルンペン・プロレタリアート」についての議論を題材にして、この社会的異質性の問題について論じている。それは、「縫合された空間」の概念と決別することを意味している。社会的敵対の構築においては異質なものの多様な存在を無視することはできない。異質性は同質的空間の心臓部に住まっている。純粋な内部／外部の対置は動くことのない境界線を前提とするだろう。だが、政治的ゲームが起こるのは、同質的なものと異質的なものの間の本質的な非決定性としてである。このゲームこそグラムシが「陣地戦」と呼んだものであるが、それは政治的境界線の転移の論理を示している。

こうして、ラクラウによれば、ポピュリズムは社会を二つの陣営に分割する「人民的」アイデンティティの出現を前提とするが、「人民」の出現はこれまで述べてきたように次の三つの変数、すなわち、「空虚なシニファンを通じてヘゲモニー的に表象される等価性関係、浮遊するシニファンの産出を通じる内的境界線の転移、および、弁証法的な回収を不可能にし、政治的接合に真の中心性を与える構成的な異質性[25]」にかかっているとされるのである。

4　ラディカル・デモクラシーをめざして

こうしたラクラウのポピュリズム論は、現実のさまざまなポピュリズムを取り上げたものではなく、それらの中に共通して含まれている政治の論理を対象としたものであり、その意味ではポピュリズムの「実体論」ではなく、その「存在論」であるといえる。しかし、それは、今日の支配的な政治制度である自由民主主義体制のあり方を再考する上で重要な論点を提起するものでもある。近代以降の民主主義は代議制の形態をとって定着してきたのであるが、今日、問題となっているのはこの代議制民主主義の機能不全であり、多くのポピュリズムはそこに見られる選挙民と政治家や政党との乖離や、代議過程を迂回しつつその代議制によって正当化されている官僚や各種エリートによる支配を攻撃することによって、民衆の政治に対する不満や批判をすくい取っている。そこで最後に、ラクラウのポピュリズム論においても重要な位置を占めるラディカル・デモクラシーについて、代表の問題を中心として取り上げることとしたい。

ラクラウのポピュリズム論では、ポピュリズムは「人民」を構築しそれに意味を与える形式である。「人民」は空虚なシニファンの周りに等価的に結びつけられた多様で異質な集団であるが、空虚なシニファンは、それが普遍的な機能を果たすためには、その空虚の場が他ならぬ等価性の中にある個別的なものによって埋められなければならない。つまり、普遍的機能を担うものは、実際に存在する個別的なものであるほかはなく、ラクラウによれば、「一つの個別性の肉体が、普遍を象徴する機能を引き受ける」のである。[26]

すでに述べたように、ポピュリズムにとって指導者は重要な役割を果たすが、指導者の役割を考えるためには代表の性質について考えてみることが必要である。[27] ラクラウは、「『人民』の構成は代表のメカニズムの作動なしには不可能であろう」と述べている。彼は、ハンナ・ピトキンの「象徴的代表」概念を検討しつつ、「人民」の意思は代表過程において初めて構成されるのであって、代表者は単に受動的な行為者ではなく、彼が代表する利益に何かを付け加えることこそ代表の本性に他ならないと言う。こうして、「代表は、代表される者から代表する者への運動と、代表する者から代表される者への相対する運動という、双方向の過程」としてとらえなければならない。つまり、代表とは、自らが集団の全体性を構成し、それに質的に新しい次元を付け加えるのだが、集団の諸要素を実際に代表しなければならず、それらから全く自律的になることはできないという、二重の緊張の場を表しているのである。

代表関係には、本来、固有の緊張が含まれている。すなわち、代表する者とされる者が全く同一的で透明な関係にあるなら、それは代表ではなく、むしろ単なる現前・表示について語っているに過ぎない。代表とは「ある者が物理的には不在である場に存在するという擬制」であって、もともとあった被代表者の意思、あるいはアイデンティティと、代表のプロセスを通じて構築されたそれとの間にはギャップが生じており、このずれの存在が代表関係に不透明性を持ち込み、それを不安定なものにしてしまうのである。不透明性が代表関係に固有のものであり、そこに完全な合理的関係を見いだすことはできない以上、あらゆる政治的代表は多かれ少なかれ象徴的であることを免れない。ここで重要なことは、代表関係がはらむこの決定不可能性が普遍化の後の余り物、あるいは代表＝表象されない外部を必ず生産してしまうということである。[28]この普遍的なものと個別的なものの間のギャップ、ずれ、隙間こそがヘゲモニー闘争のための余白を開くのであり、もしこの個別的なものが完全に普遍性へと解消されてしまうならば、ヘゲモニーは不可能となり闘争の可能性は閉じられてしまうだろう。

ラクラウは、これが民主主義理論にとって持つ含意を、C・ルフォールの政治理論を取り上げつつ検討している。[29]ルフォールは、近代民主主義の到来に伴う象徴の変容について指摘し、君主を中心としたヒエラルキー的社会が、本質的に「空虚なものとしての権力の場」の出現に取って代わられたとする。ラクラウは、ルフォールの民主主義分析の難点は、それがもっぱら自由民主主義体制のあり方を中心としており、人民・民主主義的主体の構築にしかるべき注意を払わないということにあるとする。ラクラウにとって、空虚さはアイデンティティのタイプであって、構造的な場ではない。なぜなら、社会の象徴的枠組みが一定の体制を支えるものである限りで、権力の場は完全に空虚なものではあり得ず、最も民主主義的な社会でさえ、誰が権力の場を占めることができるかを決定する象徴的な制限を持っているからである。ラクラウはムフにならって、支配形態としての民主主義、つまり人民主権の原理と、この民主主義的支配が行使される象徴的枠組みとを区別することを提案する。そうすれば、ルフォールが民主主義の問題をただ自由主義的な象徴的枠組みと結びつけられるものとしてみていたことがわかる。それに対して、ラクラウは、自由主義と民主主義との接合は偶発的なものであるとして、自由主義的な象徴的枠組みの外部に民主主義の諸形態が存在すること、そして「人民」の出現はどんな特定の枠組みの直接の効果でもないので、人民的主体性の構成の問題が民主主義の問題の不可欠の部分となることを指摘する。こうして、民主主義の可能性は民主主義的「人民」の構成に依存していることが強調されるのである。

おわりに

吉田徹は、ポピュリズムを単なる「大衆迎合」「大衆扇動」主義として批判的にとらえるのではなく、ポピュリズムが、民主政治の機能不全を前提とし、それを再活性化する役割を果たし、「民主主義の不均衡を是正するいわば自己回復運動のようなもの」として評価する。と同時に、ポピュリズムのはらむ危険性も指摘し、デモクラシーと調和しうるポピュリズムのあり方として、「『人々』の中に、異質性を認め、それを普遍的なものに向けて再構築することのできるようなポピュリズム」を提唱する。(30)

今日の我が国でも、安倍政権の下で急速に進む政治・経済・社会システムの反動的再編の中で、安保法制をめぐる問題をはじめとして、反原発、米軍基地の辺野古移設阻止、ＴＰＰ反対、消費増税反対、社会保障改悪反対、貧困と格差などさまざまな問題をめぐってさまざまな要求と運動が噴出している。これらの要求とそれに基づく運動をどのように結集し、安倍政権に対する対抗軸を形成していくのかが喫緊の政治的課題である。そのためには、これまで述べてきたように、そうした多様な要求と運動を接合する結節点を構築するヘゲモニー的実践がこれまでにもまして必要である。こうした現実政治をめぐる諸問題について考える上で、ラクラウの言説理論とそれに基づくポピュリズム論は少なからぬ示唆を与えるものであるといえよう[31]。

注

（1）ヨーロッパをはじめとする世界各国のポピュリズムについての比較研究としては、島田幸典・木村幹（編）『ポピュリズム・民主主義・政治指導』ミネルヴァ書房、二〇〇九年、河原祐馬・島田幸典・玉田芳史（編）『移民と政治』昭和堂、二〇一一年、高橋進・石田徹（編）『ポピュリズム時代のデモクラシー』法律文化社、二〇一三年、など参照。

（2）大嶽秀夫『日本型ポピュリズム』中公新書、二〇〇三年、山口二郎『ポピュリズムへの反撃』角川新書、二〇一〇年、など参照。

（3）ラクラウの思想的軌跡についてはE. Laclau, *New Reflections on the Revolution of Our Time*, London:Verso, 1990, 邦訳『現代革命の新たな考察』（山本圭訳）法政大学出版局、二〇一四年、所収のインタビュー（第7章「ニューレフトの形成」第8章「理論、民主主義、社会主義」）参照。

（4）E. Laclau, *Politics and Ideology in Marxist Theory*, London: NLB, 1977, 邦訳『資本主義・ファシズム・ポピュリズム』（横越英一監訳）柘植書房、一九八五年。

（5）これについては、前掲訳書所収の筆者による解説「E・ラクラウのイデオロギー論について」参照。

（6）前掲訳書、一七六頁。

（7）前掲書ドイツ語版 E. Laclau, *Politik und Ideologie im Marxismus*, Berlin:Argument Verlag, 1981, S. 8

（8）一九七〇年代のラクラウ政治理論については山本圭「ポスト・マルクス主義の系譜学」『相関社会科学』第二三号、二〇一三年も見よ。

（9）E. Laclau/C. Mouffe, *Hegemony and Socialist Strategy*, London:Verso, 1985, 邦訳『ポスト・マルクス主義と政治』（山崎カヲル・石澤武訳）大村書店、一九九二年。

（10）E. Laclau, Populist Rupture and Discourse, *Screen Education*, 34 ,1980.

（11）言説理論の説明については、D. Howarth/Y. Stavrakakis, Introducing discourse theory and political analysis, in: D. Howarth/ A.

J. Norval/ Y. Stavrakakis（ed.）, *Discourse Theory and Political Analysis*, Manchester U.P., 2000 を参照した。また、ラクラウの言説理論をめぐる応酬については、S. Critchley/ O. Marchart（ed.）, *Laclau: A Critical Reader*, London: Routledge, 2004 が参考になる。

（12）E. Laclau/C. Mouffe, op. cit., p. 105ff. 前掲訳書一六九頁以下。

（13）以下、D. Howarth/Y. Stavrakakis, op. cit., p. 7ff. 参照。また、ラクラウの言説理論の変遷については、山本圭「敵対性・異質なもの・ラディカルデモクラシー」『社会思想史研究』第三五号、二〇一一年も見よ。

（14）これについてはJ. Torfing, *New Theories of Discourse*, Blackwell, 1999, p.84ff. 参照

（15）鵜飼健史「ポピュリズムの輪郭を考える」『法学志林』第一一〇巻第二号、二〇一二年、八七～八八頁。また、同「ポピュリズムの両義性」『思想』九九〇号、二〇〇六年も見よ。

（16）E. Laclau, *On Populist Reason*, London: Verso, 2005

（17）Ibid., p.73ff.

（18）Ibid., p.84ff.

（19）Ibid., p.93ff.

（20）Ibid., pp.98-100.

（21）Ibid., p.101ff.

（22）Ibid., p.110ff.

（23）Ibid., p.129ff.

（24）Ibid., p.139ff.

（25）Ibid., p.156.

（26）ジュデス・バトラー／エルネスト・ラクラウ／スラヴォイ・ジジェク『偶発性・ヘゲモニー・普遍性』（竹村和子・村山敏勝訳）青土社、二〇〇二年、三九八頁。

（27）以下、E. Laclau, op. cit., p.157ff. 参照。

（28）山本圭「政治と普遍的なるものの行方」『政治思想研究』第一二号、二〇一二年、四五〇～四五一頁。

（29）以下、E. Laclau, op. cit.,p.164ff. 参照。
（30）吉田徹『ポピュリズムを考える』ＮＨＫブックス、二〇一一年、二〇九頁。
（31）ラクラウの言説理論を理解するうえで、社会的世界は象徴秩序として構成されるという基本的観念に基づくポスト・マルクス主義の思想潮流を「象徴論的転回」ととらえ、近現代思想史におけるその系譜を論じたW. Breckman, *Adventures of the Symbolic*, Columbia U.P., 2013が参考になった。

第七章　合意の社会的意味

大島　和夫

契約の拘束力の根拠は当事者の合意である。合意の効力は、当事者双方が行為能力を備えていること、合意が当事者の「自由な意思」によること、その内容が合理的な（社会的相当性がある）ものであることにより認められる。社会的に相当かどうかは時代によって変わり、判断が難しい。消費者保護法制が充実するまでは、法外な違約金の定めでも「合理的」として認められていたし、娘の拘束的奉公と引き替えの前借金契約も一九五五年一〇月七日の最高裁判決が出るまでは有効とされていた。

戦後の私法の世界では、合理的ではない合意の効力を制限する立法や裁判例が積み重ねられてきた。利息制限法、出資法、貸金業法の改正、消費者契約法、特定商取引法の制定、利息制限法違反の合意を無効とする一連の最高裁の判例などである。

最近、企業年金の予想配当率をめぐる一連の事件が注目を集めた。この問題の中心的な論点は、「約束は守られなければならないのか」であったが、年率で八パーセントもの配当が何十年にもわたって可能かの合理性については、法律家は専門外であり、議論されることはなかった。他方で中小企業が参加する総合型の企業年金がＡＩＪのような悪質なファンドによって積立金を失ってしまう非劇も生じた。ＡＩＪは高い利回りでの運用を売り物にしていたが、そのような利益を上げ続けることは実際は無理であった。それを鵜呑みにしたところに、年金基金の理事者たちの認識不足があり、日本の資金運用市場の経験の浅さ、公的な監視体制の不備が露呈した。

解釈学に携わる法律家には、合意の効力が社会的に制限されることに納得がいかないだろう。しかし、山下末人が指摘したように、合意はそのときの社会構造に対する認識によって当然に限定的に解釈されるべきである。(1)

マルクスとエンゲルスは資本主義社会を分析して、自由で平等であるとされる主体の合意によって、資本主義的な生産関係が維持されていると指摘した。(2)合意は決して階級支配の道具ではないが、自由な合意（あるいは自己決定）が、ブルジョア的な法的世界を支えている。

1　民法改正における合意の議論

二〇一五年の第一八九回国会に「民法の一部（債権関係）を改正する法律案」が提出された。その案の四一五条の一項は、従来の四一五条前段と同じく「債務者がその債務の本旨に従った履行をしないとき……債権者は、これによって生じた損害の賠償を請求することができる」という文面であるが、その後に、従来はなかった「その債務の不履行が契約その他の債務の発生原因及び取引上の社会通念に照らして債務者の責めに帰することができない事由によるものであるときは、この限りでない」という文言が追加された。これは、債務不履行に関する従来の解釈を取り込んだもので、これまでの解釈を変更するものではないが、改正作業の中で現れた議論を反映したものである。

1　「債権法改正の基本方針」における案

二〇〇九年四月二九日に、学者を中心とする私的な研究会組織である民法改正検討委員会が「債権法改正の基本方針」を発表した。私的な組織とされたが、その後の民法（債権関係）改正の議論をリードしたことは周知のとおりである。「損害賠償」の項目において、以下のように提案されていた。

3.1.1.62　債権者は、債務者に対し、債務不履行によって生じた損害の賠償を請求することができる

3.1.1.63　〈1〉契約において債務者が引き受けていなかった事由により債務不履行が生じたときには、債務者は［3.1.1.62］の損害賠償責任を負わない。

この提案に対して、強い批判が寄せられた。加藤雅信は、「債務者が引き受けていなかった事由」という概念は不明確であるとし、以下のように述べた。

帰責事由はすでに過失責任主義から開放された概念として機能しており、債務者の過失は成立要件ではなく、抗弁となっている。したがって現在の条文を書き換える必要はない。提案されている文言では、免責事由の判断が規範的評価であることを適切に表現していない。そして、合意の存否をめぐる紛争の中で、「どちらが引き受けていたか」といった合意基準を持ち出すこと自体が矛盾している。(3)

加藤は、実際の取引実務では、契約時点で具体的な不履行原因を予見していないことも少なくないことを指摘し、「引き受け」という言葉は、このような場合に債務不履行責任を問えないかのような印象をあたえると批判した。そして、以下のように続けた。

「債権法改正の基本方針」が「引き受け」という言葉を用いた背景には、契約の拘束力の根拠は合意にあるという理解がある。しかし、契約時点における当事者の合意・意思により契約内容が決定されていると説明・提案する点は、あまりにも取引や契約の実態と乖離する。実務上、発生した具体的不履行原因について、契約時点での予見（可能性）がなかった場合も少なくない。その場合は、契約締結後の事情といった契約締結時点では存しなかった事情も考慮して、また当事者の意思とは異なる外在的な観点からの価値判断も含めて、契約債務の内容が決められる場合もあり、たとえ規範的解釈や補充的解釈を行っても、契約締結時点の当事者の意思解釈に帰着できるものではない。

たとえば、診療債務などの専門家責任が問題となる場合は、債権者（患者）は契約時点では具体的な医療ミスの内容など予見しえないし、また当該ミスを医師に賠償させるかについては政策的配慮にもとづく判断がされる余地がある。また、土地売買契約当時に把握困難であった土壌汚染や、売買契約後の行政基準の変更により土壌汚染が評価されるにいたった場合に、付随義務違反等による債務不履行責任を求められる場合がある。アスベストの有害性が認識されていなかったときに行われたアスベストを含有する建物の売買についても、このような付随義務違反によりアスベストの除去費用を求められる場合もある。

これらのような不履行原因は、契約時点において当事者が予見することは困難であり、このような場合に、債務不履行責任を課してよいかは、法令改正や土壌汚染の発見時期といった契約締結後の事情も踏まえ、政策的な判断も考慮して決せざるを得ない(4)。

履行義務と付随義務（信義則）の区別自体が、合意の限界を示している。というのも、信義則によって基礎づけられるさまざまな付随義務は、締結時の合意によっては根拠づけられないからこそ、裁判官によって持ち出されるものだからである。

2　その後の動き

二〇〇九年一〇月二八日に、法制審議会において法務大臣からの諮問を受け、民法（債権関係）部会が設置されて作業が始められた。その後の詳しい議論状況はフォローしていないが、二〇一三年二月二六日に、法制審会・民法部会によって「民法改正中間試案」が決定された。この案は、検討委員会の基本方針とは異なり、「債務者が引き受けていなかった事由」という表現を採用しなかった。

第10　債務不履行による損害賠償
1　(1)　債務者がその債務の履行をしないときは、債権者は、債務者に対し、その不履行によって生じた損害の賠償を請求することができる。
(2)　契約による債務の不履行が、当該契約の趣旨に照らして債務者の責めに帰することができない事由によるものであるときは、債務者はその不履行によって生じた損害を賠償する責任を負わない。

内田貴は、この中間試案に対する説明の中で、「伝統的な債務不履行理論」について、次のように批判した。以下要約する。

このたびの改正（中間試案）では、伝統的な理論枠組み（過失責任主義）を組み替える提案がされています。その理由は、伝統的な理論枠組みが債務不履行に関しては民法の条文の文言に適合していないからです。四一九条三項に金銭債務の特則がありますが、不可抗力は無過失よりも狭いので、不可抗力があれば債務不履行による損害賠償責任が免除されるという反対解釈は、過失責任主義を意味しません。解除についての五四一条も債務者の帰責事由は要件となっていません。第二に、日本の裁判実務は過失責任主義になっていません。そもそも伝統的な理論が述べていたような債務不履行の場面での過失責任主義はドイツに特有の議論でフランスや英米には見られません。「近代法の大原則」ではありません。第三は略。

そこで、中間試案は履行請求権の明文の規定を置き、債務者が免責される事由をわかりやすく規定しています。

ア　履行が物理的に不可能である
イ　履行に要する費用が、債権者が履行により得る利益と比べて著しく過大なものである
ウ　当該契約の趣旨に照らして、債務者に債務の履行を請求することが相当でないと認められる事由(5)

イは「法と経済学」の影響で英米法において取り入れられた考え方でここでは立ち入らない。重要なのはウの「当該契約の趣旨」である。ここでは、あきらかに基本方針からの大きな変化が見られる。つまり、「債務者が引き受けていたかどうか」ではなく、総合的な判断へと変化した。この部分は履行請求に関する部分であるが、債務不履行責任の判断という意味では損害賠償の局面でも同じである。

ここで内田は、債務不履行責任の根拠を、「債務者が引き受けていたかどうか」におくのではなく、契約をめぐるさまざまな事情を総合判断して解釈するとし、それは現在の裁判実務を変更するものではないと述べている。(6)しかし、一方では、伝統的な理論、すなわち過失責任主義とは決別するとも述べている。

二〇一四年八月二六日、法制審議会民法部会は「民法の改正に関する要綱仮案」を発表した。

第11　債務不履行による損害賠償

1　債務者がその債務の本旨に従った履行をしないとき……債権者は、これによって生じた損害の賠償を請求することができる。ただし、その債務の不履行が契約その他の当該債務の発生原因及び取引上の社会通念に照らして債務者の責めに帰することができない事由によるものであるときは、この限りでない。

第10の1で「履行の不能」についての規定が新設されたが、債務者が免責される事由は採用されず、第11の1の債務不履行による損害賠償の規定は、ほぼ従来のままとなった。二〇一五年二月二四日に、法制審議会で決定された要綱も、「当該」を削っただけで他は同じであり、それを基に国会に法案が提出された。

債務不履行を判断する政策的考慮とは、生産関係から生じる社会経済上の問題に対して、国家や法がどのように対処するかを意味している。それは、契約の解釈が締結時の合意を出発点としながらも、生産関係および社会構造によって大きく制約されていることを意味している。もちろん、法的なイデオロギーの影響を受けることはいうまでもない。

2　社会構造と合意

自己決定には限界がある。民法改正作業の中の債務不履行責任をめぐる議論は、契約の根拠が「債務者が引き受けていたかどうか」ではなく、契約をめぐる総合的な判断であることを明らかにした。加藤雅信の批判は正しかったのである。

当事者（行為能力者）が自由に自発的に合意したから、その合意には法的な拘束力があるという考え方には、ふたつの意味がある。一つは、市民としての自立を強調する考え方で、行政や裁判所によって保護を受けたり、パターナリスティックな指導に頼ることは、市民の成長にとってマイナスであるという考え方である。二つ目は、エンゲルスが「反デューリング論」で指摘した「自由という名の不自由」である。

自由とはヘーゲルが述べたように必然性の洞察である。自由は自然法則を認識すること、これらの法則を特定の目的のために計画的に作用させる可能性を得ることにある。意思の自由とは、事柄についての知識をもって決定をおこなう能力をさすものに他ならない。他方、無知にもとづく不確実さは、異なった、相矛盾する多くの可能な決定のうちから、外見上気ままに選択するように見えても、そのことによって、みずからの不自由を、すなわち、それが支配するはずの当の対象にみずから支配されていることを証明する。自由とは自然的必然性の認識に基づいて、われわれ自身ならびに外的自然を支配することである。したがって、自由は、必然的に歴史的発展の産物である。(7)

この洞察は現実の契約の解釈にも通用する。当事者は契約締結後の不確実な状況の変化を知ることはできないし、前提としていた事情の推移（たとえば長期供給契約における価格の変化）についても十分に知ることはできない。だからこそ、紛争が生じる。そのときに「約束したのだから」といって法的拘束力を振り回すことは不自由を強いることになる。

合意の効力を制約するものは、将来の不確実性とともに社会構造のあり方である。資本の本源的蓄積期にあった日本においては、合意の効力は当時の社会構造によって大きく制約されていた。「はじめに」で書いた高利の契約や子どもの年季奉公的契約などは、当時の社会の小口金融の未発達や児童労働の蔓延を反映しており、裁判官にはとても公序良俗違反にはみえなかったのであろう。

合意に限界を認めることは、市民の自立（約束したからには責任がある）を軽視することになるだろうか。そうではない。市民の自立の問題は、形式としての契約締結に直結させるのではなく、実質的な契約責任として考えるべきであり、そのためには当該契約に関する情報が十分に与えられていたかを問うべきである。さらに法教育の問題も含まれるだろう。もちろん、みんなに教育の場が与えられるわけではない。したがって、事後的には裁判の中で他の要素とも併せて総合的に「保護と自立の調和」を考えるしかない。

3　制度的契約

1　合意とその解釈

民法改正基本方針の作成にあたって内田が大きな役割を果たした。内田は二〇一三年の『民法改正のいま』では、履行請求権の限界事由とは、契約の趣旨に照らして債務者に履行を請求することが相当でないと認められる事由であるとし、その「契約の趣旨」について次のように述べた。

契約の趣旨とは、契約書にどのように書かれていたかを基準にするという意味ではない。これまで日本の裁判所が契約の解釈を通じて行ってきた判断を明文化しようとしたものである。日本の裁判所は、たとえ契約書に書いてあっても、契約をめぐるさまざまな事情を総合判断して、（契約書が一方的な力関係で作成された場合など）契約書の記載と異なる内容で契約書を解釈することがあるが、中間試案には、そのような現在の裁判実務を変更する意図はまったく含まれていない(9)。

これは、当事者の合意が裁判所の解釈によって大きく修正を受けること、すなわち合意の社会的制約について述べたものである。二〇一一年の「民法改正」では、基本方針の「契約で引き受けていたか」について、次のように説明していた。

（契約の趣旨という表現ではなく）、「契約で引き受ける」という表現が表していたのは「当事者が何を引き受けていたか」ではなく、「契約でどこまでのリスクを引き受けていたか」であり、その範囲は常識を働かせて判断する、すなわち契約の性質に応じて契約の解釈として導かれる。これでは今までの日本の裁判所のやり方と変わりはなく、「引き受けた」という表現とはかなり違ったものとなる。むしろ、「どの当事者に負担させるべきか」と表現すればピッタリだろう。(10)

ただし、この「リスクの引き受け」という表現の仕方にも多くの批判がでたようである。

結局、内田の考え方は、当事者の合意に字句的にこだわるものではなく、契約の性質に応じて契約の解釈として導かれるものであった。(11)

2　制度とは何か

内田は、二〇〇六年以降に制度的契約に関する一連の論文を公表している。アメリカの「法と経済学」の研究に言及しつつ、制度を「個人の意思の外部に確立された財やサービスの配分のための行動様式を意味する概念」として使用する。(12)

制度という概念は重要である。内田は、このような概念規定は制度を契約と対立的に理解する法律学の制度理論においては「公約数」的な定式化といってよいとし、この意味での制度は、財やサービスの給付を実行する仕組みであるという意味で、権利関係の変動原因ととらえる。ここでは行動様式を規定する形態として理解しており、なぜ成立してくるのかという原因やプロセスは問われていない。これに対して、経済学における理解は異なっている。

制度派経済学は一九世紀の末からソースタイン・ヴェブレンなどを代表として始まり、一九六〇年代以降、ミュルダールやガルブレイズなどによって大きな力をもつようになってきた。ただし、正統派というものはなく、見方によってはマルクス、シュムペータ、オリバー・ウィリアムソンも制度派として理解できる。その考え方は、「社会に現存する諸制度は、経済行為の習慣化の累積的な結果として生ずるもので、制度配置の生活史を探るには、経済と文化複合体との相互関係に着目すべきである」ということを中心にしている。[13]

制度は一般には個別的にそれぞれ具体的な名称と形があって、それぞれに即して分析されなければならない。同時に制度一般にも抽象的・一般的な性格と機能がある。その定義は、「特定の状況が発生すると、それに対して特定のファンクションを生み出す決定がなされることが、社会的な取り決めによって保証されているような、パターン化された決定」とか、「主体間の行為に対して、役割期待と動機付けの組織化を規定して、社会全体の共通文化のパターンに統合する」ものとしている。そして、こうした制度セッティングにおける取り決めが法であり、ルールであり、（社会）規範であるとする。[14] つまり、主体間の行為を統合するシステムとして考えている。

青木昌彦は、制度について次のように踏み込んでいる。日本では、経済学者、より広くには社会科学者のあいだにも、制度とは何か、についてまだ明確な合意はない。人によっては「明文化された法や規則」を制度とみなす人もあるだろう。しかし、かつてのメインバンク制度や終身雇用制度は一般に制度といわれながらもともと法や契約で明文化されたものではない。むしろ銀行や使用者の役割について、国民の間に広く分かちもたれていた了解・予想として自然に発生したものである。青木は、世の中を理解するうえで重要なのは、社会や経済のパフォーマンスを規定するような制度の実質は何かということであるとする。アダム・スミスは『道徳情操論』の中で、人間社会をゲームに喩えている。このことを踏まえて、「制度とは、人々のあいだで共通に了解されているような、社会ゲームが継続的にプレイされる仕方のことである」とする。[15] 心理的な要素を取り入れ、発生的に説明している。青木の定義では、他のプレイヤーがどういう行動を取るかについての「予想」が重要な役割を果たしている。

制度派経済学に共通しているのは、制度の実態は「明文化された法や規則」という形態ではなく、人々の間に生成する共通の了解にもとづく決定であり、行動パターン・プレイスタイルなのである。この共通の了解が、社会構造および人々の社会的存在によって規定されていることはまちがいがないだろう。こうしてみると、内田の制度は、なぜ形態としての制度が登場してきたのかはおいて、所与の制度を前提にして「個人の意思の外部に確立された行動様式」を取り上げている。つまり、なぜ制度が登場してくるのかではなく、制度があるから行動が影響を受けるという面を取り上げている。

3　制度的契約

内田は、契約とは合意によって権利義務関係を変動させることであり、このような契約概念が典型的に想定しているのは市場における経済的取引であるとする。これを「取引的契約」と呼んでいる。これに対して「制度」においては、当事者の意思への法的効果付与という形を取らずに給付関係が処理される。たとえば、相手方の「必要性」に応じて給付を決定する権限が他方当事者に与えられる社会保障制度などがある。この意味で社会保障制度は国家によって創設された制度である。

制度を通じて提供されてきた財やサービスが、民営化により契約を通じての提供に転換されたとき、そこで用いられる契約は、多くの場合、個別の当事者の意思が支配する領域は限られており、当事者の意思の外に存在している財やサービスの給付に関する仕組みに規定されている。そのような契約を「制度的契約」と呼ぶ。

制度的契約自体は民営化と必然的な結びつきがあるわけではなく、広く見いだすことができる。たとえば約款による契約や最近では企業年金契約などである。学者の中には、単に契約自由の原則が政策的な理由から制約されているととらえればよいという意見があるが、制度的契約は伝統的な契約とは異質なものであり、その中には、古典的な取引的契約の基本原理に真っ向から抵触する性質がある。すなわち、制度的契約においては、個別契約の当事者レベルで契約内容を交渉し決定することが、正義・公平に反すると観念される特色がある。個々の当事者の意思による契約内容の形成が許容されないのである(16)。

内田は、これまで日本でも、フランスのルナールの制度理論を紹介する米谷隆三の研究などがあるとしつつ、それらは約款の拘束力の正当化という局面に限定されていたため、契約理論として根付くことはなかったとする。しかし、それでも日本で制度理論を取り上げた学者がいたことを指摘する(17)。山下末人である。ただし、山下の分析については、別の機会に詳細に検討したい。

4　社会構造から乖離した合意に合理性はない

われわれが契約を結ぶ場合に、完全に自由に法的効果を形成できる（たとえば自由に値段を付けられる）わけではなく、社会に受容されるものでなければ意味がない。また、お互いが納得したつもりでも、契約において前提とされている明示の条件事実や、暗黙の内に条件とされている事実をすべて網羅することも無理である。現代の取引の内容はますます複雑化、高度化してきて、もはや専門的な知識を持たない人間には判断できないところまできている。また、従来は契約の対象とならなかったような有価証券の指数取引、デリバティブ取引、先物取引などが増加している。

リスクのレベルも、発電所の建設、ロケットの打ち上げ、外国為替取引、M&Aなどにおいては飛躍的に高まっている。経済の実態が、実物経済中心から変化して金融経済に大きく影響されるようになり、契約の客体がモノや古典的なサービスであるといった想定にもあてはまらなくなってきている。

身近な例を挙げると用船契約がある。民法の授業で習った富喜丸事件を思い出すだろう。この事件では沈没した後の二年分くらいの用船料が損害賠償請求されて退けられたが、現代ではとても考えられない。というのも、二年間も用船料が約束されることはあり得ないからである。外航ばら積船の運賃でみると、海運会社と船主の間で契約される大型船の用船料は、もっとも多く用いられるスポットでは一航海ごとに決定され、その際には相場が基準とされる。つまり、相場によって決定される。総合的な値動きを示すバルチック海運指数（ＢＤＩ）を見ると、二〇一五年一一月二〇日の用船料は九月下旬の三分の一に過ぎない[17]。

このような状況は半導体部品や液晶パネルの供給契約でも同じであり、現代の経済を支えている輸送やサプライチェーンのほとんどが、かつてない不確実性にさらされている。価格の変動は、需要と供給の関係だけでなく、金利、為替相場さらには各国政府間の協調的な行動によっても大きな影響を受けている。このような、客観的な関係を切断して合意の拘束を強調することにどんな意味があるのだろうか。

注

（1）山下末人『法律行為論の現代的課題』法律文化社、一九八七年。
（2）『マルクス＝エンゲルス全集』第一九巻、大月書店、三七九頁参照。
（3）加藤雅信『民法（債権法）改正』日本評論社二〇一一年、三九頁以下。
（4）前掲書五〇頁以下。東京第一弁護士会の司法制度調査委員会の問題提起（会報四三九号二頁以下）を紹介している。
（5）内田貴『民法改正のいま』商事法務二〇一三年、一一五頁以下。
（6）内田前掲書一二〇頁。
（7）『マルクス＝エンゲルス全集』第二〇巻、大月書店、一一八頁。
（8）『マルクス＝エンゲルス全集』第二〇巻一一八頁。

（9）内田前掲書一一九頁以下。
（10）内田貴『民法改正』ちくま書房二〇一一年、一四三頁以下。
（11）前掲書一四六～一四四頁。
（12）内田貴『制度的契約論』羽鳥書店二〇一〇年、六三頁。
（13）宮沢健一『現代経済学の考え方』岩波書店一九八五年、一七二頁。
（14）前掲書二一八頁以下。
（15）青木昌彦『比較制度分析序説』講談社学術文庫二〇〇八年、二六七～二七二頁。
（16）内田『制度的契約論』六三～六五頁。企業年金の特殊性については拙稿「消えた年金積立金」『静岡大学人文社会科学部・経済研究』一七巻四号参照。
（17）内田前掲書五八頁以下。
（18）日本経済新聞二〇一五年一一月二一日。

第八章　マルクスが見た資本主義的搾取の本質

森本　壮亮

1　ピケティと格差の拡大

二〇一四年から二〇一五年にかけて、トマ・ピケティの『21世紀の資本』が日本でも大ベストセラーとなった(1)。筆者の手元にある邦訳は二〇一五年一月一五日発行の第七刷であるが、第一刷は二〇一四年一二月八日となっており、税込で六〇〇〇円近くする約七〇〇頁の専門書が、わずか一ヶ月超で七刷もされるというのは、非常に珍しい。

ピケティの『21世紀の資本』の最も刺激的な部分の一つは、一九八〇年代以降、先進各国で格差が急拡大したことを明らかにしたことであろう。国民所得におけるトップ一パーセントのシェアは、アメリカで一九八〇年の約八パーセントから二〇一〇年の約一七パーセントにまで、日本で一九八〇年の約七パーセントから二〇一〇年の約九パーセントにまで、それぞれ上昇した（同書三二八頁、三三〇頁）。また、トップ〇・一パーセントのシェアは、アメリカで一九八〇年の約二パーセントから二〇一〇年の約七パーセントにまで、日本で一九八〇年の約一・五パーセントから二〇一〇年の約二・五パーセントにまで、それぞれ上昇した（三三二頁）。

ピケティも指摘しているように（三三三頁）、これらの数字の意味するところは、たとえば日本でトップ〇・一パーセントのシェアが一九八〇年の約一・五パーセントから二〇一〇年の約二・五パーセントに上昇したということは、トップ〇・一パーセントの金持ちの平均所得が、国全体の平均所得の一五倍から二五倍に上昇したということである。図1に示すように、日本の労働者の平均年収は一九九〇年代半ばをピークとして以降ほぼ下がり続けているから、「これは非常に不公平だ」と多くの国民が共感して怒りの感情を覚えたのも、不思議ではない。

加えて、日本経済は一九九〇年代半ば以降、GDPはほとんど成長していない中で、図2に示すように、労働者の取り分である賃金を示す雇用者報酬は低下する一方で、企業や個人事業主の利益を示す営業余剰・混合所得はほぼ一定もしくは漸増している。これはやや大ざっぱな言い方をすれば、企業の利益が賃金低下によって支えられているということを示している。そして二〇〇〇年代は、大企業を中心とする企業が史上最高益を次々と更新していく一方で、賃金は低下していくという状況となったのである。

この約二〇年の状況（金持ちと貧乏人の格差の拡大、企業利益と賃金との格差の拡大）を考えると、ピケティの『21世紀の資本』が日本でも大ベストセラーとなったのには、しかるべき理由があったと言える。

以上のような状況の中、ピケティの『21世紀の資本』が、そのタイトルから、K・マルクスの『資本論』の21世紀版と言われることも多かった。マルクスが生前最後に自ら校閲した『資本論』はフランス語版で、そのタイトルは“Le Capital”であった。そして、ピケティの『21世紀の資本』のフランス語原書タイトルは“Le Capital au XXIe siècle”であり、“au XXIe siècle”が「21世紀の」という意味であることを考えると、マルクスの『資本論』の現代版がピケティの『21世紀の資本』であるという主張も、もっともなように見える。しかし、結論から先にいうと、両者は全く違う。

ピケティの『21世紀の資本』が出版され海外でベストセラーとなっていた数年前、アメリカに本拠地を置くマ

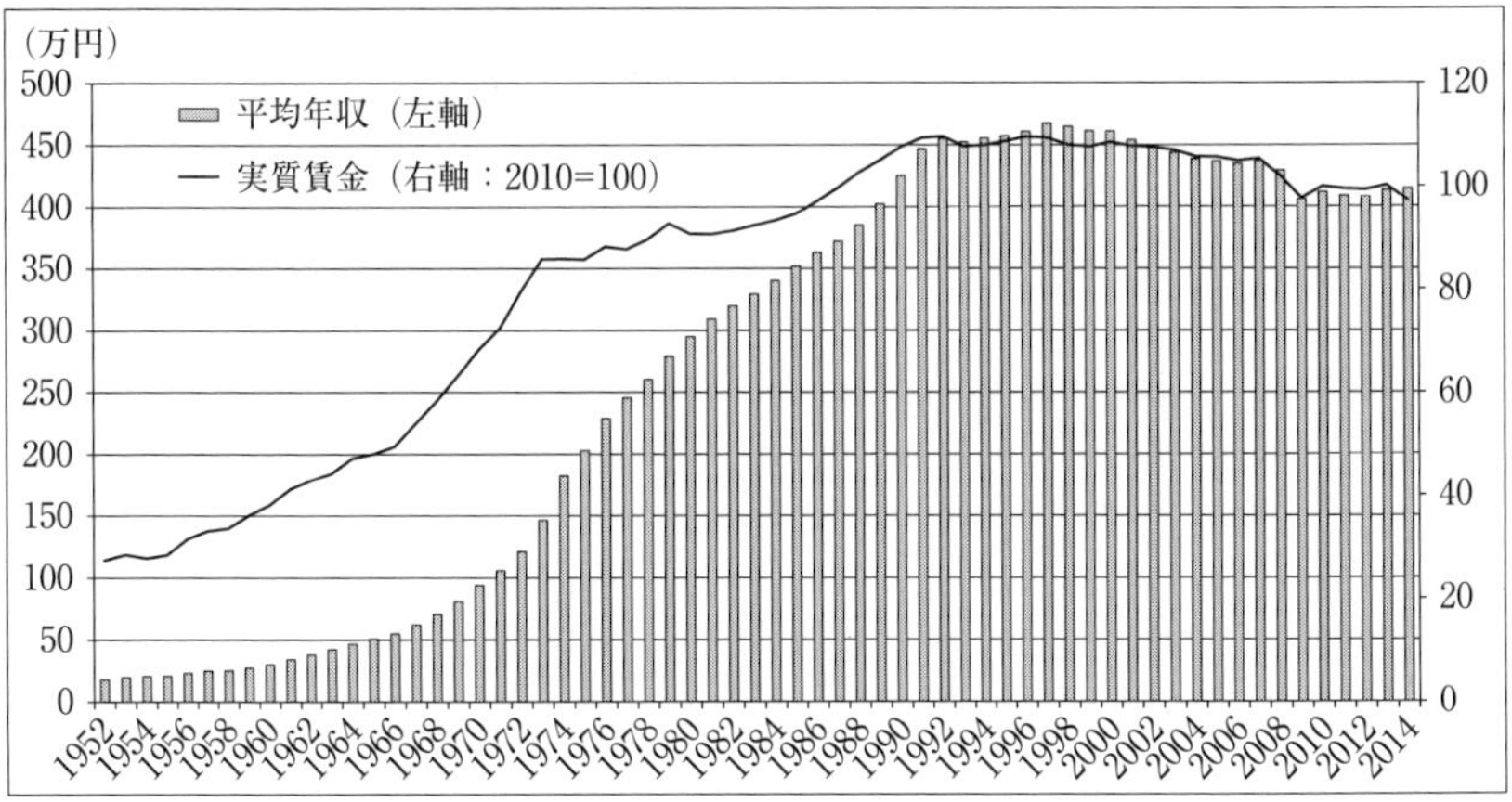

出典：国税庁「民間給与実態統計調査」、総務省統計局「消費者物価指数」より作成
注１：平均年収＝「一年を通じて勤務した給与所得者の一人あたりの平均給与」
注２：実質賃金＝平均年収÷消費者物価指数（持家の帰属家賃を除く総合・年平均）

図１　戦後日本の平均年収と実質賃金の推移

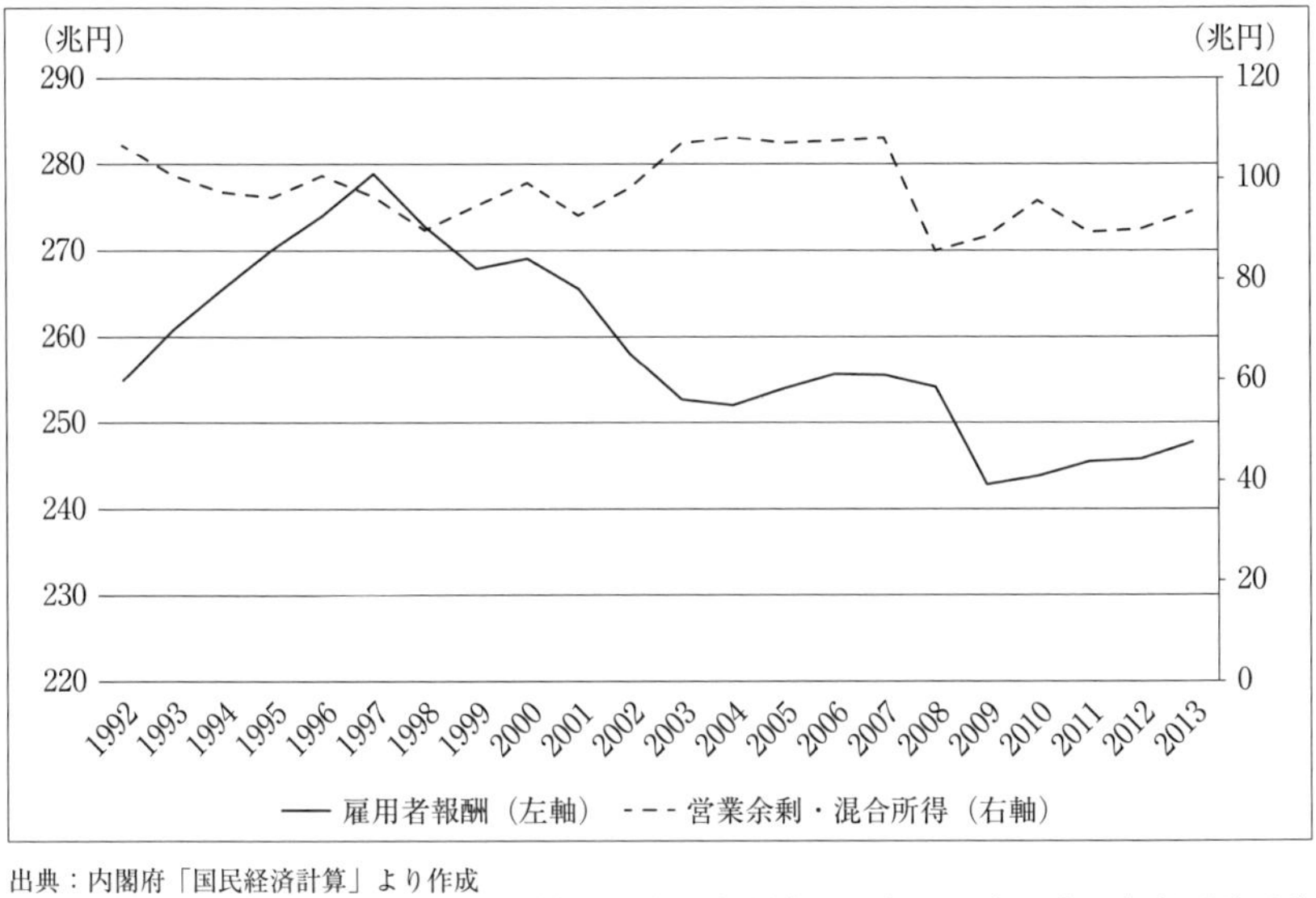

出典：内閣府「国民経済計算」より作成
注１：1992～1993年は「2009年度国民経済計算確報」(2000年基準)、1994年～2014年は「2014年度国民経済計算確報」(2005年基準)。したがって、厳密には1993年と1994年の間で接続していない。
注２：年度

図２　GDP 統計から見たバブル崩壊後の賃金と利潤の推移（1992～2014年）

ルクス主義団体が、「所得の再分配は資本主義を救うのか？」というタイトルのパンフレットを発行した。ここで「所得の再分配」がピケティの論を指しているのは明らかであり、このタイトルが全てを語っているように筆者には思えた。どういうことか？

2　マルクスが『資本論』で明らかにした資本主義社会の本質

ピケティの大著を大ざっぱに一文にまとめるならば、格差の拡大を所得の再分配によって是正すべきだというものであり、そのポイントは「分配」である。しかし、マルクスにとって、問題の核心は「分配」ではなかった。

1　マルクスが明らかにした「資本」というもの

マルクスが資本主義社会を分析した際に最も重要視した概念は、その主著である『資本論』のタイトルからも明らかなように、「資本」である。「資本」とは、マルクスの言葉でいうと「つねに芽を出し成長する貨幣」（仏版、上巻、139頁[2]）である。それは、埋蔵金やたんす預金などの形態で単に寝かされている貨幣とは異なり、増殖を目的として、絶えず流通過程に投下されている貨幣（価値の形態）である。

マルクスは、このような「資本」を説明するのに、G—W—G'（G＋ΔG）という表現を好んで用いた。ここで、Gは貨幣（Geld）、Wは商品（Ware）、ΔGは貨幣の増加分を表わしている。そして、このΔGのことを「剰余価値（surplus value）」と名づけた（K.I、S.165、訳(2)二五六頁[3]）。ここで、マルクスは「剰余価値（Mehrwert）」の後に“surplus value”とカッコで英語を書き入れているが、“surplus”とは「黒字」という意味であり（例えば、貿易黒字は英語で“trade surplus”という）、「剰余価値」とは「黒字分の価値」のことである（それゆえ、「剰余価値」という言葉自体に、搾取を糾弾するような倫理的な意味は含まれてはいない）。

そして、このG—W—G'を詳細にすると、次のような定式となる。

$$G - W \left\{ \begin{array}{l} A \\ P_m \end{array} \right. \cdots P \cdots W' - G'$$

ここで、P_mは生産手段、Aは労働力、…P…は生産過程、W'は生産された商品を、それぞれ表わしている。すなわち、貨幣を手にした資本家（もしくは企業）は、生産手段（生産設備や原材料）と労働力との二種類の商品を流通市場から購買・調達し、商品を生産する。そしてでき上がった商品（W'）を市場で売って貨幣（G'）を得る。その貨幣の大きさ（G'）がはじめに用いた貨幣（G）よりも大きければ貨幣の増殖（貨殖）に成功したことになり、その増殖率が利潤率（ΔG／G）となる。そして、貨殖がそもそもの目的なのだから、その貨殖の効率性を示す利潤率が経営の第一の指標となるのである。[4]

ここで重要なのは、貨殖には際限がないということである。食べ物であれば胃袋の大きさによって拡大の限度があるが、貨幣は直接消費する対象ではないから、いくらあっても満ち足りることはない。このような、絶えずその大きさを拡大されていく貨幣である資本を、マルクスは「恋にもだえる身のように『働き』始める、命を吹き込まれた怪物」（K.I S.209、訳⑵三三三頁）と表現している。ここから、資本の悪魔的な特質が発生することになる。

2　資本の悪魔的特質

近年、ヘッジファンドや金融機関に務めるファンドマネージャーや、ヘッドハンティングされて大企業のトップに就任するプロ経営者（一六五億円でソフトバンク副社長に就任し、電撃退職するまでの二年弱で四百億円以上の報酬を得て話題になったN・アローラ氏がその代表である）の高額報酬が社会問題となり、「強欲資本主義」という言葉が用いられることも多くなった[5]。ここからは、企業経営者（マルクスの言葉では「資本家」）の強欲が、資本主義社会における問題の本質であるかのような錯覚を覚えさせる。しかし、マルクスは問題の本質をそこには見ていない。

マルクスは『資本論』の中で、資本家を「人格化された――意志と意識とを与えられた――資本」（K.I、S.168、訳⑵二六二頁）として描いており、「彼の魂は資本の魂である」（K.I、S.247、訳⑵三九五頁）としている。それゆえ、資本家の個人的性格が強欲か否かは、マルクスにとってはどうでもよい問題であった。重要なのは、資本家が、決して満ち足りることなく絶えずその大きさを拡大し続けようとする資本の衝動に、魂を支配されているということであり、「資本教」とも呼ぶべき宗教にとりつかれ、行動しているということである。

この宗教の悪魔性は、資本の大きさの拡大に決して満ち足りることがないという点にある。それゆえに、企業経営者は飽きることなく利潤追求にいそしむのであり、「史上最高益」の更新を自らの最上の使命と考えるのである。そして国民の多くを占める労働者は、このような企業活動の中に取り込まれていくのである。

3　労働力商品というもの

それだけではない。資本主義社会においては、それ以前の封建社会とは異なり、労働者も含めて全ての人には職業選択の自由があるが、反面、多くの人が土地などの生産手段から切り離されている。すなわち、多くの人は自らの持つ土地を耕して、そこでできた作物を糧として生きていくことはできないのであり、唯一自らに残された身体の中の労働力（肉体的および精神的能力）を「商品」として売り、雇われ人（労働者）として働いて生きていかざるを得ないという状況下にある。

たとえば、現在の日本では多くの人が、学校を卒業したら企業で働き、それによって得た賃金で生活を営んでいる。ただし、かつての奴隷とは異なり、彼らが売っているのは身体そのものではなく、勤務時間内に企業のために働く能力（「労働力商品」）である。それゆえに、就職活動の場では、自らの労働能力を示す学歴や資格などがアピールされ、就職後は、勤務時間外や休日は「プライベート」として、原則的に企業はタッチしないことになっている。

このような資本家（もしくは企業）と労働者との関係についてマルクスが強調したのは、両者は「互いに対等な商品所有者として関係を結ぶ」という点であり、「両方とも法律上では平等な人格である」という点であった（K.I、S.182、訳(2)二八七頁）。近年の日本では、派遣切りやロックアウト解雇、また企業側の都合による一方的な労働条件切り下げなどが労働現場で問題となっており、資本家（もしくは企業）と労働者との力の不平等、もしくは不法が問題の本質であると観念されることも多いが、マルクスは問題の本質をそこには見ていないのである。

しかしながら、資本家（もしくは企業）と労働者とが対等な関係を結んでいながらも、資本家は剰余価値を獲得することができる。それは、労働力という商品が特殊な性質を有しているからだとマルクスは考えた。具体的には、資本家が労働力商品を買う金額（賃金）を規定する「労働力の交換価値」は、労働力の毎日の維持費（再生産費）によって決まっているが、労働者が労働現場で行う労働の支出である「労働力の使用価値」は、それよりも大きい。すなわち、労働力商品というものは、それ自身の価値よりも大きい価値を生み出すという独特な性質を持っているのである。

またマルクスは、労働力の再生産費には、労働者本人だけでなく家族の分も含まれるとした。つまり、資本主義社会の「不可欠の条件」（K.I、S.596、訳(4)九七八頁）である、労働者の階級としての再生産の費用を考えたのである。だから、労働力の再生産費には、配偶者や子どもの生活費も当然含まれる。また、配偶者や子どもが働いて賃金を得て生活費を補助できるようになると、その分だけ労働者本人の賃金に低下圧力がかかるとも指摘している（K.I、S.417、訳(3)六八三〜六八四頁）。

たとえば、現在の日本では、大卒の初任給はだいたい月二〇万円弱というところであるが、これは二〇代前半（多くがまだ未婚である）の労働者がひと月に平均的な生活を送るのに必要な金額にだいたい等しい（もちろん生活費には地域差があるが、それにほぼ比例して給与も変動する）。近年は徐々に変わりつつもあるが、この初任給から年齢とともに徐々に上昇していき（年功序列型賃金制度）、平均としては五〇代前半あたりがピークとなる。これは、年齢が上がるとともに、結婚、育児、子どもの学費などと、家計としての出費（家族も含めての労働力の再生産費）がかさんでいくので、それに従って賃金も上昇していくシステムであると考えられる。

また、日本では高度成長期以後、徐々にそれまでは家庭にいた妻がパートとして労働力市場に参入するようになった。(6) そしてバブル崩壊以降は、大学生や高校生もがどんどん労働力市場に参入するようになっている。これらが（一家の稼ぎ手の）賃金に与えた影響は単純ではないが、妻や子も当たり前のように働き賃金を得ているという状態によって、夫の賃金が下がっても一家の再生産が持ちこたえられる余地が拡大したというのは、少なくとも間違いないだろう。

4　賃金の上昇と資本主義システム

ところで、戦後の日本では高度成長期を中心として、資本蓄積が進んで賃金も上昇した。これは欧米の先進各国でも同じで、一九五〇年代から第一次オイルショックまでの約二〇年間は、しばしば「資本主義の黄金時代」とも呼ばれる。(7) この「黄金時代」には、賃金上昇が広く達成され、また累進所得税や福祉の拡充によって富の再分配が志向されたことから、中間層が拡大した。

しかし、一見うまくいっていたこの状況も、一九七〇年代前半に危機に陥った。その対応として、日本を含む先進各国で八〇年代以降、賃金上昇、累進所得税、福祉といった「黄金時代」の柱となっていた部分の抑制・解体が政策的に志向されるようになり（新自由主義）、現在に至っている。[8] このような新自由主義的政策の結果として、本章の冒頭でもとりあげた格差の拡大という現象が発生したのだが、その格差の拡大を告発し、富の再分配を求めるピケティが広く支持を集めたのは、日本や欧米の先進各国で、「黄金時代」への憧れや良い思い出が広がっているからであろう。それでは、「黄金時代」のように、賃金上昇や富の再分配を政策的に志向すれば、問題は解決するのか？

マルクスは『資本論』で、富の再分配政策についての考察はあまりおこなっていないが、賃金の上昇についてはしばしば考察をおこなっている。たとえば、第一巻第二三章で、資本構成が不変な場合に蓄積が進むと、労働力需要が増加して賃金が上がるとしながらも、「労働価格の高騰は、資本主義制度の基礎を侵害しないだけでなく、より拡大された規模でのこの制度の再生産を保証しもする限界のうちに閉じ込められ続ける。……労働者が現存価値の増殖欲求のために存在するのであって、その逆に対象的富が労働者の発達欲求のために存在するのではないような生産様式においては、それ以外ではありえない。人間は、宗教において自分自身の頭脳の産物によって支配されるのと同じように、資本主義的生産においては、自分自身の手の産物によって支配される」（K.I，S.649，訳⑷一〇六九～一〇七〇頁）と指摘している。

すなわち、資本主義社会とは、絶えずその大きさを拡大し続ける貨幣である資本が第一となる社会であり、そこでは賃金の上昇も、はたまた人間自体も、貨殖という資本の運動に支配されるのである。だから、たとえ賃金上昇や富の再分配を政策的に志向したとしても、貨殖が主であり労働者の所得が従であるという関係に変化はなく、いずれ限界に直面するのである。

このことをよく示すのが、まさに七〇年代以降の「黄金時代」の崩壊であった。「黄金時代」の賃金上昇を受けて、七〇年代、賃金上昇が利潤を圧迫しているという「利潤圧縮」が学界で大きな議論となった。[9] 日本でも、図１に示されているように、六〇年代後半から七三年にかけて実質賃金が急上昇したが、これが利潤を圧迫しているとされたのである（ただし、図3および図4からもわかるように、企業の利潤率はこの時期大きく低下したというわけでは決してない）。このような「利潤圧縮」は、資本家の側からも労働者の側からも資本主義の「危機」であると認識され、資本家の側からは悲鳴と苦情の声が鳴り響き、労働者の側からは「危機」の打開のために資本主義体制そのものの打倒が唱えられた。そして結果的には、政治は資本家の側につき、賃金上昇を支えるメカニズムを徹底的に破壊していく新自由主義的政策が、八〇年代以降次々と打ち出されていくことになったのである。

この経験からわかるのは、資本主義という制度のもとでは、賃金上昇がいくら達成されようが、それはあくまで貨殖という資本の運動に合致するかぎりのことであり、いったん齟齬が発生するようになると、資本の運動に再度合致させるような強い力が働くということである。マルクスは『資本論』で、賃金の累進的上昇は利潤を求める刺激を鈍らせることによって、蓄積をも鈍らせ、結果として賃金は低下に転ずるとした後に、「資本主義的生産機構は、それが往々作り出す障害を、みずから除去するのである」（仏版、下巻、二七九頁）と書いているが、「黄金時代」とその後の新自由主義による反作用の経験は、まさにこのマルクスの指摘が的確であったことを示している。

ピケティは、八〇年代以降の新自由主義的政策の結果として生じた格差の拡大という問題を、所得の再分配によって解決できると考えているふしがあるが、マルクスの洞察および「黄金時代」とその後の反作用の経験は、たとえ所得の再分配を行おうが賃金上昇を再度達成しようが、貨殖という資本の運動に損害を与えるような時点にまで達すると、再度また揺り戻しの力が強力に発生し、問題は永遠に堂々巡りを繰り返すということを示している。

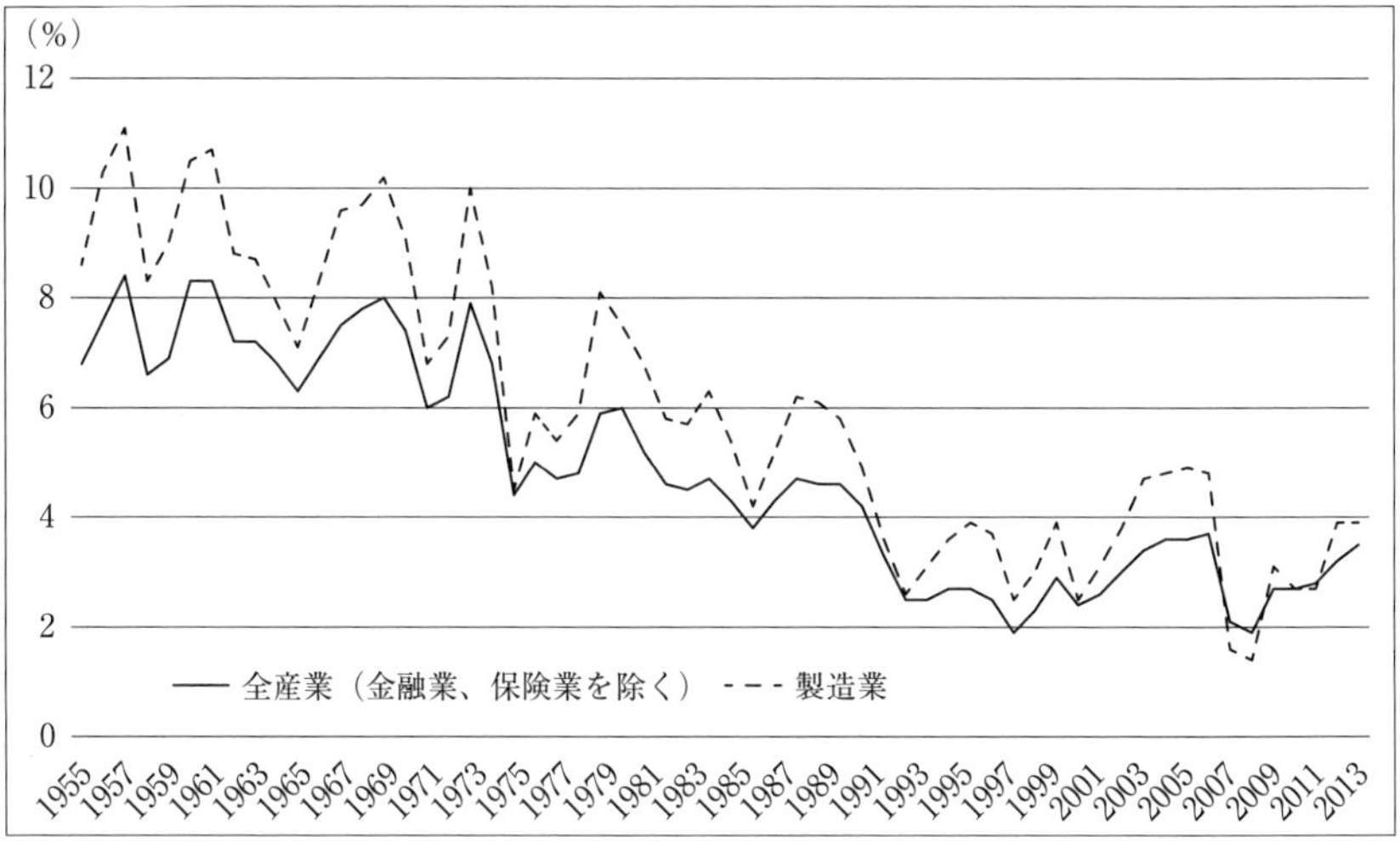

出典：財務省「法人企業統計」より作成
注：全規模、年度（ただし1959年以前は暦年）

図３　総資本営業利益率の推移

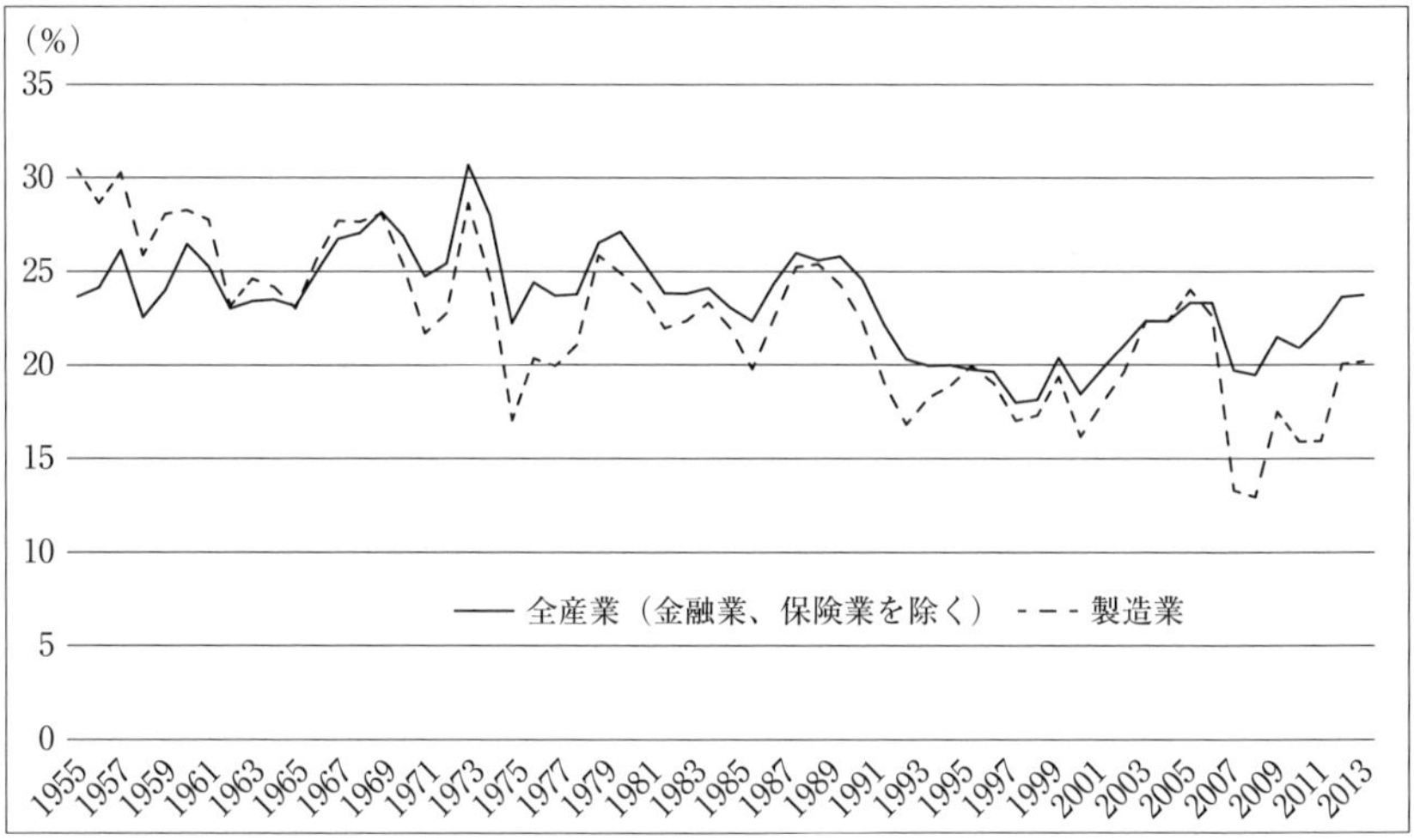

出典：財務省「法人企業統計」より計算して作成
注１：利潤率＝剰余価値÷（不変資本＋可変資本）
注２：剰余価値＝付加価値－可変資本
注３：可変資本＝従業員給与＋従業員賞与＋福利厚生費
注４：不変資本＝原材料・貯蔵品＋有形固定資産（土地を除く）＋無形固定資産
注５：全規模、年度（ただし1959年以前は暦年）

図４　利潤率の推移

5　資本の出自

それでは、資本主義という制度のもとであたかも神のように人間を支配する資本は、元々はどこからやってきたものなのか？　そして資本に日々精気を与えているものは、一体何なのか？

近年主流となっているミクロ経済学やマクロ経済学では、「資本」とは機械のことを示すことが多い。対してマルクスは、先述のように、「資本」とは「つねに芽を出し成長する貨幣」であるとした。では、このような貨幣は、はじめどこからやってきたのか？　マルクスはこの問題に関して、経済学には次のような原罪物語が存在すると書いている。

> はるかに遠く過ぎ去ったある時代に、一方には勤勉で、聡明で、とりわけ倹約な選ばれた人々がいて、他方には怠惰で、自分のものすべてを、またそれ以上を浪費し尽くす浮浪者たちがいた。……前者は富を蓄積し、後者は結局自分自身の皮以外には売れるものをなにも持っていないということになった。そしてこの原罪以来、どんなに労働しても相変わらずなお自分自身よりほかにはなにも売るものをもっていない大衆の貧困と、ずっと以前から労働しなくなっているにもかかわらず、なお引き続いて増大する、少数の人々の富とが始まった。（K.I、S.741～742、訳⑷一二二二頁）[10]

しかしながら、マルクスは「実際には本源的蓄積の諸方法は、他のいっさいのものではあっても、決して牧歌的なものではない」（K.I、S.742、訳⑷一二二二～一二二三頁）とし、「囲い込み」や「地所の清掃」による居住民の追い出し（→労働者の創出）によって開始された牧羊業でのもうけや、植民地における暴力的な収奪などが、資本として用いられている貨幣の元々の本当の源であり、「資本は、頭から爪先まで、あらゆる毛穴から、血と汚物とをしたたらせながらこの世に生まれてくる」（K.I、S.788、訳⑷一三〇一頁）と書いている。

このような資本の歴史的な出自に対して、資本に日々精気を与えているのは、実際に働いている人々の労働である。しかし、主流となっている経済学はそうとは考えず、例えば機械による貢献もあると主張する。これに対して、マルクスは次のように書いている。

労働者A、B、Cたちの過去の労働は、資本主義体制のもとでは非労働者Xたちの資産として現われるから、ブルジョアや経済学者は、この死んだ労働の恩恵の働きには、なにごとにつけ滝のような涙と賞賛を流し注ぐのであって、この死んだ労働にたいしてスコットランドの天才マカロックは、利潤、利子などと俗称されている特別の賃金を受ける権利を、与えたほどである。このようにして、過去の労働が生きた労働にたいし労働手段一式の形態のもとでますます強力に協力することは、これらの賢者からすれば、仕事をした労働者のおかげではなく、その仕事を奪い取った資本家のおかげだとされる。（仏版、下巻、二六六頁）

主流となっている経済学は今でも、機械の貢献をもって利潤や利子の根拠としているが、機械などの生産手段も、結局は他の企業が生産したものを資本家が買ってきただけであり、もとをたどれば、他の企業の労働者が過去に生産したものにほかならないという事実に変わりはない。

資本主義という制度の特徴は、たとえ実際には労働者が生産したものであったとしても、生産物（消費財だけでなく、他の企業で生産手段として使われる生産財も含む）や、それを売ってできた貨幣が、資本家（もしくは企業）の所有物として機能するということである。そこでは、マクロの視点から見ると結局は労働者階級が作っているはずのものである生産手段、生産物、貨幣が、労働者階級の所有物となるのではなく、資本の一形態として労働者階級に敵対する、という奇妙な状況が生み出されるのである。

3　マルクスが見た資本主義的搾取の本質

トマ・ピケティの『21世紀の資本』をめぐる議論に象徴されるように、富める者（勝者）による富の蓄積と、貧しき者（敗者）の間での貧困の拡大こそが、資本主義システム最大の問題であるとされ、これこそが「搾取」という言葉に要約されるマルクスが『資本論』で主張したかったことだとされることも多い。この論理でいけば、富める者から貧しき者への富の再分配こそが問題の解決法だということになり、生活困窮者を無くすだけの賃金上昇を勝ち取れば「搾取」は無くなるということになるし、高賃金の企業においては（たとえ過労死が発生していても）「搾取」は存在しないということになる。しかし、マルクスが『資本論』で分析し明らかにしたものは、そのような牧歌的なストーリーではなかった。

確かにマルクスも、資本主義のもとでは富の蓄積と同時に貧困の蓄積も進むとして、これを「資本主義的蓄積の一般的法則」と命名した。だがそれはあくまで結果として現れる現象であり、このような現象を生み出すメカニズムこそが、問題の本丸なのである。

2節で見たように、資本主義社会は貨殖という資本の運動を最大の目的としている社会であり、そこでは出自の正当性を持たず、また労働者階級の労働によって日々再生産されている資本（貨幣の形態をとる非人間的存在である）が「主《あるじ》」として、労働者（人間）を支配するのである。そして重要なのは、目的となっている資本の運動には際限がないということであり、労働者階級が自らの手によって日々作り出している資本が、「吸血鬼のように」（K.I, S.247、訳⑵三九五頁）無限に労働者の生き血を吸って「ますます活気づく」（同上）という点である。このような奇妙かつホラー映画のような状況こそが、マルクスが見た資本主義的搾取の本質であり、問題の本丸であった。

注

（1）トマ・ピケティ『21世紀の資本』山形浩生・守岡桜・森本正史訳、みすず書房、二〇一四年。

（2）フランス語版『資本論』からの引用に関しては、「仏版」と略し、続けて江夏美千穂・上杉聰彦訳『フランス語版 資本論』法政大学出版局、一九七九年、の巻号と頁数を記す。

（3）ドイツ語版『資本論』からの引用に関しては、「K.」と略し、続けて巻号、MEW版の頁数、新日本新書訳の分冊番号と頁数を記す。訳文は基本的に新日本新書のものを使用するが、必ずしもそのままではない。

（4）それゆえ、企業によって若干の差はあれ、総資本利益率や一株あたり利益率などが、経営の第一の指標として採用されているのである。なお、「利潤」も「利益」も英語では同じ"profit"であり、経済学の世界では「利潤」、経営学の世界では「利益」と、伝統的に訳されてきた。

（5）森岡孝二『強欲資本主義の時代とその終焉』桜井書店、二〇一〇年、など。

（6）高度成長期に、テレビ、洗濯機、冷蔵庫の「三種の神器」をはじめとする生活家電が登場したことにより家事の負担が軽減されたことも、女性に働く余裕を与えたということもできよう。なお、「女性における時間パート、および呼称パートの増加は一九六〇年代後半に始まる」という評価もある（中野裕史「パートタイム労働市場と女性雇用」森岡孝二編『貧困社会ニッポンの断層』桜井書店、二〇一二年、所収、一〇〇頁）。

（7）Marglin, S. A. and J. B. Schor (eds), *The Golden Age of Capitalism: Reinterpreting the postwar experience*, Oxford: Clarendon Press, 1990（磯谷明徳・植村博恭・海老塚明監訳『資本主義の黄金時代：マルクスとケインズを超えて』東洋経済新報社、一九九三年）。

（8）いうまでもなく、日本の中曽根政権、イギリスのサッチャー政権、アメリカのレーガン政権が、このような新自由主義的政策を強力的に押し進めた。なお日本は、このような新自由主義的政策に加えて、電化製品や自動車などの輸出を押し進めることで、危機の打開を図った。

（9）Glyn, A. and B. Sutcliffe, *British Capitalism, Workers and the Profits Squeeze*, London: Penguin Books, 1972（平井規之訳『賃上げと資本主義の危機』ダイヤモンド社、一九七五年）。なお、同書で利潤を圧迫しているとして賃金上昇とともに強調

されたのは、国際競争であった。

(10) マルクスは、このような原罪物語を「愚にもつかない子供っぽい話」と書いているが（K.I、S.742、訳(4)一二二頁）、新自由主義が政治の場面で流行病となった頃にマルクス経済学界で誕生したアナリティカル・マルキシズムは、この原罪物語を数学的に証明した「階級―搾取対応原理」をもって、その搾取論の大きな柱としている。高増明・松井暁編『アナリティカル・マルキシズム』ナカニシヤ出版、一九九九年、一〇〜一一頁、参照。

第九章　ヘーゲル・ガンス・マルクス

牧野　広義

1　ヘーゲルとガンスからマルクスへ

エドゥアルト・ガンスの講義録「自然法と普遍法史」といくつかの論文をマンフレート・リーデルが編集した著作の邦訳が、『ガンス法哲学講義一八三二／三三――自然法と普遍法史』（中村浩爾・三成賢次・三成美保・田中幸世・的場かおり訳、法律文化社、二〇〇九年）(1)として出版された。これによってガンスの著作が日本語でも読めるようになった。この邦訳の表紙の帯には次のように書かれている。「HEGEL→GANS→MARX　ヘーゲル哲学の継承者として、法哲学の理論をマルクスへと結びつける転轍機の役割を果たしたとされるガンスの講義録」。これは大変魅力的なキャッチフレーズである。

本章では、この帯の表現のとおり、ヘーゲルの「法の哲学」の継承・発展をめぐるガンスとマルクスの関係について論じたい。「ヘーゲル・ガンス・マルクス」というテーマではさまざまな論点が考えられる。しかし本章では、⑴ヘーゲルの「法の哲学」講義を継承し、ヘーゲル死亡直後のヘーゲル全集（故人の友人の会編）における『法の哲学』を編集したガンス、および⑵ベルリン大学でガンスの講義を受講し、ガンス編のテキストを使ってヘーゲル『法の哲学』を批判的に継承したマルクス、という論点に限定したいと思う。

2　ヘーゲルとガンス――ヘーゲル『法の哲学』ガンス版について――

(a) ヘーゲルとガンス

G・W・F・ヘーゲル（一七七〇～一八三一）の弟子の中で、「法の哲学」の継承者がエドゥアルト・ガンス（一七九七～一八三九）である。ヘーゲルは生存中からベルリン大学での「自然法」（法の哲学）の講義をガンスに委せた。ガンスの講義は大変な人気となった。それはヘーゲルの「法の哲学」を自由主義的に解釈するとともに、「法の哲学」にふさわしく、法学に関する内容はヘーゲルよりもはるかに詳しかった。

しかし、プロイセン政府はガンスの自由主義を警戒した。プロイセンの皇太子はヘーゲルに対して次のように言ったという。「ガンス教授が我々の学生をみんな共和主義者にするのはけしからん事です。彼の講義をいつも何百人もの学生が聴き、その表現は完全に自由主義的で、それどころか共和主義的な色彩をもっていることはよく知られています。あなたはなぜご自身で講義されないのですか(2)」。そのため、ヘーゲルは一八三一年の冬学期から「法の哲学」の講義を再開した。ガンスは自分の受講生にヘーゲルの講義を聴くように勧めた。それをヘーゲルは激怒して、同年の一一月一二日付けでガンス宛に手紙を書いた。その翌日にヘーゲルはコレラのために体調が急変し、一四日に死亡した。ガンスはヘーゲルの手紙を受け取って急いでヘーゲルのもとにやって来て、死の床のヘーゲルと和解したと言われる。

ガンスは、ヘーゲルの死後、『法の哲学(3)』の編集にあたって、「編者序文」を執筆するとともに、「故人の友人の会」の編集方針に従って、学生が筆記した講義録の一部を「追加（Zusatz）」として挿入した。それは、ヘーゲル自身が出版した『法の哲学要綱』の各パラグラフに、ホトーの筆記録（一八二二〜二三年冬学期）とグリースハイムの筆記録（一八二四〜五年冬学期）から抜粋して、該当する文章を収録したものである。このガンス版が後にヘーゲル『法の哲学』のテキストの代表となった。今日普及しているズールカンプ社版もガンス版に基づき、さらにヘーゲル自身の講義用のメモを加えたものである。(4) ここでは、ガンスのヘーゲル『法の哲学』への「編者序文」といくつかの「追加」に注目しておきたい。

(b) ヘーゲル『法の哲学』への「編者序文」

ガンスは「編者序文」で、ヘーゲル『法の哲学要綱』の出版当時から問題になった、「理性的なものは現実的であり、現実的なものは理性的である」という言葉を取りあげている。「この命題は、平易に説明すれば、しかもこの命題に苦言を呈する人に対してすでにその説明が行われたように、次のことを言おうとするものに他ならない。すなわち、真に理性的なものは、その本性に適合するために、自己を世界の中へと形成して現在的なものを獲得するのである。そして世界の中で真に存在するものは、またその点で、その中に理性的なものが内在するという正当化を携えているのである」(S.X)。ガンスによれば、それにもかかわらずこの言葉はヘーゲルの著作を読む努力をする人をひるませる。ヘーゲルの本には、ダンテの地獄の門のように、「一切の望みを捨てよ　汝ら　われをくぐる者(5)」という言葉が書かれているかのような印象を与えてしまう(ibid.)。

これに対して、ガンスは問う。「この本に近づき、中に入った者は何を見たであろうか」。そしてガンスは言う。「その者はその著作全体が自由という金属から作りあげられていることを見出すのではないか」(ibid.)。こうして、ガンスはヘーゲルの『法の哲学』全体が「自由という金属」から作られた、自由の哲学であると言うのである。これがガンスによるヘーゲル『法の哲学』解釈の基本となる。この視点は、ヘーゲル『法の哲学』を継承するガンス自身の講義において、いっそう展開されるのである。

さらにガンスは、「編者序文」の最後で次のように述べている。ヘーゲルの『法の哲学』は一般的な意識の中に移っていくであろう。その深遠なものが共有財産となるであろう。その時にその著作は哲学的には終わりをつげ、歴史に属することになる。ここからガンスはさらに次のように言う。「同じ根本原理に由来する、哲学の新しい進歩的な発展が頭角を現すことであろう。それは変化した現実を異なった仕方で把握するものである。この来るべきものを私たちは畏敬の念をもって迎えよう」(S. XV II)。ここでは、ヘーゲル『法の哲学』と同じ根本原理、すなわち自由を根本原理とする「哲学の新しい進歩的な発展」が予想されている。それはあたかも、カール・マルクスの登場を予測するかのような言葉である。いずれにしても、ガンスはヘーゲルの『法の哲学』にそのような生命力を見ていたのである。

(c) 国家論における「追加」

ヘーゲルの『法の哲学 (Philosophie des Rechts)』は1. 抽象法、2. 道徳、3. 人倫（家族、市民社会、国家）という体系をもつ。ここで、“Recht”とは法・権利・正義を意味し、「法の哲学」はヘーゲルの社会哲学の体系となっているのである（この点を考慮して、本章では「法哲学」ではなく「法の哲学」と表記する）。ガンスがヘーゲル『法の哲学』への「追加」として採用したものの中で、まずヘーゲルの学問的・政治的立場の理解にかかわる「国家論」への「追加」が注目される。

ヘーゲルは『法の哲学要綱』（一八二一年）において国家の憲法体制を「君主権」・「統治権」・「立法権」が統一されたものとして論じ、この統一にこそ「国家の主権」があると主張した（§273）。そのさい、「君主権」の位置づけが問題となる。当時、フランス革命後の神聖同盟のもとで、「絶対君主制」の復活がはかられた。しかし、ヘーゲルが近代国家の体制として提唱したのは「立憲君主制」である。ヘーゲルは次のように言う。「国家の立憲君主制（die konstitutionelle Monarchie）への成熟は、実体的理念が無限の形式を獲得した近代世界の業績である」（§273 Anm.）。ここで「君主」は最終決定を下す頂点であるとされる（§275, §280）。

この§280にガンスはホトー筆記録から次のような「追加」を付けた。「完成した組織においては形式的決定の頂点のみが重要である。君主として『よろしい』と言って、iの点を打つ一人の人間だけが必要なのである」（§280 Zus.）。これは君主の形式性についての大変明確な表現である。この言葉によって、ヘーゲルの立憲君主制が、君主権をできるか限り形式的なものにしようとする意図をもつことがうかがえる。これは今日、ヘーゲルの自由主義的な解釈の根拠の一つにもなっている。

この「iの点」はヘーゲルの弟子たちの間でも問題になった。マンフレート・リーデルは、カール・ミシュレの回顧録に基づいて次のような事情を紹介している。「カール・ヘーゲルはガンスの死後、著作の新しい版が必要になったとき、ヨハネス・シュルツとマールハイネッケから、ガンスが付けた追加のうち、いつくかの余りにも『自由思想的』に見える個所、とりわけ「iの点」としての君主という有名な命題を削除することを依頼された」（NU, S. 28, 二二頁）。つまり、ヘーゲルの弟子たち（シュルツやマールハイネッケら）にとっても「自由思想的」すぎると思われる表現を、ガンスはあえて「追加」として採用したのである。弟子たちはガンスの夭折後、ヘーゲルの長男であるカールに、全集版の『法の哲学』第二版では問題の個所を削除することを依頼したとされる。しかし、第二版でもこの削除は行われなかった。その代わりに、問題の個所の前後にいくつかの文が書き加えられた。この書き加えが行なわれた経緯は不明であるが、ともかくこうして「iの点」という表現は残されたのである。(6)

またヘーゲルの国家論の「追加」において注目される一つに「統治権」がある。ヘーゲルは、政府の諸官庁による上からの組織化と、「市民生活が具体的に行われている下から」の組織との「困難」を論じる（§290）。ガンスは、ここでグリースハイムの筆記録から、「職業団体(Korporation)」や「自治都市(Kommune)」という「自治団体(Kreis)」や「自治共同体(Gemeinde)」による下からの組織化の重視性を説く次の個所を「追加」に入れた。「数年来、絶えず上からの組織化が企てられ、そしてこの組織化に主要な努力が払われた。しかし、下位のもの、全体の大群は多かれ少なかれ未組織のままにおかれた。だが下位のものが組織されることがきわめて重要である。なぜなら、そうしてはじめてそれは威力であり、権力であるからであり、そうでなければ、それは単なる集積やばらばらにされたアトムの集合にすぎないからである。正当な権力は特殊的領域が組織された状態においてのみ現存する」(§290 Zus.)。

当時の「プロイセン一般ラント法」では、「職業団体」は国家の法律に従い、国家の監督のもとでのみその権限をもつ、と規定されているように、国家による統制の側面が強いものであった。そのため、ヘーゲルは「数年来、絶えず上からの組織化が企てられた」と言ったのである。これに対して、ヘーゲルの議論は「下からの組織化」の意義を説くものである。この点も、市民社会と国家との関係で重要な論点であり、ヘーゲルの国家主義的ではない側面を示すものである[7]。ガンスによる「追加」によって、こうした論点が明瞭に浮かび上がるのである。

(d)　市民社会論における「追加」

次に、ヘーゲル『法の哲学』の「追加」で、特にマルクスに影響を与えたと思われるものとして、「市民社会論」における「追加」に注目しておきたい。

ヘーゲルによれば、「市民社会」における「内務行政(Polizei)」は、犯罪の取り締まり、公益事業、生活必需品の価格指定、教育、貧困対策などを行う。だが、内務行政も司法活動も、各個人の利害を調整し、市民社会の内部秩序を維持するための体系にすぎない。そのため、市民社会は富と貧困の矛盾を露呈させる。

市民社会においては、確かに一面においては、さまざまな欲求をとおして人間の関係が普遍化することによって、またこの欲求を満たす手段を提供する方法が普遍化することによって、富の蓄積が増大する。しかし他面において、貧困が増大する。「特殊的な労働の個別化と制限が増大し、このことによって、このような労働に縛りつけられた階級の従属と窮乏も増大する。そしてこのことは、その他のさまざまな自由、とりわけ市民社会の精神的便益を感受し享受することが不可能になることと結びついている」（§243）。

こうして市民社会は、一方で「賤民（Pöbel）」の出現を引き起こし、他方で極度の富を少数者の手中に集中させる。ヘーゲルは「賤民」について、それは「大衆が一定の生計規模の水準以下に零落する」だけでなく、「権利感情、遵法感情、自分の活動と労働によって生活を維持するという誇りの感情を失うまでに転落すること」が「賤民」の出現となるとしている（§244）。これについて、「追加」では次のように言う。「貧困それ自体は、だれをも賤民にしない。賤民は、貧困と結びついた心情によって、富者や社会や政府などに対する内心の反逆によってはじめて規定される。さらに、この心情と結びついて人間は偶然に頼らざるをえなくなり、軽薄で労働嫌いになる」（§244 Zus.）。これは、ヘーゲルの言う「賤民」のわかりやすい説明である。

この§244への「追加」はさらに言う。「自然に対してどの人間も権利を主張することはできない。しかし社会の状態において、欠乏はあれこれの階級に加えられる不法（Unrecht）の形式をとる。いかにして貧困を取り除くべきかという重大問題（die wichtige Frage）が、とりわけ近代社会を動かし苦しめている問題なのである」（§244 Zus.）。貧困問題はこのような「不法」であり、近代社会の「重大問題」であるという認識が、「追加」で示されているのである。

しかし市民社会は貧困問題を解決できない。なぜなら、富者に負担をかけることは市民社会における諸個人の自立性の原則に反し、また貧困者に労働を与えることは生産物の過多を引き起こすことになるとヘーゲルは考えるからである。そこでヘーゲルは次のように言う。「市民社会は富の過剰にもかかわらず、十分には富んでいないことが、すなわち貧困の過剰と賤民の出現を防止するほどに十分な資産をもっていないことが暴露される」(§245)。ここでいう「資産」とは、単なる財貨ではなく、「普遍的資産」としての生産・流通・消費のシステムのことである。このシステムが不十分なのである。

以上のように、ガンスによって挿入された「追加」によって、ヘーゲルが論じた貧困問題の重大性が浮かび上がる。この点は、マルクスへの影響という点でも重要である。

3　ガンスからマルクスが受け継いだもの

(a)　ガンスの「賤民」論

ヘーゲルの『法の哲学』とガンスの「法哲学講義」との一致点や相違点は本章のテーマではない。しかし、マルクスへの継承という点で、ガンスの議論のいくつかを見ておきたい。ここでは、ヘーゲルが「賤民」ととらえた最底辺労働者の問題に注目したい。

すでに見たように、ヘーゲルは『法の哲学』の「市民社会」論において「富の過剰と貧困の過剰」を論じ、「賤民」の発生を見ていた。これに対して、ガンスは一八三二〜三三年冬学期の「自然法と普遍法史」講義において次のように言う。「賤民はそのままに留まらなければならないのでしょうか。賤民は必然的な存在なのでしょうか。この点で、私はサン・シモン主義者の見解に同意します。その見解はこの点においてのみ正当なのです。ドイツでは賤民はまだ組織化されていませんが、しかしロンドンでは組織化されています。したがって、内務行政は、賤民が存在しなくなるような活動ができなければなりません。賤民の存在は事実です。しかしそれは正義(Recht)

ではありません。事実の根拠が究明されなければならず、その根拠が廃棄（aufheben）されなければなりません」（NU.S.92, 一一六頁）。

このガンスの一八三二～三年の講義をマルクスは聴いていない。しかし「賤民の根拠と廃棄」というガンスの言葉は、後のマルクスの課題を示すかのようなものである。

ガンスはまた、一八三〇年の七月革命の頃にパリに出かけ、そこで多くの思想家や政治家と交流して、「一八三〇年のパリ」[8]を執筆した。ガンスはこの中でサン・シモン主義者の見解を次のように紹介している。「かつては主人と奴隷、後には貴族と平民、そして領主と家臣とが対立したように、今日では有閑者と労働者とが対立している。イギリスの工場を訪れると、数百人の男女を見出すであろう。彼らはやせこけて惨めであり、貧しい生活の維持だけのために、健康も生活の楽しみも犠牲にして、一つの仕事に従事している。人間を動物のように搾取するならば、またそうでなければ餓死するのも自由だとするならば、これこそ奴隷制ではないか。この惨めなプロレタリアートに人倫の火花を届けることはできないというのか」（PhS.S.218）。このような認識と憤りは明らかに後のマルクスに引き継がれてゆく。

ガンスはここからさらに言う。「国家は最も貧しく最も多数の階級のために配慮しなければならないこと、彼らが働こうとするならば、適切な仕事がなくてはならないこと、通常は賤民と呼ばれる市民社会の表層のあか（Kruste）をより薄くすることに主要な観点をおかなければならいこと、これらのことはわれわれの時代への深い視点であり、そして今後の歴史は彼らの側に立って、これまで以上に、社会の中産階級に対するプロレタリアートの闘争について語らなければならなくなるであろう」（ibid.）。しかもガンスは、「工場主の支配」に対抗する手段として、「自由な職業団体（freie Korporation）」、「社会組織化（Vergesellschaftung）」をあげている（ibid.）。これは明らかに労働組合などを意味する。

(b)　マルクスの大学時代

カール・マルクス（一八一八～一八八三）は、一八三五年一〇月にボン大学法学部に入学したが、一八三六年一〇月にベルリン大学法学部に移った。ここで、マルクスはガンスの講義を聴いている。マルクスのベルリン大学の「修了証書（Abgangszeugnis）」[9]によれば、一八三六～七年冬学期にガンスの「刑法」の講義を受講し、「抜群に勤勉（ausgezeichnet fleißig）」という評価を受けた。また一八三八年夏学期にガンスの「プロイセン・ラント法」の講義を受講し、これも「抜群に勤勉」という評価を受けた。マルクスは、一八四一年三月にベルリン大学を修了するまでに一二の講義を受講した（他の一講義は登録のみであった）。その中で「抜群に勤勉」という評価はガンスの二つの講義だけであった。法学よりも哲学に関心を強めていたマルクスではあるが、ガンスの講義はいかに魅力的であったかがわかる。ガンスの講義以外では、単に「勤勉」という評価が多いが、一八三八年夏学期のガープラー教授の「論理学」講義は「特に勤勉（vorzüglich fleißig）」であった。

マルクスは、一八四一年に学位論文「デモクリトスとエピクロスの自然哲学の差異」をイェーナ大学に提出して博士の学位を取得し、同年三月にベルリン大学を修了した。しかし当時の状況のもとで大学への就職を断念する。その後の彼の「経済学研究の歩み」について、マルクスは『経済学批判』（一八五九年）の「序言」[10]でふり返っている。この歩みを見てみよう。

(c)　マルクスのヘーゲル『法の哲学』批判とガンス

マルクスは「ライン新聞」の編集者として活躍する中で、木材の盗伐問題や、農民の貧困や自由貿易問題などの経済問題に直面する。またフランスから入ってくる社会主義や共産主義についての研究の必要も感じる。「ライン新聞」がプロイセン当局から発行禁止の処分を受けた機会に、マルクスは「ライン新聞」を退職して、あらためて研究に没頭する。

マルクスはこの研究について次のように言う。「私を悩ました疑問の解決のために最初に取りかかった仕事は、ヘーゲルの『法の哲学』の批判的検討であった。その序説は、一八四四年にパリで発行された『独仏年誌』に掲載された」(Bd.13,S.8, 一三頁)。ここで注目すべきは、経済問題や社会主義・共産主義の研究の必要を感じたマルクスが、まずヘーゲルの『法の哲学』の批判的検討を行ったことである。その理由は、現実の経済問題や社会主義思想などを原理から理解するためにも、近代社会の原理をとらえたヘーゲルの社会哲学の検討が必要だと考えたからであろう。しかもヘーゲルの「市民社会論」は、ヘーゲル自身がアダム・スミスらの古典派経済学の研究を踏まえて論じたものである。その点でも、マルクスにとってヘーゲル『法の哲学』の批判的検討は重要な意味をもっていたのである。

先の「序言」の言葉に続いてマルクスは言う。「法的諸関係および国家諸形態は、……物質的な生活諸関係に根ざしているものであって、これらの物質的生活諸関係の総体をヘーゲルは……市民社会という名のもとに総括しているのであるが、しかも市民社会の解剖学は経済学のうちに求められなければならない」(ibid., 同)。こうして、ヘーゲルの市民社会論がマルクスによって批判的に継承されてゆく。マルクスは、「生産諸関係の総体」が「社会の経済的構造」をなし、これが「実在的土台」となり、その上に「法的・政治的上部構造」がそびえ立つという。この社会構造論は、明らかにヘーゲルの「市民社会」と「国家」の二元的構造論を批判的に継承したものである。

そして、マルクスが「序言」で論文名をあげた「ヘーゲル法哲学批判序説」(11)は、マルクス自身の思想的立場の宣言である。ここで注目される点は、マルクスがプロレタリアートを社会変革の主体としてとらえたことである。「哲学がプロレタリアートのうちにその物質的武器を見出すように、プロレタリアートは哲学のうちにその精神的武器を見出す」（Bd.1, S.391、三五一頁）。「ドイツ人の解放は人間の解放である。この解放の頭脳は哲学であり、心臓はプロレタリアートである。哲学はプロレタリアートの廃棄（Aufheben）なしには自己を実現しえず、プロレタリアートは哲学の実現なしには自己を廃棄しえない」（ibid. 同）。

ガンスがその講義の中で、「賤民」の根拠の廃棄を主張したように、マルクスはプロレタリアートの自己廃棄を主張する。しかし、哲学だけではプロレタリアートが生まれる根拠も、その貧困の原因もわからない。マルクスは、「市民社会の解剖学」を経済学のうちに求めて、経済学批判の研究を進めた。その成果が『経済学・哲学草稿』（一八四四年）における「疎外された労働」の解明であり、『経済学批判』（一八五九年）などであった。

この『経済学批判』「序言」の最後に、マルクスはダンテ『神曲』から次の言葉を引用する。「ここに一切の恐怖は捨てられねばならぬ。ここに一切の卑怯は死なねばならぬ」[12]。この言葉の引用において、マルクスはヘーゲルの『法の哲学』とガンスからの継承を暗に示している。それは、先に見たように、ガンスがヘーゲル『法の哲学』への「編者序文」において、同じ『神曲』の数行前の言葉を引用していたからである。ガンスによる引用は、地獄の門の上に掲げられた言葉であり、マルクスの引用は、その言葉を『神曲』に登場する師が説明したものである。どちらも同じ趣旨のものである。こうして、マルクスはヘーゲルとガンスを継承しながら、人間の解放と学問的真理の探究のためには、一切の恐怖と卑怯を捨てるという自らの精神を語っているのである。

（d）マルクスの『資本論』におけるヘーゲルとガンスの継承

さらにマルクスの主著である『資本論』（第一巻、一八六七年）[13]は、ヘーゲルが未解明のままに残し、ガンスが設定した課題を理論的に解明するものとなった。それは、労働者階級の貧困の原因を明らかにし、その廃棄の方向性を示すという課題である。

マルクスによれば、労働者の「自己疎外」と貧困の原因は、資本による労働の搾取と、資本蓄積にある。「資本主義的蓄積の一般法則は、資本の蓄積に照応する貧困の蓄積を条件づける。したがって、一方の極における富の蓄積は、同時に、その対極における、すなわち自分自身の生産物を資本として生産する階級における、貧困、労働苦、奴隷状態、無知、野蛮化、および道徳的退廃の蓄積である。」(I.S.675、④一一〇八)。またここから、マルクスはその変革の方向を論じる。

しかし同時に『資本論』において、マルクスは、労働時間の制限をめぐる労働者階級と資本家階級の闘争の中で「工場法」が成立し、その改善と全労働者への適用が前進したことを論じた。この「工場法」は一〇時間労働、工場の安全管理、働く子どもの学校教育を工場主に義務づけ、それを監視する工場監督官も置いた。このことによって、労働者階級が健康を回復し、精神的発達をとげ、家族などとの社会的交流ができ、労働組合運動を行い、普通選挙権獲得などの政治的活動を行うことを可能にした。ここからマルクスは、労働者階級の政治的権力の樹立をも展望できると考えたのである。

マルクスは言う。「いっさいの利益を横奪し、独占する大資本家の数が絶えず減少していくにつれて、貧困、抑圧、堕落、搾取の総量は増大するが、しかしまた、絶えず膨張するところの、資本主義的生産過程そのものの機構によって訓練され、団結し（vereint）、組織される労働者階級の反抗もまた増大する」(S.790f.、④一三〇六)。ここから労働者階級による資本主義社会の変革が可能になる。それが「資本主義的蓄積の歴史的傾向」である。

このマルクスの予測はいまだ実現されていない。それは依然として理論的・実践的探求の課題として残されている。しかし、マルクスがヘーゲルとガンスを継承して明らかにした「近代社会の重大問題」である富と貧困の問題は、この二一世紀において先進国や新興国においてもまた発展途上国においてもいっそう深刻な問題になっている。その現代的な理論的把握と実践的解決が求められているのである。

注

(1) 原書は、Eduard Gans, *Naturrecht und Universalrechtsgeschichte*. Herausgegeben von Manfred Riedel, Klett-Cotta, 1981. 引用では、NU と略記し原書と訳書の頁を記す。また、Eduard Gans, *Philosophische Schriften*. Herausgegeben von Horst Schröder, Akademie-Verlag, 1971 も、中村浩爾・的場かおり・田中幸世・形野清貴・牧野広義によって翻訳作業が進められている。この著作からの引用は、PhS と略記し、原書の頁を記す。小論はこの翻訳を行っている「新ガンス研究会」での議論から多くの刺激を受けて作成した。

(2) *Briefe von und an Hegel*, Bd. III. Herausgegeben von Johannes Hoffmeister, S.472. これは、ヘーゲルからガンス宛の一八三一年一一月一二日付けの手紙についての注である。

(3) *Grundlinien der Philosophie des Rechts oder Naturrecht und Staatswissenschaft im Grundrisse*. Herausgegeben von Eduard Gans. G. W. F. Hegels Werke. Vollständige Ausgabe durch einen Verein von Freunden des Verewigten, Bd.8. この版の「編者序文」からの引用では頁のみを記す。

(4) G. W. F. Hegel, *Grundlinien der Philosophie des Rechts oder Naturrecht und Staatswissenschaft im Grundrisse. Mit Hegels eigenbändigen Notizen und den mündlichen Zusätzen*. Werke in zwanzig Bänden Bd.7, Suhrkamp Verlag. 邦訳は、ヘーゲル『法の哲学』藤野渉・赤沢正敏訳、『世界の名著ヘーゲル』岩崎武雄編、中央公論社、所収。ヘーゲル『法の哲学』上巻・下巻、上妻精・佐藤康邦・山田忠彰訳、岩波書店。後者の「補遺」では、ホトー筆記録からの抜粋とグリースハイムの筆記録からの抜粋とが区別されている。引用ではパラグラフ(§)を記す。「注釈(Anmerkung)」は Anm. と略記し、「追加(Zusatz)」は Zus. と略記する。

(5) 邦訳は、ダンテ・アリギエーリ『神曲I地獄変』寿岳文章訳、集英社文庫、三七頁。

(6) ズールカンプ版では、「追加」としてガンス編の初版の表現を採用し、編者注で第二版で変更された表現を記している。邦訳の中央公論社版では、「追加」に第二版の表現を記し、訳者注で初版の表現を記している。

(7) 尼寺義弘「ヘーゲルとコルポラツィオーン」(尼寺義弘・牧野広義・藤井政則編著『経済・環境・スポーツの正義を考える』

文理閣、二〇一四年、所収）は、プロイセン一般ラント法」（一七九四年）とヘーゲルのコルポラツィオーン論との関係を論じた貴重な論文である。しかし尼寺氏は、保守的な性格をもつ「プロイセン一般ラント法」に対するヘーゲルの議論の独自性を明らかにしていない。この点でも、ガンスの「追加」の意義を重視してヘーゲルの思想を読み解く必要があるであろう。

（8）Gans, Paris im Jahr 1830, in: PhS. 引用では、新ガンス研究会での形野清貴氏の翻訳を参考にさせていただいた。

（9）Vgl. Sepp Miller und Bruno Sawadzki. *Karl Marx in Berlin. Beiträge zur Biographie von Karl Marx,* Das neue Berlin, 1956, S112ff.

（10）Karl Marx, Vorwort zur Kritik der politischen Ökonomie, in: Marx-Engels, *Weke,* Dietz Verlag, Bd.13, S.7ff. 邦訳、マルクス『経済学批判』への序言・序説』宮川彰訳、新日本出版社。引用では原書の巻数・頁と邦訳の頁のみを記す。

（11）Karl Marx, Zur Kritik der Hegelschen Rechtsphilosophie, Einleitung, in: Marx-Engers *Werke* Bd.1. 邦訳「ヘーゲル法哲学批判序論」真下信一訳、国民文庫。引用では、原書の巻数・頁と邦訳の頁を記す。

（12）ダンテ『神曲』、前掲、邦訳、三七頁。

（13）Karl Marx, *Das Kapital, Erster Band,* Dietz Verlag. マルクス『資本論』新日本出版社。引用では原書の巻数・頁と邦訳の分冊（①など）・頁を記す。

第Ⅲ部

時代と対峙する実践

第一章　恒藤恭思想の実践性とその現代的意義

中村　浩爾

1　その現れ

恒藤恭（一八八八年〜一九六七年）は、法哲学や国際法学の世界では、よく知られているにもかかわらず、「忘れられた知識人」と呼ばれることもあり[1]、歴史的存在として研究の対象とされるようになったり[2]、大阪市立大学大学史資料室で行われている研究などによって恒藤研究が深められつつあるのは比較的最近のことである。資料室で開催されたシンポジウムはすでに七回を数えるが、法哲学、国際法学のみならず、経済学、歴史学、文学など、多様な分野の研究者が参加し、その学際性により、恒藤理解が深まっている。

恒藤の特徴の一つは、その理論を積極的に実践したことにある。これは、理論と実践を切り離し、実践に対して禁欲的な態度をとる、あるいは、はじめから自らが実践することを考えない研究者の多い日本においては、傑出した姿勢であり、研究者の社会的責任が問われる現在において、学ぶべき点である。恒藤は戦前・戦中・戦後を通してさまざまな、しかし一貫した実践を行っているが[3]、その内のいくつかを年代順に取り上げ、それらを通して恒藤における理論と実践の関係を考えてみたい。

（1）沢柳事件（一九一三年）

広川禎秀によれば、沢柳事件（教授の任免をめぐる京大総長澤柳政太郎と法科大学教授会との対立）のとき、恒藤は法科大学一回生であったが、大学自治を擁護するために積極的に行動している。(4)

（2）信濃自由大学（一九二一〜一九二三年）

恒藤は、信濃自由大学の第一期〔一九二一（大正一〇）年一一月一日〜一一月七日〕に、新カント派哲学について講義（当時、同志社大学で社会思想史と国際法を担当）を行い、第二期〔一九二二（大正一一）年一一月一日〜一一月五日〕に、フリードリッヒ・ハルムスのテキストを用いて「法哲学概論」講義を行っている。

（3）滝川事件（一九三三年）

恒藤は同僚教授達と共に、大学の自治、学問の自由を守るために闘い、最後は辞職することで抗議の意志を表明した。恒藤自身の主張は次のとおりである。

大学教授としての職を去ることが、真に大学教授として行動する所以であるとは、矛盾であって、矛盾ではない。外部からの不法なる圧迫により大学の本質が否定されようとするとき、大学は進んで死することによって自己の真の生命に生きる途をえらぶ外はない。西田幾多郎博士がわが京大の講壇においてしばしば力説されたやうに、死することによって生きるのは、実践の根本義ではあるまいか。

言ふまでもなく、真の実践は、理論と行動の弁証法的統一であらねばならぬ。理論を伴はぬ行動は、決して真の実践ではあり得ないが、行動によって実践されぬ単なる理論は、真の実践的理論とは正反対のものである。真理を求め、真理を教へる公共的機関たる大学は、斯かる本質を維持することによってのみ、その独自の実践的使命を遂行し得るのであり、自己の本質をまもるためには、『死して生きる途』をも断じてさくべきではない。去る五月二六日、京都帝国大学法学部に残されたのは、実にこの最後の一路であった。[5]（傍点筆者）

（4）講和問題（一九四九年）

恒藤は、非武装中立制度およびその国際的保障体制の構築をめざし、「徹底的平和主義」の立場に立った。その立場から、横田喜三郎の「単独講和」論を批判した。[6] また、中国を排除した「講和」の致命的欠陥を指摘し、法的責任に加えて道義的責任をとるべきこと（＝徹底的な平和国家の追求）、国家間の「和解」だけではなく民族レベルの「和解」を考えていた。[7]「永世中立論」の先駆である。

（5）恒藤の実践の特徴

このように、恒藤がさまざまな実践を行ったことは明らかであるが、それらの実践は時代状況に応じて多様であり、理論との関係も多様である。

沢柳事件の場合は、大学の自治を擁護したいという思いが直接的に行動につながったものであり、いわば「理論＝実践」という性格をもっている。信濃自由大学においては、理論（＝既成の大学の講義）をそのまま持ち込んだように見える。滝川事件においては、「理論と行動の弁証法的統一」がはかられ（また「実践的理論」という言葉も用いられており）、そして講和問題においては、平和問題談話会での活動が理論（＝「徹底的平和主義」）に反映された。

2　実践性の位相

1　理論と行動の弁証法的統一

恒藤の場合、存在と当為／「望ましい共同体」と「強いられた共同体」／「閉じた社会」と「開かれた社会」／「理想主義[8]」と「現実主義」等々、二分して考えるという方法に徹しており、ローマ人の二分主義を想起させる。[9] しかし、他方、「統一」への志向もある。「二分」の方を重視すれば二元論のように見えるが、「統一」の方を重視すれば一元論のようにみえる。また、二元論というより「二側面理論」であるという有力な見方がある。竹下賢によれば、新カント主義の二側面理論は、自然法論と法実証主義のうち前者を法理念論、後者を法概念論として、批判的に摂取して両者の均衡を計る調停理論であったと言える。[10] このように見れば、新カント主義は単純な二元論ではない。

広川禎秀によれば、恒藤は「死して生きる途」の中で、西田幾多郎を援用しているが、恒藤の論理は西田の論理を大きく転換させている、すなわち、西田は観念的な主体的実践の論理であり、恒藤は現実世界を変革する主体的実践の論理である。[11] 存在と当為の統一、より正確に言えば、「実践を通して成り立つ存在と当為の弁証法的統一[12]」ということになるが、このような主張は、新カント派（二元論）から離脱して、ヘーゲルやマルクス（一元論）へ向かったことを窺わせる。

なお、「学連事件」（学生社会科学連合会（学連）に参加していた京大生らが治安維持法違反で起訴され、一九二七年五月に有罪とされた事件）における佐々木惣一の学生擁護、すなわち、「一般に、理論と之を基礎とする実際行動とを全く分別したものと考へることは、それ自身理論上不当である[13]」を見れば、「理論と実践との統一」という考え方は、当時、一般的であったと思われる。恒藤の独自性は「弁証法」にある。「弁証法的統一」に対しては、「大切なのは、弁証法的統一を夢想することではなく、二つの対立するものの間での緊張を不断に持続させ」、そこからエネルギーを得ることが肝要だという批判がある[14]。この立場は有力であり、無視できない。

ただし、恒藤が、方法として「弁証法」を用い、「弁証法的統一」を目指していたとしても、それは統一を不動のもの、完結したものと考えていたこと、また、その考えが変化しなかったことを意味しない。新カント派から離脱してヘーゲル／マルクスへ、そしてカントへ、という行程においては、「統一」に対する見方が変化して当然である。その意味で、恒藤が文字どおり「弁証法的統一」を信じていたと考える必要はない。実際、恒藤自身、後年、「死して生きる」ということに対して「忸怩たる思いがする」と述懐している[15]。

2　理論と実践の相互作用

「理論と実践の弁証法的統一」を真に受けるより、「何ほどか Praxis の立場」、あるいは、恒藤の認識自体の意味、あるいは、ジャーナリズムで積極的に発言するという姿勢に眼を向けるべきである。

（1）「何ほどか Praxis の立場」

これは、恒藤が高田保馬を批判した際に用いた表現である。理論と実践を区別し、分離したままにする、あるいは逆に両者を統一するというのではなく、まさに「何ほどか」実践するという現実的な態度であり、純粋アカデミズムに対する批判である[16]。

（2）時代と対峙する学問的実践

広川禎秀は、恒藤の戦前・戦中・戦後の生き方を検証して、なお検討を要するものの、節を曲げない生き方を貫いたことは確かであり汲みとるべきものが多いという結論を導き出す中で、「恒藤の認識自体が『時代』と対峙する学問的実践そのものでもあった」と述べる[17]。「世界苦を克服する者」（『大阪商科大学国際公論』創刊号、一九三九年五月）によれば、中国の抗日戦争が世界史発展の決定的要因の一つとなりうることを認識しており、学生たちへの語りかけは、根拠のない楽観論ではなく、このような認識に基づくと。また、「単独講和」論批判が平和問題談話会活動の中で生まれた理論的成果であり、日教組や総評の平和四原則に反映されたという指摘[18]は、後述の桐山孝信の見方と共通している。理論と実践との相互作用という意味で注目すべきである[19]。

（3）ジャーナリズムでの発言や世論をリードする媒体での活躍

桐山孝信は、国際法学の見地から、「世界民の愉悦と悲哀」論文[20]以来、恒藤の平和主義のスタンスは終生変わらず、カントの平和論を批判的に検討し、世界主義の立場に立ち、国際法研究を出発点にしていたのが強みである、と述べる。そして、次のように結ぶ。「恒藤は、上のような立場を一研究者の思索にとどめず、ジャーナリズムでの発言や平和問題談話会のような世論をリードする媒体で活躍することによって、世界民として積極的に社会の変革にかかわったのである」[21]。理論を実践するという側面と実践が理論に反映されるという側面の二つの側面に注目しなければならない。

世界民論文は、このように注目すべき業績であるが、半ば忘れられていた作品でもある。広川はその理由を次のように推測する。「恒藤の学問が主たる研究対象とされ、思想は本格的に研究対象とされなかったためではないだろうか。」また「学問的研究」には含めがたいと恒藤自身も判断していたという事情もある。[22] これは、「学問」と「思想」の区別、そして、純粋アカデミズムと実践的立場の対立という問題である。

3　地域の民衆の力への注目

恒藤の信濃自由大学への関わりは短く、彼の研究者人生の中での位置づけは簡単ではない。自由大学（運動）そのものの評価も分かれているので、困難が倍加する。

しかし、手がかりはある。一つは「教養主義」をめぐる論争である。関口安義は、自由大学運動を「教養主義」ととらえる宮坂広作よりも、地域の民衆が新しく文化の推進者としてたちあらわれたと見る山野晴雄の方を評価する。「この考え方に立ってはじめて、恒藤恭が地域民衆の文化運動としての自由大学に講師としてかかわったことが、彼の以後の歩みの大きな資産となったという推理を導く。それは第二次世界大戦後の地域大学としての大阪市立大学の創設や憲法擁護のための闘い、それに平和運動への提言ともつながる問題と言えるのである。[23]」

また一つは、「自由中学の試み[24]」に現れた恒藤の教育理念である。それは、自由大学の構想と合致している。[25] これらのことから、恒藤の自由大学運動への参加には必然性があり、しかも、一時的なものではなく継続的な営みの一部であると言うことができる。

4　「たたかう大衆」の発見

恒藤は、滝川事件の際、大学の講義の本質について次のように述べている。

大学教授の日常的実践としての講義は、一の基本的実践を前提しつつ行われることを要する。

「自由独立の立場から真理を探究し、真理を教えることにより、社会及び国家の存立発展のために貢献する公共の機関たること」において、大学はその独自の存在理由をもつ。そして「斯かる大学の本質を擁護するために努力し、これを傷つけむとする一切の侵害に対し断固として抵抗すること」が、右にいはゆる大学教授の基本的実践の内容を成すのである。大学における講義を通して、学生は単に専門的知識を修得すると言ふだけではなく、進んで正確なる学問的批判力を養ふことを要する筈であるが、そのためには必ずや大学における諸教授が、茲に挙示したような基本的実践の態度において、日常の講義を行うのでなければならぬ。（中略）大学に関して文部当局者のとらむとする処置・・・・・［伏せ字―中村注］を指摘し、その反省を促すことは、大学教授が国家の官吏として当然につくすべき職責に属する。（中略）かくて、既に大学教授の職責を行ふための根本前提がやぶられた以上、我々法学部教授は、辞表を提出することによって、大学教授としての最後の職責を果し、大学教授の基本的実践を全くするの行動に出る外はなかった。[26]

恒藤はこのように、真理探究における実践を「基本」と「日常」の二層においてとらえるが、それは必然的に学生の能動性、大学教授との共同性を認めることになる。実際、恒藤は、滝川事件において、「たたかう大衆」（学生）を発見している。

大学における研究はひとり大学教授の任務たるのみならず、また大学学生の任務でもある。教授によってみちびかれつつ自由なる学問研究を為し得る（後略）。[27]

これは、前述の「地域の民衆の力への注目」と同一線上にある。また、一九六〇年代～七〇年代の、大学院生運動盛んなりし頃に、大学院生は自らを「自らを養成しつつ、養成されつつある研究者」であると規定して運動を展開したが、恒藤の考えは、この「新しい研究者」規定の源流をなすといってよい。

3　カントとマルクスの「交錯的並存」

恒藤は、新カント派の紹介者として有名であるが、一般的には、後に新カント派を離れたと言われる。しかし、そのような見方に対する異論もあり、恒藤と新カント派、さらにはカントとの関係は複雑である。

1　新カント派との関係

(1) 離脱・克服と見る立場

田中茂樹は、新カント主義から離脱したと明言する。[28] 根拠は恒藤の次の言である。「リッカート〔新カント派の中心――中村注〕は……、歴史的世界像の形成方法の性格を洞察する態度をとるにいたっていない。ヘーゲルの哲学は我々に深き暗示を与える。さらに唯物史観、生の哲学、現象学的文化哲学および解釈学的現象学等の諸学説も、我々を啓発する所が大である」（法学論叢、一九三二年、『法の基本問題』岩波書店、一九三六年）。

関口安義に言わせれば、恒藤思想の「柔軟性」ということになるであろう。[29]

天野和夫は、次のように、唯物史観に立脚していたと述べる。「一般に新カント派と目されることが多い。しかし、……マルクス主義の基礎理論である唯物史観に立脚していた」。ただし、天野は一定の留保をしている。「唯物史観の見解について、先生はしばしばこれを肯定的に引用された。しかし、唯物史観の説くところをすべて承認されていたわけではない[30]」。

広川禎秀は、恒藤の新カント派からの離脱は必然であった、すなわち、「恒藤の新カント派への接近のあり方のなかに新カント派克服の必然性を含む要因が存在」（傍点筆者）していたと見る。しかも、「それが1930年代に……恒藤にとってはカントの個人主義哲学を高い次元で克服する原理の発見が重要な課題であり、それが恒藤の唯物史観研究におけるマルクスの社会的個人の命題などの重視につながったと考えられる。(31)」と述べる。

広川によれば、恒藤のカント批判は、次のように、ヘーゲルの肯定と批判へ続くことに一つの特徴がある。「恒藤は、存在と当為を峻別する新カント派を批判し、またヘーゲルの国家と全体社会の同一視、歴史の世界の現実的様相と当為的様相の背離の否認、さらにその超個人的倫理観は受けいれがたいとしつつも、ヘーゲルの批判的発展が必要だと考えた(32)」。ここから、恒藤は唯物史観に向かう。

まさに、恒藤の新カント派からの離脱は、「一方でみずからに資本主義社会を止揚する歴史像構成の課題を課し、他方でカントにさかのぼってその歴史的位置づけをおこなうことにより、徹底したかたちでなされた(33)」のである。ただし、要をなすヘーゲルについての恒藤の理解には限界がある。二重命題「理性的であるものは現実的であり、現実的であるものは理性的である」の通俗的とも言える理解がその一つである。現代においては、この命題の理解は格段に深まっている(34)。マルクスとヘーゲルとの関係についての理解にも問題がある。たとえば、社会的構造を立体的に描くにあたって、マルクスの下部構造・上部構造という構造に、ヘーゲルの家族・市民社会・国家という構造を組み込んでいる。それが、後述のように、天野和夫が恒藤の市民社会概念の狭さを言う理由である。

(2) 共存や統合と見る立場

松尾敬一は、カントとマルクスとが「共存」していると見た(35)。

八木鉄男は、カントとマルクスが「統合」されていると見た(36)。ただし、一定の留保をしている。「基本的には唯物史観の主張を肯定しつつも、『社会の全構造を、実在的な下部構造と非実在的な上部構造とに二分して……(37)』

という主張は再検討を要する」。これは、天野和夫と共通した見方である。

竹下賢は、前述したように、恒藤は新カント主義から離れたが、それは方法二元論の意味でのことであって、価値論を重視する姿勢は変わらなかった、と見る。(38)

私は、カントとマルクスの「交錯的並存」と呼んできた。新カント派からは離脱したとしても、カントへの遡及があり、そこからヘーゲル、マルクスへと進み、しかも、カントからは離れていないが故に「カントとマルクスの並存」と呼ぶのである。「交錯的」というのは、両者は、たとえば、方法の面では二元論と一元論という違いがあるが、進歩への信頼という面では共通している、という具合に、多様な側面ごとに違いや共通点が存在し、両者の関係は複雑に入り組んでいるからである。(39)

2　カントとマルクスの交錯

このように、さまざまに評価される恒藤であるが、恒藤自身はどうであったか?

恒藤は、次のようにヘーゲルを評価し、次いで批判して、唯物史観へ向かうが、同時にカントを評価する。

全体社会の歴史的発展を通じて目的論的意味を洞察しようとしたヘーゲルの根本精神は単純にこれを没却し去るべきではない。もちろん、我々は全体社会の歴史的発展の内容を究極において全く合理化せむとするヘーゲルの独断的態度に倣うべきではなく、歴史的発展における非合理的因素の意義を十分にみとめるところのカントのいわゆる目的無き目的論の立場から全体社会の歴史的発展の旨趣を味解することを要する。(40)

前に見たように、恒藤のカント批判は、ヘーゲルの肯定と批判へ続くことに一つの特徴がある。そして、唯物史観研究において、広川禎秀が見出した、恒藤の「唯物史観ノート」の中の記述、「マルクスの歴史観の唯物論的外観の中に idealistischer Kern がかくされている」、を見れば、恒藤がマルクスの中に理想主義を見出していることが明らかである。他方、恒藤は、カントの「目的論なき目的論」を評価している。

実は、現代にも同様の観点がある。カントからマルクスを読み、マルクスからカントを読む、という柄谷行人は、次のように、マルクスとカントの共通性を言う。

マルクスが「物質的な力は物質的な力によって倒されなければならぬが、しかし理論といえども、衆人を掴むやいなや、物質的な力となる。……宗教の批判は、人間は人間にとって最高の存在であるという教説で終わる。したがって、人間を卑しめられ、隷属させられ、見捨てられ、蔑まれる存在にしておくような一切の諸関係を……くつがえせという至上命令をもって終わるということである。[41]」と言うのに関して、エルンスト・ブロッホが「この『無条件の命令』（至上命令）には明らかにカント的な思考がひそんでいるといわねばならない[42]」と言うことに、柄谷は注目しているのである。

「マルクスの歴史観の唯物論的外観の中に idealistischer Kern がかくされている」という恒藤の見方と「この『無条件の命令』（至上命令）には明らかにカント的な思考がひそんでいるといわねばならない」という柄谷＝ブロッホの見方には共通点がある。

マルクスとカントの交錯に注目する例は外にもある。たとえば、広渡清吾は、かつては、マルクス主義の「実践」概念は、実存主義の“engagement”とは違うという信念から、パウルやブロッホに対して批判的な姿勢をとったが[43]、その後、「希望の原理」（ブロッホ）や、カントの「統制的理念」を評価するに至っている。

4　「社会化された個人」概念をめぐって

天野和夫は、次のように、恒藤の市民社会概念とマルクスのそれとの違いを問題にする。

恒藤は『ドイツ・イデオロギー』の市民社会概念〔広義の、歴史貫通的概念〕について熟知していたと思われるが、その論述に見られる市民社会は狭義のそれであり、広義の市民社会には直接触れるところがない。（中略）恒藤の全体社会概念は、その出発点においてマルクスの『歴史の真のかまど』と同一線上にあったと思われる。しかし、その全体社会は歴史的・社会的現実の世界を総体として包容することで、マルクスのいう『交通形態』とは異なり、広義の市民社会とは異質の展開を示すことになった。(44)

この見方は八木鉄男とも共通するものであるが、それに対して、広川禎秀は、恒藤は、個人を歴史貫通的に問題としており、それ故、「恒藤がマルクス主義の広義の市民社会の認識を欠くとした天野の見方は『唯物史観ノート』などによって修正されなければならない」と問題提起する。さらに、「社会的個人は、社会主義的組織においてこそ真に成熟を遂げる。社会主義社会は、個人の全面的発達をもたらし、個性的個人の存在をむしろ保障すると恒藤は理解した」。スターリン『弁証法的唯物論と史的唯物論』にはそれがないが、「恒藤の問題意識は、個人主義原理の真の克服のあり方の探究にあったが、その探究の結果、ソ連がそれを克服するものでないことがおのずと明らかになったのではないか。当時の研究水準、マルクス関係著作の入手条件を考えれば、恒藤のマルクス、エンゲルスの理解はまさに注目に値する」、と述べる。(45)

恒藤が「個人主義原理の真の克服のあり方」を探究したこと、前述のように「世界民として積極的に社会の変革にかかわった」（桐山）こと、[46]そして、広川が言うように自由大学への参加が世界民論文の実践であったこと（後述―注49参照）に注目すれば、恒藤が「社会的個人」（＝広義の市民社会概念）を読み取ったという広川の解釈は妥当であろう。[47]また、恒藤が一九三〇年代にすぐれた唯物史観理解を示したことは確かである。しかし、恒藤の全体社会概念が天野の指摘するようにマルクスの言う交通形態とは異なり、広義の市民社会とは異質の展開を遂げたということも確かである。広川が根拠の一つとしている「唯物史観ノート」の正確な読解をさらに進める必要がある。たとえば、「搾取された労働者」と読み取られている箇所[48]の「搾取された」と訳されているドイツ語は、別様に読み取れる可能性がある。

5　現代的意義

（1）自由大学との関わり

恒藤がなぜ信濃自由大学に協力したのか、そして、その後は関わっていないのかが、一つの疑問であるが、前述の「自由中学」の構想、そして関口安義の分析の中にその答えがある。それによって、――桐山は、世界民論文以来、恒藤の平和主義のスタンスは終生変わらないと述べるが――、戦前・戦中・戦後を貫く恒藤のもう一つの一貫性を知ることができる。また、「恒藤の自由大学への参加が、『世界民』論文の思想の実践としての意味もあった」[49]という見方は、恒藤における理論と実践の関係という問題に大きな示唆を与えてくれる。

（2）理論と実践

「恒藤の認識自体が『時代』と対峙する学問的実践そのものでもあった」という広川の表現は大変鋭く示唆に

富む。ただし、認識そのものが実践であった、という広川の見方は、逆説的な文学的表現であって、あいまいさを免れがたいだけではなく、次元が違うとはいえ、「法解釈論争」における恒藤自身の主張との整合性も問題になる。なぜなら、恒藤は「法解釈論争」においては、法の適用は実践的であるが、法の解釈それ自身が実践としての性格をもつものではない、と明言しているからである。[50]「統制経済法」論文に対する「法論という学術論文に託した恒藤の戦争への反対表明」（久野譲太郎）という言い方[51]の方が、あいまいさがない。ただし、広川は、「学問的実践」と「社会的実践」を区別しているので、「学問的実践そのもの」といっても、理論と実践という対比における実践を意味しない。むしろ、もっぱら理論の側の特殊な状況を表しており、依然として対立項として「社会的実践」が残っている。理念や認識自体が力を持つ、ということは観念論はもちろん唯物論の立場からも言えることであるが、この場合は、「社会的実践」が極度に制限されていく中で生じた現象であって、「社会的実践」の余地がなくなった段階で、いわば、理論が自己の領域に閉じ込められている状態と見るべきである。

評価すべきは、恒藤が「時代と対峙する立場」をとり続け、そのことが「新カント派的法哲学の克服にとどまらず、戦時下にあらたな学問的発展を遂げる根本的な主体的条件」となった（広川前掲書）ことである。

（3）社会科学者のあり方

現在、すでにファシズム――その姿は見えにくく、見えたとしても今までに存在したものとは異なった姿であるが――が相当深化していると見るならば、恒藤が置かれた状況に我々も既に置かれている可能性が強い。ファシズムに対峙しようとする場合、「死して生きる途」や戦前・戦中における恒藤の学者としてのあり方を知ることとは有益である。

恒藤は、滝川事件の際、大学の研究自由の擁護にとどまらず、日本の文化と自由の擁護だと位置づけていた。

広川によれば、「恒藤は、滝川事件を大学の研究自由の擁護とともに、日本の文化と自由の擁護闘争と位置づけ、反動的社会勢力と進歩的社会勢力の間の『闘争の一縮図』と指摘する」[52]。広川はまた、恒藤のマルクス主義に対する態度について次のように述べる。「滝川事件の際、恒藤が『本質』論文において、三木のように歴史哲学のイデオロギー性を重視するのではなく、歴史認識の科学的方法に重きを置いて協力を提起したこと」[53]、さらに、「恒藤はまた、非常時社会の国際、国内の二側面を連関づけて把握する必要があるとし、日本の対外侵略戦争と国内ファッショ化の問題を、連関づけて把握する必要があると考えていた」[54]ことが注目に値すると。

これは、権力との闘争において、学部や大学を超えた協力が必要となるが、恒藤は、実際、それが可能となる立場をとったこと、そして、その闘争を国際的視野においてとらえていたことを意味する。

＊本稿は、二〇一五年一二月一九日開催の法理学研究会での報告の一部を原稿化したものである。報告をめぐって、活発な質疑応答、議論が展開され、多くの示唆を得た。参加者各位に感謝したい。また、報告にあたって、広川禎秀大阪市立大学名誉教授をはじめ、大阪市立大学大学史資料室・恒藤資料研究室の関係者には、「唯物史観ノート」のコピーなど、格段の高配をいただいたことに深く感謝申し上げる。

注

（1）広川禎秀『恒藤恭の思想史的研究—戦後民主主義・平和主義を準備した思想—』大月書店、二〇〇四年、「はしがき」。

（2）代表的な共同作業は、竹下賢・角田猛之編『恒藤恭の学問風景—その法思想の全体像—』（法律文化社、一九九九年）である。

（3）関口安義は、「柔軟性」に注目している。関口安義『恒藤恭とその時代』日本エディタースクール出版部、二〇〇二年、六頁以下参照。「一貫性」については、恒藤の戦中の姿勢に関して、まだ検討の余地がある。

（4）広川禎秀、前掲書、一一一頁。

（5）恒藤恭「死して生きる途」改造、一九三三年七月号。広川前掲書、一七九頁参照。

(6) 恒藤恭「戦争放棄の問題」世界、一九四九年六月号。
(7) 恒藤恭「日本民族の更生の途」世界、一九五二年三月号。
(8)「世界民の立場は……理想主義者の立場である。」「世界民の愉悦と悲哀」改造、一九二一年六月、六八頁。
(9) 土田杏村は、『文化』第三巻第六号（一九二二年六月）誌上で、恒藤を「方法的の研究者」と評した。
(10) 竹下賢『実証主義の功罪―ドイツ法思想の現代史―』ナカニシヤ出版、一九九五年、一八一頁。「二側面理論」の端緒は、ルドルフ・シュタムラー「歴史的法理論の方法について」（一八八八年）である。
(11) 広川禎秀、前掲書、一八〇頁。
(12) 恒藤恭「法の本質とその把握方法」一九三二年、（法学論叢、一九三二年一月～）一一五頁。
(13) 広川禎秀、前掲書、一五五頁。
(14) 笹倉秀夫『法哲学講義』東京大学出版会、二〇〇二年、二〇六頁。
(15) 広川禎秀、前掲書、一八九頁。
(16) 中村浩爾「恒藤恭の法思想における理論と実践」（大阪市立大学史紀要、第七号、二〇一四年）参照。
(17) 広川禎秀「恒藤恭の時代認識と進歩への希願」大阪市立大学史紀要、第六号、二〇一三年。広川の見方では、恒藤の学問そのものが「実践性」を持っているということになる。
(18) 広川禎秀、前掲論文。
(19) 朝鮮戦争勃発とともに深められた「談話会声明」[「三たび平和について」（世界、一九五〇年一二月号、同一九八五年七月号採録）]は、「理論と現実との交錯」を考慮して、「中立不可侵」に実現を希望するのは当然である、と主張している。これは、恒藤の立場でもある。
(20) 改造、一九二一年六月号。
(21) 桐山孝信「恒藤恭の平和主義と安全保障・憲法」大阪市立大学大学史紀要、第七号。
(22) 広川禎秀、前掲書、一〇六頁。
(23) 関口安義、前掲書、二三〇～二三一頁。
(24) 鈴かけ次郎「自由中学の試み」[鈴かけ次郎は恒藤のペンネーム。京大入学後の作品]一九一四年。この作品の立場は「未来を標的とせる現在主義」であり、「自由と友愛の精神」に満ちている。山崎時彦『恒藤恭の青年時代』未来社、二〇〇三年、四四九～四五六頁参照。
(25) 関口安義、前掲書、二二三～二二四頁。
(26) 「死して生きる途」参照。
(27) 恒藤恭「総長と教授と学生大衆」(『文藝春秋』一九三三年八月号)。
(28) 『恒藤恭の学問風景』。新カント派からの離脱は、留学時代からはじまっていたという見方は以前からあるが、最近ではその実証的研究も進んでいる。
(29) 関口安義、前掲書、注(3)参照。
(30) 『恒藤恭の学問風景』終章、第2節。
(31) 広川禎秀、前掲書三〇～三一頁。
(32) 恒藤恭「法の本質とその把握方法」、「哲学と法律学との交渉」(『岩波講座　哲学』一九三二年二月)、広川禎秀、前掲書、二五四頁、参照。
(33) 広川禎秀、前掲書、二五四頁。
(34) ディーター・ヘンリッヒ編／中村浩爾・牧野広義・形野清貴・田中幸世訳『ヘーゲル法哲学講義録1819／20』(法律文化社、二〇〇二年)参照。
(35) 松尾敬一「大正・昭和初期の法理論をめぐる若干の考察」法哲学年報1969『法思想の諸相』(有斐閣、一九七〇年)。
(36) 『恒藤恭の学問風景』序章、第3節。
(37) 加藤新平・八木鉄男編『法と道徳』、岩波書店、一九六九年。
(38) 竹下賢「法理念としての国際平和―ラートブルフから恒藤恭へ―」竹下賢・宇佐美誠編『法思想史の新たな水脈―私法の源流へ―』昭和堂、二〇一三年。
(39) 中村浩爾「恒藤恭の法思想における理論と実践」参照。
(40) 恒藤恭「法の本質とその把握方法」五六頁。
(41) 『ヘーゲル法哲学批判序論』真下信一訳、国民文庫(大月書店)三四一～三四二頁。

(42) 柄谷行人『トランスクリティーク』岩波現代文庫、一九三頁。
(43) 広渡清吾「希望と変革」(東大社研・玄田有史・宇野重規編『希望を語る』東京大学出版会、二〇〇九年、第1章)。
(44) 天野和夫「恒藤法哲学と唯物史観」(『恒藤恭の学問風景』八四〜八五頁)。
(45) 広川禎秀、前掲書、二六三〜二六四頁。
(46) 「マルクスは共産党宣言の中で『労働者には祖国が無い』と述べているがその心持ちはやがて世界民の心持ちなのだ」。広川、前掲書、八八頁参照。
(47) 因みに桐山孝信は、恒藤が民族自決論において、一つの民族は一つの国家を形成しなければならないという「民族」自決論(中・東欧流の考え方)をとらず、個人の権利承認を実現する限りでの民族自決(「人民」の自決権とぶべき欧米流の考え方)をとったと見ている。桐山前掲論文。
(48) 広川禎秀、前掲書、二六四頁。
(49) 広川禎秀、、前掲書、一〇三頁。
(50) 恒藤恭「法解釈と価値判断(三)」季刊法律学第二二巻、一九五七年。
(51) 久野譲太朗「『総力戦体制』下の恒藤法理学——『統制経済法』理論をめぐって——」ヒストリア、第二三一号、二〇一二年四月。
(52) 恒藤恭「7月の論壇」(東京朝日新聞、一九三三年六月二八日)、広川禎秀、前掲書、一七八頁。
(53) 広川禎秀、前掲書、二七〇、二七一頁。
(54) 広川禎秀、前掲書、一八六頁。

第二章　移民急増にともなうロンドンでの超多様性の出現
――人権という視点からの把握――

角田　猛之

1　問題の所在

ヨーロッパは一九世紀以来の植民地主義の負の遺産の一つとして深刻な移民問題を抱えている。そしてそれに拍車をかける極めて異常な事態が、二〇一一年以来のシリア内戦とその混乱のなかでの「イスラム国」の出現、アメリカを中心とする有志連合とロシアによる猛烈な空爆、さらにはそれらに呼応するかたちでのフランスやベルギー、トルコでの大規模なテロの頻発……等々によってもたらされている。このような未曽有の深刻な事態のなかで、大量のシリア難民がヨーロッパに押し寄せているのである。

イギリスにおいても一九世紀以来の大英帝国の歴史を反映して、多くの移民がとくにロンドンを中心に固有のコミュニティを形成しつつ集住している。しかしとりわけ一九九〇年代以降、非西洋諸国、とくに南アジア地域から多くの移民が流入しており、英国社会のなかにさまざまな言語や宗教、文化、生活様式、等々が持ち込まれてきている。

そこで本章では、このような一九九〇年代以降の急速な移民の流入により、いかなる社会的、文化的、そして法的な変化が英国社会にもたらされたのかを、移民の流入が急速に進んだロンドンを中心にして検討し（第一節）、そのような状況を背景にして形成された――ロンドン大学・東洋アフリカ学院（School of Oriental and African Studies: 以下、ＳＯＡＳと略記）の南アジア法教授（二〇一四年からは名誉教授）で、国際的に著名な比較法学者であるとともに、南アジアの地域研究とその地域からの英国への移民に関する問題の専門家の――ヴェルナー・メンスキー（Werner Menski）の移民問題に関する見解を検討し（第二節、第三節）、そして最後に、千葉正士とメンスキーの多元的法体制に依拠した法学教育の提唱についてごく簡単に概観する（第四節）。

2　移民によってロンドンにもたらされた超多様性
――一九九〇年代以降のロンドンの移民の概要――

現在ロンドンでは三百以上の言語が話され、出自において英国に起源をもたない一万人以上の人口を擁する少なくとも五〇のマイノリティのコミュニティが存在している。そして、「英国は常にさまざまな出自を有する人びとの故国であり、ロンドンに出来している多様性は以前のいずれの時代よりもはるかに大きい。現在われわれが有しているのは『超多様性』（‘superdiversity’）である」[1]。ここでいう「超多様性」とは、歴史上多くの移民を受け入れてきた英国において、一九八〇年代半ば以降、とくに一九九〇年代から急速に増大する移民――その半数以上はロンドン在住でかつロンドン内外においても地域的集住の割合が極めてて高い――によってもたらされた、英国の歴史において前例のない多様性を示すために用いられている。つまり超多様性という概念は、従来の単なる「多文化的な多様性」（‘multicultural diversity’）をはるかに凌駕する状況を意味しているのである。したがって、超多様性の進展にともなう極めて複雑な実態を把握するためにはさまざまな要素、すなわち言語、宗教、移住のチャンネル（経路）と移民の地位、ジェンダー、年齢、集住地域、越境主義（transnationalism）、等々の相互関係を検討する必要がある。(2)

エスニック・マイノリティのアイデンティティを象徴するのは、とりわけ言語と宗教信条、そして総じて固有法、慣習法をも含む固有の文化、生活様式、儀礼、等々である。たとえば、二〇〇一年の宗教信条にかかわる英国での人口割合は以下のようになっている。キリスト教徒七一・七パーセント：イスラーム教徒三パーセント（約一九〇万人）：ヒンドゥー教徒一・一パーセント（約六九万人）：シーク教徒〇・六パーセント（約三八万人）：ユダヤ教徒〇・五パーセント（約三二万人）：仏教徒〇・三パーセント（約一九万人）。ところが、二〇〇八年には、ヒンドゥー教徒が八〇万人：二〇一〇年にはイスラーム教徒が二八六万人（四・六パーセント）で、イスラーム教徒に関しては、二〇〇一年以降の一〇年間に約百万人近くが増加している。(3)またローマ時代以来の長い伝統を有するとともに、南アジアからの移民が集住するロンドン近郊の町レスター（Leicester）は、英国でも非白人の占める割合が最も多い都市で、二〇一九年までにはヨーロッパではじめて、白人がマイノリティになると予想されている。(4)

このような状況を受けて、ロンドン東部の特別区たるタワーハムレッツ・ロンドン特別区（London Borough of Tower Hamlets）は、ＳＯＡＳ附属の「エスニック・マイノリティ研究センター」、具体的には、第二節以下で紹介するＳＯＡＳ教授のヴェルナー・メンスキーと連携して、「コミュニティ・リーダーシップ・プログラム」（The Community Leadership Programme）を開催している。そして、このような特別プログラムを一定の予算の下で地方自治体が提供しているということ自体、移民によって出来しているロンドンでの超多様性がもたらすエスニック・マイノリティにかかわるさまざまな問題や取り組むべき課題が存在することを物語っている。(5)

以上のようなロンドンの超多様性に関するヴェルナー・メンスキーと、彼が自説の展開に際して大いに依拠している、英国の移民問題を専門とする社会人類学者のロジャー・バラッド（Roger Ballard）の見解を以下において検討する。

3　ヴェルナー・メンスキーによるロンドンの移民状況の把握
――同化問題から人権問題へ――

メンスキーは英国の移民問題に対する彼の基本認識をつぎのようにのべている。一九八〇年代頃までは移民問題は民族問題として理解され研究されてきた。しかし「現在ではそのようなアプローチは時代遅れで、近年のさまざまな出来事や展開によって明らかに凌駕されている。英国の移民問題は［とくに雇用にかかわる］経済の問題ではないし、より広義の民族の問題でもない。それは現在では、文化、エスニック、個人のアイデンティティ……、個人の選択、したがって究極的には人権の問題である[6]」。

つまり、一九八〇年代までの移民研究では、移民のあいだでの世代交代と教育を通じた同化が主たるテーマとされ、「主流社会への『移民』の完全な同化を多かれ少なかれ前提とすることで、「移民問題において重要な機能を果たしている」社会‐文化的要因の役割をまったく過小評価していた[7]」のである。そして、移民集団が自らのアイデンティティのにない手、象徴として母国から持参し、保持し続けているエスニックな固有の文化や社会的諸関係――総体として、次節で検討する「文化の手荷物」（cultural baggage）――つまり、社会‐文化的要因を無視もしくは軽視することによって、彼らが受入国において自らの生活様式にしたがって暮らし、文化や宗教を育みつつ自由に生きる権利、つまり、生存権や信教の自由、表現の自由、その他のさまざまな人権そのものを抑圧している、とメンスキーは極めて批判的に理解しているのである。

また、マジョリティが当然の前提としてきた同化理論においては、マイノリティ集団やコミュニティに対する同化圧力を生みだす主流社会それ自体は不変であることが前提とされている。それは自らの文化や生活様式、制度、体制、等々に対してマジョリティ集団が示す保守主義のあらわれでもある。しかしながら、「主流社会は変化しないという認識はまったく事実にそぐわないことが明らかになってきている。世界中から移民が流入する結果、英国自身も目に見えて変化してきている」のである。このことは、前節で紹介したようなロンドンやレスターの状況を見れば一目瞭然である。また逆に「教育を通じていかに同化がすすんだとしても肌が『褐色の』人びとを『白人』にすることはない」、つまり完全な同化などはあり得ないのである。(8)

ここで視点をかえて、ヨーロッパ系移民すなわちオールドカマーたるアイルランド人やユダヤ人、東ヨーロッパの人々（ポーランド、バルチック三国、ウクライナ、等々）と、ニューカマーたるアジア、アフリカ、カリブ海諸国からの移民に対する英国社会の対応の相違についてロジャー・バラッドの見解を参照してみよう。彼は英国社会によって移民が敵意や脅威を持たれる二つの要因を指摘している。つまり、経済的要因と精神的・文化的要因である。経済的要因の最大のものは、移民受け入れ国のいずれにおいても問題となっている、労働移民の大量流入により英国人自身の雇用機会が奪われたり競争を激化させ、さらに住宅、福祉などの限られた資源配分に彼らが割り込むことに対する不満に起因するものである。それに対して精神的・文化的要因とは、ヨーロッパとは大きく異なる彼ら自身の宗教や文化にかかわっている。

これらの要因に関してバラッドは大略つぎのようにのべている。第二次世界大戦終了直後から英国で労働力が不足し、その結果アイルランドや東ヨーロッパ、とくにポーランドから何十万人もの労働移民が流入した。ところが一九五〇年代からはヨーロッパからの移民のみでは労働力が不足した。そこでかつての大英帝国の植民地であったアジア、アフリカ、カリブ海諸国などからニューカマーが大量に流入し、英国人とのあいだでの仕事や住宅などの限りある資源の奪い合いとなった。そのような背景の下で彼らは敵意を持たれたのであるが、それはヨーロッパからの移民についても同様である。しかしもう一点、英国人から彼らが敵意や恐怖心を抱かれる重大な理由がある。それは宗教と文化に他ならない。[9] バラッドは言う。「英国人とは異なる宗教や文化をマイノリティが維持しようとしていることへの脅威で、……これらへの恐れは、マイノリティ集団による宗教や文化への独特のコミットメントが、同化によってすぐに消滅する一時的現象ではなく、永続してその存在感を示すものであるということが明らかになるとさらに増幅された[10]」。さらにまた、ヨーロッパ系と非ヨーロッパ系の移民集団はともに多くの共通性を有しているが、ひとつの決定的な相違が存在する。それは身体的、外見的な目に見える相違、典型的には肌の色の相違である。アイルランド人やユダヤ人は英国式の行動様式を身につけるならば英国人と区別はつかないが、非ヨーロッパ人においては皮膚の色は変えようがないのである。[11]

そしてこれらの敵意やあからさまな差別に直面して、彼らが「相互に支え合うための拠り所として固有の宗教的、文化的そして道徳的な伝統」を維持しようとするのは当然のことである。その結果、「社会的、言語的、宗教的、そして文化的な伝統の大枠が再生産されるような、有効に機能しているエスニック・コロニーの存在が英国都心部の特徴的景観をなしている。」そしてそれらが彼らの生存を保障するための「互助のネットワーク」を形成しているのである。[12] しかしながら、反面においてそのようなエスニック・コロニーは英国人の視点からすれば「憤りと敵意の中心」に他ならない。

バラッドの以上の移民状況に関する記述を踏まえて、再度メンスキーの見解の検討にもどりたい。メンスキーは南アジアからの英国移民に関するバラッドの研究に大きく依拠しており、自らの研究関心にもひきつけてつぎのように指摘している。「近年のバラッドの研究関心は英国への南アジア人の移民のあいだでの地域をまたぐ非公式のネットワークである。それは底辺からボトムアップ式で生み出され、連鎖移民や家族関係、一定地域への居住などに関して人びとを結びつける、主流社会に対する対抗的なローカル・ネットワーク」である。これらのネットワークはきわめて大きな威力を発揮し、かつ相当の資金をも有している。「一つの重要な点はそれらのネットワークが［行政や司法機関等が設けている］公的なチャンネルを迂回させ、掘り崩すということである。」たとえば、銀行からのローンが組めない場合、ネットワークから資金を借り入れ、家を建てたり事業を起こしたりするのである。そしてこのネットワークは英国内のみならず海外の出身地域との強い絆でもある。バラッドはいう。移民がいかに社会の一員として定着しているとしても、「彼らや彼らの両親が生まれた社会との絆はその重要性を失うわけではない。……しばしば、海外の移住者と母国に居住する者とのあいだの婚姻によって維持されている血縁上の義務は、すべての者を一つのネットワークに結びつけている。……移民した者（とその子孫）は心の安らぎを求めて彼ら自身の歴史的なルーツについての記憶を大切にし、また［移民社会のマジョリティから受ける］排斥の経験からその傾向はさらに強まるのである」[13]。しかしながらそれらのネットワークは、さきに参照した見解においてバラッドも指摘していたように、その当然の帰結として主流の白人社会からは妬みや敵意を受け、法律家といった専門職などでも、英国法以外の法を操ることで英国の法律家から敵意と妬みを受けるのである[14]。この点は次節で検討する、バラッドが提唱しメンスキーが自らの理論の中軸の一つとして取り入れている「巧みな法のナビゲータ」（'skilled legal navigator'）と密接にかかわる論点である。

以上のような状況下で、英国社会、国家に課せられた任務、課題に関してメンスキーはつぎのように指摘する。「現に生じつつある一つの大きな実践的課題は、英国やその他の地域での移民とエスニック・マイノリティの存在によっていまや移民の受け入れ国の方こそ――かつて期待されていたようにはその逆ではなく――『エスニック』な文化や伝統を学ぶ必要があるということである。……主流たる英国人は南アジア人やアフリカ人、その他の人々についてより多くを知らなければならない」。そして、ここで参照した文章にメンスキーはきわめて興味深いつぎの注を付している。「このように［従来とは見方を逆にして］問題を提起することは、われわれのすべてが［いずれかの集団に属する］『エスニック』であり、したがってたとえば英国においてイングランド（English）の生活様式もまた『エスニック』な性格を有しているのだということを意味している[16]」。

超多様性の出来する英国、とくにロンドンにおいてはすべての人が「エスニック」な性質を有しているのだという、視点、立脚点あるいは発想のベクトルの逆転を前提としたラディカルなこのような認識は、移民問題に関するメンスキーの基本視角を象徴するものとしてきわめて興味深い。そしてそれは移民問題のみならず、法文化論・多元的法体制に関する国際的に著名な千葉正士とともにメンスキーが一貫して有している、方法論上の最も基本的な視角たる、西洋法中心主義・国家法一元論への徹底した批判と通底する視角でもある。

そしてメンスキーはこの基本視角と合わせて、移民問題とは究極的には人権問題に他ならないという基本把握を踏まえて、バラッドの見解を肯定的に参照しつつつぎのように言う。「アジアから来た多くの移民は自分たち自身そして自分たちの文化が……優れていると考えており、したがって英国の主流に同化するとは考えられないとバラッドは見ている[17]」。そしてまさにそのゆえに、英国の主流社会から敵意と恐怖心を抱かれ、そしてまたそうであるからこそ彼らは、相互のネットワークを形成することで自らのアイデンティティを維持しようとするのである。

最後に、このような人権状況の下で英国社会において移民がいかにして自らのアイデンティティを維持しつつ、独自の生活様式を営もうとしているのかに関するメンスキーの見解を検討してみよう。

4　「文化の手荷物」、「巧みな法のナビゲータ」とハイブリッドな法の形成

1　「文化の手荷物」、エスニック・コロニーと法

メンスキーは「文化の手荷物」に言及しつつ、移民集団が受けている不当な扱いについてつぎのようにのべている。「かつての植民地時代においてヨーロッパの植民者たちは世界中に進出し、その際には『文化の手荷物』を持参していった。そして今日の移民も同様なことを行なっているが、しばしば彼らは受入国において自分たちの固有の文化を実践する権利を否定されている。そして、[前節で参照したように]すべての人びとが『エスニック』であるということに気づかねばならないにもかかわらず[そのように気づくことがない故に]、彼らは英国人とは肉体的に異なる『エスニック』な他者として扱われている」[18]。

さらにメンスキーは、南アジアやアフリカからとくに一九八〇年代後半以降英国にやってきた移民たちは、英国到着の際に空港や港で彼らが母国から持参した文化の手荷物を捨てることはないということを繰りかえし強調している[19]。そして文化の手荷物と法に関していえば、「移民たちは新たな受入国の法に服していると明確に宣言され、したがって彼らが持ちこんだ文化の手荷物、慣習のみであって法をふくんではいない」と考えられているのである[20]。そのゆえに「[植民地時代に西洋人には当該植民地においては治外法権の原理によって現地の法は適用されなかった。]しかしながら『逆方向の移民たるポスト・コロニアルなプロセス』において、移民者が母国から持ちこんできた自らの固有法が公式法として承認されることを望んだがかなわなかった。なぜならばかれら移民は植民地時代のような国家をバックとしたものではなく、私的なものであった故に『治外法権』は認められないからである[21]」。

たしかに、彼らの固有法や慣習法あるいは総じて法文化が英国において公式法として認められることはない。しかしながら、移民たちが文化の手荷物を持参し、固有のネットワークが有効に機能するエスニック・コロニーを形成することで、それらの固有法などは少なくともコロニー内においては非公式法として彼らの生活を規律する「生ける法」として現に働いているのである。しかしながら、あくまでもそれらはエスニック・コロニー内においてのみ、あるいはコミュニティ・メンバー間でのみ非公式なかたちで機能する「生ける法」もしくは「部分社会の法」として通用しているにすぎない。そのゆえに、一般市民のみならず行政当局や裁判所など、マジョリティ集団におけるエスニック・マイノリティに対する無知ゆえに、英国法に関してつぎのような事態に至っていることをメンスキーは厳しく批判している。「英国に居住するエスニック・マイノリティはただ一つの義務、すなわち英国法に従うという義務のみを有しているのだというますます非現実的になっている主張にいまなおしばしば遭遇する。しかしながら、いまやこのようなことは多くの移民やその子孫たちによって明らかなる不公平と考えられている。それはちょうど、あらゆる文化や法の手荷物を放棄して、いわば『法的に白紙の状態』（legal *tabula rasa*）で入国し、居住することを要求するのと同じことだと考えられている。それはまた、見知らぬ人でいっぱいの部屋に入る前に入り口で自らのアイデンティティを捨て去り、見知らぬ人びとのアイデンティティを身に着けるのと同じことである。そのような考え方は、宗教やエスニックなものへの愛着といった人間の生における基本的な事実を見落としている[22]」。

以上のメンスキーの見解から、前節冒頭で言及した人権問題としての移民問題、とりわけ宗教や文化に関する個々のマイノリティとその集団がいだく視点に立った人権問題への着目を明確に見てとることができる。そこで本節の最後に、移民たちが彼らの固有の宗教やエスニックなものを維持するために採用している戦略としての「巧みな法のナビゲータ」の概念――それは「文化の手荷物」を維持しつつ主流社会とも「共存」するために必要な移民のあり方をあらわすバラッドの「巧みな文化のナビゲータ」（'skilled cultural navigator'）をモデルとして構想されている――について項を改めて検討したい。

2 「巧みな法のナビゲータ」とさまざまなハイブリッドな法の生成、展開

バラッドの見解を参照しつつメンスキーは、「巧みな文化のナビゲータ」についてきわめて肯定的に紹介、検討している。メンスキーが上記の箇所で引用している、「巧みな文化のナビゲータ」のポイントを提示するバラッドの見解を参照してみよう。「言語についていえることは文化についても同様である。人はバイリンガルになれるのと同様に多文化人間になることも可能である。つまりさまざまな場面に応じて適切に行動できるし、また適宜［行動様式に関する］コードを切り替えることもできる。もしそうであるとすれば、南アジア系の若者たちは……『巧みな文化のナビゲータ』［傍点・メンスキー］と理解すべきである。すなわち、エスニック・コロニーの内外において自らが有している利点を生かしつつ、巧みに対処する洗練された能力を有しているのである(23)」。メンスキーはコードの切り替えの能力としての「巧みな文化のナビゲータ」の事例として、たとえば日常言語に関して、英語からヒンディー語、ウルドゥー語あるいはグジャラート語そして現在ではソマリア語や他の多くの言語へと眼前の対話者に応じて言語を使い分けるという事例に言及している。

そしてメンスキーはバラッドの「巧みな文化のナビゲータ」の概念は法の研究にとっても重要であることをつぎのように指摘している。「バラッドの『巧みな文化のナビゲータ』の概念はさまざまな文化に依拠するルール・システムのあいだでそのコードを切り替える能力と理解されるが、それはグローバルな比較法への学際的アプローチにとってもきわめて重要である。一見すると『巧みな文化のナビゲータ』という概念は、エスニック・マイノリティの英国への移住に関する人類学的研究のみにかかわるものと思われるが、そうではなくてバラッドの

知見は法の研究にとっても大きなインパクトを与えている」[24]。英国の裁判所におけるイスラーム家族法のあつかいを検討した論文でメンスキーはつぎのように指摘している。「家族法においては…そうしたコンフリクトの結果として巧みなナビゲーションがなされ、インフォーマルなかたちでの法の働きが増加している。そうしたコンフリクトを処理するための別のナビゲーションの技術としては、自分にとって好都合な国外の裁判所に解決策をもとめるというのがある」[25]。

そしてそのような「巧みな法のナビゲータ」によって英国で形成されつつあるハイブリッドな法についてつぎのように指摘する。「明らかに英国やその他の国のエスニック・マイノリティは、受容あるいは同化のプロセスを経験しており、単に彼らの伝統的な規範体系を他のものから切り離して修正を加えることなく実践しているわけではない。英国系アジア人たちは『［英国］法を学び』徐々にそれらを実践しているようである。しかしながらそこから生まれてくるものは、たんに支配的な英国法への一方的な同化ではなく、新たなハイブリッドな多様性である。英国のヒンドゥー教徒…やムスリム…が、どのようにしてここ数十年の間に自分たちの法的環境を再構築し、いまや彼ら自身の非公式の属人法システムを運用しているのかということに関する研究は、バラッドが明らかにした事実ときわめて類似している」[26]。

国家法一元論において唯一の法とされる国家法に関して、グローバル時代における人や物の流動化が急速に進行するポスト・モダン状況下で、徐々にあらゆることがらを規律する唯一の法としての威力が減退し、たとえばムスリムのあいだではシャリーア・カウンシル（shari'a council）（イスラーム法評議会）といった代替的紛争解決手段が有効に機能してきている。そして、そのような手段を通じてヨーロッパに居住する何百万人ものアジア、アフリカ起源の人びとのハイブリッドな法が存在し現に機能しているのである。そのような例としてメンスキーは英国でのアングレジ・シャリア（angrezi shariat）としてのイギリス・ムスリム法（English and Muslim law）や英国ヒンドゥー法（British Hindu law）を挙げている。そして従来の国家法一元論と西洋法中心主義を批判し、ハイブリッドな法を研究する新たな研究分野たる「エスニック・マイノリティ法研究」（'ethnic minority legal studies'）の近年の展開をメンスキーはつぎのように指摘している。「今日法学の世界においても——北側／西側の国々の法体系に対する南北間の移民がもたらしてきた長期にわたるさまざまな影響から——多様性への視点に欠ける法の理論化への強力なる挑戦がなされてきている。西洋世界のいたる所において…多くの異なった法秩序に関する知識を要求するような重要な新たな法の研究へと、この問題は導いている」[27]。そして彼は、政治学、社会学などの社会科学においては従来から進んでいたエスニック・マイノリティ研究あるいはかれらへの関心が、最近になってようやく法律家によってもその必要性が認められてきたと指摘しているのである。

5　メンスキーと千葉正士の多元的法体制に依拠した法学教育の提唱

メンスキーはまさに以上のような「エスニック・マイノリティ法研究」のリーダーに他ならない。しかしながらメンスキーの場合は、研究のみならず、その研究を踏まえた法学教育においても、エスニック・マイノリティ法の重要性を強調し、かつ実践する中心的人物でもある。彼は *Comparative Law in a Global Context The Legal Systems of Asia and Africa* をテキストとしてＳＯＡＳにおいて「アジア・アフリカの法体系」の講義を担当しているが、その著書のなかでわが国のみならず国際学界においても、多元的法体制論のパイオニアの一人として高く評価されている故・千葉正士に言及しつつ、グローバル時代の法学教育における多元的法体制の重要性をつぎのように指摘している。「多元化というかたちで進展するグローバリゼーションによって、複雑な世界とその世界におけるさまざまなタイプの法に関する詳細な知識と明解なる理解を有することがますます必要となってきている。現代社会では多様性を無視することはまったく不可能である。このことは、さまざまな文化や権利に関する議論を検討するために必要な新たな方法を提起してきており、そのようなさまざまな方法やアイデア、そして国際的に著名な千葉正士のようなポスト・モダンの思想家の諸理論、そして千葉のきわめて有用な公式法、非公式法、法前提という概念上の区別を初年度学生に説明することは、決してそれほど困難なことでも混乱を引き起こすようなものでもない」と。[28]

　メンスキー自身明言するように、彼は自らの法の分析枠組たるカイト理論を形成する際に、千葉の法の多元性理解をモデルにしている。また、千葉自身も特に晩年になってメンスキーと同様に法の多元的把握にもとづいた法学教育の重要性を強調している。その意味で、両者はともに理論＝法の多元的把握と、実践＝その把握に依拠した多元的な法の教育を一体化した教育・研究、の双方を追求してきたと言えるであろう。[29]

注

（1）角田猛之「ロンドン特別区・タワーハムレッツでの「コミュニティ・リーダーシップ・プログラム」の紹介――ロンドン大学東洋アフリカ学院（ＳＯＡＳ）との連携でのロンドンに現出する超多元社会（plurality of pluralities: POP）への取り組み」『関西大学法学論集』第六四巻第二号、四二五頁、二〇一四年。

（2）同右、四五〇～四五一頁。

（3）同右、四三〇頁。

（4）同右、四二九頁。

（5）ＳＯＡＳのホームページにアップされている"Leadership Programmes Enterprise Office" <http://www.soas ac.uk/en-terprise/briefings/file100915.pdf> での"BACKGROUND AND REQUIREMENTS"において同プログラムのねらいをつぎのようにのべている。「アイデンティティや市民権、帰属、そして人権などにかかわる緊急の社会問題にわれわれが正しくアプローチしなければならないとすれば、コミュニティの指導者を養成することは、とりわけ多様性が生み出すさまざまな課題に直面している状況において重要である。（改行）このような文脈において、コミュニティ・リーダーシップ・プログラムは、コミュニティのリーダーもしくはリーダーを目指す人びとが指導力を発揮するためのスキルを磨くことを目的としている。」

（6） Werner Menski,"Immigration and multiculturalism in Britain: New issues in research and policy"（2002）<http://archiv.ub.uni-heidelberg.de/savifadok/270/1/Immigration_and_multiculturalism_in_Britain.pdf#search='immigration+and+multiculturalism+in+Britain'>,p.1.

（7） 同右、p.3.

（8） 同右、p.2-3.

（9） Roger Ballard, 'Negotiating Race and Ethnicity: exploring the implications of the 1991 Census1', Published in Patterns of Prejudice ,Volume 30, No. 3（1996）（http://archiv.ub.uni-heidelberg.de/savifadok/288/1/negotiating.pdf）,p.2-3.

（10）・（11）・（12） 同上、p.3.

（13） Ballard,Roger ' The political economy of migration : Pakistan, Britain, and the Middle East" , in Migrants, Workers and Social Order, ed. by Jeremy Eades,London: Tavistock（1987）, p.21-22.

（14）（15） 注（6）文献 , p. 11.

（16）（17） 同右、p.2-3.

（18） 同右、p.2.

（19） 「Pearl（1972:120）はつぎのように書いている　パキスタン人やインド人がこの国に移住してくる場合に彼らは家族的慣習（family customs）を捨ててはいない。というのはこれらの慣習は彼らの生活様式のなかに深く埋め込まれているからである・Ellis（1978:7）はつぎのように書いている　アフリカ人はどこに行くにしても、あたかも彼らの骨の髄にしみ込んでいるように、『彼らの生活のよすがとして村を伴ってきて』いる」注（1）文献、四五一頁。

（20） Werner Menski, Comparative Law in a Global Context The Legal Systems of Asia and Africa, 2nd.ed.Cambridge UP（2006）,p.59.

（21） 同右、p.58.

(22) 同右、p.64.

(23)・(24) 同右、p.63.

(25) 石田慎一郎訳（メンスキー論文）「イギリスの裁判所におけるイスラーム法――法の多元性をめぐる無知と無視について」『ノモス』関西大学法学研究所（二〇一二年）、三五頁。

(26) 注（20）文献、p.64.

(27) 同右、p.58.

(28) 同右、p.3 またメンスキーは七百頁近いこの書物の扉のページで"Dedicated to Emeritus Professor Masaji Chiba for his eighty-sixth birthday"という献呈の辞を掲げている。

(29) メンスキーと千葉の多元的法体制に関する理論およびそれに依拠した法学教育については、さしあたり以下の拙稿参照。「第1章　千葉・法文化論再考――アイデンティティ法原理を中心として」（角田猛之・石田慎一郎編著『グローバル世界の法文化　法学・人類学からのアプローチ』（福村出版、二〇〇九年）所収）；「ロンドン大学東洋アフリカ学院ロースクールにおける「アジア・アフリカの法体系」講義（二〇一一～二〇一二年）の紹介――ヴェルナー・メンスキー教授の講義資料を中心にして」『関西大学法学論集』第六三巻第六号（二〇一四年）；「千葉正士の「総合比較法学」の構想と法の多元性に着目した法学教育の提唱――晩年のいくつかの日本語論文に依拠して」（角田猛之・ヴェルナー・メンスキー・森正美・石田慎一郎編著『法文化論の展開　法主体のダイナミクス』（信山社、二〇一五年所収）

第三章　近代日本における「前段の司法」とその担い手
――一八八〇年代滋賀県彦根地域の民事判決原本にあらわれた代言人と代人を素材として――

三阪　佳弘

1　近代社会における「前段の司法」とその担い手

近代社会における紛争解決を含めた法的サービス需要充足と法専門家に限られない担い手のあり方について、近年の研究は次の二点を指摘している。

まず、「前段の司法 infra-judiciaire」の世界の発見である。川口由彦による調停に関する比較法史研究[1]は、一九世紀近代市民社会の現実においては、調停制度が主要な紛争解決制度の一つとして機能していたとし、同制度を軸にして各国比較分析を試みた。その結果、法専門家を介して「権利義務関係」の確定を目指して訴訟手続によって裁判所で紛争解決が行われるという場面は、司法全体から見れば頂上部に過ぎず、その下にある「前段の司法 infra-judiciaire」ともいうべき領域が膨大に広がっていること[2]を指摘した。この「前段の司法」は、法専門家を排しながら、場合によっては非法専門家が介在し、当事者間の合意を追求する世界である。一九世紀の西欧近代諸国においては、そうした世界に対応した合意調達のための制度が、多様に展開していた面があることが明らかにされたのである。

つぎに、「前段の司法」の担い手の多様性の発見である。橋本誠一の研究[3]は、西欧に範をとった代言人制度が導入され、試験制度に基づく代言免許制度導入（一八七六年代言人規則）以降、一八九三年弁護士法制定後も含めて、明治期日本について、代言人ないし弁護士資格を持たず法廷の内外で活動する非法専門家＝「非弁護士」層が広範囲に存在したことを明らかにした。これは、国家によって制度化された資格を持った法専門家の背後にあって、具体的な地域の法的サービスの需要に応える多様な担い手をめぐる問題領域が存在することの「発見」である。

こうした動向は、司法統計で示された裁判所を軸にした紛争解決の数値データ（低調な法曹数、裁判所数、訴訟件数）のみをもとに、西欧近代との対比で日本近代の特殊性（前近代性）が論じられてきたことの再検討を促していると考えられる。すなわち、「近代的紛争解決テーゼ」ともいうべき、近代市民社会においては、法専門家を介し「権利義務関係」確定のための裁判所での訴訟手続が普遍化するというテーゼのもつ「バイアス」によって、日本近代における法的サービス需要充足の「実相」が捨象されて描かれてしまうことにならないだろうか？それは、裁判所における訴訟手続の背後に広がる「前段の司法」の過程を含めた、多様で多層的な紛争解決ないしは法的サービスの需要充足過程とその担い手という視角からの再検討を促しているように思われる。

2　明治期京滋地域の「前段の司法」の担い手の多様性と多層性

こうした視点に立って、筆者は、明治期日本の京滋地域を対象として分析を進め、「前段の司法」の担い手の多様で多層的なあり方を明らかにしてきた。[4] 明治後半期・一九〇〇年代の滋賀県域では、司法統計上弁護士数は一五〜一九名程度であったが、かれらのみによって当該域の法的サービスの需要充足が行われていたわけではな

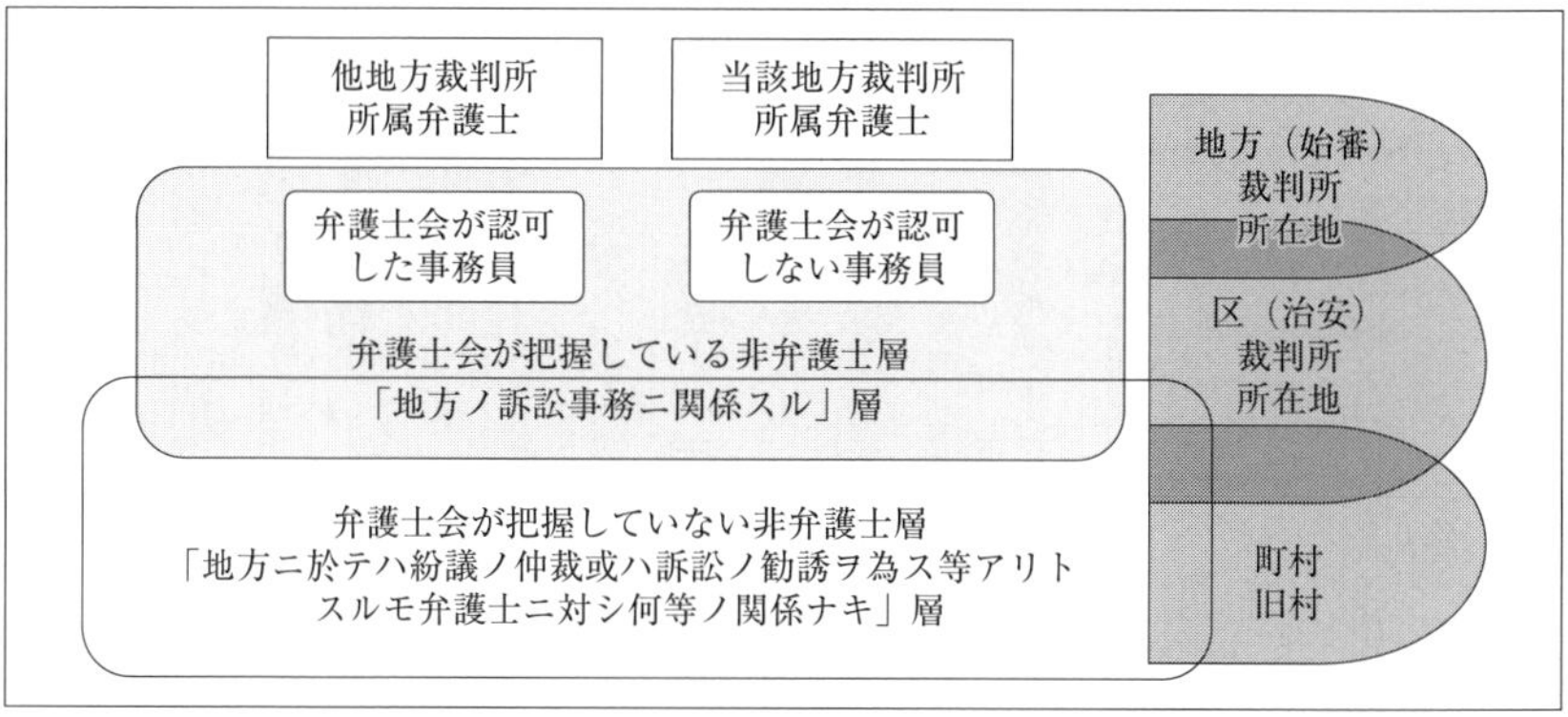

図1　地域における法的サービス需要充足の人的基盤

かった。実際には滋賀県のみならず他府県の弁護士の出張事務所が三〇〜三五カ所程度、裁判所所在地域に展開していた。そうした展開を行う弁護士は、末端の地域社会に遍在する非弁護士（「モグリ」あるいは「三百」）となにがしかの関係（提携＝弁護士会による認可、もしくは取締＝不認可）を有しており、同時期に一二〇名前後が確認された。さらに、その背後に「ソノ地方ニ於テハ紛議ノ仲裁或ハ訴訟ノ勧誘ヲ為ス等アリトスルモ弁護士ニ対シ何等ノ関係ナキヲ以テ之ヲ登録スルノ必要ヲ認メ」ない層の存在も当時確認推察されており、地域社会の法的サービスの需要充足の多様な担い手が存在していた[5]（図1参照）。そして、法律専門職としての弁護士が法廷における訴訟代理を行い、人びとは、訴訟提起にいたるまでのさまざまな法的サービス需要を、弁護士と一定の関係を持つ持たないは別にして、多様な非弁護士層に求める、という多層的なあり方が形成されていたのである。

こうしたあり方は、一八七六（明治九）年二月代言人規則（司法省甲第一号布達）制定により、法廷における訴訟代理の業務独占を制度的に認められた代言人（弁護士）が、実態においても業務独占を確立していく過程と表裏の関係にあった。同規則の制定以前、明治初年においては、江戸時代の公事宿・郷宿の系譜を引く者が、訴訟当事者の代理人として裁判所において弁論を行うだけではなく、法廷外において内済の交渉を行い、諸書類の作成を行っていたとされる。(6) 代言人規則は、代言人に資格試験を導入し、これによって代言人たり得る者を近代ヨーロッパ法の教育を受けた者、そうした素養を持つ者に限定していく方向を示した。しかしながら、実際には、法令によって、法廷における訴訟代理が免許代言人の独占業務と規定されたからといって(「今般代言人規則別紙ノ通相設ケ候条来ル四月一日ヨリ以後ハ右規則通リ免許ヲ経サル者ヘ代言相頼候儀不相成候」)、直ちにそれが実現したわけではなかった。同規則自体が、「代言人無之」く、かつ「本人疾病事故」という「不得已場合」には本人に代わって「至親（父子兄弟又ハ叔姪）」を出廷させるか、または「至親」がいない場合には、「相当ノ代人」を出廷させることを認めていた。そのため代言人でない者が法廷に立つという状況が続いたのである。(7)

このような代言人規則制定以後の、代言人と代人との併存状況は、最終的に代言人・弁護士による法廷内の訴訟代理の業務独占の確立によって終焉し、代人は法廷から消えていくこととなる。筆者が検討した滋賀・京都・大阪地域においても、こうした明治前期の代人層は訴訟手続の「表舞台」からは退場していった。しかし、かれらは、その後の明治後期の訴訟手続の背後に広がる「前段の司法」の場に「再び顔を見せる」こととなる。弁護士との一定の関係を持つこともあれば、あるいはそれとは別個に、社会の末端における人びとの法的サービスの多様で多層的な需要充足に関わり続けたのである。(8)

以上の点をふまえて、本章では、明治前期・一八八〇年代について、筆者自身、断片的な明治前期民事判決原本検討にとどまっていた、代言人と代人双方の法廷における訴訟代理の具体的な状況について、量的な面での比較・検証を行いたいと思う。そのことによって、具体的な課題としては、これまで必ずしも明らかとなっていない(9)代言人の法廷における訴訟代理の業務独占の確立の過程を、同地域を題材にして検討する。と同時に、代言人・弁護士に限定されない多様で多層的な法の担い手に着目することによって「前段の司法」の歴史像を豊かに描くための素材を提供したい。

3　一八八〇年代・明治前期滋賀県彦根地域における代言人と代人

【分析の対象とした判決】

本章で対象とするのは、国際日本文化研究センターの『明治前期民事判決原本データベース』[10]中、一八七九（明治一二）年から九一（同二四）年について彦根地域の裁判所（後掲表2参照）民事判決原本に収録された判決書である[11]。

分析の対象とした判決書が収録されている簿冊名と対象判決書の総件数を整理したものが表1である。なお、一八八四年までの簿冊には、「裁判言渡書」及びそれに準じる表題が付されている判決書とともに、命令書や関係する雑文書等が多く含まれている。そうした判決書以外の文書を除いた件数が、表1中の「判決書数」であり、合計三一九九件となり、これを本章では検討対象とした。また、簿冊によっては、始審裁判所と治安裁判所の双方の判決が一緒に綴じられているので、表1はその別にしたがって件数を記載している。

【滋賀県の裁判所組織】

この時期の滋賀県域の裁判所組織の変遷は表2のとおりである。なお、京都裁判所の管轄下に置かれていた大津・彦根区裁判所は、一八七九年（大津区については七七年）から、治罪法による治安裁判所に編成される一八八二年まで、勧解事務を専らとするものとされたために、本章で検討した簿冊中、七九年七月以降八一年までの彦根区裁判所では、民事訴訟手続による判決書はない。

【各年度の判決数】

前述したように、表1の各簿冊中には、複数年度の、そして地方裁判所支庁（後の始審裁判所支庁）と区裁判所

表１　彦根地域1879（M12）～90（M23）民事判決原本収録事件数

簿冊番号	簿冊表紙	収録判決年	収録文書数	判決書数	判決裁判所	合計
20510001	明治９年ヨリ13年迄　裁判言渡書　民第１号　京都裁判所彦根支庁分	1880～83	94	88	支庁	88
20510003	明治12年ヨリ明治13年迄　民事　裁判言渡書　民第３号　彦根区裁判所	1879～81, 84	375	308	支庁	225
		1879, 81			治安	83
20510004	明治14年中　民事裁判言渡書　民第４号　京都裁判所彦根支庁分	1881	193	179	支庁	179
20510005	自明治14年至17年12月　裁判言渡書綴　支庁及始審庁～分合併	1881～85	104	98	支庁	85
		1882～84			治安	13
20510006	明治15年　裁判言渡書綴　彦根始審裁判所	1882	7	5	支庁	5
20510007	明治15年　民事　裁判言渡書　民第６号　始審裁判所彦根治安裁判所合併	1882, 83	547	487	支庁	86
		1881～83			治安	401
20510008	明治16年中　裁判言渡書　支庁及治安庁分合併	1883, 84	919	758	支庁	190
		1883, 84			治安	568
20510009	明治17年分　判決書及命令書綴　民８ノ甲　彦根支庁及治安裁判所分	1884	666	510	支庁	168
		1881, 84			治安	342
20510011	明治18年自１月至12月　民事訴訟裁判言渡正本綴　民第９号　大津始審裁判所彦根支庁	1885	78	73	支庁	73
20510012	明治18年中　裁判言渡書　民第10号　彦根治安庁	1885	74	60	治安	60
20510014	明治19年中　裁判言渡書綴　民第12号　大津始審裁判所彦根支庁	1886	53	49	支庁	49
20510015	明治19年中　裁判言渡書　民第11号　彦根治安庁	1886	60	46	治安	46
20510016	明治20年　裁判言渡書　支庁分（原本劣化のためデータ未入力）	1887			支庁	
20510017	明治20年中　裁判言渡書編冊　民第16号　彦根治安裁判所	1887	114	101	治安	101
20510018	明治21年中　裁判言渡書綴　民第18号　大津始審裁判所彦根支庁	1888	64	61	支庁	61
20510019	明治21年中　裁判言渡書綴　民第19号　彦根治安裁判所	1888	72	70	治安	70
20510020	明治22年　裁判言渡書　民第22号　彦根支庁	1889	62	59	支庁	59
20510021	明治22年　裁判言渡書綴　民第23号　彦根治安裁判所	1889	74	72	治安	72
20510022	明治23年　裁判言渡書綴　民事30号　大津地方裁判所彦根支部	1890	49	46	支庁	46
20510023	明治23年　裁判言渡書綴　民第31号　彦根区裁判所	1890	97	95	治安	95
20510024	明治23年受理　民事々件原本　自第46号至第73号　大津始審裁判所彦根支庁	1890	31	15	支庁	15
20510025	明治23年既済　民事々件原本　自第74号至第122号　彦根治安裁判所	1891, 92	53	19	治安	19
		合計	3786	3199	支庁	1329
					治安	1870

表2　滋賀県域の裁判所組織

管轄区域		1876/11/14～京都裁判所管内に大津支庁設置、大津・彦根区裁判所設置	1881・M14/10/6太政官第53号布告各裁判所ノ位置及管轄区画改正（82/1～施行）	1883・M16/1/10太政官第2号布告各裁判所ノ位置及管轄区画改定（83/6～施行）	1890・M23/11～裁判所構成法
滋賀・栗太・野洲・甲賀・蒲生・高島郡		京都裁判所大津支庁	大津始審裁判所	大津始審裁判所	大津地方裁判所
		大津区裁判所	大津治安裁判所	大津治安裁判所	大津区裁判所
神崎・愛知・犬上・坂田・東浅井・伊香・西浅井郡		京都裁判所彦根支庁 ※1879・M12/6設置	彦根始審裁判所	大津始審裁判所彦根支庁	大津地方裁判所彦根支部
		彦根区裁判所	彦根治安裁判所	彦根治安裁判所	彦根区裁判所
権限	始審裁判所支庁 地方裁判所支部	死罪・懲役終身を除く外民刑一切の事務を裁決する	価額100円以上の訴訟につき始審の裁判を行う		区裁判所の権限を除く民事訴訟 区裁判所の判決に対する控訴
	区裁判所 治安裁判所	1879・M12/7～大津とともに彦根も民事勧解の事務 ※1879・M12/7/3京都裁判所ヨリ司法省へ届	勧解、価額100円未満の訴訟、人事その他金額に見積もることのできないものの裁判を行う ※1881・M14/12/28太政官第83号布告治安裁判所及ヒ始審裁判所ノ権限		価額100円未満の訴訟その他価額に拘わらない不動産の経界等の訴訟事件

（後の治安裁判所）の判決書が、混在している。そこで、表3のように、年度毎、裁判所毎に件数を整理した。そのうえで簿冊中の判決件数の正確性を確認するために、当該年度の司法省民事統計年報(12)中の各年度の判決数を対照させるとともに、参考として、第一審訴訟新受事件数を掲載した。

命令書や関係雑文書等が数多く混在する一八八四年までの簿冊中の判決書件数と、司法統計上の判決数とはかなりズレがあるが、その点の検討は後日の課題とし、以下の分析では、簿冊中の判決書件数を基礎においた。なお、訴訟件数の増減における滋賀県域の特徴を知るために、人口一〇万人あたりの第一審新受訴訟事件数を表3に付加した。これによれば、滋賀県域の訴訟事件数は、一八八四年までは、全国推移とほぼ同様に増減している。八五年以降は、全国平均の二分の一前後で推移しており、訴訟件数自体が全国の平均

表3　司法統計上の第1審新受訴訟事件・判決数と民事判決原本DB簿冊の判決書数

	彦根支庁・始審			彦根区・治安			第1審新受訴訟事件数／10万人	
	司法民事統計年報		民事判決原本DB	司法民事統計年報		民事判決原本DB		
	新訴	判決		新訴	判決		滋賀県	全国
1879	608	115	76	487	90	82	311.2	370.9
1880	1010	254	202				318.5	360.1
1881	1177	401	229			3	342.3	353.4
1882	353	163	110	1501	455	393	494.0	488.3
1883	522	194	223	1666	711	577	721.8	638.2
1884	277	197	185	808	453	352	446.3	365.4
1885	97	75	74	106	59	60	54.5	135.3
1886	79	52	49	90	46	46	58.5	135.0
1887	88	69	—	151	100	101	87.5	131.8
1888	96	73	61	112	70	70	69.7	130.0
1889	93	68	59	125	72	72	69.1	132.2
1890	84	52	46	190	101	95	97.5	194.1

※滋賀県域の人口10万人あたりの第1審新受訴訟事件数を算定するに当たって、1880年代について65万人前後で推移しているので、それを母数とした。都道府県人口推移については、総務省統計局 http://www.stat.go.jp/data/chouki/02.htm 参照。
※1887年の彦根支庁の判決原本簿冊は表1のように原本劣化のため整理・公開されていないので空値としている

値に比すれば低調となっているが、訴訟事件数が増大していた一八八〇～八四年の滋賀県の訴訟件数の推移は、同県が全国平均的な「健訟」度を見せていると考えて良いだろう。

【滋賀県の代言人】

当該時期の滋賀県内の代言人名と数を整理したものが表4である(13)。

表4から明らかなように滋賀県は一二名前後の代言人数で推移しているとともに、滋賀県の面積の半分近くを管轄する彦根の裁判所の下に置かれた彦根代言人組合には、四名の代言人が所属している。この四名は、この時期の彦根の裁判所での訴訟代理を中心的に担う、浅見竹太郎、中村耕治、鯰江与惣次郎、石田寛である。

【彦根地域の代言人と代人の法廷における訴訟代理の状況】

以上の裁判所組織、代言人数のもとで提

表4　明治前期の滋賀県内の代言人数

	滋賀	京都	大阪	全国	代言人資格取得者
1876年		24	73	445	中村正宰　林六殖門　岩井泰吉　谷沢龍蔵
1877年		36	69	422	渡辺佐久郎　中村耕治　中山勘三（京都で免許、のちに大津組合へ）鯰江与惣次郎（京都で免許、のちに彦根組合へ）
1878年		28	67	629	石田寛　浅見竹太郎（京都で免許、後に彦根組合へ）橋本甚吉郎
1879年		31	99	744	渡辺繁八　植島幹
1880年		36	115	790	山村次三郎
1881年		41	115	818	
1882年	12	27	95	921	
1883年	10	28	91	1014	山口重禄
1884年	12	29	86	1029	栗田裕次郎
1885年	13	28	88	1065	村田泰輔　穂積嘉一
1886年			78	1037	山本正範　望月長夫
1887年	13	24	87	1050	大津組合９名、彦根組合４名
1888年	14	31	92	1020	大津組合10名、彦根組合４名
1889年	11	29	85	1075	大津組合７名、彦根組合４名
1890年	11	31	86	1245	大津組合７名、彦根組合４名

起される第一審民事訴訟（治安裁判所の控訴審としての始審裁判所への訴えは除く）について、人びとは誰に訴訟代理を依頼したのだろうか。この点を民事判決原本データベースをもとに、訴訟代理人を利用しているのか、訴訟代理を依頼する場合に代言人を利用しているのか、代人を利用しているのか、にしたがって整理したものが、表5[15]である。この表だけからも、全体の傾向として、当初は代人を利用する件数が区・治安裁判所レベルでも地方・始審裁判所レベルでも高いことが見て取れる。また、年を追う毎に、とくに地方・始審裁判所では、代言人を用いる傾向が高まっていることもうかがえる。この点をもう少し明確にするために、図2、3を作成した。表5中の項目「原被双方代言人」「一方のみ代言人」を図2、3では「代言人が関与」、同様に、「一方が代言人、他方が代人」を「代言人と代人が関与」、また「双方代人」「一方のみ代人」「代

表５　各裁判所における代言人・代人関与判決数

		1879	1880	1881	1882	1883	1884	1885	1886	1887	1888	1889	1890	1891
彦根区・治安裁判所	原被双方代言人	0		0	1	1	1	3	0	2	3	5	4	2
	一方のみ代言人	1		0	11	24	22	7	9	27	18	16	26	3
	一方が代言人、他方が代人	1		0	3	16	3	2	0	3	2	2	2	2
	双方代人	6		0	25	40	7	0	0	0	0	1	2	0
	一方のみ代人	20		1	128	176	67	8	6	3	8	9	17	2
	代人が当事者として参加	0		0	2	2	6	0	3	1	0	0	0	0
	双方本人のみ	54		2	223	318	246	40	28	65	39	39	44	10
地方・始審裁判所彦根支庁	原被双方代言人	0	5	2	4	8	7	9	5		16	18	4	4
	一方のみ代言人	1	15	17	16	37	38	25	20		18	22	19	5
	一方が代言人、他方が代人	0	19	16	10	26	26	5	5		8	5	6	2
	双方代人	5	26	22	27	30	24	3	0		0	0	7	0
	一方のみ代人	16	69	68	42	79	43	6	8		6	6	7	1
	代人が当事者として参加	1	2	2	2	3	5	3	1		1	1	0	0
	双方本人のみ	53	66	102	9	40	42	23	10		12	7	3	2

人が当事者として参加」を「代人が関与」にそれぞれ集約し、それぞれの割合の経年推移として表した。

　京都裁判所管轄下の彦根区裁判所は、表2で注記したように、一八七九年七月以降、一八八二年の治安裁判所への編成替えまで、その権限を勧解受理に限られていたので、訴訟事件の判決書がなく、その間の同裁判所における代言人・代人による訴訟代理件数は表5では空値としている。価額一〇〇円未満の訴訟等を管轄していた七九年七月以前及び、治安裁判所となった八二年以後については、図2によると、本人訴訟が半数以上を占め、訴訟代理との割合は一八九〇年の民事訴訟法・裁判所構成法制定の時期までほとんど変化していない。ただし、訴訟代理を代言人と代人のいずれによっているのかについて見れば、一八八五年を境に、代人による訴訟代理から、代言人による訴訟代理へ急速に移行し

	1879	1882	1883	1884	1885	1886	1887	1888	1889	1890	1891
■本人のみ	65.9	56.7	55.1	69.9	66.7	60.9	64.4	55.7	54.2	46.3	52.6
■代人が関与	31.7	39.4	37.8	22.7	13.3	25.0	4.0	11.4	13.9	20.0	10.5
■代言人と代人が関与	1.2	0.8	2.8	0.9	3.3	0.0	3.0	2.9	2.8	2.1	10.5
■代言人が関与	1.2	3.1	4.3	6.5	16.7	25.0	28.7	30.0	29.2	31.6	26.3

図２　彦根区・治安裁判所での代言人・代人関与判決数

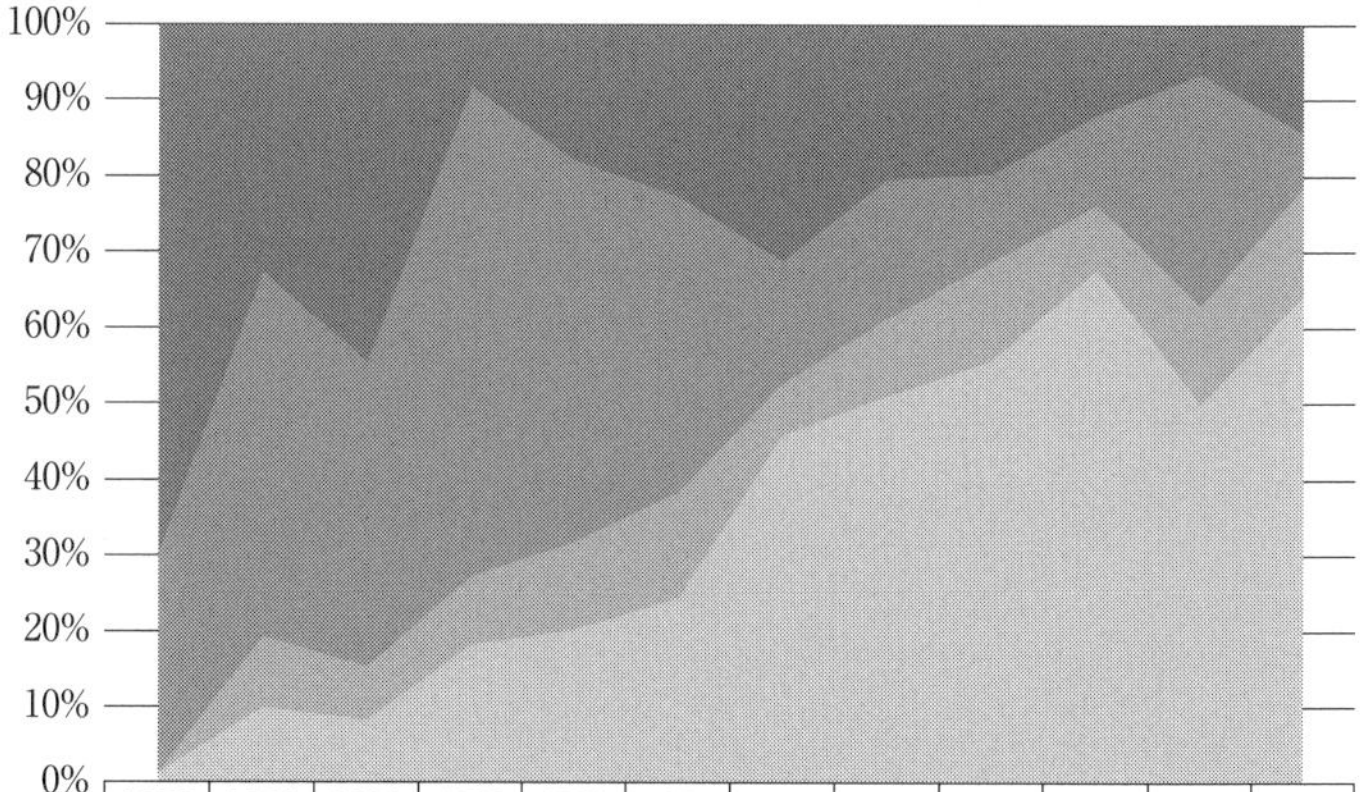

	1879	1880	1881	1882	1883	1884	1885	1886	1888	1889	1890	1891
■本人のみ	69.7	32.7	44.5	8.2	17.9	22.7	31.1	20.4	19.7	11.9	6.5	14.3
■代人が関与	28.9	48.0	40.2	64.5	50.2	38.9	16.2	18.4	11.5	11.9	30.4	7.1
■代言人と代人が関与	0.0	9.4	7.0	9.1	11.7	14.1	6.8	10.2	13.1	8.5	13.0	14.3
■代言人が関与	1.3	9.9	8.3	18.2	20.2	24.3	45.9	51.0	55.7	67.8	50.0	64.3

図３　地方・始審裁判所彦根支庁での代言人・代人関与判決数

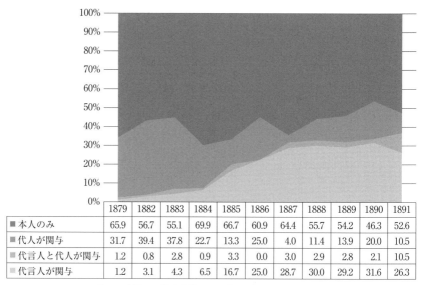

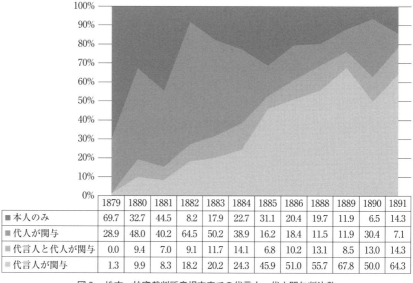

ている。

これに対して、図3の京都裁判所彦根支庁・彦根始審裁判所・大津始審裁判所彦根支庁における代言人・代人による訴訟代理の割合の推移を見ると、区・治安裁判所に比して、訴訟代理そのものの利用率が、はるかに高いことがわかる。傾向としては、一八八四年までの代人による訴訟代理の割合が高い状態から、一八八五年以降、急速に代言人による訴訟代理の割合が増加している。「代言人と代人が関与」「代言人が関与」の項目だけで、一八八六年以降、六〇パーセントを越えている。それに反比例して、代言人が関与せず、代人のみが関与する訴訟代理件数は急減している。また地方・始審裁判所レベルでは、本人訴訟の割合が区・治安裁判所レベルに比してかなり小さくなっているのが特徴的である。

【彦根地域の代言人による訴訟代理】

表5、図2、3の判決書に訴訟代理人として現れる代言人とその関与件数は、表6のとおりである。これによれば、当時の彦根代言人組合員であった浅見竹太郎（一八七八年京都府で代言人免許）、中村耕治（七七年滋賀県）、鯰江与惣次郎（七七年京都府）、石田寛（七八年滋賀県）の4人が、代言人が関わる事件の九割を受任している。これ以外に、大津組合から中山勘三（七七年京都府）、大阪・京都の組合から、武藤義吉（八〇年大阪府）、善積順蔵（八三年大阪府）、松本真太郎（七七年京都府）、大藤高敏（七六年大阪府）（その他については現状では所属組合等不明）らが出張して訴訟代理を行っているようである。しかしながら、その受任件数は少数にとどまっている。彦根代言人組合の四名については、表6から明らかなように、毎年一定の事件数を安定的に受任して、彦根地域の代言人としての地位を確立し、少なくとも始審裁判所レベルでは、訴訟代理についての業務独占をほぼ確立しつつあるといえよう。(15)

表６　代言人毎の関与判決数

代言人名	裁判所	1879	1880	1881	1882	1883	1884	1885	1886	1887	1888	1889	1890	1891	小計	総計
浅見竹太郎	区・治安	0	0	0	2	2	8	1	3	15	11	5	4	2	53	203
	地方・始審裁	0	26	3	8	17	25	16	14	0	16	12	9	4	150	
中村耕治	区・治安	0	0	0	6	10	9	3	2	8	5	11	13	0	67	199
	地方・始審裁	0	10	16	12	18	24	2	6	1	17	17	7	2	132	
鯰江与惣次郎	区・治安	0	0	0	4	13	4	1	3	6	2	4	5	3	45	149
	地方・始審裁	0	5	11	7	18	12	12	7	0	10	12	7	3	104	
石田寛	区・治安	0	0	0	0	2	5	10	1	5	8	7	12	0	50	136
	地方・始審裁	1	1	4	1	16	15	12	7	0	9	13	5	2	86	
武藤義吉	区・治安	0	0	0	4	10	0	0	0	0	0	0	0	0	14	27
	地方・始審裁	0	0	1	6	6	0	0	0	0	0	0	0	0	13	
善積順蔵	区・治安	0	0	0	0	0	0	0	0	0	0	0	0	2	2	11
	地方・始審裁	0	0	0	0	0	0	0	1	0	1	1	3	3	9	
中山勘三	区・治安	0	0	0	0	0	0	0	0	0	0	0	0	0	0	9
	地方・始審裁	0	0	0	0	0	0	0	0	0	3	5	1	0	9	
武藤本義	区・治安	0	0	0	0	4	1	0	0	0	0	0	0	0	5	9
	地方・始審裁	0	0	0	0	4	0	0	0	0	0	0	0	0	4	
松本真太郎	区・治安	2	0	0	0	0	0	0	0	0	0	0	0	0	2	7
	地方・始審裁	0	3	2	0	0	0	0	0	0	0	0	0	0	5	
大藤高敏	区・治安	0	0	0	0	0	0	0	0	0	0	0	0	0	0	5
	地方・始審裁	0	0	0	0	0	0	5	0	0	0	0	0	0	5	
中村誠	区・治安	0	0	0	0	0	0	0	0	0	0	0	2	1	3	4
	地方・始審裁	0	0	0	0	0	0	0	0	0	0	0	1	0	1	
石沢斉造	区・治安	0	0	0	0	0	0	0	0	0	0	0	0	1	1	2
	地方・始審裁	0	0	0	0	0	0	0	0	0	0	0	1	0	1	
高村半三	区・治安	0	0	0	0	0	0	0	0	0	0	0	0	0	0	1
	地方・始審裁	0	0	1	0	0	0	0	0	0	0	0	0	0	1	
合計	区・治安	2	0	0	16	41	27	15	9	34	26	27	36	9	242	762
	地方・始審裁	1	45	38	34	79	76	47	35	1	56	60	34	14	520	

【彦根地域の代人による訴訟代理】

代人による訴訟代理に関して問題となるのは、代言人による法廷での訴訟代理の業務独占を認めた一八七六年代言人規則において、例外的に用いることができた「代人」、とりわけそれを業として営む者の存在である。代言人規則制定後、さらに、一八八〇（明治一三）年五月一三日代言人規則改正と、「詞訟代人心得方」（司法省甲第二号布達）が制定された。これにより、「代人」を用いることができる前述の例外規定をそのまま引き継ぐとともに、「代人」には「一事件ヲ限リ受任」することが義務づけられ、もし二件以上受任しまたは「詞訟ヲ教唆シ私利ヲ営ム等」の行為があれば、その代人の出廷を裁判官は停止すべきものと規定された。この規定は「複数の訴訟代理を受任し兼帯する代人（業として訴訟代理を行う代人）を法廷から排除することを意図するもの」であった[16]。

この規定がどの程度実際の法廷を規制したのだろうか。この点について、複数の事件について訴訟代理を担当している者は業として訴訟代理を営んでいるという蓋然性が高い、という想定[17]にしたがって、本章では、同時期の判決書中、三件以上の事件を担当する代人を抜き出し、経年毎の関与判決書件数の推移を表7に整理した。

これにより、この時期、代人を業として営んでいる可能性の高い人物を、四六名確認することができた。このうち高橋治平二一件、荒川篤三郎一六件についてどのように評価すべきだろうか。筆者は、明治後期に非弁護士としての活動が確認され、それに先立つ一八八〇年代にも大津と京都、大阪で「代人」としての経験を蓄積していた者の検討を行った。そこでは、同時期に代人として四五件・三五件受任している者を先頭に、大体一〇～二〇件が平均的な代人業者であろうことが確認された[18]。この点から推察すれば、本表に名前をあげた者は、代人を業として行っていると推定される。

しかしながら、彦根の場合、こうした複数事件を受任していた代人層は、本表から明らかなように、一八八四年以後、判決書から消えていくことになる。もちろん代人による訴訟代理が無くなったわけではないが、単数事

表７　代人毎の関与判決数

代人氏名	各裁判所	1879	1880	1881	1882	1883	1884	1885〜92	小計	合計
高橋治平	区・治安				4	5	1		10	21
	地方・始審裁		4	1	3	2	1		11	
荒川篤三郎	区・治安				2	2			4	16
	地方・始審裁	1	4	1	2	3	1		12	
吉田益	区・治安				4	1			5	14
	地方・始審裁		3	3	1	2			9	
井上音吉	区・治安				3	2			5	12
	地方・始審裁		2	2	3				7	
岡真次	区・治安	3							3	10
	地方・始審裁		2	3	1	1			7	
原武三	区・治安				2	5			7	10
	地方・始審裁		1			2			3	
吉田兎幾雄	区・治安	1			1	3	1		6	10
	地方・始審裁		2	1		1			4	
岡本松二	区・治安				2	3	1		6	10
	地方・始審裁				1	3			4	
酒井喜平	区・治安				5	5			10	10
	地方・始審裁								0	
西田博之	区・治安								0	10
	地方・始審裁		3	2	2	2	1		10	
6〜9件受任の代人12名	区・治安	4			14	19	4		41	87
	地方・始審裁	7	6	13	5	13	1	1	46	
3〜5件受任の代人24名	区・治安	1			23	33	2		59	125
	地方・始審裁		13	11	13	16	13		66	

件受任者ばかりであり、複数事件受任者がほぼ消滅する。代人層による業としての訴訟代理が後退した背景事情として、一八八四年一月二四日の太政官第一号布達により前掲八〇年五月の「詞訟代人心得方」が改正され、代人による訴訟代理をより明確に制限するために、「詞訟又ハ勧解ニ付已ムヲ得ス代人ヲ出サントスル者ハ親族又ハ相当ノ者ヲ撰ミ管轄裁判所ノ許可ヲ受ク可シ但代人タル者同時ニ二人以上ヨリ二件以上ヲ受任シ其他不適当ノ所為アリト認ムル時ハ裁判所ニ於テ之ヲ差止ムルコトアル可シ」とされたこと（さらにいえば訴訟件数自体が減少したこと）が考えられる。この点拙稿で検討した大津、京都、大阪の代人業者が一八九〇年まで一貫して代人業を営んでいたことと対照的である。先に検討した代言人による訴訟代理の割合の高まりと重ね合わせれば、彦根地域では、一八八五年を境に代言人による法廷における訴訟代理の業務独占が確立しつつあると推察できる。

4　「前段の司法」像の豊富化のために残された課題

本章の具体的な課題として掲げた、代言人による法廷での訴訟代理業務の独占の確立過程の解明については、以上に検討したように、明治前期・一八八〇年代の彦根地域では、一八八五年を境に、始審裁判所レベルでは急速に代言人への訴訟代理の業務独占が進行し、治安裁判所レベルでも、代人利用が縮小していくことが確認できた。ただ、表7に掲げた彦根の代人層が、大津や京都、大阪の一部の代人層とは異なり、明治後期の非弁護士層として再び登場することは、現在渉猟した史料では見られず、明治後期の「前段の司法」との人的連続性は確認できなかった。[19]

もう一つの主要課題である、代言人・弁護士に限定されない多様で多層的な法の担い手に着目することによって「前段の司法」の歴史像を豊かに描く、という課題については十分に解明できないままである。本章では、第一審訴訟手続に係る判決原本を対象としたためこのような結果に終わらざるをえなかった。法専門家を排しながら、場合によっては非法専門家が介在し、当事者間の合意を追求する世界としての「前段の司法」という視点から この時期注目すべきなのは、勧解のプロセスであろう。起訴前和解に該当する同手続においては、代人の介添え、しかも代人「業」の規制が緩やかに考えられていた上に、当事者の合意を優先的に追及することが求められていた。代人たちは、日常から紛争という非日常への移行、示談、さらには勧解、勧解の結果としての調・不調、それに続く訴訟あるいは執行手続きに至るプロセスに関わっていると思われる。[20]その意味で「前段の司法」の世界を描くためには、訴訟手続の表舞台から退場していく代人たちが、勧解の場でどのような活動を展開したのかを明らかにする必要がある。史料的な制約が予想されるが、この点は今後の課題としたい。[21]また、一八九〇年民事訴訟法の制定により、こうした勧解制度が廃止されるが、そのことによって、訴訟に至るまでの間に、当事者間の合意を優先的に追求する「前段の司法」の重要な制度的基盤が消滅することとなる。そのことにより、代人層が活動する場をさらに奪い、かれらを、かつて拙稿が分析した明治後期に見られるように、制度の表舞台から退場させられた存在にした。それが人びとの法的サービスの需要充足のあり方、さらには「前段の司法」の世界をどのように変えていくのかも、今後の検討課題となろう。

注

（1）川口由彦編著『調停の近代』勁草書房、二〇一一年。
（2）「前段の司法」という問題領域の指摘については、石井三記「フランスにおける治安判事の誕生と勧解調停制度」川口前掲注（1）書所収、八三頁。
（3）橋本誠一『在野「法曹」と地域社会』法律文化社、二〇〇五年。
（4）拙稿「近代日本の地域社会と弁護士――一九〇〇年代の滋賀県域を題材として」『法と政治』第六二巻第一号下、二〇一一年（以下「拙稿①」）、同「明治末・大正期京滋地域における弁護士と非弁護士――続・近代日本の地域社会と弁護士」『阪大法学』第六三巻第二号、二〇一三年（以下「拙稿②」）、同「明治前期民事判決原本にあらわれた代人――一八七七～九〇年の京滋阪地域の代人の事例」『阪大法学』第六三巻第三・四号、二〇一三年（以下「拙稿③」）。

（5）前掲注（4）拙稿②、二九二頁以下参照。

（6）吉田正志「明治初年のある代書・代言人の日誌――『出堺日誌・第三号』の紹介」服藤弘司先生傘寿記念論文集刊行会編『日本法制史論纂』創文社、二〇〇〇年、四二六頁以下。

（7）この例外規定の運用に関する詳細な分析については、橋本誠一「明治前期における代理法の展開――弁護士史研究の一環として」『静岡大学法政研究』第一一巻第三・四号、二〇〇七年を参照。代人に関する本章の叙述は、同論文に多くを依っている。

（8）前掲注（4）拙稿②③参照。

（9）橋本誠一「大審院法廷における代言人・代人――一八七五年～一八八〇年」『静岡大学法政研究』第一四巻第三＝四号、二〇一〇年、はこの点について、一八七五～八〇年の大審院民事判決録の悉皆調査を行い、当該時期の大審院法廷においては、免許代言人でないものが代人（代理人）の肩書を利用して訴訟代理を引き受け、免許代理人と同様に法廷に立っていたとする。ただ、一八八〇年代言人規則改正（司法省甲第一号布達）及び「詞訟代人心得方」（司法省甲第二号布達）以後についての実態の検証については、今後の課題としている。前掲注（4）拙稿②③は、特定の代人が、代言人規則改正以後の時期において、代言人と遜色のない法廷での代理業務をおこなっていたことを指摘したが、本章では、その点を量的に検証するものである。

（10）国際日本文化研究センター・民事判決原本データベース（http://db.nichibun.ac.jp/ja/category/minji.html）。

（11）今回彦根地域に対象を限定したのは、滋賀県域すべての判決書を検討する時間的余裕がなかったことに尽きるが、さらにいえば、大津地域については、事件数が相当程度あったと思われる一八八〇～八二年の簿冊を欠いているためである。経年変化をたどるためにも彦根地域の調査を優先させ、大津地域については引き続き調査を行う予定である。また一八九一（明治二四）年については、判決書件数が少ないので今回の対象からは外した。

（12）司法省『司法省民事統計年報』（第五＝一八七九年～第一六＝一八九〇年）、司法省法務局。

（13）この時期の滋賀県域の代言人組合と組合員については資料的に十分に把握できないため、奥平昌洪『日本弁護士史』巌南堂書店、一九一四年の巻末にある代言人免許取得者一覧と滋賀弁護士会史編纂委員会『滋賀弁護士会史』滋賀弁護士会、二〇〇三年の記述にしたがって、表5を作成した。

(14) 本表を作成するに当たって、一方当事者の訴訟代理を代言人と代人の双方が参加している場合については、代言人による訴訟代理として集計した。一八八一年頃までは、代人規則(七三年六月一八日太政官第二一五号布告)に基づくと思われる、「総理代人」「部理代人」として代理を行っているものが若干見られたが、これらについては、代言人規則に基づく「代人」のなかに合算した。訴訟代理に関わる代人規則と代言人規則との関係については橋本前掲注(7)論文参照。また、「代人が当事者として参加」欄は、判決書中「代兼」「代人兼」「代兼人」の表示となっているものである。これについては石井紫郎・新田一郎「対談　明治前期民事判決原本データベース化の現場から」林屋礼二・石井紫郎・青山善充編『明治前期の法と裁判』信山社、二〇〇三年、七六頁を参照。

(15) なお、明治後期の多層的な法的サービスの需要のあり方との関係でいえば、この4名の代言人(後に弁護士)は、いずれも滋賀県域の大津やその他の区裁判所所在地に出張事務所を設け、非弁護士層との連携関係を密に持つこととなる。前掲注(4)拙稿①、二四〇頁以下参照。

(16) 以上橋本前掲(7)論文二三八頁。

(17) 橋本前掲(9)論文が、大審院判決の悉皆調査で採った想定にならった。同七三頁以下参照。なお、明らかに「至親」等と思われる「代人」については3件以上受任していても対象から外した。

(18) 前掲注(4)拙稿②③参照。なお、当該代人については、三〇八頁参照。

(19) 前掲注(4)拙稿②、三〇八頁。

(20) 前掲注(4)拙稿③参照。勧解制度については、さしあたり林真貴子「明治期日本・勧解制度にあらわれた紛争解決の特徴」川口由彦前掲注(1)書所収を参照。

(21) 勧解制度における代人の利用に関する司法省の緩やかな対応については橋本前掲注(7)論文、二三九頁、代人利用の実態については、林前掲注(20)論文、一五九頁以下、参照。

第四章

第一波フェミニズムにおける女性とプレス
――『女性新聞』と「オットー法」の再検証――

的場　かおり

1　第一波フェミニズムとプレス法制

1　問題の所在

二十八日。秋冷膚を侵し、細雨霏々たり。午後三時独逸婦人会 Allgemeiner Deutscher Frauenverein 第十三総集に赴く。この会は千八百六十五年に創立せられたり。発起者をオットオ、ペエテルス氏 Frau Louise Otto-Peters と名づく。

一八八五年九月二八日の日記にこう記したのは森鷗外である。[1] 女性運動家・著作家ルイーゼ・オットー＝ペータース（一八一九～九五年）の名を不動のものとしたのは独逸婦人会（全ドイツ女性協会）の結成であるが、その活動の端緒を三月革命前に遡ることに異論はあるまい。[2] 四〇年代より女性や社会の改革を訴え始めた彼女は、小説の執筆、雑誌や新聞への寄稿、そして四九年からは『女性新聞（Frauen-Zeitung）』の編集と、第一波フェミニズム初期において積極的にプレスを用いた。

では、女性がプレスを用いて国家や政治について語ることはいかなる意味を有したのだろうか。本章では、女性自らが編集を担当し比較的長期にわたって発行された『女性新聞』を題材に、この問いに取り組む。『女性新聞』は、女性が主体的にプレスという手段を用い、とりわけ女性をめぐる社会問題を論じ解決しようとする試み、つまりプレスを通じて社会変革をなそうとする試みの一例といえるからである。ルイーゼの著作物を分析する研究は各学問分野で散見され、『女性新聞』もむろんその対象の一つである。しかしながら女性のプレス活動が国家によってどう位置付けられたのか、つまりその活動がいかなる法制度の下で展開されたのかという問題に正面から取り組んだ研究は管見によれば皆無である。その結果として、「『女性新聞』の停刊は女性による編集を禁じた法律が五〇年一二月に施行されたためである」という誤解が生じ、さらにこの法律はルイーゼをターゲットにしたという意味で「オットー法（Lex Otto）」という名が与えられているほどである。[3] この誤解については後述するが、以上の事実もまた、先行研究が法制度に十分な関心を払ってこなかったことを示している。したがって本章は、女性のプレス活動を取り巻く環境、とりわけ法的環境を明らかにすることで、第一波フェミニズムの実態をより正確に捉えることを目的とする。

2　『女性新聞』創刊と四八年プレス法

三月革命前のザクセン王国では、一八三一年の憲法がプレスの自由を謳うものの、安寧と秩序の維持を理由に検閲制度が整備され、プレスは厳格な統制下に置かれていた。[4] しかし四八年三月にドイツ同盟が検閲の廃止を決議すると、ザクセンもまた検閲の暫定的な廃止に踏み切った。

このような革命の成果は四八年一一月一八日のプレス法（以下、四八年プレス法）に結実し、一条では検閲の永続的廃止はもとより、許可、保証金、印紙公課または郵送禁止といった方法で制約されることのない「完全なプレスの自由」が保障されたのである。[5] この一条の内容は同年一二月に公布された「ドイツ国民の基本権に関する法律」一三条（後のフランクフルト憲法一四三条）二項とも合致していた。[6] また四八年プレス法では、雑誌の責任編集者に関して、その氏名の警察への届出や誌面への掲載を義務付ける規定が設けられていた（七条、八条）。

　このプレス法制下のザクセンにおいて四九年四月、「自由の帝国に女性を募る」をモットーに掲げた『女性新聞』は創刊され、グローセンハインのハフナー（T. Haffner）が印刷・出版を、ライプツィヒのマテス（H. Matthes）が販売を、そしてルイーゼが編集を担当した。[7] 同誌はザクセン国内のみならず広く国外の政治や社会問題を扱った論説やニュース、読者からの書簡などを掲載し、中でも女性の労働問題、革命勢力や各種の民主的な協会の動向などがしばしばテーマとされた。

　『女性新聞』の特徴は、同時期に発行された女性誌が比較的短命であったのに対し、[8] 同誌が約一か月の中断と出版地の変更はあるものの、四九年から五二年まで発行を続けたことにある。[9] また、男性による執筆が一般的であり女性が執筆する場合は名を伏せていた当時において、女性が能動的に自らの問題に関して執筆したことも特徴的である。[10] 女性が執筆すること、女性が時事問題や政治問題を論じることに対するルイーゼの姿勢は四五年八月『遊歩する星』三四号に実名で執筆した「告白」[11] から読み取れる。この中で彼女は、政治的な論説を書く際に周囲の反発を恐れて男性名を使っていたことをはじめて告白した。女性の手による小説や詩、女性が編集するジャーナルは確かにこれまでも存在したが、いずれも啓蒙期の女性の理想像や使命感に[12]したがったものであり真の意味での時事的な関心からかけ離れていたと指摘し、今や女性は現在や政治に関心をもつべきであると説いた。このような認識に立ったルイーゼは、書き手と読み手の間に結束を生み出すという信念をもって、時事問題や政治に取り組むことを宣言した。そして彼女は四九年の『女性新聞』創刊によってこの宣言を現実のものとしたのである。

2 『女性新聞』の停刊とその要因

1 プレス法案と『女性新聞』

一八四九年四月に創刊された『女性新聞』は翌五〇年一二月三一日の「告別の辞」（五二号）で停刊を発表した。[13]「告別の辞」は、同誌が無数の女性を覚醒させ、自分たちの取り分を要求・獲得するよう鼓舞したことで、女性はもはや世の中で忘れられる存在ではなくなったという成果を称えることから始まる。しかし、「まだ法律としては公布されていないが、いずれにせよ近いうちにそうなるであろうと予測される」プレス法案のために同誌の継続が不適当であると判断した、と続く。『女性新聞』編集部は、この法案が他の法律には見られない「男性（männliche Person）」という表現を用いて女性から編集権を奪ったと批判し、「未熟な子供として今や不要な保護者の庇護を受けるよりは権力に屈する方を選ぶ」ことで、男性による編集の下で生き残る道を拒否した。[14]こうして「告別の辞」では、「プレスの自由の時代という人間的な時代」が到来するまでの停刊が発表されたのである。

問題とされたプレス法案は、「告別の辞」に先立つ五一号の「ザクセン王国のプレス法案一二条」ですでに取り上げられていた。[15]この論説は、「雑誌の責任ある編集を引き受けたり継続したりすることが許されるのはザクセン王国に居住し、居住と財産資格の他にラント議会選挙の投票に必要な資格を有している男性のみである。[16]共同編集者は確かに責任を負わないが、共同編集者としての資格を備えて該誌にともに名が挙げられる以上は、同様にこれらの資格を有していなければならない」という法案一二条の問題点を明らかにしたものであった。

第一の問題点は、一二条が「男性」と明記したことである。確かにザクセンでは、かねてより多くの法律が「人（Personen）」、「国家構成員（Staatsangehörige）」、「臣民（Untertanen）」といった単語を用いてきた。そしてこれらの単語が男女双方を含むのか、あるいはいずれかの性に限定されるのかはその都度恣意的に解釈され、男女は等しく扱われてこなかった。しかしこれらの法律以上に今回の法案が深刻であったのは、「男性」という限定的な表現を用いることで、『女性の鏡（Frauenspiegel）』のマレツォル（L. Marezoll）や『社会改革（Soziale Reform）』のディトマー（L. Dittmar）、『新ボン新聞（Neue Bonner Zeitung）』のキンケル夫人（J. Kinkel）[15]のように、これまで当然に認められてきた女性の編集権、編集者として労働する権利を明文でもって否定したことであった。

第二の問題点は、女性の権利を奪う法案が「ドイツで最初に、そして唯一、男性の後見を廃止し女性を一人前と宣言したザクセン」に登場したことである。このことから、『女性新聞』編集部が、少なくともこの法案登場以前のザクセンにおける女性の地位を他国より進歩的に捉えていたことがわかる。編集部の理解の背景には、婚姻関係にある場合や父権下にある場合は別として、女性に対する男性の後見がザクセンでは一八三八年に廃止されていたことがある。ルイーゼ自身、母に続き三六年に父を喪い、かつ未婚であったことから、この法律の適用を受けていた[18]。同様に、ザクセンが女性の権利擁護という点で他国に先んじているという理解は『女性新聞』の別の論説からも確認できる。すなわち、女性の参加を禁じたバイエルンやプロイセンの集会・結社法を扱った論説であり、中でもリューダース（W. Lüders）は論説「女性とプロイセンの結社法」でプロイセンの立法を強く非難している[19]。プロイセンは五〇年三月一一日の「法律に基づく自由と秩序を危険にさらす集会・結社権の濫用の防止に関する命令」八条[20]によって、徒弟や生徒とともに、女性に政治的協会への加入やその集会への参加を禁じたからである。彼は、法律で女性の参加を妨害するに至ったのは国家が女性の影響力を認めているからだと評する一方で、法律に「女性（Frauenspersonen）」を持ち出すことは粗野で露骨な表現方法でありこのような女性蔑視は啓蒙された文明国にふさわしくないと断じ、今回の立法が女性を未成年者や被後見人と混同したり彼らと同等に扱ったりする失礼な法律であると抗議する『ヴェストファーレン新聞』などの反応も紹介している。そしてリューダースは、このようなプロイセンやバイエルンとは異なり、ザクセンの五〇年六月三日の「集会・結社権に関する命令」は女性を排除しておらず、満足のゆく内容であると結んでいる[21]。以上のように、女性の法的地位に関して進歩的であると自負していた自国ザクセンにプレス法案一二条が不意に姿を現したことで、『女性新聞』が抱いた失望感の大きさは想像に難くなかろう。

2　革命的・民主的勢力への弾圧と『女性新聞』

『女性新聞』停刊の要因をプレス法案一二条に求めることに異論はない。確かにプレス法の成立を見越しての停刊であったが、発行の継続を不可能と判断する厳しい状況がこのプレス法案以外にも存在したことは看過すべきではない。それを読み解く手掛かりは「ザクセン王国のプレス法案一二条」を掲載した同じ五一号の中にある。「周辺展望（Blicke in die Runde）」に掲載された二つの記事、すなわち、第一に、四九号の記事「政治犯へのまなざし」の押収について論じた記事と、第二に、内務省令に基づく五〇年一二月九日のロベルト・ブルム協会[22]の解散を報じた記事である。これらの記事からは、ザクセンでは革命を支援する「展望をもつことがもはや許されない」こと、それとともに国家による弾圧が『女性新聞』のすぐそばに迫っていること、つまり『女性新聞』の存続を困難にさせる過酷な状況が確認できる。間接的であれ直接的であれ『女性新聞』が支援したり関係したりする革命勢力や民主的な協会への弾圧が相次ぐ中で、同誌自体への弾圧もいよいよ回避できない段階に来たとの認識が読み取れるのである。

『女性新聞』は創刊以来、このブルム協会のような国内外の革命勢力や民主的な協会の活動を報道・支援してきており、逮捕・投獄された者や亡命者、その家族を支援する女性たちの協会、いわゆる女性協会[23]も支援対象の一つであった。しかし五〇年に入ると、各種協会への国家による干渉や弾圧を伝える記事が増加する。集会やコンサートなど協会の催す行事の中止に始まり、協会やその関係先への家宅捜索、労働者協会の禁止といったニュースが誌面を賑わせるようになった[24]。これら一連の弾圧は、集会・結社に関して五〇年六月に二つの命令が、そして一一月には法律が相次いで出されたことと密接に関係していた[25]。

むろん『女性新聞』自体も内務省の監視対象であった。四九年一三号（七月一四日）はザクセンやバーデンでの蜂起に参加し逮捕された者を扱ったという理由で押収され、同年秋には国外逃亡者への支援を疑われ、郡庁や内務省から指導を受けた[26]。また翌五〇年七月一七日には、警察が同誌の編集部に家宅捜索に入っている。この捜索は、「支援を要する家族を援助するための女性協会」が逃亡者や外国人への金銭的援助を行ったという容疑で捜索される中で行われたという経緯を有していた。つまり『女性新聞』編集部は、「現行の国家体制の敵」である同女性協会と関係しているという理由から捜索の対象とされ、このとき編集部からは多数の書類が押収されたのである[27]。

このように『女性新聞』の停刊は、同誌が支援したり関係したりする人物や協会が次々と弾圧される状況下での決断であると同時に、国家による弾圧をより容易に可能とする法制度が整えられる中での決断であった。いうなればプレス法案一二条の登場は、停刊を悩む『女性新聞』の背中を押した「最後の一突き」であった。

3　五一年プレス法と『女性新聞』

1　五一年プレス法の反動性

全三八条からなる「プレス案件に関する法律[28]」（以下、五一年プレス法）が制定されたのは一八五一年三月一四日であり、五〇年一二月ではない。従来の『女性新聞』研究の問題点は、第一に、停刊の原因を専らこの法律に求めたことでその制定時期を誤解したこと、第二に、その結果として、女性による編集の禁止という法律の一面にしか関心を示さなかったことである。

五一年プレス法一二条は「雑誌の責任ある編集を引き受けたり継続したりすることが許されるのはザクセン王国に本質的に居住し、二五歳以上で財産処分能力を有し政治的名誉権を有する男性のみである。[29] 共同編集者は確かに責任を負わないが、共同編集者としての資格を備えて該誌にともに名が挙げられる以上は、国内に必ず居住することの他に、同様にこれらの資格を有していなければならない」と規定し、『女性新聞』が前年末に報じた法案の表現とは若干の相違はあるものの、国内に居住する成年男性のみに編集を認めるという内容であった。また四八年プレス法に引き続き、責任編集者の氏名と住所の警察への届出（七条）と誌面への掲載（二条）が義務付けられていた。

しかし五一年プレス法には従来のプレス法制を大きく変える面が他にもあった。とりわけ重要であるのは、四八条プレス法が保障した「完全なプレスの自由」を形骸化する規定、つまり四八年プレス法では禁じられた保証金の支払いを義務付ける規定が新設されたことである。五一年プレス法の一条は検閲の廃止を維持するとしたものの、一三条以下では定期刊行物に対する保証金制度を定める条文が並んだ。保証金の額は発行回数に応じて設定された。週一回以下の発行の場合は四〇〇ターラー、週二回の場合は八〇〇ターラー、週三回ないしは四回の場合は一二〇〇ターラー、週五回ないしは六回の場合は二〇〇〇ターラー、週七回の場合は二五〇〇ターラー、そして一日に二回以上発行する場合は三〇〇〇ターラーとされ（一四条）、発行する者にとって保証金の負担は相当程度大きなものであった。保証金は当該プレス関係者への罰金刑や捜索費用に充てるとされ（一六条）、この法律の公布前から発行されているプレスもまた支払い義務を負うことになった（一八条）。

また五一年プレス法は、一五条からなる四八年プレス法と比較すると二倍強のボリュームを有した。中でも二一条以下の条文では、警察や郡庁などの行政機関によるプレスへの処分や対応が詳細に定められた。行政機関による処分や対応と関連し、プレスによる違反行為とそれに対する制裁の内容、制裁対象者についても仔細に規定され、罰金の最高額が四八年プレス法では一〇〇ターラーであったが五一年プレス法では三〇〇ターラー（二六条）となり、軽懲役刑についても最長三か月（六条）と定められた。つまり五一年プレス法の条文数の大幅な増加は、国家によるプレスへの監督・監視の強化を意味していたのである。

このように、女性の編集禁止のみに着目して「オットー法」と名付けるのでは不十分なほどの大幅な後退が五一年プレス法からは確認できる。五一年プレス法は、保証金制度の導入などを通してプレスの自由を切り崩し、プレスを国家の統制下に置くことを企図した、きわめて反動的な法律であったといえよう。

2　ゲーラの『女性新聞』とザクセン政府

五一年プレス法が成立した時、すでに『女性新聞』の出版は弟系ロイス侯国ゲーラに移され、遠くなったことを理由に責任編集業務は出版業者ホフマイスターに委ねられていた。[30] しかし、ザクセン国内で流通するプレスがすべて内務省の管理下に置かれている（五一年プレス法二〇条）以上、出版地を国外に移したところで、『女性新聞』はザクセン政府の監視から解放されたわけではなかった。[31]

再開から一か月も経たない五一年二月末、ザクセン内務大臣フリーゼン（von Friesen）は弟系ロイス侯国に対して、ルイーゼは「民主的社会主義的な行動」をとる著作家であり、『女性新聞』を通じて正当な現行の秩序や法制度を暴力的に掘り崩す原理や教説を打ちたてようとする人物であると報告し、同誌の取締りへの協力を惜しまない旨を申し出ている。それに対し、ゲーラの都市参事会員フュルンベルガー（A. Fürnberger）は弟系ロイス侯国政府に宛て、ホフマイスターは『女性新聞』発行に際して規則通り見本を提出しており違反行為はないと報告した。この報告を基に、弟系ロイス侯国は、自国の法制度に則り『女性新聞』を適切に監督しており、現在のところ同誌は合法的であるとの回答をザクセン内務省に送った。[32] このやりとりが示すように、ザクセン王国も弟系ロイス侯国も、[33] 五二年六月二七日の最終号まで『女性新聞』の動向に常に注意を払っていたことは明らかである。

ルイーゼは翌五三年四月一日、新たに『ドイツ女性新聞　文学、芸術そしてより高い女性の関心のための雑誌(Deutsche Frauen-Zeitung. Blätter für Literatur, Kunst und die höheren weiblichen Interessen)』の発行をスタートした。[34] この週刊誌はいかなる政治的な傾向をも排除し、また、ザクセンのプレス法への抵触を懸念してルイーゼ自身が指導的な役割を果たすことはなかった。出版者ヒンツェに加え、一七歳の大学生シュテルンが文芸欄や通信欄を担当するなど、『ドイツ女性新聞』は雑誌の内容やルイーゼの関わり方のいずれをとっても、『女性新聞』とは本質的かつ根本的に異なっていた。

しかしながらザクセン内務省は、ルイーゼが編集者という主導的立場を辞し、かつ政治色を排した『ドイツ女性新聞』に対しても監視を続けている。新雑誌の発行との直接的な因果関係に基づくわけではないものの、ルイーゼは同年三月、ベーメンへの旅を契機に家宅捜索と尋問を受けた。他方ヒンツェは、『ドイツ女性新聞』の発行とルイーゼとの関係を理由に尋問の対象となった。そして創刊からわずか三か月の七月一日、彼は廃刊を決定した。五三年一〇月、ザクセン政府顧問官からの問い合わせに対し、弟系ロイス侯国当局が同誌はすでに七月に廃刊していると回答したことでもって、『女性新聞』ならびに『ドイツ女性新聞』への監視は終了した。[35]

五一年プレス法の制定に代表されるように、三月革命で獲得した成果は次第に形骸化されるようになる。この形骸化はプレスの自由のみならず、集会や結社の自由についても妥当し、そして同時にこの流れはドイツ同盟全体を覆うものであった。ドイツ同盟は五四年七月六日にプレス法を、同月一三日には結社法をそれぞれ制定した。[36] 前者では、フランクフルト国民議会で廃止されたプレスの自由に対する制約が復活し、後者では、基本的にすべての政治的な協会が禁じられ、また他の協会と交流することも禁じられるなど、いずれも反動的な内容をともなっていた。こうしてドイツ同盟ならびに各ラントにおいて、プレスや集会、結社など社会性をもった自由を制約することが既定路線となっていったのである。

4　社会変革とプレスの役割

本章は、第一波フェミニズムの理念や要求の中身というよりは、それらを発信する道具、とりわけプレスに着目し、そのプレスと女性との関係を『女性新聞』を題材に検証するものであった。ザクセンでの創刊から停刊、そしてゲーラでの再開という流れをプレス法制の観点から考察することで、女性の編集を禁じるプレス法案は停刊を決断させる一因であったことは確認できた。しかし五一年に成立したプレス法は、女性の編集禁止のみならず、保証金制度の導入や国家による監督の強化といったプレスの自由を形骸化する要素を内包する法律、つまり革命後のプレス法制において画期をなす法律であったことが明らかになった。したがって「オットー法」と名付け五一年プレス法のインパクトをルイーゼや『女性新聞』のみに限定して捉える見方は一面的で不十分であるといわざるをえず、この法律の真の威力は先行研究の想定をはるかに上回り、ザクセンにおけるプレスのあり方そのものに深刻に作用したのである。

他方で、プレスにおける主導的な地位から女性を引き離す条文の制定から読み取れるのは、政治や国家という公的領域への女性のコミットを阻止しようという治者の意図である。同様の意図は選挙や集会、結社と女性との関係についても妥当し、それぞれの法整備の過程で女性は明示的、暗示的に排除されていった。この制約は、自らの理念や要求を公表し、仲間と集い討議し、同志を募る機会そのものを女性から奪うことに他ならず、第一波フェミニズムがまずは克服しなければならない障壁であった。
プレスと協会は当時、第一波フェミニズムに限らず社会変革を目指す運動に不可欠な道具であった。未だ残された課題は多いが、女性たちがこれらの制約を乗り越え公的領域にコミットしていく過程を考察すること、そして、条文の文言に一致が見られたプレス法と集会・結社法との関係、その基盤にあるプレスの自由と集会・結社の自由との関係を検証することがさしあたって筆者の課題である。

注

（1）森鴎外『独逸日記　小倉日記　森鴎外全集一三』、筑摩書房、二〇〇六年、五八～五九頁。ドイツ留学中（一八八四年～八八年）の鴎外は二日にわたりライプツィヒで開かれた総会の傍聴に赴いている。

（2）二〇〇九年五月にドレスデン工科大学で開催されたコロキウムのテーマにもなっており、その内容は、Hrg. S. Schötz und M. Schattkowsz, Louise Otto-Peters und die Revolution von 1848-49. Erinnerungen an die Zukunft, Leipzig 2012として刊行されている。また近年ルードヴィヒが豊富な史料を基に、全ドイツ女性協会結成までのルイーゼの半生を大著（J. Ludwig, Eigner Wille und eigne Kraft, Leipzig 2014）に纏めた。本章でもルイーゼの日記や書簡をこの著作から引用する。ルイーゼが革命前に『我々の惑星（Unser Planet）』（後の『遊歩する星（Der Wandelstern）』）や『灯台（Der Leuchtturm）』、『ザクセン祖国新聞（Sächsische Vaterlands-Blätter）』、『前へ！（Vorwärts!）』などに発表した女性観や国家・社会観、またそこで築いた人脈はその後の活動の礎となっている。拙稿「一八四〇年代のルイーゼ・オットー＝ペータース――女性の国政参加とプレスの役割をめぐって――」『桃山法学』二六号、一〇九～一四四頁、二〇一七年参照。

（3）代表的なルイーゼ研究においても、「政府は『女性新聞』を一八五〇年末法律で禁止した」（Hrg. U. Gerhard, E. Hannover-Drück und R. Schmitter, »Dem Reich der Freiheit werb' ich Bürgerinnen« Die Frauen-Zeitung von Louise Otto, Frankfurt am Main 1979, S. 24）、「一八五〇年　ザクセンプレス法（オットー法）：女性による編集の禁止」（Hrg. R. -E. B. Joeres, Die Anfänge der deutschen Frauenbewegung: Louise Otto-Peters, Frankfurt am Main 1983, S. 54）といった理解が見られる。一九九三年ライプツィヒに創設された「ルイーゼ・オットー＝ペータース協会（Louise-Otto-Peters-Gesellschaft e.V.)」のHP（www.louiseottopeters-gesellschaft.de）でも「一八五〇年一二月　ザクセンでは新しいプレス法が発効した」、「（『女性新聞』は）一八五〇年末に禁止され」と紹介されている。日本における主な『女性新聞』研究に山田照子「ドイツ三月前期・革命期のルイーゼ・オットー＝ペータース」『立命館国際研究』一八巻二号、一二三～一三九頁、二〇〇五年、須藤温子「ドイツ三月革命期における『シスターフッド』――ルイーゼ・オットー＝ペータースを例に――」『千葉大学社会文化科学研究科研究プロジェクト報告書』第五〇集、五～三二頁、二〇〇二年、若尾祐司「第2章　三月革命期ドイツの女性運動」（若尾祐司・栖原彌生・垂水節子編『革命と性文化』山川出版社、二〇〇五年、四一～七一頁）などがあるが、プレス法に関してはいずれも先行研究の理解を踏襲している（山田、一三一頁、須藤、七頁、若尾、四六、六五頁）。

　また「オットー法」の名付け親について、フロイント M. Freund はボイマー（G. Bäumer, Gestalt und Wandel, Berlin 1939, S. 337）ではないかと推測している。M. Freund, »Mag der Thron in Flammen glühn«: Schriftstellerinnen und die Revolution von 1848/49, Königstein/ Taunus 2004, S. 168.

（4）三月前期のザクセンのプレス法制については、拙稿「ザクセンにおける立憲化と『プレスの自由』（1）」『名古屋短期大学研究紀要』四七号、一五一～一五九頁、二〇〇九年、同「ザクセンにおける立憲化と『プレスの自由』（2）」『名古屋短期大学研究紀要』四九号、二七～四〇頁、二〇一一年を参照。

（5）Gesetz-und Verordnungsblatt für das Königreich Sachsen（以下、GVBl）1848, Nr. 96, S. 282-286. プレス法と同日に制定された刑事訴訟の暫定的制度に関する法律（GVBl 1848, Nr. 105, S. 303- 320）では、プレス犯罪の裁判に陪審制が導入された。これは、三月前期から陪審制の導入、審理の公開制・口頭制を求めていたブラウン（K. Braun、一八〇七～六八年）司法大臣の下での制定であった。彼の司法改革構想については、拙稿「ザクセン・フォークトラントにおける自由主義」『桃山法学』二三号、一七三～二三〇頁、二〇一四年を参照。しかし陪審制を含む刑事訴訟制度はその後五〇年一一月二一日の「四八年一一月一八日のプレス犯罪などにおける刑事手続の暫定的制度に関する法律を廃止する法律」によって廃止された。GVBl 1850, Nr. 89, S. 262 f. プレス犯罪をいかなる訴訟形態で裁くのかという問題はきわめて重要であり、稿を改めて論じたい。

（6）「ドイツ国民の基本権に関する法律」一三条二項は「プレスの自由は、いかなることがあっても、またいかなる方法によっても、予防的措置、特に検閲、許可、保証金、公課、印刷・書籍業の制限、郵送禁止またはその他の自由な流通の阻害によって、制限、停止または廃止されてはならない」と定め、三項ではプレス犯罪を陪審制の下で裁く旨が規定された。Hrg. E. R.

Huber, Dokumente zur deutschen Verfassungsgeschichte. Band 1, Stuttgart, Berlin, Köln, Mainz 1978, S. 375-396.

（7）『女性新聞』は毎週土曜日に発行され、定期購読料は三か月で一五ノイグロッシェンであった。この額は同種の雑誌の平均購読料の二～三倍であることから、読者は中・上流階層に限定され、当時この階層に属す女性は人口の約一〇％であったと見積もられている。Gerhard, Hannover-Drück und Schmitter, a.a.O., S. 28 und R. Engelsing, Der Bürger als Leser, Stuttgart 1974, S. 310 f.

（8）革命期ドイツで発行されていた女性誌については、赤木登代「ドイツ女性誌の系譜――啓蒙と娯楽の機能をめぐって――」『大阪教育大学紀要　第I部門』五六巻二号、一～一八頁、二〇〇八年、特に八～一三頁参照。

（9）『女性新聞』は五〇年一二月末に一度停刊するも、約一か月後の五一年二月五日には弟系ロイス侯国ゲーラのホフマイスター（A. Hofmeister）の下で再開し、同地での発行は五二年六月まで続いた。その後ルイーゼは五三年四月にヒンツェ（B. Hinze）や大学生シュテルン（A. Stern）らとともに政治色を排した『ドイツ女性新聞』を創刊するが、後述する五一年プレス法への抵触を避けるため、編集や出版におけるルイーゼの指導的役割は喪われていた。ヒンツェは早くも同年七月一日には廃刊を決定し、ルイーゼはヒンツェを「困難を乗り越えられない男」と評している。Ludwig, a.a.O., S. 255, S. 303 und S. 310 ff.

（10）Hrg. G. Hummel-Haasis, Schwestern zerreißt eure Ketten, München 1982, S. 144. ルイーゼ自身も革命前の一時期、「オットー・シュテルン（Otto Stern）」という名で『我々の惑星』や『灯台』に執筆していた。例えば四三年二月『我々の惑星』二七号に掲載された、ヴェーゼ（E. Vehse）の講演「女性の解放のために」についての評論では、この名が用いられている。テキストは Joeres, Die Anfänge der deutschen Frauenbewegung, S.71-73.

（11）「告白」のテキストは A. a. O., S.85 f.

（12）赤木、五～八頁。

（13）Frauen-Zeitung（以下、FZ）Nr. 52（31. 12. 1850）.

（14）この記述は正確ではない。というのも、四八年一一月一五日のラント議会選挙に関する暫定法四条が第二院議員選挙資格を成年に達した「男性国家構成員（männliche Staatsangehörige）」に与えていたからである。GVBl 1848, Nr. 84, S. 227-232. また、『女性新聞』が男性の後見下での存続を拒み停刊という選択をした理由については、同誌が創刊以来重視してきた「自助」原理が働いているとの指摘がある。Gerhard. Hannover-Drück und Schmitter, a.a.O., S. 25.

（15）FZ Nr. 51（21. 12.1850）.

（16）第二院議員の選出方法をめぐっては、五〇年一二月の時点では、四八年の暫定法が廃され革命前の選出方法が復活させられていたものの、成年男子にのみ投票資格が認められている点に相違はない。GVBl 1850, Nr. 60, S. 199 f. 革命前の第二院は騎士領所有者議員、都市議員、農業身分議員、手工業者議員から構成されており、そのうち騎士領所有者議員以外は間接選挙によって選出された。この際の投票資格は二五歳に達したキリスト教を信仰する男性で、家屋の所有や営業税の納付などの要件を満たす者に与えられていたからである。拙稿「ザクセンにおける立憲化と『プレスの自由』（2）」二九、三八頁参照。

（17）これらの女性誌に関しては、I. Hundt, Soziale Reform-Die Zeitschrift der Sozialistin und Feuerbachianerin Louise Dittmar im Kontext der Frauenpresse 1840-1852. Mit dem Versuch einer Rekonstruktion. in: Hrg. L. Lambrecht, Entstehen des Öffentlichen. Eine andere Politik, Frankfurt am Main 2007, S. 157-182.『女性新聞』は、ディトマーが編集する月刊誌『社会改革』について、二誌が同時期に創刊されたことは能動的な地位に進出したいという女性の欲求の表れであり、二つは競合関係ではなく共通の目的のために補完関係にあると評価していた。FZ Nr. 5（19. 5. 1849）und Nr. 22（15. 9. 1849）.

（18）三八年一月八日の「性に基づく後見の廃止に関する法律」はGVBl 1838, Nr. 7, S. 23.

（19）バイエルンの法案は五〇年の五号（FZ 2. 2. 1850）に、リューダースの「女性とプロイセン結社法」は二〇号（FZ 18. 5. 1850）に掲載された。リューダースは「告別の辞」の中で編集部によって「協力者（Mitarbeiter）」として称えられた人物である。FZ Nr. 52（31. 12. 1850）.

（20）Gesetz-Sammlung für die Königlichen Preußischen Staaten 1850, Nr. 3261, S. 277-283.

（21）FZ Nr. 24（15. 6. 1850）. 同命令二一条は「財産処分能力のある者（dispositionsfähige Person）」に結社の設立・参加資格を認めている。GVBl 1850, Nr. 36, S. 137-142. 確かに、プロイセンやバイエルンのように性を限定する表現は用いられていないが、夫や父の下に置かれこの能力を有さない多くの女性は実質的に排除されているといえよう。

（22）ロベルト・ブルム協会はライプツィヒに創設され、女性も審議権、投票権をもつ会員になることができると紹介されていた。FZ Nr. 32（24. 11. 1849）und Nr. 33（1. 12. 1849）.

（23）S. Zucker, German Women and the Revolution of 1848: Kathinka Zitz-Halein and the Humania Association. in: Central european History 13/3, 1980, S. 238 ff.

(24) FZ Nr. 23（8. 6. 1850）, Nr. 29(20. 7. 1850), Nr. 40（5. 10. 1850）und Nr. 46（16. 11. 1850）.

(25) これらの命令・法律は集会や結社への監視の強化を目的としており、届出制、設立者・参加者の資格、違反行為への罰則などを詳細に定めていた。GVBl 1850, Nr. 36, S. 137-142, Nr. 42, S. 149 f. und Nr. 91, S. 264-270.

(26) FZ Nr. 23（22. 9. 1849）, Nr. 25（6. 10. 1849）und Nr. 26（13. 10. 1849）.

(27) FZ Nr. 30（27. 7. 1850）und Nr. 31（3. 8. 1850）.『女性新聞』は、この女性協会は四九年のドレスデン五月蜂起の犠牲者家族を支援する合法的な組織であり、逃亡者や外国人への金銭的援助といった容疑事実はないと述べ、女性協会を擁護する立場をとった。それゆえ、女性協会と『女性新聞』編集部に対する内務省とマイセン市の捜索を「底なしの卑劣な」行為とみなした。Ebd.

(28) GVBl 1851, Nr. 23, S. 92-101. 翌一五日には、この法律の執行に係る司法省・内務省命令（全二三条）が出された。A.a.O., Nr. 24, S. 101-108.

(29) 五一年プレス法に先立ち制定された五〇年一一月の集会・結社法二二条は協会設立資格を「財産処分能力を有し政治的名誉権を保有する者のみ」に認めていた。性別の限定こそないものの、集会・結社法二二条と五一年プレス法一二条がほぼ同じ表現を用いていることは興味深い。GVBl 1850, Nr. 91, S. 264-270.

(30) FZ Nr. 1 und Nr. 2（2. 5. 1851）. この時期のルイーゼは小説『ブッヘンハイム（Buchenheim）』の執筆に集中していた。この作品では、女性的な特性を有しつつ、子どもの教育者として伝統的に男性の領域とされてきた公的領域、都市へ進出していく二人の女性の姿が描かれた。『ブッヘンハイム』については、R-E. B. Joeres, Respectability and Deviance:Nineteenth-Century German Women Writers and the Ambiguity of Representation, The University of Chicago Press 1998, S. 277. 須藤、二一頁参照。

(31) 日記によれば、彼女自身が五一年一月末マイセンにおいて、カイル（E. Keil）やゼミヒ（H. Semmig）、後に夫となるペータース（A. Peters）らについての事情聴取を受けている。Ludwig, a.a.O., S. 255. ゼミヒは『女性新聞』の執筆者の一人で、リューダースらとともに「協力者」に数えられた人物である。FZ Nr. 52（31. 12 1850）.

(32) Sächsisches Staatsarchiv　Hauptstaatsarchiv Dresden（以下、SächsHStA DD）. 10736: Ministerium des Innern. Nr. 278.

(33) 弟系ロイス侯国の法制度については、T. Wirth, Revidiertes Staatsgrundgesetz für das Fürstentum Reuß jüngere Linie 1852, Norderstedt 2009, S. 8 ff. を参照。

(34) 『ドイツ女性新聞』の経過については Ludwig, a.a.O., S. 310 ff. を参照。

(35) SächsHStA DD, 10736; Ministerium des Innern, Nr. 3701.

(36) M. Kotulla, Deutsches Verfassungsrecht 1806–1918. Eine Dokumentensammlung nebst Einführungen. 1. Band, Berlin, Heidelberg 2006, S. 808 ff.

第五章　生活綴方教育の再構築

北川　健次

1　日本のプラグマティズムとしての生活綴方教育

1　本章の課題

日本の教師には、さまざまな困難や苦悩を乗り越えて、そのなかでその時代が求める教育実践を創造し展開してきた歴史がある。その一つには、日本の伝統的な教育実践である生活綴方教育を挙げることができる。筆者は、教師として教壇に立って以来、この生活綴方教育を自己の教育実践の根本に据えてきた。しかし、近年、いわゆる「学力テスト」体制の強まる中で、この生活綴方教育を行いにくい状況が作られてきた。また、現場では、「生活綴方」という言葉さえ耳にすることは稀である。

筆者は、いじめ自殺事件や不登校、さらには大地震による被災体験によって心に傷を負うなど、子どもと教育の問題が取りざたされ、より子どもの内面にせまる必要がある現代にあっては、生活綴方教育の再構築が重要であると考えている。そのためにも、改めて生活綴方教育の歴史と思想について考察していきたい。

そこで、本章では、思想界から戦後いち早く生活綴方教育に注目した、久野収・鶴見俊輔『現代日本の思想』

（一九五六）に収められた鶴見の論文「日本のプラグマティズム――生活綴り方運動――」の検討を通して、生活綴方教育の歴史と特徴について考察し、そこから引き継ぐものは何かを考えていく。

2　鶴見俊輔のプラグマティズム論と生活綴方教育運動

鶴見は、生活綴方教育を運動として捉え、教育界におけるプラグマティズムと位置づけている。[1] この運動は、「特定の学説の輸入紹介からはじまったものでなく、地方の小学校生徒との出会いの中から生まれた、自発的な思想運動」とし、これを「とくに重んぜられるべき」と重視している。[2]

鶴見によれば、プラグマティズムとは、「思想を行動とたえず交流する状態において、思想に新しい養分をあたえて内容をこやし、また、思想の方法が動脈硬化におちいらぬように、毎日の生活上の応用問題をあたえて、方法をしなやかにする思想流派」と説明している（七三頁）。そして、「行為（プラグマ）が思想に先んじることを主張する立場」とするならば、「生活綴り方運動」は、「徹底的にプラグマティックな運動の形をもっている」と指摘している（七五頁）。「生活綴り方運動」が「自分の力によって、自分の眼にふれる真実をうつすということを目標として」おり、「自分の生活の真実を描くための『書き方』の理論として出発したため、環境にたいする働きかけの面が強い」ことを捉え、アメリカのプラグマティズムが防禦的なのに対して、これは、「攻撃的」だとしている（七五頁）。鶴見は、その「攻撃性」は、この運動の歴史を辿れば明確になると述べて、その発生期から考察を始めている。

鶴見は、この運動が、その発生期の大正時代から昭和初期へと移った時、「重大な意味変化」を起こし（九四頁）、「階級社会の自覚」に達したと指摘している（九五頁）。鶴見は、ここに攻撃的側面を見出しているものと思われる。

筆者は、鶴見が「生活綴り方運動」をプラグマティズムとして捉えていることに概ね賛同しつつも、この「攻撃的」

という表現には違和感を抱かざるを得ない。そこで、まずは鶴見の記述に沿ってこの運動の歴史を辿り、この「攻撃性」について問うてみたい。

2　「生活綴り方運動」の歴史

1　生活綴方教育の発生

（1）芦田恵之助の「随意選題」

鶴見は、「生活綴り方運動」を「昭和年代のプラグマティズム」と位置づけ、とくに、戦前の運動に注目し、「生活綴り方運動」の歴史では、明治期の芦田恵之助に源流を見ている[3]。

鶴見は、芦田が青年教師時代に、福知山の惇明小学校で教えていた時に遭遇した水害の記録である『丙申水害実況』（一八八七）を書いたことをとり上げ（七六頁）、このことが、彼に綴方教育への深い関心を持たせる糸口になったという[4]。

芦田は、東京高等師範学校附属小学校の教師をしているうちに、「文部省からきめられた型にあわせて教えることに、生きがいを感じなくな」り、岡田虎二郎のもとで静坐を始めた（七七頁）[5]。それによって、彼は「心の安定」を得て、子どもたちが随意に題を選び自由に綴る「随意選題」を提唱し、その後の綴方教育を、自発的で、子どもの生活を重視したものへと転換させた。芦田は、自己の受けた綴方教育の経験も踏まえて、「花見」という題を与えられれば、「腰に一瓢を携えて」と型を押し付けられて書くことが要求されていた明治期の形式的な綴方から、子どもを解放しようとしたのであった（七九頁）[6]。

（2）鈴木三重吉の『赤い鳥』

鶴見が、次に取り上げたのは鈴木三重吉である。鈴木は、芦田の随意選題が全盛を迎えた頃、児童文芸雑誌『赤い鳥』を発刊（一九一八）して、新たな綴方運動を起こした。彼は、「子供の綴り方を集め、比較検討する全国的ネットワークをつくった最初の人」であった（八一頁）。

鶴見は、鈴木が「今日の綴り方運動家によって幾分のけいべつをもってみられている」と指摘して、「それは正当なものとは思えない」と否定している。鶴見のいうには、鈴木が「唯美主義者、芸術至上主義者として出発した」が、満州事変後も「ある一線以上に政治に屈服することなく生きた」ことを評価している。そして、鈴木の『綴方読本』に見る綴方批評を示して、彼が「国語読本によるおしつけを排除する方法、政府のおしつける唯一の見方によってでなく各自が自分の眼で自分の生活を見てかくこと」をすすめたと述べている（八七頁）。

（3）画一的教育への対抗

鶴見の考察に付け加えると、鈴木が目指した「ありのまま」の生活――見たことや聞いたことを描写すること――は、芦田の随意選題を意識してはいないが、そのベースは、芦田以来の課題主義批判であり、自由に選題することであった。その童心主義、文芸主義は批判を浴びたが、芦田が綴方を「人格修養上に深き関係」があると捉えたように[7]、鈴木が綴方を「人間教育の一分課」と述べたことは[8]、綴方教育の持つ教育的な役割を意識したものであった。

芦田や鈴木は、子どもが大人の実用に振り回されるのではなく、子ども自身の生活に目を向けることの必要性を訴えている。そして、形式的な課題作文を、題材も書き方も子ども自身の意思に委ねる綴方教育へと転換させたことが、後の生活綴方教育につながる大きな役割を果たした。それは、明治期以来の画一的な教育への対抗であった。

2　生活綴方教育の成立と発展

（1）綴方同人誌に集まる教師たちの運動

鶴見は、鈴木に続いてのこの運動の主体を、各地に広がっていた綴り方同人誌に集まる教師たちに見ている。金融恐慌（一九二七）から満州事変（一九三一）までの時期に多くの綴り方同人誌が現れたと指摘し、この運動の「センターは分散し」全国に及んだと述べて、次のように紹介している。

この運動のコミュニケイション・ネットワークは、運動家がたがいにまったく会見する機会もないままに、自分のうけもちの学級でつくった文集をたがいに送りあって、批評するということでなりたっていた。まったく、多元的なネットワークをもっていたわけで、このために弾圧期にはいっていた進歩運動のうしろだてとして、重大な役割を果すこととなる。中日戦争がはじまってからも、たがいに信用できる三人、あるいは四人の小集団の形で、ちがった地区の小学校教師が文集を交換して運動をつづけた。（九二頁）

鶴見は、この運動の中で、東北地方の綴方教師たちの理論的後ろ盾となったのが「教育科学研究会」であるとしている（九三頁）。その会長城戸幡太郎は、日本人として「終戦までにアメリカのプラグマティズムの運動に影響を与えた唯二人の中の一人」（もう一人は都留重人）であったことに触れ、城戸の例を示して、日本のプラグマティズムが世界的な運動につながっており、そのつながり方は、「他の思想流派におけるような紹介輸入の仕方」ではなく、「この土地に根ざした運動を二十年ほど続けた上での交流」であり、そのことは「思想運動の発展の仕方において、最も望ましい形のもの」であると評価した。

（2）『綴方生活』の運動方針

戦前の生活綴方教育のピークは、小砂丘忠義らの『綴方生活』誌の発刊（一九二九）以来、東北地方に広がった北方性教育運動をはじめ、各地にその運動が広がった時期であるとするのが教育史での通説であり、芦田や鈴木はいわばその前史であると位置づけられている。鶴見は、芦田や鈴木にかなり注目しているが、それに対して、小砂丘忠義やその他『綴方生活』以後の各地の「生活綴り方運動」の推進者たちの名前は挙げてはいるものの、それらの運動への立ち入った考察をしていないので、それについて少し触れておきたい。

生活綴方教育運動は、綴方教師たちが、「子どもたちに生活の事実を直視させ、それを綴らせ、教室で検討することによって社会認識を育てようとし」たことに始まった[9]。その先鞭をつけたのが、『綴方生活』誌の発刊である。この誌上には、全国の綴方教師が集うようになる。滑川道夫は、『綴方生活』誌が「第二次同人宣言」（一九三〇）を出して再出発をした時期が生活綴方の成立期だとしている[10]。その宣言においては、「社会の生きた問題、子供達の日々の生活事実、それをじつと観察して、生活に生きて働く原則を吾も掴み、子供達にも掴ませる」ことを「本当な自治生活の樹立、それこそ生活教育の理想であり又方法」であると述べられていた。そして、「綴方が生活教育の中心教科であることを信じ、共感の士と共に綴方教育を中心として、生活教育の原則とその方法を創造せんと意企する」と、その意気込みが高らかに謳われていた。この『綴方生活』の発刊により、これを交流舞台にして地方でも同人誌が発行されて、生活綴方教育運動が盛んになっていった。

（3）北方性教育運動と「生活台」

その中で、一九二九年に結成された「北方教育社」の同人たちは、「欠食児童の続出する恐慌下の東北農村の児童をかかえ、教員としてどう行動すべきか」という一点だけを共通して深め合っていった[11]。彼らは、子どもの作品を持ちより、これを素材にして、それぞれの子どもの指導方法を討論し研究していく「作品研究会」を始めていった。それを進めるうちに、子どもとともに児童作品を読み合い、そこに現れている生活の事実とその事実に対する子どもの「心のかまへかた」を集団的に考え合って、「生活に生きて働く原則を吾も掴み、子供にも掴ませる」ことが目標とされていった。

その後、東北地方のいくつかのグループが合体して「北日本国語教育連盟」を結成し、機関紙『教育・北日本』を発行した。彼らは東北の地域にある過酷な生活の現状を直視することを主張した。その宣言で、彼らは「生活台」という定義をしている。東北は、「文化的に置き去りを喰つてゐる地域」であり、「封建の鉄のごとき圧制がそのまま現在の生産様式に、そして、その意識状態に規制を生々しく存続してゐるところ」であること、さらに、「冷酷な自然現象の循環」するこの現実こそを「生活台」であるとした。彼らはこれに「正しく姿勢することによってのみ教育が真に教育として輝かしい指導性を把握」することを確認した。

彼らは、東北の過酷な生活現実を、ありのままに子どもたちに直視させ、それを綴ることで現状認識を深めさせた。教師は、教師同士あるいは子どもとともにその作品を読むことで、更にその認識を深めた。当時のこの運動の中心的リーダーの一人であった村山俊太郎は、「綴方の出発点は、生きている子どもの現実生活から始まり、そしてそこに終わっていくものである。思い思いの環境裡に、思い思いの対象をもって生活している子どもの喜怒哀楽の声をきくのが綴方の出発点である」と述べたことは、その根本を表現している。[12]

3　戦後の生活綴方の復興

(1)　無着成恭と『山びこ学校』

戦前の「生活綴り方運動」は、鶴見のいうように「自分たちの生活条件にゆるされた範囲の目だたぬ抵抗をつづけ、「小学校教師の無意識の習慣の中にくみいれられて」、「中断されることなく潜流として流れつづけ」た（九五頁)。それは、戦後の無着成恭『山びこ学校』(一九五一)に「豊かな実り」の時を見せたのである。[13]

鶴見は、戦後の状況については詳細に触れていないので、少し立ち入って見ておきたい。

無着は、綴方を、農地問題に揺れる村の貧しい現実に対峙するために利用した。彼は、「現実の生活について討議し、考え、行動までも押し進めるための綴方指導」を行い、子どもに「ほんものの生活態度を発見させ」ようとした。[14]実践を通して、無着は、「『忍耐』や『勤勉』の中にかくされたゴマカシ、即ち貧乏を運命とあきらめる道徳にガンと反抗して、貧乏を乗り超えていく道徳」が、子どもたちの中に生まれつつあることを感じている。

この無着の方法は、鶴見の解釈では、マルクス主義とも、プラグマティズムとも、「生活綴り方運動」からも「別個に」、社会科を教えるというその実際上の問題を解決する努力の中から、「直線的に」生まれたとの認識を示している(九四頁)。

しかし、無着は、「それまでも綴方を書かせてきたのですが」と述べている。[15]彼は、『少年文章』や『子供の広場』の読者であったし、彼も同人の一人となって、『つづりかた通信』誌を発行した。だから、『山びこ学校』が生まれる根本には綴方教育があったといえる。戦後派の教員が、戦前にそれに取り組んだ教師たちとの出会いによって、戦後の生活綴方教育の再興のきっかけとなっていった一例が『山びこ学校』であった。

(2) 戦後の生活綴方教育の復興

一九五〇年に「日本綴方の会」が結成され、機関誌『作文研究』が創刊されるに至った。これは後に『作文と教育』と改名されて、会の名称も「日本作文の会」となった。

このような状況を顧みて、国分一太郎は『教育新報』誌に「綴方の復興と前進のために」という連載をし、それをまとめて『新しい綴り方教室』(一九五一)として出版する。しかし、その国分でさえも、「戦後すぐの時期には、社会科をはじめとする新しい教育の拡張解釈的な(ということは日本民族の歴史的課題に即して考えるような)研究の

方向に目をうばわれ、生活綴方的教育方法の直接的な復活などは、全然考えなかった」と述懐している。(16)

一九五二年には、日本作文の会が岐阜県恵那において第一回作文教育全国協議会を開催し、全国から約一三〇〇名の参加者を得た。読売新聞は、当日の議論を次のように伝えている。(17)「戦後の新教育のとり入れ方が形式主義的に流れ、日本の歴史や社会を無視したことの欠陥への批判や反省が生活綴方や生活詩による人間性にみられる教育方法をうながしたのは当然であ」る。「生活綴方は、①あらゆる糸口から子供へ接近するすぐれた教育方法であること、②子供をとりまく現実を問題的に直視させるものであり子供の感情のゆがみをなおすものであること、③クラス全体が共通の問題を通じて人間的な組織にみちびくこと、④教師自身の自己改造になることの四点は原則的に確認されて討論が進められた」。このように、生活綴方が改めて見直されていったのである。

3　生活綴方教育の特徴

鶴見は、この運動の特徴について、特に昭和戦前期の運動を中心に、①組織、②思想の発展方式、③理論、④他の思想流派との今後の結びつきの四点を挙げて考察している。これらをベースに、この運動の特徴点について考えてみたい。

1　つながり合うこと

鶴見は、この運動の組織について、「他のあらゆる進歩的思想運動にまさる堅固なネットワーク」を持つことに注目している。その特徴として、まず、「ワンマン的な指導者を上にいただくことなく、……地方教師が小リーダー」であることを指摘している（一〇〇頁）。つまり、さまざまなグループが各地で活動し、単一組織としては成立していないのであった。だから、その運動が、一人の指導者に振り回されることなく、その地域独自に展開されたのであった。

そして、その小グループが「雑誌の上とか手紙の上とか、『ガリ版文化』と言われている子供の文集の上で手をつなぎあっている」のであった。文集は、学級、学校などさまざまな形態があったが、全国的な規模では、『赤い鳥』、『綴方生活』や『綴り方倶楽部』など、同時期にいくつかの雑誌が存在した。これらの雑誌は、教師たちの交流舞台でもあった。また、学級文集づくりは、芦田以来今日まで行われており、それらの交換は互いの実践交流や作品研究へと発展する。そして、互いが刺激し合って新たな実践へと向かった。

この運動では、「堅固なネットワーク」が、自発的に形成されていった。ほとんど出会ったことのない教師同士であっても、「子供の文集の上で手をつなぎあっている」という特徴を持っていた。このつながりは、教育実践の一つの成果物でもある文集などを媒介としており、しかも、それが根を張るように形成されていったのである。

2　折衷性と土着性

（1）折衷性

鶴見は、この運動の形成過程では、異なる流派が「たがいにないあわされてゆく」のであり、そこに「妥協でない折衷」＝「挫折的折衷でなく発展的折衷」が可能になる実例があることを指摘している（七六頁）。それは、この運動が発生以来、東洋風の虚無主義、ヨーロッパ世紀末の唯美主義、アナーキズム、マルクス主義の順序で影響を受け、それらの主張が対立するのではなく、それらの影響がつみかさなって独特の性格をこの運動に与えたことであったという（一〇二頁～一〇三頁）。このことを、彼は「創造的折衷性」と呼んだ。その「つみかさなり」

とは、思想のとらえ方が、その「出典」ではなく「目前の問題をとくこと」に力点を置いたからであり、どんな思想であっても「足しになる考えならばいくらでも追加して」いったからだとしている。

例えば、芦田の綴方論を自由主義、『赤い鳥』綴方を文芸主義とした批判の上に立って『綴方生活』同人たちが運動し、それが、生活教育運動や新興教育運動、教育科学運動へとつながっていったのである。このことを考えれば、「対立」とまではいかなくとも、それまでの綴方論を批判しつつ、新たな段階へと引き上げられていったといえる。

「折衷性」という意味では、大正期に随意選題（文題も文体も自由に選ぶ）か、課題主義（課題を与える）かという論争が高まり、両者を採り入れた「折衷案」が広がったことが挙げられる。[17] この論争について、心理学者の波多野完治は、社会の分化的方向と同一化的方向という二面から考察した。随意選題は前者に、課題主義は後者に根ざすものとした。当時の自由教育思潮の中で、随意選題のような絶対的な自由を主張した人々と、教育は自由でもよいが、何でも自由では最小限の教育活動ができないのではないかと反論した人々との論争となり、それは、教育界を二分するような内容となったのである。

教師は、この論争を経て、実際面では両者を採り入れた折衷案を採るものが多かった。全く自由では何を指導してよいかわからないと疑問を呈し、逆に課題に縛られるのも、それまでの型にはめられた教育への批判から与しがたかったのである。結局、この論争の決着はついていない。また、戦後すぐには「生活綴方」か「作文」かという議論が起こっているが、これも明確な決着は見ていない。[19] 綴方思想は、この折衷性を持ったまま、妥協ではなく論争を重ね、その時代に相応しい実践を生み出し発展してきたということができる。

（2）土着性

次に、鶴見は、この運動に「創造的折衷性」を持たせた要因は、「他の思想流派におけるような紹介輸入の仕方によってではなく、この土地に根ざした運動」であることを「最も望ましい形」と評価し（九三頁）、「この運動の小リーダーが、地元の小社会からぬけだすことなく、そこにいすわりつつ、運動の推進力となった」ことであったと指摘する（一〇二頁）。

この鶴見の綴方教育論を「土俗の教育」と表している例がある。[20] しかし、「土俗」では、「民俗」的ニュアンスが強く、「土地に根ざ」し「いすわりつつ」運動を進めたことには、「土着」という言葉のほうが適切ではないかと筆者は考える。

この「土着性」こそ生活綴方教育を実践する教師の重要な特徴だと考える。東北や北海道という過酷な条件の農村地域だけでなく、都市部においても、[21] 綴方教師たちがそこに居座りつつ実践を続けたことが、彼らの綴方思想を発展させ、地域の生活綴方運動の推進力となったからである。それは、地域に根を張った教育実践や運動の土台でもある。

3　子どもを理解すること

鶴見は、「生活綴り方運動」は、「各自の実践コースの中から打ち出された簡潔な格言のつみあげを、その理論的中核と」し、「それぞれの個人のかなり長い実践のコースからの収穫が唯一の語句におさめられている」と指摘している（一〇四頁）。例えば芦田恵之助が「題は自由に選ぶべし」というような単純な格言を、彼の実践の中から導き出してきているという。

しかし、それは書き方、方法論として綴方を見ている視点である。綴方教育は、芦田がその経験を語っているように、大人の実用を綴らせた時代から、子どもの実生活に目を向けさせ、よりリアルな生活現実に迫らせるようになっていった。そして、教師は子どもの綴った作品を読むことで、より子どもをつかもうとした。それは、子どもとそれを取り巻く生活をもつかむということである。鶴見のいう「格言の積み重ね」はあるにしても、生活綴方には、この「子どもをつかむ」こと、今日的に言えば「子どもを理解する」ことが貫かれていることに目を向けなければならないのではないかと考える。

4　読み合うこと

鶴見は、この運動に「階級」概念が登場したことを「定式化されてよい」とする（一〇六頁）。しかし、芦田以来、本来「生徒自身による納得ずくの思想発展方式」が中心的原理となっていたのに、プロレタリア教育では、その「世界観のおしつけ」が急なあまり十分な効果を上げられなかったことを指摘した。このことを捉えて、鶴見は、この運動の理論には「体系性がとぼしい」と批判している（一〇七頁）。

しかし、本来の生活綴方教育は、そのような「おしつけ」を否定してきた。例えば、芦田は、綴方の系統案には反対であった[22]。各学校、各教師の系統案はあってもよいが、普遍的なものには一定の理論や体系に縛られる可能性があるからである。その後、随意選題か課題主義か、つまり系統案の是非をめぐる大論争となり、結局東京高等師範学校附属小学校から、系統案が出されるが、その効果も十分ではなかったようである[23]。

綴方は、もともと細目も教科書もなく、そこに教師たちは実践の自由を求めて工夫をした。「生活」や「実感」を綴ることを通して自己や社会と向き合っていった生活綴方教育は、国語科の中の綴方、あるいは作文であったが、教科の枠ではくくれない一つの教育実践方法となった。

その方法は、まず、何を書くか探し、ありのままに書く。そして、「読み合う」ことで、また、次の書くことを見出していく。その過程において、各自の思想や認識が深まっていくのである。事細かく指導の順序や内容を決めてしまえば、それは自己の意思を離れ、生活綴方ではなくなってしまう。

また、鶴見は、この運動が、「自己の個別体験をもととして理解を一般化してゆこうと考えるため、自己の体験への具体的翻訳の可能なのに応じてしか一般法則をうけいれられない」として、ここにその限界を見ている(二一三頁)。そして、その解決策として、「世界にたいする現実的な位置づけを必要とするかぎりにおいて、自我を軸としないで客観的世界を軸とする思想展開の方法を、もう一つの極としてもつこと」が必要だとしているのである(二一四頁)。

しかし、この鶴見の批判は、「読み合う」ことによって克服できるのではないか。友達の、あるいは交換された文集等に収められた作品を読み合うことによって、鶴見のいう「自己の体験」から抜け出せない欠点を克服し、少なくとも他者から新たな視点や示唆を得ることができるからである。

4　現代の教育の「道しるべ」

以上、鶴見俊輔の論文をベースにしながら、生活綴方運動の歴史と特徴について考察をしてきた。第2節では、鶴見の考察に沿って生活綴方教育の歴史を辿った。それによれば、綴方教師たちが、したたかに生活綴方教育を実践したことがわかるであろう。綴方教育は、大人の実用から子どもを解放し、ありのままに綴ることから、より現実を直視して現状認識を深めさせることへと発展していった。しかも、その推進者は、その地域に根を下ろしつつ、各地の運動とつながり交流していった。そして、あまりにも現実重視の立場は弾圧の対象とされたが、それは根絶やしにはされずに「小学校教師の無意識の習慣の中にくみいれられて」、密かな底流は、戦後の復興とともに新たな発展を創り出した。このような歴史を辿れば、この運動の性格が「攻撃的」というよりは、「対抗的」・「抵抗的」であったといえる。

第3節では、鶴見の考察に沿って生活綴方運動の特徴を検討してきた。そこから筆者は、綴方教師たちの「したたかさ」「地道さ」を見出す。筆者は、ここに、鶴見が生活綴方運動を、日本の思想運動の「公共遺産」だと述べさせている所以があると考える。特にその「土着性」と、「つながり合うこと」とは、地域に根を張った教育実践のために欠かすことのできないものである。

さらに、生活綴方教育実践は、綴る―読み合う―綴る…という、単純だが思想や認識の発展を期待できる営みである。その営みを通して綴方教師が続けてきた作品研究と、いわゆる「子どもを理解する」ことは、見えにくくさせられた現代の子どもと教育の課題に迫っていくための道しるべとなるであろう。

注

（1）プラグマティズムとは、周知のとおり、一九世紀末のアメリカ合衆国に始まる思想学派である。日本の教育界では、とくにデューイの経験主義の影響が大きい。その経験主義教育では、経験は、行動に始まり、思考をくぐりぬけ、新たな行動へと発展していく能動的活動の過程と捉えている（『現代教育学事典』、労働旬報社、一九八八年、二五〇～二五一頁）。

（2）鶴見俊輔「日本のプラグマティズム――生活綴り方運動――」、鶴見俊輔・久野収『現代日本の思想』、岩波新書、一九五六年、七三頁。以下、本書からの引用は、本文中に頁を記す。

（3）このことに関しては、生活綴方教育史研究の中で諸説はあるが、筆者も同じである。

（4）芦田は、これを書きあげたことで、「自発的に綴ること」の重要性を意識した。このことと、課題作文への批判、さらに、師事した樋口勘次郎の「活動主義」にも影響されて、児童中心主義的で自由主義的な「随意選題」を提唱した。

（5）鶴見は、この岡田は、日本の近代思想史の上で、独自の思想運動を起こしたとしている。岡田は、どの流派に属することもなく、ただ、来る人と一緒にすわって、気持をととのえることを教えるだけで、あと、その一人一人の問題について一緒に話をすることが運動の形だと説明している（七七頁）。鶴見は、この運動の痕跡が残っていないとしているが、現代でも岡田の語録が読まれ、「静坐法」は受け継がれている。

（6）実は、芦田自身も子ども時代に、事実でないことや経験にないことを想像して書かされた経験があった。彼は、「課題によってのみ育てられ」、「全く盲信、無自覚の状態」であったが、出題者に迎合することが何よりも大切だと考えるようになり、実生活とかけはなれた「虚生活」を綴ることで、「一時の淡い満足感」を得ようとした。このことが、芦田の課題作文批判の土台となっていった（芦田恵之助『尋常小学綴方教授書巻三』（育英書院、一九一九年）、『芦田恵之助国語教育全集5』、明治図書、一九八七年）、四一六頁～四一七頁）。

（7）芦田恵之助『綴り方教授に関する教師の修養』（育英書院、一九一五年）、『芦田恵之助国語教育全集3』、明治図書、一九八七年、二九三頁。

（8）鈴木三重吉『綴方読本』（中央公論。一九三五年）、講談社学術文庫、一九八七年、六頁。

（9）山住正巳『日本教育小史』岩波新書、一九八七年、一一五頁。

（10）滑川道夫『日本作文綴方教育史1明治篇』国土社、一九七七年、五〇六頁。滑川はこのように提起しているが、生活綴方の成立時期については、さまざまな意見がある。『綴方生活』創刊時、『北方教育』創刊時、ほかに、芦田恵之助や樋口勘次郎などに見出すものもある。しかし、「生活教育の中心教科」という認識に立脚した点において、この第二次同人宣言の時期が妥当であると思われる。

（11）岩波講座『現代教育学5』「日本近代教育史」岩波書店、一九六二年、二七二頁。

（12）村山俊太郎「児童文の処理問題」、『教育研究録』（山形県師範学校附属小学校、一九二九年）、村山士郎編『村山俊太郎生活綴方と教師の仕事』、桐書房、二〇〇四年、一一五頁。

（13）これは、山形県山元中学校の子どもたちの文集『きかんしゃ』の中の作品を集めたものであった。映画化もされ、戦後の生活綴方教育に大きな足跡を残した。

（14）無着成恭「あとがき」、『山びこ学校』（青銅社、一九五一年）、岩波文庫、一九九五、三一三頁。

（15）同前。

（16）国分一太郎「生活綴方の十年」、『教育』第五二号、一九五五年一一月、国土社、三七頁。

（17）『読売新聞』、一九五二年八月八日、教育欄。

（18）波多野完治「自由選題論争の歴史性――綴方教育問題史――」（『教育』二月号、岩波書店、一九三五年）、『第二信号系理論と国語教育』、明治図書、一九六一年一八四頁～一九六頁。

(19)一九五二年に『教育建設』第三号（金子書房）として、『生活綴方と作文教育』が出されて論議が高まった。
(20)中内敏夫『生活綴方成立史研究』、明治図書、一九七〇年、二三頁。
(21)都市部の実践としては、例えば、一九五〇年代前半に、兵庫県西宮地域で実践した戸田唯巳の実践記録『学級というなかま』（牧書店、一九五六年）がある。
(22)芦田恵之助「余の綴方教授の実験に対する質疑に答ふ」、（『教育研究』第三四号、一九〇六年）、『芦田恵之助国語教育全集』第一巻、明治図書、一九八八年、三六九頁。
(23)芦田恵之助『国語教育易行道』、（同志同行社、一九三五年）『芦田恵之助国語教育全集』第十二巻、明治図書、一九八八年、一四三頁。

第六章　自由大学運動と現代

田中 幸世

1　時代に立ち向かった民衆の自己教育運動

自由大学運動は、一般に、大正デモクラシーの所産であると言われてきた。しかし、大槻宏樹によれば、それはむしろ「プレファシズムを迎える季節の所産」[1]である。周知のように、大正デモクラシーの時代は、明治期以来の富国強兵政策と近代資本主義の急激な発達に伴う矛盾が噴出した時代でもある。民衆運動の高揚に対して支配層は思想統制を強化しつつ、民衆の思想を「修養」や「思想善導」によって抑圧し、国家主義・排外主義へと巧みに誘導した。自由大学運動は、それに立ち向かった「民衆の自己教育運動」[2]である。同時期に、労働者による労働学校が総同盟によって開設されており[3]、両者はともに時代に対峙する先駆的な民衆の教育運動であったが、労働学校は階級的視点を重視し、自由大学は、「自由」による個人の「自律的人格形成」を重視したのである。

時代に先駆けたものが継承・発展し現代に活かされるのは、その価値の深い認識と再評価されることによってである。一九六〇年代以降、自由大学の研究には着実な資料の発掘と優れた研究成果が数多く生みだされた。しかし、一般には、自由大学の名を知る人は少ない。それゆえ、本章では、多くの優れた先行論文に依拠しつつ、1.

自由大学運動とはどのような運動であったのかを紹介し、2．自由大学運動研究から自由大学の精神を再認識し、3．自由大学運動の精神と現代について考えたい。

2　自由大学運動の理念と実態

自由大学運動は、一九二一年（大正一〇年）から一九三〇年（昭和五年）にかけて、長野県、新潟県を中心に全国各地で展開された民衆による教育運動である。[4]

発端となったのは、一九二一年、長野県の上田小県《ちいさがた》地方に生まれた信濃自由大学（後に上田自由大学と改称）であった。普通選挙制度が実現できた時に備えて主権者にふさわしい能力を身につけるために「系統的民衆教育機関を作りたい」[5]という神川村の青年たちと、近代日本教育体系と知識人による知の独占を批判して「学問を民衆のものにしたい」という在野の哲学者土田杏村とが出会うことによって構想され、大学の在り方に疑問を持っていた若き研究者たちの協力によって設立されたのである。自由大学は、行政や団体・組織からの助成も制約も拒否した「手作りの大学」として誕生した。

（1）　自由大学の理念

自由大学の理念は、杏村[6]の教育理念を軸とした、既存の教育制度に対抗した成人教育論である。それは、「信濃自由大学趣意書」（一九二一年）、土田杏村「自由大学とは何か」（一九二四年）、土田杏村「自由大学に就いて」（一九二五年）、高倉輝「自由大学に就いて」（一九二五年）[7]に凝縮されているが、以下に見るように、現実と向き合う中で、次第に深化していった。

（以下、傍点は筆者による。）

①自由大学は、「学問の中央集権化を打破し、地方一般の民衆が其の産業に従事しつゝ、自由に大学教育を得んが為に、総合長期の講座を開き、何人にも公開する」ものである（「信濃自由大学趣意書」）。

②「全ての社会的不平等は教育の不平等が根本の原因である」から、「知の独占」を排し、「教育機会の平等」を得るためには、「労働しつつ学ぶ学校は、最も高度な教育でなければならない」。しかし、教育とは、「実利的に何らかの便益を得る事にでは無く」、教育の意義は、本来「自己教育」であるが、「個人の孤立によっては達せられず、他よりの教育を必然的に要求する」ものである（土田「自由大学に就いて」）。

③自由大学とは、「国家およびあらゆる教権から解放」されて、「教育の自治」が保障された自由な教育活動によって、「労働する社会人が、社会的創造へ協同して個性的に参加し得るために、終生的に、自学的に、学ぶことの出来る、社会的、自治的の社会教育設備」であり、「批判的に自分自身で決定しうる精神能力と教養とを得る」教育機関である（土田「自由大学とは何か」）。

そして、杏村とともに自由大学の主柱となった高倉輝(8)は、「今の日本の大学は西欧の University にはあたらず、『職業を授け』、『生活に必要なる才能や常識を与える』Academy に近い」と述べ、「真理に飢えたる魂に対して健全なる糧を齎す可き機関」（「真の大学《ユニヴァーシティ》」）が必要であり、その「健全なる糧」こそ、社会を動かし新しい時代を作っていく（高倉「自由大学に就いて」）と論じている。

また、自由大学の「自由」（Liberty、Freedom）というのは、杏村が繰り返し述べているようにレッセ・フェールの意味ではなく、統制・束縛の解放から真理の追求へと向かう力を意味し(9)、「大学」（University）は、「学問の共同体」を指している。自由大学は、その名のとおり、「真の大学《ユニヴァーシティ》」として創設されたのである。

（2）プロレットカルト論

プロレットカルト論は杏村の自由大学理念に欠くことができないものである。[10] プロレットカルト論とは、ロシア革命後のヨーロッパで論じられていた、社会主義運動における、文化による社会改造論である。日本で大きな影響を持ったのは、教育を重視したポール夫妻による『プロレットカルト』[11]であった。杏村は、すでに文化による社会改造を提唱していたが、『プロレットカルト』の影響を受けて、有産階級のための「ブルジョアカルト」[12]による〔排他的〕個人主義思想を打破し、教育・文化による社会改造を「プロレットカルト」と呼んだのである。したがって、杏村は、プロレットカルトの担い手を必ずしもプロレタリア（無産階級）に限定してはいない。杏村にとってプロレットカルトはブルジョアカルトに対抗するカウンター・カルトであり、それゆえ、プロレタリア独裁の階級闘争的性格を持つプロレットカルト論とは相容れなかった。

杏村は、一九二四年三月の下伊那自由青年連盟の治安警察法違反事件（一般にＬＹＬ事件と略記される[13]）の直後に、「教育と宣伝」は区別されなければならず、自由大学は、団体として「特に資本主義的でも無ければ、また社会主義的でも無く、其等の批判を自分自身で決定しうる精神能力と教養とを得る〔ことを〕目的とする一教育機関である」（「自由大学とは何か」）と声明した。それは、個人の「思想の自由」と教育機関としての「思想からの自由」という杏村の持論の展開であったが、検挙事件の直後であったこともあり、権力と正面から闘っていた社会主義青年連盟の側から、批判されるようになっていったのである。

（3）自由大学の実態

上記の理念に基づいて開講された自由大学の実態は以下のようであった。

上田（信濃）自由大学を例にとれば、カリキュラム等は、（表1）に示したとおり、西欧の近代思想を核とした総合的な学びである。開講時期・時間は 農閑期の一〇月～四月、午後六時～一〇時であり、質素な会場にもかかわらず会場は熱気にあふれ[14]、時間を忘れて語り合うことも多く、聴講者の中には講義の前後に泊まり込む者もいたほどであった。期間は一講座につき五～七日間（大学での一年間の講義に匹敵したという）、聴講料は六講座通しで二〇円、一講座四円であった。聴講者は、中農層の青年・小経営者・教師・医師など地方の知識人層が中心である。（しかし、中断の後に再建された上田自由大学[15]では、貧農層の参加が増えていった。）

自由大学は、全国各地に発展してゆくにしたがって、それぞれの特色が表れるようになる。特に伊那自由大学は、前述した社会主義青年運動等との関係からプロレットカルトの立場が強くなり社会科学の講座が多くなった（表2）。それとは対照的に、新潟の魚沼・八海自由大学は、詩人の野口雨情や作曲家の中山晋平、歌手の佐藤千夜子なども講師に迎えている（表3）。魚沼自由大学は、教員が多かったため夏季自由大学となっており、また、村当局からの補助金（一〇〇円）を受けていたことで、後年の研究において是非が問われた[16]。

新しい動きとして、一九二七年、伊那自由大学は三つの支部組織を作り、支部段階での活動を組織した。中でも千代村支部は、独自で「伊那自由大学千代村支部設立趣旨書」（一九二七年[17]）を作成し、講座の開講だけではなく、「現実的な生産関係に裨益する」するために、自由大学の学習を地域の変革と結びつける構想を打ち出した。再建された上田自由大学においても受講者層の変化に伴い新しい動きが出始めたが[18]、それらは、杏村の自由大学理念を批判的に継承する動きであった。自由大学に新たな兆しが表れ始めていたのである。

しかし、自由大学運動は、一九三〇年一月、上田自由大学での安田徳太郎の「精神分析学」を最終講義として、約一〇年間の活動を閉じることを余儀なくされ、自由大学は未完のまま終わったのである[19]。

表1　上田自由大学

学期	開講年月日	日数	講師	講座	聴講者数	会場
1	1921. 11. 1	7日間	恒藤　恭	法律哲学	56名	上田市横町神職合議所
	1921. 12. 1	6日間	タカクラ・テル	文学論	68名	上田市横町神職合議所
	1922. 1. 22	7日間	出　隆	哲学史	38名	上田市横町神職合議所
	1922. 2. 14	4日間	土田　杏村	哲学概論	58名	上田市横町神職合議所
	1922. 3. 26	2日間	世良　寿男	倫理学	35名	上田市横町神職合議所
	1922. 4. 2	5日間	大脇　義一	心理学	31名	上田市横町神職合議所
2	1922. 10. 14	5日間	土田　杏村	哲学概論	44名	上田市横町神職合議所
	1922. 11. 1	5日間	恒藤　恭	法律哲学	47名	県蚕業取締所上田支所
	1922. 12. 5	5日間	タカクラ・テル	文学論	63名	県蚕業取締所上田支所
	1923. 2. 5	5日間	出　隆	哲学史	50名	県蚕業取締所上田支所
	1923. 3. 9	5日間	山口正太郎	経済学	34名	県蚕業取締所上田支所
	1923. 4. 11	5日間	佐野　勝也	宗教学	34名	県蚕業取締所上田支所
3	1923. 11. 5	6日間	中田　邦造	哲学概論		県蚕業取締所上田支所
	1923. 11. 12	5日間	山口正太郎	経済思想史		県蚕業取締所上田支所
	1923. 12. 1	5日間	タカクラ・テル	文学論		県蚕業取締所上田支所
	1924. 3. 22	5日間	出　隆	哲学史		県蚕業取締所上田支所
	1924. 3. 27	5日間	世良　寿男	倫理学		
	1924. 4. 1	5日間	佐野　勝也	宗教哲学		
4	1924. 10. 13	5日間	新明　正道	社会学（概論）		上田市役所
	1924. 11. 3	5日間	今中　次麿	政治学(国際論)		上田市役所
	1924. 11. 21	5日間	金子　大栄	仏教概論		上田市役所
	1924. 12. 10	5日間	タカクラ・テル	文学論		上田市役所
	1925. 3. 21	5日間	波多野　鼎	社会思想史		上田市役所
	1925. 3. 26	5日間	佐竹　哲雄	哲学概論		上田市役所
5	1925. 11. 1	5日間	新明　正道	社会学	21名	
	1925. 12. 1	5日間	タカクラ・テル	文学論(フランス文学)	30名	上田市役所
	1926. 1.		谷川　徹三	哲学史		
	1926. 2.		中田　邦造	哲学(西田哲学)		
	1926. 3.		金子　大栄	仏教概論		
	1926. 3. 22	5日間	松沢　兼人	社会政策		上田市役所
再建1	1928. 3. 14	3日間	タカクラ・テル	日本文学研究	60名	上田図書館
	1928. 11. 19	3日間	三木　清	経済学に於ける哲学的基礎	25名	上田市海野町公会堂
再建2	1929. 12. 6	4日間	タカクラ・テル	日本文学研究	28名	上田市海野町公会堂
	1930. 1 .24	3日間	安田徳太郎	精神分析学	44名	上田市海野町公会堂

出典：『上田自由大学とその周辺』 29頁

表2　伊那自由大学

開講年月日	日数	講師	講座	聴講者数	会場
1924. 1. 8	5日間	山本　宣治	人生生物学	73名	飯田町飯田小学校
1924. 1. 28	5日間	タカクラ・テル	文学論	52名	飯田町正永寺
1924. 3. 4	5日間	水谷長三郎	唯物史観研究	27名	飯田町天龍倶楽部
1924. 3. 10	5日間	新明　正道	社会学概論	32名	飯田町天龍倶楽部
1924. 10. 21	5日間	山本正太郎	経済学	16名	飯田町天龍倶楽部
1924. 12. 1	5日間	谷川徹三	哲学史	23名	飯田町天龍倶楽部
1925. 1. 8	5日間	タカクラ・テル	文学論(ダンテ研究)	26名	飯田町天龍倶楽部
1925. 3. 15	5日間	波多野　鼎	社会思想史	24名	飯田町天龍倶楽部
1925. 11. 7	5日間	新明　正道	社会学(社会の観念について)	22名	飯田町飯田小学校
1925. 12. 5	5日間	谷川　徹三	哲学史	24名	飯田町飯田小学校
1926. 2. 3	4日間	タカクラ・テル	ダンテ研究（続講）	15名	飯田町飯田小学校
1926. 2. 25	4日間	西村　真次	人類学	16名	飯田町飯田小学校
1926. 3. 11	5日間	佐竹　哲雄	哲学概論	17名	飯田町飯田小学校
1926. 11. 20	2日間	高橋　亀吉	日本資本主義経済の研究	26名	飯田町天龍倶楽部
1927. 1. 12	3日間	谷川　徹三	哲学史	10名	飯田町飯田小学校
1927. 3. 25	3日間	新明　正道	近世日本社会史	12名	飯田町飯田小学校
1927. 11. 15	5日間	今川　尚	経済学原論		千代村米川公会堂
1928. 11. 1	2日間	佐竹　哲雄	哲学概論		飯田町飯田小学校
1928. 12. 1	4日間	タカクラ・テル	日本民族史		
1929. 2. 15	3日間	三木　清	経済学の哲学的基礎		龍江村大願寺
1929. 12. 12	3日間	藤田　喜作	農村社会について		
1929. 12. 20	3日間	タカクラ・テル	日本民族史研究		

出典：『上田自由大学とその周辺』 30頁

表3 魚沼・八海自由大学

魚沼自由大学

開講年月日	日数	講師	講座	聴講者数	会場
1922. 8. 25	3日間	土田　杏村	教育の基礎としての哲学	約300名	堀之内小学校
1923. 8. 6	3日間 1日間 3日間 1日間 1日間	タカクラ・テル タカクラ・テル 沖野岩三郎 山本　宣治 中山　晋平 山本　宣治	近代思潮論 (婦人のための講演)恋愛と家庭 (科外講演)宿命されたる個人は如何にして自由を得べきか 性教育論 (科外講演) 音楽実施指導 (婦人のための講演)性の問題	約150名	堀之内小学校
1924. 8. 18	3日間	タカクラ・テル 由良　哲次	文学論（ダンテ） 現代の哲学、特にナトルプについて	約100名	堀之内小学校
1925. 3. 17	3日間	富田　砕花	アイルランド文学		
1925. 12. 12	5日間	住谷　悦治	社会思想史	約40名	堀之内小学校
1927. 6. 25	2日間	今中　次麿	政治学	約50名	堀之内小学校

八海自由大学

開講年月日	日数	講師	講座	聴講者数	会場
1923. 12. 16	1日間	タカクラ・テル	(発会式講演) 文学概論		伊米ヶ崎小学校
1924. 2. 16	2日間	出　　隆	哲学史		伊米ヶ崎小学校
1924. 8. 1	2日間	山口正太郎	経済学	約150名	浦佐村普光寺
1924. 8. 3	1日間	野口　雨情	童心芸術、童謡教育	約200名	
1925. 3. 14	3日間	富田　砕花	アイルランド文学		佐藤清之丞宅
1925. 8. 1	1日間	中山　晋平 佐藤千夜子	(音楽講習会)	約150名	六日町小学校
1926. 12. 26	3日間	柳田謙十郎	リッカート　認識の対象概論		伊米ヶ崎小学校

出典：『上田自由大学とその周辺』 31頁

3　自由大学研究の諸相

戦後の自由大学研究[20]は、一九六〇年代に宮原誠一[21]に始まり、宮坂広作によって本格化された。数多の優れた研究が展開されたが、ここでは、特徴的と思われる論点の一端のみを簡単に紹介する。

(1)　自由大学運動の意義と位置づけ

自由大学運動を民衆史の立場から「民衆の自己教育運動」として捉えたのは、山野晴雄である[22]。山野は「日々の生産活動に従事する民衆の立場から近代日本教育の体系を批判し、新しい形態の民衆の学習機関を創造しようとする[23]」民衆の自己教育運動であったという視点を確立した。その後、柳澤昌一は、教育学の視点から自由大学を積極的に評価し、自由大学を自己教育の場とした農民たちの思想と実践の特徴を、(a)自己実現と社会変革とを相互媒介的な過程としてとらえたこと。(b)超越的な原理を退け、上記の過程における人間の主体性を主張したこと。(c)理論・学習と生活・実践との関係を力動的に把握したこと。(d)知識を能動的に受容したこと、であると整理している[24]。その他、大槻宏樹による日本社会教育史における自由大学の位置づけなど、多くの優れた研究がある。

(2)　教養主義論争

①理論と実践の遊離

自由大学研究において、もっとも多くの論争を生んだのは、教養をめぐる問題である。一九六八年、宮坂は自由大学運動を「戦前日本における最も優れた社会活動」であり、「世界的にも稀有な事例」であったと評価しつつも、

「労働と教育を単に外的に結びつけるだけで、労働しつつ学ぶこと自体に学校としての本義をおき、結局生産労働に内在する問題と講義内容とが遊離するところから、一種の教養主義に転落してしまった」[25]と論じた。それ以降「理論と実践の遊離――自己変革と社会変革の不統一」という論が、ほぼ定説化されることになった。

また、少し論点は違うが、自由大学運動を大正期（ツチダ自由大学）と昭和期（タカクラ自由大学）に分け、大正期の自由大学運動は民衆の知的欲求の向上と自己形成のための教養主義的側面が強いが、昭和期にはいると地域変革のための学習運動の面が色濃く出ているとする見解がある。[26]それは、自由大学の主導者としての比重が杏村から高倉テルへとうつり、高倉の関心が養蚕業を中心としたいわばプチブル的青年の文化運動から小作争議を戦う貧農の苦悩を克服しようとする政治運動に転回したからであるとする。いずれにせよ、評価しつつも教養主義の限界を論じている。

②教養主義の積極的意義

それらに対して、佐藤忠男は教養主義そのものに積極的意義を見出し、「学歴制度などによって民衆の知性が他律的に作り上げられていくことに対抗して、〔自由大学は〕民衆が真に自律的な知性を持つようになることを助けることであった。……志が違えば、形が同じような教養主義でも実質は違う」[27]と論じた。

その後、資料の発掘、聴講者の追跡調査や証言などによって、教養主義の新しい評価が現れるようになった。山口和宏は、聴講者たちの証言を分析し、農村青年にとって最も重要であったのは地域変革よりも自分自身の人生観を確立することにあったのであり、自由大学が「真理に飢えたる魂に対して健全なる糧を齎すべき」「真の意味の大学《ユニヴァーシティ》」として実践されたことが聴講者であった農村青年たちの視野を広げ、「学問する歓びと学問の広さを知らしめて本を読む」[28]という成果をもたらしたとすれば、全体として「教養主義」であったことにこそ意義を見出すべきではないかと結論づけた。[29]また、長島伸一は、自由大学が、個人の「思想の自由」と教育機関としての「思想からの自由」を峻別したことを重視し、「個人主義的な立身出世主義や実利主義とも無縁な社会性を背後に持った『自己教育機関』であり、特定の学説や思想を批判的に吟味して自己判断をくだしうる『自律的人格』

を要請する機関であったがゆえに佐々木忠綱のような〈地域を変えうる教養人〉の輩出を可能にした(30)と教養主義の意義を論じている。

（佐々木忠綱とは、伊那自由大学の聴講者であり、第二次大戦時に大下条村の村長となった人物である。出征兵士を「絶対死ぬな」と送り、満蒙開拓への分村を圧力に屈せず拒否しつづけ、戦後、医療、福祉、教育等の基礎を作るなど地域の改革に貢献した。その行動の基礎には自由大学での学びがあったと述べている。(31)）

③「知」の学びと実践、普遍的知と常識と交流

黒沢惟昭は、教養についての「過程《プロセス》」と「創造への志向」の側面を重視する。大正期を教養主義とし昭和期の自由大学を高く評価する「教養主義批判」は、運動の実践が上位で、プチブル的学習を下位に位置づける、あまりにも政治的な見方であるとし、「一部のセクトの掲げた教条を信奉する」ことの危険性を論じ、「ごくふつうの人々〔である〕『ヒラの市民』が率直な討議を重ねながら、市民社会の必要な事柄を決めてそれを実行していく」ためには、「市民が志を持ち、賢くなることが不可欠であり……自由大学の精神はまさにそこにあった」とする。そして、大学に集積された「普遍的知」（学問）と社会における「常識」との交流の必要性を論じている。(32)

（3）自由大学の矛盾と実態

しかし、同時に、上記の論者たちは自由大学の問題点も指摘している。

①自由大学の理念に内在していた矛盾

山口は、自由大学が、失敗に終わらざるを得なかったのは、杏村の掲げる相互主体的な自己教育の理念そのも

ののうちに胚胎されていたと指摘する。なぜなら、杏村の自治的な自己教育論は、教育された結果をあらかじめ教育の前提とすることで成り立つという論点先取の議論になっており、論理的には成立しないパラドックスだからであると論じている。[33]

②既存の大学の学問に依拠

また、米山光儀は、自由大学は「大学」という名に縛られて既存大学の学問をそのまま受容し、組織として新しい学問を構築するまでには至らなかったとみる。それは、既存大学と同様に一方的な講義形式であり、内容的にも既存の大学の学問を容易に受け入れた。「その限りで、既存の大学で培われた学問が自由大学で一方的に消費されただけといっても過言ではない[34]」と指摘する。（ただし、タカクラ自由大学においては新しい試みがなされたと評価していることは前に述べたとおりである。）

③スローガンと実態の乖離

長島は、別の視点から、自学的、自治的という自由大学が原則としたことは実際には行われえなかったし、また、聴講者に見合った導入教育が必要だったができえなかったと述べ、「いわばスローガンとして掲げられた理念と実態とが乖離していた点」をあげている。[35]

（4）自由大学運動と階級性の問題

ごく少数ではあるが、自由大学運動そのものに対する否定的見解もある。竹村民郎は、民本主義者吉野作造らの黎明会への批判とともに、自由大学運動は「階級闘争の視点を捨象させた抽象的な学問体系の需要を自己目的化するもの」であり、「自由大学の組織の拡大にのって、人道主義的世界観――民本主義は空気のごとく県内外の中小知識人に浸透し」、「その結果として大衆は自らを開放する道から実際には隔離され[38]」た、と論じている。

4　自由大学の精神と現代

前節で紹介したように、自由大学の評価はさまざまであり、また、理念と実態が必ずしも一致していたわけではないし、多くの矛盾が内在していたのも確かである、しかし、それでも、自由大学の理念は、現代に重要な問題を提起しつづけているのである。

その一つが、多くの論者が指摘している、「教養」と「自己形成」の問題である。

「教養」には二つの見方がある。「教養」とは個人が知識を身につけること、すなわち結果であり、その結果は個人の利益につながるという認識が、現在でも一般的である。それに対して、自由大学では、「教養」とはプロセスであり創造への志向としてとらえている。「科学とイデオロギー」の違いを明確にし、「学問」によって科学的思惟の真の厳しさを学び、それをエネルギーにして、現実に対する批判的・創造的思考力を身につけようとしたのである。それが、「人格の自律」(39)を形成し、反戦・非戦の進歩的思想につながり、結果として時代と対峙したのである。そして、戦後、聴講者たちは敗戦後の地域改革に取り組み、若き講師たちは戦後日本の学問を牽引する研究者になりえたのであると考えられる。

自由大学が追求した「教養」と「自律的人格の形成」は、柳沢が本章3の（1）で論じたように、自己実現と社会変革の相互媒介的な過程として、現在も有効である。

次に、教権からの自由の問題がある。

自由大学研究が活発化したのは、一九七〇年代であった。その背景には、一九六〇年代から一九七〇年代にかけて全国的に展開された学園紛争がある。学生たちによって既存の大学に対する批判が噴出し、「大学とは何か」

と問い、「新しい大学像」を求めたときに、自由大学はそれを映す鏡となった。一九二〇年代の自由大学の理念は、一九七〇年代になっても、日本の教育に「鋭い問い」を突きつけえたのである。[38]そして二一世紀になった現在、国家と資本による教権の支配はますます激しくなり、日本の高等教育は危機的状況にある。[39]自由大学が提起した問題は、今も鋭い問いを突きつけている。

しかし、同時に、現代に残された課題は大きい。かつて、「学ぶこと」は、若者にとって喜びであり、新しい世界への扉であった。しかし、今の若者にとって、学びは、心躍るものではなくなっているのが現状である。大学進学率（二〇一六年度）は五〇パーセントを超えるが、学問の研究成果と一般の人々の意識との乖離は甚だしいものがある。黒沢が言うように（本章3（2）③）、学問が、常識の集積を批判的に彫琢して体系化したものであり、普遍的知としていきているのであれば、学びのあり方だけではなく、学問そのものが問われなければならないであろう。「真理に飢えたる魂に齎される健全な糧」となる「知」とはどのようなものであるのかということは、時代とともに絶えず追求しなければならない課題である。また、自由大学の精神の柱の一つである「自治的、相互主体的な自己教育」が、山口があげたパラドックス（本章3（3）①）をのりこえ、理想と現実の間でどのように存在しうるかという課題も残されているのである。

現在、グローバルな膨大な情報と、さらに資本・権力による操作された情報が洪水のように押し寄せている。このような状況の下では、情報の的確な把握と批判的判断力・創造的思考力が強く求められ、自由大学の精神の有効性はますます増大している。しかし、自由大学の精神を現実化する困難もまた増大しているのは、前述したとおりである。この困難を乗りこえうる一つの試みは、各人のおかれた現実から出発し、学校・地域・社会で、様々な形での協同がどれだけできるかであろう。そして、その基礎には、常に、「健全な糧」となるべき「知」とその学びが追求されなければならない。黒沢が提起する「普遍的知」と「常識」の交流による「新しい知の創造」もその一つの模索であり、中村浩爾が提唱している研究者と市民による制度化された大学を超えた「見えない大学[40]」や彼が校長を務めてきた基礎研・自由大学院[41]も同様である。

その他にも、「知」を基礎にした様々な団体が新しい時代の運動を模索しているが、それらについては、本稿で言及できなかった自由大学の民衆運動の側面とともに、稿を改めたい。

注

（1）大槻宏樹・長島伸一・村田晶子編『自由大学運動の遺産と継承――九〇周年記念集会の報告』前田書店、二〇一二年（以下、『九〇年』と略記）、三頁。

（2）自由大学運動を「民衆の自己教育運動」と規定したのは、山野晴雄である。それ以前は、「大学拡張運動」（宮原誠一）、「民間成人教育運動」（宮坂広作）等とされていた。（柳沢昌一「『自由大学の理念』の形成とその意義」『東大教育学部紀要』二三巻、一三八頁、一九八四年。）

（3）一九二一年「日本労働学校」、一九二二年「大阪労働学校」・「神戸労働学校」、一九二四年「京都労働学校」・「岡山労働学校」・「尼ヶ崎労働学校」等が次々と設立されていった。金原左門編『日本民衆の歴史第七巻』三省堂、一九七五年、三一〇～三一一頁。

（4）二〇〇四年現在で北海道から兵庫県まで約三〇余りの自由大学が知られている。今後、発掘される可能性もある。『上田小県近現代史研究会ブックレット No. 一二』（二〇〇四年）、二六頁。

（5）『自由大学雑誌』第一巻四号、一九二五年。

（6）杏村の思想は、文化主義、理想主義による社会改造論や後年の思想の変化など多岐にわたるので、ここでは、自由大学に関わるものに限定した。「人格の自律」は新カント派哲学によると言われている。

（7）「信濃自由大学趣意書」、土田「自由大学に就いて」、「自由大学とは何か」および高倉「自由大学に就いて」は自由大学研究会編『自由大学運動と現代―自由大学運動 六〇周年記念報告集』信州白樺、一九八三年（以下、『六〇年』と略記）、資料編による。

（8）高倉輝、タカクラ・テル、高倉テルなど時期によって表記が異なるので、文献からの引用は文献表記通り、それ以外は高倉テルを用いる。
（9）丸山真男の自由の概念、参照。
（10）古市将樹「土田杏村のプロレットカルト論に関する研究」『早稲田教育評論』第一七巻、二〇〇三年。
（11）Eden and paul,'*Proletcult*（*Proletarian Culture*）; London：Parsons, 1921.
（12）杏村は、学校教育や社会を貫いているカルトは立身出世主義・英雄主義であり、排他的個人主義（ひいては排外主義となり戦争へいたる）を基礎にしている「ブルジョアリベラリズム」、「ブルジョアカルト」であるとし、それらは、「運」という偶然性を前提としていると述べている。
（13）下伊那自由青年連盟（Liberal Young League―以下、LYLと略記する）は、社会主義的な政治教育・宣伝や普選デモなどの大衆的な政治的示威運動を積極的に推進して、この地域の青年運動に大きな影響を与えた。しかし一九二四年三月一七日のＬＹＬ事件で、会員一九名が治安警察法違反で起訴され、一〇月には官憲当局により解散を命じられた。
（14）恒藤恭「自由大学聴講者諸君へ」（一九二一年）、『六〇年』資料編。
（15）上田自由大学は、一九二六年三月に中断され、一九二八年三月に再建された。後者は再建上田自由大学と呼ばれている。中断の理由は、講師の海外留学などが挙げられている。
（16）「当局が自由大学と官制講習会を同類視したためであり、自由大学本来の趣旨から逸脱した」という批判と「地域において一定程度の市民権を得ていたからである」という評価に分かれる。山崎晴雄「自由大学運動の九〇年」『九〇年』、一二五頁。
（17）『六〇年』資料編。
（18）山崎晴雄「自由大学運動の歴史」長野大学編『上田自由大学とその周辺』郷土出版社、二〇〇六年（以下、『周辺』と略記）、二二五頁。
（19）主要な要因としてあげられているのは、第一に、第一次大戦後の恐慌よって上小地域の経済基盤が崩壊したことである。第二は、社会情勢の変化である。一九二三年、関東大震災の混乱の中で、「国民精神作興ニ関スル詔書」に基づいて、思想教化運動のための方針が示され、やがて、中央官庁と地方県庁を教化網の中枢機関とし、在郷軍人会・青年団・婦人会・宗教関係の指導者などを動員した教化運動が活発になっていく。また、民衆教育の面では、若者の「知」への欲求を吸収した市民大学が各地に作られた。上田市でも、市長の下に市民大学（一九二四～一九三一年）が開講され、上田自由大学と競合するようになり、また、著名なものとしては、埼玉県で「社会教化ニ貢献スル」べく開講された豊岡大学（一九二五～一九三九年）がある。豊岡大学では、犬養毅、荒木貞夫、新渡戸稲造など「超一流の講師」を迎え、毎回、聴講者は若者を中心に会場に満ちていたと言われる。全国各地で、国家主義が大きな流れとなっていった。第三は、猛威を振るった権力による弾圧である。その他にも、講義内容の難しさ、自由大学内部での意見の相違なども言われているが、上記の要因と比べれば、それほど大きなものであったとは言えない。井上恵子「地域と大正期の自由大学」『九〇年』、二六八～九頁、金原左門編『日本民衆の歴史第七巻』、三省堂、一九七五年、三八二頁、等参照。

(20) 以下の研究史は、山崎晴雄「自由大学運動の九〇年――自由大学研究史を回顧して」『九〇年』、に負うところが多い。
(21) 宮原誠一「日本の社会教育」城戸幡太郎編『世界の教育』第九巻、共立出版、一九六〇年。
(22) 山野晴雄「大正デモクラシーと民衆の自己教育運動」『季刊現代史』、第八号、一九七六年一二月。
(23) 山野晴雄「自由大学運動の歴史」『周辺』、一一頁。
(24) 柳澤昌一「自由大学運動と〈自己教育〉の思想」大槻宏樹編著『自己教育論の系譜と構造――近代社会教育史――』早稲田大学出版部、一九八一年。
(25) 宮坂広作『近代日本社会教育史の研究』法政大学出版局、一九六八年。ただし、初出は月刊社会教育、一九六二～一九六三年。
(26) 米山光儀「タカクラ・テルと自由大学」『周辺』。
(27) 佐藤忠男「土田杏村と自由大学」朝日新聞社編『思想史を歩く〈下〉』朝日選書、一九七四年。
(28) 受講生たちの証言。『六〇年』、二八頁。
(29) 山口和宏「自由大学運動における『教養主義』再考」『日本社会教育学会紀要』第三〇巻、一九九四年。
(30) 長島伸一「自由大学運動の歴史的意義とその限界」『経済史林』七四巻一～二号、二〇〇七年。
(31) 受講生たちの証言。『六〇年』、二八頁。
(32) 黒沢惟昭「自由大学と「教養」の問題」『周辺』、八七～八九頁。
(33) 山口和宏「土田杏村における「教養」の問題―その思想的根底としての華厳の世界観について」『教育史学会紀要』第三六巻、一九九三年。山口和宏『土田杏村の近代』ペリカン社、二〇〇四年、一九九～一九八頁。

（34）米山光儀「タカクラ・テルと自由大学」『周辺』、六九頁。
（35）長島伸一「自由大学運動と聴講者の学びの実態」『周辺』、一一八頁。
（36）竹村民郎『独占と兵器生産――リベラリズムの経済構造』勁草書房、一九七一年、三八四頁。
（37）大槻宏樹「趣旨説明」『90年』。
（38）米山光儀「タカクラ・テルと自由大学」『周辺』五五～五六頁。
（39）山本健慈「政府の大学政策と国立大学の行方」全大教新聞「論壇」、No.42、二〇一六年八月一〇日、他。
（40）中村浩爾「見えない大学の可能性」『法の科学』三五号、二〇〇五年。
（41）基礎研は、基礎経済科学研究所の略称。（一九六八年～）。人権と民主主義に基礎をおき、「働きつつ学ぶ」という思想と「人間発達」の理念を掲げて活動している研究機関である。自由大学院はその教育機関であり、中村浩爾は、約一〇年にわたって校長を務めた。自由大学院の趣旨、歴史・成果と問題点等については、中村浩爾「『働・学・研』融合という理念と自由大学院」（『経済科学通信』一四一号、二〇一六年九月）に簡潔で的確に述べられている。

第七章　労働組合の社会的責任と社会運動ユニオニズム
――日本労働運動に課せられたもの――

寺間　誠治

社会運動ユニオニズムは、労働組合が自らを社会運動の一つと認識し、さまざまな社会運動と連携して運動を展開するところに特徴がある。

社会的連帯や運動の戦闘性という点で社会運動ユニオニズムは、ビジネス・ユニオニズムへの対抗概念でもある。ビジネス・ユニオニズムは、メンバーたる既存の組合員の労働条件すなわち賃金・労働時間、雇用の維持・改善などをおもな目的としており、その最大の特徴は、組合員が組合費を払い労使交渉に携わる組合幹部から対価としてサービスを得る「ビジネス」が成立するところにある。ストライキなど争議を辞さないようなビジネス・ユニオニズもなくはないが、直接行動的な大衆運動や組合民主主義は存在しないと言ってよい。

労働組合の目的は、第一義的には労働者の権利、賃金や労働条件を守り改善することにあり、それを達成するための活動は直接的には目前の労使関係に着目せざるを得ない。しかし、制度・政策的要求や権利確立のためには、より大きな社会的文脈の中に位置づけられなければ実現することはできない。本章でいう社会運動は、主として七〇年代以降、世界的に広がってきた環境保護や反戦・脱原発、反貧困・格差是正などさまざまな市民運動を総称している。本章では、労働組合の組織率が低下の一途を辿りその存在意義が失われつつある中で、労働組合運動を社会運動ユニオニズムの面からとらえ直し、わが国労働運動に課せられた課題と労働運動再生の方向性について考える。

1　欧米の労働運動と社会的影響力

ヨーロッパでは、労働者全体への労働協約適用率が高いため、労働組合の組織率低下が直ちに労組の影響力低下とはならない。フランスの組織率は七・七パーセントでアメリカの一一・九パーセントより低いが、協約適用率はアメリカが一三・七パーセント、日本は一六パーセントであるのに対してフランスは九〇パーセントに達している。ヨーロッパの労働協約適用率が高いのは、労働組合が企業の外にあり、労働者全体の権利と福祉を向上しようとする社会運動ユニオニズムの伝統が強く、企業を超えた労働者の階級的連帯の上に労働組合が形成されていることにある。

ヨーロッパにおける社会的労働運動としての発展を典型的にしめすのが三五時間労働制へのたたかいである。ヨーロッパ労連は一九七九年から、①週三五時間労働制、②年休六労働週、③夜勤交替制勤務の五組三交替制などを求めてたたかってきた。一九八一年、フランスでこれを公約にかかげた社会党のミッテランが大統領に就任し、大統領令で週四〇時間制を三九時間制にあらためた。ドイツでは、ＩＧメタル（金属労働組合）などが八四年、七週間にわたるストライキで週三八・五時間の労働協約を締結、その後八七年、八九年、九〇年のたたかいをへて九五年から三五時間労働制にする協約をかちとった。デンマークでも八六年に三九時間協約を一般化し、イタリアでも九〇年、金属で三七時間、銀行で三五・五〜三六・五時間の労働協約を締結している。さらにその後のワークシェアリングなどを通じて、フランスが世界ではじめて三五時間労働制を法制化し失業率を大幅にひき下げる成果をあげた。ＥＵ指令などによってリストラや解雇にたいしても域内における強力な社会的規制を実現している。

フランスにおける労働法改悪反対のたたかい

フランスでは、二〇一六年に入って労働法の改悪（エル・コムリ法）が打ち出されたため、大規模な抗議運動が続いた。二〇一六年四～六月に数度にわたりパリ、ナントなど全国一〇〇以上の都市で一〇〇万人を超える労働者・学生が労働法改悪反対の課題でデモに参加し、さらに、「Nuit Debout」（ニュイ・ドゥブー「夜、立ちあがれ」）の運動としてパリのレピュブリック（共和国）広場の占拠などが行われた。労働組合は、ＣＧＴを中心に製油所労働者がストライキを開始し、港湾、航空管制、国鉄（ＳＮＣＦ）、地下鉄、フランストヨタなどのほか全国一九ある原子力発電所のうち一六の発電所でストライキが決定されるなど、運動が広がっている。

二〇一一年九月にニューヨークのOccupy Wall Street（ウォールストリートを占拠せよ）運動が始まったとき、フランスでは同様の運動が起こらず、翌年の大統領選での政権交替に希望をつなぐということがあった。しかし、政権交替後の社会党政権が自ら導入した週三五時間制をなくす方向を打ち出し、解雇補償の上限設定や残業手当削減など日本の安倍政権の労働法制改悪と同様の相次ぐ改悪を提起して、採決を強行したため、運動は拡大するばかりとなっている。

アメリカにおける最低賃金引き上げのたたかい

一方、アメリカの労働組合も近年著しく社会的労働運動に方針転換している。(1) アメリカでは、ヨーロッパとは異なり産別や企業別労組と企業間の交渉によって事業所ごとに労働協約が締結されることが多いが、ＵＥ（米電気・無線・機械労組）やＳＥＩＵ（国際サービス従業員組合）のように、戦闘的な組合は「ローカル」とよばれる地域支部の力量が大きい。とりわけＳＥＩＵは、社会運動ユニオニズムの立場に立ち地域社会の支持と連帯の中で、労働者が目的意識的に行動に参加する新自由主義段階に対応しうる組織化モデルをつくり影響力を拡大している。ナショナルセンターのＡＦＬ―ＣＩＯ（アメリカ労働総同盟・産別会議）も、労働組合と地域の連帯を打ち出しコミュニティ・オーガナイジングを活用するさまざまな組織との連携を強化している。

とりわけ、最低賃金引き上げでは地域の市民団体や教会などと連携しながら、大きな成果をあげている。カリフォルニア州議会は二〇一六年三月、「経済的正義の問題で理にかなっている」（ジェリー・ブラウン州知事）として州の最低賃金を時給一五ドル（約一七〇〇円）まで段階的に引き上げることで合意し、サンフランシスコでは、二〇一四年の市民投票で、二〇一八年七月までに段階的に一五ドル（現在一二・二五ドル）に引き上げることが決まっている。シアトルでは二〇一五年、最低賃金を段階的に一五ドルに引き上げる条例を可決（現行一一ドル、従業員数五〇〇人以上の企業は二〇一七年まで、五〇〇人以下の企業は二〇二一年まで）している。ロサンゼルスでは、現在の九ドルを二〇二〇年までに一五ドルへと引き上げ、その後は消費者物価指数に合わせて毎年引き上げる。さらにニューヨーク州では、二〇一五年七月全米で三〇以上の店舗を構えるファストフード店に対し、二〇二一年までに（ニューヨーク市内は二〇一八年まで）八・七五ドルを一五ドルに引き上げ、ワシントンＤＣでも、二〇二〇年までに一五ドル（現在一〇・五〇ドル）引き上げに関する市民投票が二〇一六年に行われ、可決された。

これらは、いずれもアメリカ労働運動が地域のＮＰＯやキリスト教会などと連携しながら社会運動としてたたかってきた成果である。

欧米の労働組合は、いずれも市民社会の中に確固たる信頼の基盤を確立し、社会運動ユニオニズムによって影響力を拡大しているといえる。

2　信頼性を失墜する日本の企業別組合

日本の労働組合の評価は、ここ数十年の間に大きく低下した。とりわけ、雇用の多様化、非正規の急増、格差と貧困の広がりの中で、大企業組合が有効な取り組みを行わず、逆にリーマンショック時のように非正規を切り捨てることによって正社員の身分と自らの組織の維持をはかろうとしたため、労働組合は既得権益にしがみつく利己的な集団だとする厳しい評価さえ下された。

労働組合の影響力の低下は、背景に非正規の広がりと言う雇用情勢の変化があり、それが労働者の組織化を困難にしてきた一面がある。非正規の拡大を防ぐためには労働法制の改悪を許さないたたかいが必要であるが、労働組合による大規模な取り組みはほとんどなされて来なかった。やはり労働組合の側の基本的スタンスに問題があり、とりわけ正規を中心とした大企業組合は社会的周辺者たちを含めた全体を代表する機能を失っていると言わざるを得ない。

わが国の労働組合は、戦後一時期を除いてほぼ一貫して組織を減少させ、二〇一五年の組織率は一七・四パーセント（一〇〇人未満の中小企業は一パーセント）と五年連続で過去最低を記録した。(2) 組織率がとりわけ大きく低下しているのは公務・公共分野であるが、これは公務の外注化、非正規の増加と深く関係している。組織対象としていた公務労働者そのものの減少が原因だが、公務・公共サービスに従事する非正規労働者が二〇〇五年から一二年の七年間で約四五万人から六〇万人へと三三パーセントも増加していることを考えるなら、民間委託への対応や民営化された労働者の組織化に対する公務員組合の問題意識の希薄さにも要因があると言わざるをえない。

労働力調査によると、パートタイムや派遣社員など非正規労働者数は、二〇〇七万人（二〇一六年五月）で全労働者に占める割合は四割を超え過去最高となっている。(3) 企業にとって安い賃金で期間を限定して雇用できる非正規の活用は、今後もますます進んでいくことが予想されるが、組織化への労働組合の取り組みは鈍い。パートなど短時間労働者の組織率はわずか六・七パーセントでありその増加に労働組合の取り組みが追いついていない。パート労働者は、六年間に二七万人組織化されたがパート労働者自体この期間、約一二〇万人も増加している。UAゼンセン同盟の組織化が評価されることも多いが、非正規が増えて過半数協定である三六協定が締結できなくなる危機感の中で、大手スーパーなど流通産業の経営者とユニオン・ショップ協定を交わすことを通じて根こそぎ組合員化する手法である。そして、労使協調路線を採用しない組合が組織化に手をつけ始めると、経営者と一体になって「企業の健全性と安定性」を旗印にしてその組合の排除に乗り出している。(4)

労働組合には「量」のみならず「質」が求められる

現在では正社員のみの企業などほとんど存在しないにも関わらず、企業別組合（単組）の六七・四パーセントは、未だにパート労働者の組合加入資格を認めていない。(5) 生きた人間の組織であるはずの労働組合が、二千万人以上にものぼる非正規を組織化の対象にしていないという不条理は、見過ごすことができない。雇用実態と無関係に正社員のみで構成される労働組合は現実から遊離しているといわざるを得ない。わが国独特といってよい企業別組織という労働組合の組織形態の改革なくして労働組合運動の再生はない。

労働者がもつ唯一の社会的力は、要求にもとづいて団結したたかう多数の力であり、労働者にとって最強のセーフティネットは本来、労働組合である。労働組合は数の力によってその影響力を増すが、そこには当然、量のみならず質が求められる。(6) 多数を結集する労働組合なら使用者への有効な反撃がなされるかというとその保障はなく、労使癒着による壁を打ち破らない限り労働組合運動の未来はない。

日本の場合、ストライキで要求を実現するというたたかい方が極端に少ない。労働損失日数の国際比較を見ると、アメリカが二〇〇千日、カナダ一七一三千日、韓国六五一千日、オーストラリア七一千日、イギリス七八八千日、ドイツ一五五千日、フランス三八五〇千日（二〇一二年統計、フランスは二〇一〇年）に対して、日本は二〇千日となっている。日本の労働争議件数は八〇件に過ぎず、一九七四年に九五八一件であったのと比較して百分の一以下となっている[7]。

日本におけるストライキは、労働組合の規約などによって一定数の賛成投票を得てスト権を確立してから実施される。確かにストライキは、多くの労働者が参加することで大きな効果を発揮するが、民間大企業のように労使一体の職場支配が貫徹され、労働組合自体が存在しないに等しい状況のもとでは、結局のところ労働者は憲法で保障された権利行使すらできないことになる。

二〇一四年五月、アメリカでファストフード労働者がストライキに突入し、ＳＥＩＵのよびかけによって全米一五八都市とともに世界三六カ国九三都市で統一行動が展開された。わが国でも五月二九日（肉の日）、「すき家」で働く労働者に対し「すき家ストライキ」を起こそうとの呼びかけがツイッターなどでなされた。これに対し「ストは労組のやるもの」との批判が展開されたが、この批判にはストライキは企業別組合が実施するものとの先入観がある。スト権を行使するために、労働組合を結成するかまたは加入するのは重要なことではあるが、ストライキの権利（団体行動権または争議権）は、国際人権規約（社会権規約）の第八条（ｄ）項で保障されているというのが国際標準的解釈であり、わが国では、団結権、団体交渉権、団体行動権（争議権）が憲法二八条により基本的人権として法律の留保なしに保障されている。

ストライキの権利主体は個人にある

ストライキは、労働者が集団的に行使するしかない権利であるが、主体はあくまで個人である。労働者が労働組合を通してスト権を行使することが多いとしても、労働組合のない職場で労働者の集団が要求を掲げてストライキを行った場合、その正当性を否定することはできない。

ヨーロッパの経験を見ると、憲法前文で権利として保障されているフランスやイタリアのストライキは、個々の組合員が非組合員を巻き込んで自発的にストライキに入り、労働組合が事後的にそれを承認するのが一般的であって、そもそも非組織的で労働組合の指導や援助と無関係に行われている。地域からのストライキの拡大によって、ナショナルセンター・三大労組（フランスではＣＧＴ労働総同盟、ＣＦＤＴ民主労働同盟など、イタリアではＣＧＩＬ労働総同盟、ＣＩＳＬ労働者組合総同盟など）が全国的に呼びかけ、労働者がストライキ集会などに参加する。そしてストライキによって獲得した成果は、産業別労働協約や全国労働協約に反映され、拡張適用によって未組織労働者も含めた全体の労働条件改善に直結している。

わが国においても、ナショナルセンターや企業別組合がストライキを提起しない状況下では、地域ユニオンなどが独自に地域的・全国的あるいは国際的に連帯して実施する社会運動型ストライキも具体的に検討されるべきであって、憲法的あるいは国際的視点で考えることは「憲法を生かす」思想として重要といえる。

労働組合には、自己責任論を乗り越え誰もが誇りを持って働ける職場環境や社会をつくることが求められる。労働現場で虫けらのように扱われている非正規労働者とつながり、その権利擁護と労働条件の改善を求めるという労働組合の原点に立つとともに、要求実現のためにスト権を行使してたたかうことが現状の危機的状況を打開するための有効な戦術となりうる。労働組合はストライキという闘争手段で要求を実現できる点が、他の社会運動とは異なっている。全体の利益を代表するからこそ憲法二八条によって労働者・労働組合に労働三権が保障されているのであって、多数を占めつつある非正規労働者に真正面から向き合い、権利を行使することなしに社会的信頼を回復することはできない。

3　地域から湧き上がる運動のルネサンス

信頼を失墜する企業別組合の対局で、ルネサンスと言われるような運動の新たな胎動がある。(8)

それは、地域ユニオンなどの影響力拡大と地方・地域における共闘の前進であり、「三・一一」以降、脱原発運動に呼応して市民運動と労働組合運動との連携が強化され、幅広いテーマで青年・学生、女性組織、商工業者など各界・各層の社会運動と結合してきている。その点で、アメリカのニューリーダーたちがそれまでの運動の限界を指摘し、新しい労働運動として社会運動ユニオニズムを実践してきたことと軌を一にしている。

地域ユニオンや個人加盟組合では、労働者の居場所として頼ってくる人たちが互いにつながり、苦労や喜びを分かち合っている。地域のユニオンが存在感を示しているのは、会社に労働組合がないかそれがあっても企業別組合が労使一体化する中で、相談するところがないため地域のユニオンに結集してきているのである。

二〇一五年一月、「たかの友梨ビューティクリニック」の残業代不払いで仙台地裁に訴えていた訴訟が解決した。(9)「たかの友梨」の場合は、労働相談を中心に若者の働くことに関するさまざまな問題にとりくんでいるNPO法人のPOSSEに相談があり、総合サポートユニオン・エステ支部がつくられた。解決に際して、ユニオンとクリニック側が結んだ「ママ・パパ安心労働協約」では、改めて労働組合が持つ力の大きさを実感させられる。協約の特徴の第一は、妊娠中・子育て中も安心して働き続けるための措置が法律の水準を上回っていること。第二に、自社商品の店舗販売を禁止し過大なノルマを規制したこと。第三に、配転の事前通告制を実現したことである。厚生労働省調査によれば、解雇については六五パーセントで組合の関与があるが、事前通知の配転については約二三パーセントと非常に低い。配転そのものを法的に規制することが難しいなかで、ユニオンが労働協約を勝ち取ったことの意義は大きい。

ＰＯＳＳＥではこの他にも労働組合・ブラックバイトユニオンを立ち上げ二〇一六年三月、埼玉県内の高校生がユニオンに加入して声をあげ、「サンクス」を経営するコンビニ会社との間で、①全社員（七〇人）に過去二年に遡って未払い賃金を支払うこと、②レジの違算金の自己負担金を全額返還すること、③給与は一分単位で計算して支払うことなどについて、団体交渉を通じて労働協約を締結して解決している[10]。

地域ユニオンや個人加盟組合は、「働くルール」を職場と地域に実現していく課題において重要な役割を果たし、地域労働運動に対する社会的信頼と共感を高めている。多数の労働者を結集した力を背景にせずとも、労働者保護法制や裁判などを駆使して、雇用・賃金・労働条件をめぐる労使対決を制するという事例を重ね、個別労働紛争における労働者勝利のパターンを作り出している。今後の組織論としては、広大な未組織労働者を業種別・職種別結果の視点に立って組織化していくことである。それは、すでに介護・保育ユニオン、東京図書館ユニオンなどとしてＰＯＳＳＥや東京公務公共一般労組が切り開きつつある。

一方、定着率の悪いことが地域ユニオンなどの克服すべき課題となっている。しかし、労働組合がそもそも要求の実現をはかることから出発しているとするならそれ自体は自明のこととして受け入れる必要がある。西谷敏は、「労働組合はいかなる性格の団体なのか」について、テンニエスの分析概念であるゲマインシャフト（共同社会）、ゲゼルシャフト（利益社会）の定式を手がかりに、「労働者の自由な意思としての労働組合は、ゲゼルシャフト的な『選択意志』を出発点としなければならない。労働組合は、おそらく、ゲゼルシャフト的要素とゲマインシャフト的要素を適切に兼ね備えた場合に初めて、自己を強固で持続的な組織として確立することが可能となるのであろう」[11]と指摘しているが、このことは今後の個人加盟組合、地域ユニオンの前進に向けての重要な示唆を与えていると言える。

労働者・労働組合の組織化へ～社会に開かれた窓としての労働相談活動

企業のブラック化現象がとどまらない中では、労働法の基礎的知識が必要であるが、それが労働者側にないことから、労働時間や解雇、労働条件の一方的引き下げなどに対しても反論や交渉、法的措置などをとることもなく、結局は単なる「愚痴に終わる」ことも多い。残業代（割増賃金）が不払いになっていると主張する労働者も、タイムカードの写しやせめて手帳のメモでもあればいいが、記録がなければ長時間労働の証明もできない。

職場の法違反、権利侵害の実態を表わすと言える労働相談は、労働基準監督署などで年間一〇〇万件を超えて高止まりしている。[12]行政による労働相談は労働法や判例などの法的知識をアドバイスすることがほとんどで、それ自体は意義あることだとしても、労働現場にこだわりブラックな働き方をなくすために労働者にたたかうことを指南することはない。さらに言うなら、労働組合という選択肢があることを労働者に助言することもないのである。それを正面から行なえるのは、労働組合による労働相談活動であり、その担い手である労働相談員は組織化のオルガナイザーそのものである。

しかし、労働組合への相談件数は、全労連が全国で年間一万五千件、連合で一万六千件（両団体とも二〇一五年の集計結果）であり、公的労働相談と比べるとわずか数パーセントに過ぎない。労働組合による相談件数が圧倒的に少ないことは、労働組合の相談窓口の周知が不十分なだけでなく労働組合そのものの信頼性にも関係している。その点で東京・葛飾区にある全国一般・東京東部労組は、協力組織ＮＰＯ法人労働相談センターに多くのボランティア相談員を登録し、相談員自体が個人加盟のインターネット労働組合「ジャパンユニオン」に加入して年間八六〇〇件もの労働相談を受け、相談活動を通じて労働者を組織化している。[13] 全労連・全国一般東京地本も労働相談活動などを通じて労働者を組織化し、多くの争議を解決している。

これらの労働相談は、専従者の少ない地域組織にとって手間のかかる活動ではある。しかも、相談に来る労働者は賃金や労働条件でも自らの「身勝手な」要求を一方的にぶつけてくることも少なくない。しかし労働相談活動は強い公益性をもっており、社会に開かれた労働組合の窓であり玄関である。労働者が自らの意思で地域ユニオンや個人加盟組合を訪問したり電話をかけてくることは貴重であり、例えそれが相談者一人の要求であったとしても、背後には幾人もの同様の悩みや要求をもった労働者が存在するのであって、これを逃して未組織の組織化などありえない。したがって、地域ユニオンなどはさらに大規模に相談活動を展開し、地域運動のオルガナイザーとして未組織労働者の労働組合への結集を促進し、地域における社会的影響力をさらに拡大する必要がある。

地域ユニオン、個人加盟組合はまだまだ少なく労働現場は未組織の海である。労働組合は、さらに労働相談員＝オルガナイザーを増やし、相談に来る労働者に対し適切な助言を行うとともに、労働問題の根本的解決として地域ユニオンなどへの加入に導かなければならない。労働組合には、誰もが誇りを持って働ける職場環境や社会をつくることが求められるのであって、非正規労働者などの要求を真正面から取り上げ、労働組合の原点に立ち戻って活動を展開しない限り現在の危機的状況を打開することはできない。

わが国の単産の多くが企業別組合の横並びとして企業内に形成されているという現実のもとで、地域ユニオンや個人加盟組合が、魅力あるものとして各地で受け入れられつつあるなかでは、さらに社会的プレゼンスを高める必要がある。地域ユニオンなどが社会的運動を強化することによって地域から企業内主義の限界を打破していくことができるのであって、その点で地域社会に開かれた窓口として労働相談活動が大きな役割を果たすのである。

4　労働組合の社会的責任と社会運動ユニオニズム

年収二〇〇万円以下の「働く貧困層」は史上最多となり、格差と貧困がますますクローズアップされている。経済のグローバル化のもとで日本の貧困率は一六・一パーセント[14]という先進国の中で最悪の部類に入り、約二千万人が貧困状態にある。それは、一五〇年も前に描かれた『資本論』の世界と同様の長時間・過密労働、失業・半失業の増大、賃金の切り下げ、労働条件の悪化と権利剥奪として現代に再現されている。

すでに四割を超えた非正規雇用だが、深刻なのはその偏在ぶりである。特徴の第一は、一五歳から二四歳までの若年層が、一九九〇年に比べ二〇一四年は二八・一ポイント上昇していること。第二に、女性の非正規雇用が全体の約七割を占め全年齢層に及んでいることである。とりわけ、青年らが直面しているのは、非正規という人生を通じての雇用不安である。大学生の多くは、就活に何カ月も時間を浪費しそれでも半数近くは非正規しかなく、卒業後も二〇年以上にもわたって奨学金ローンという借金を背負い続けている。正社員として就職できたとしても長時間・過密労働に苦しめられ、何らかの原因で職を失えば次に安定した就職口を見つけることは至難の業となる。

最近、若者の最低賃金引き上げ、反貧困の活動や野党共闘へのイニシアティブ発揮が注目を集めている。先にアメリカの最低賃金引き上げの取り組みをみたが、格差と貧困の広がりの中で日本でも地域ユニオンや青年・学生団体の「AEQUITAS」（エキタス＝正義、公正）が最低賃金引き上げのたたかいを進めている[15]。近年、わが国でも地域最低賃金が引き上げられているが、これは、生活保護水準との逆転現象を解消するという改正最賃法が活かされていると同時に、地域からの運動の反映がある。AEQUITASは青年・学生らが二〇一五年に立ち上げた組織だが、最賃の実現などを求めて活発な活動を展開し連続したキャンペーンによって「最低賃金一五〇〇円実現」は、いまや多くの単産・地方組織の共通のスローガンとなった。

しかし、全国平均で時給八二三円（二〇一六年一〇月現在）とその金額があまりにも低いことと、最低賃金額が地域別なため大都市圏と地方圏との間での格差が拡大しており、全国一律最低賃金制の実現が切実さを増している。また、野田市から始まって、川崎市、多摩市、高知市など全国に広がっている公契約条例制定のとりくみが地域全体の活性化と街おこしにつながってきており、労働組合としてこれらの運動を発展させていくことが重要な課題である。

政権による新自由主義・構造改革による暮らし破壊は、具体的には地域という生活基盤のところで現れており、それとたたかう上で公益性をもった地域労働運動の存在意義は大きい。地域にはベテランの組合オルグが存在し運動を発展させている。地域ユニオンなどの活動スタイルは、民主団体や広範な地域住民などと連帯した社会運動ユニオニズムのたたかい方であり、企業内の労使関係だけではなくて、野党共闘のイニシアティブなど政治に対しても強い問題意識を持っていることが特徴である。

また、地域ユニオンや個人加盟組合は、相互扶助という労働組合出発の原点でもある労働共済制度などを活用しながら組合員に密着した運動を重視している。地域労働運動への共感が広がっているなかで、派遣・パート、非正規などの労働者にとって職場がどこに変わろうとも労働組合の自主共済には継続して加入しているということが、ユニオン運動の発展と前進にもつながる。

青年・学生らが労働組合に出会い、その社会的意義を自覚するのは地域ユニオン、個人加盟組合である。労働者個人の自立を重視するユニオンは、個人を全体と結ぶ力を持っている。「団結強制」によって組合員を繋ぎ止めるのではなく、出入り自由なユニオンは、組合員の自発的意思によってのみ組織を存続させることができる。

若者の孤立や「引きこもり」に対して地域に拠り所としての「居場所」があれば、「孤人主義」から脱却した強い連帯の労働者文化が育つ。地域ユニオンは連合にも全労連、全労協にもある。わが国の労働組合が、長期にわたる停滞状況から脱却するためにはナショナルセンターレベルの協力・共同が不可欠であり、ナショナルセンターが地域ユニオンの運動とたたかいを支え、全国的なネットワーク作りを援助するなら「新しい組織化」の可能性が開け、次世代問題に直面している労働組合の諸活動の活性化にもつながるだろう。

求められる「社会的正義」——個人を尊重した労働運動を——

社会運動ユニオニズムの立場に立つ労働組合には市民運動、社会運動との日常的な連携があり、労働者・国民にかけられている全面的な攻撃に対して、社会発展の政治的転機をはらみながら進行している。

安保法案に反対し立憲主義を求める二〇一五年以降の運動は、戦後歴史の中でも例を見ない大規模な市民運動であって、全労連など「総がかり行動実行委員会」があらゆる大衆行動を統一させるために重要な役割を果たしてきた。このたたかいは、わが国における直接民主主義の行動が自覚的な運動として質的に変化してきたことの表れであり、「市民革命的」との評価さえある。労働運動は、自らのアイデンティティを確立するとともに、このようなさまざまな社会運動と連携することによって、制度・政策的課題や権利確立などの要求を実現することが可能となる。AEQUITASやSEALDsは、情報の見せ方にも工夫しクールでポジティブなイメージにこだわっている。青年・学生らが社会・政治運動の渦の中に大量に入ってくると、旧来型の労働運動や経験主義の世界とは違う流れができてそこから見える景色もまた違ってくるし、緊張感を持った運動が展開されることになる。

日本労働運動に求められているのは「社会的正義」である。すべての労働者を個人として尊重し、青年、女性、非正規など最も弱い者の立場に立つこと、そして要求実現のためにはスト権を確立してたたかうこと、個人加盟組合と地域ユニオンの強化・発展、業種別・職種別ユニオンへの組織化、企業別組合の改革に目的意識的に取りくむこと、これらの「新しい労働運動」を展開することによって労働組合に課せられた社会的責任を果たすことが可能となるだろう。

注

（1）アメリカの社会運動ユニオニズムについては、ケント・ウォン編『アメリカ労働運動のニューボイス』、彩流社、二〇〇三年一〇月。国際労働運動研究センター編著『社会運動ユニオニズム～アメリカの新しい労働運動』、緑風出版、二〇〇五年一一月。チャールズ・ウェザーズ『アメリカの労働組合運動』、昭和堂、二〇一〇年一二月などを参照されたい。
（2）厚生労働省「労働組合基礎調査報告」、二〇一五年一二月。
（3）総務省統計局「労働力調査」（詳細集計）、二〇一六年五月。
（4）UAゼンセンの組織化手法は、「必要なことは『経営者に組合が出来た方が、企業経営が健全になりますよと言うことを理解させることです。…生産性の向上にも組合の立場で協力して、分け前を得ようという考え方ですよ。企業の健全性と安定性は組合にとっても重要だから、ムチャなことはしませんよ。ほっておくと、ヘンな組合が出来てしまいますよ。こういって、経営者にゼンセンの組合の良さを理解させるのです』」（中村圭介、佐藤博樹ほか『労働組合は本当に役に立っているか』、二三一ページ、総合労働研究所一九八八年九月）を参照されたい。
（5）厚生労働省「平成25年労働組合活動等に関する実態調査」、二〇一四年六月。
（6）労働組合には「量」のみならず「質」が求められるという点に関しては、拙論「求められるのは総合的な組織拡大の論議」『経済科学通信』一二九号、基礎経済科学研究所、二〇一二年八月を参照されたい。
（7）労働政策研究・研修機構『データブック国際労働比較2016』、厚生労働省「平成二六年労働争議統計調査の概況」、二〇一五年八月。
（8）呉学殊『労使関係のフロンティア』、労働政策研究・研修機構、二〇一一年一一月を参照されたい。
（9）詳細は、青木耕太郎「たかの友梨ビューティクリニック争議の経緯とその展開」『POSSE』二五号、二〇一四年一二月などを参照されたい。

（10）詳細は、「ブラックバイトユニオンを通じて高校生が労働協約を締結」『POSSE』三一号、二〇一六年六月を参照されたい。
（11）西谷敏『労働法の基礎構造』、二九三頁、法律文化社、二〇一六年六月。
（12）厚生労働省「平成27年度個別労働紛争解決制度の施行状況」、二〇一六年六月。
（13）全国一般・東京東部労働組合については石川源嗣『労働組合で社会を変える』、世界書院二〇一四年一〇月などを参照されたい。
（14）厚生労働省「平成25年国民生活基礎調査」、二〇一五年七月。
（15）栗原耕平「最低賃金一五〇〇円を求める AEQUITAS における主体とその思想」（『賃金と社会保障』№一六六〇、二〇一六年六月下旬号を参照されたい。

第八章　大学政策の現段階と学術的社会運動の課題

山本　健慈

本書『社会変革と社会科学』は、吉見俊哉氏の著書を借りれば『「文系学部廃止」の衝撃[1]』と評される、国立大学政策の一環として日本の人文社会科学系の研究と教育の在り方が問題とされるという事態のなかで刊行される。

本章では、この間、一地方国立大学長（二〇〇九年八月から二〇一五年三月まで）として、また学長退任後一般社団法人国立大学協会専務（二〇一五年五月から今日に至る）として、大学政策および、いわゆる人社系問題の経緯に同伴し、考えてきたことを記すことにしたい。ただここでは、国立大学を主とした言及にとどまることをご容赦願いたい。

吉見がいう「衝撃」とは、文科省が、国立大学法人第三期中期目標、計画策定に当たって、下村大臣名で国立大学に対して「国立大学法人等の組織及び業務全般の見直し」を求め「特に教員養成系学部・大学院、人文社会科学系学部・大学院については、一八歳人口の減少や人材需要、教育研究水準の確保、国立大学としての役割等を踏まえた組織見直し計画を策定し、組織の廃止や社会的要請の高い分野への転換に積極的に取り組むよう努めることとする。」（二〇一五年六月八日）という一文を含む通知を発出したことによって始まった。

しかし吉見も指摘しているように、この通知のほぼ一年前の一四年八月二日国立大学法人評価委員会は、第三期に向けての「組織及び業務全般の見直しに関する視点」についての議論し、そこに提出された会議資料に「教員養成系、人文社会科学系は、組織の廃止や社会的要請の高い分野への転換」と記述されていた（文書的には箇条書きの一項目として。なおこの会議に先立つ五月一九日の同評価委員会国立大学法人等の組織及び業務全般の見直しに関する第三回WG資料にも同じ文言が記されている）。

私はと言えば、八月のとある日SNS上の話題のなかに発見し、その後これを報じた『東京新聞』の「国立大から文系消える？文科省改革案を通達」で重ねて知ることになった。その時の率直な印象は、乱暴なことを書いているという受け止め方はしたが、学長経験者や人文社会科学者も加わる会議であり、最終的には良識的なものになるであろうということであったが、大学教職員全体での情報の共有が必要であると考え、役員連絡会（九月三日）、学長・役員・学部長懇談会（九月一二日）で、この資料を紹介するとともに注視するよう喚起した。さらには教育研究評議会（九月二六日）においては、「教授会で議論をしてもらいたい。また全国の関係学部長会議や秋の学会で議論しアクションを起こすことが必要ではないか」という意見を述べた[2]。

しかしその後、「大臣通知」までは、上記の東京新聞の記事ぐらいで大きな話題となることはなかった。「騒動」後の展開は、下村大臣の「釈明」、日本学術会議（幹事会声明二〇一五年七月二九日「これからの大学のあり方－特に教員養成・人文社会科学系のあり方－に関する議論に寄せて」および一〇月一五日「人文・社会科学系のあり方に関する声明への賛同・支援への謝意と、大学改革のための国民的合意形成に向けての提案」）や日本経済団体連合会（二〇一五年九月九日「国立大学改革に関する考え方」）の見解表明と続くが、実は大学人の積極的な見解表明は、佐和滋賀大学長[3]など個人としての意見表明はあっても組織的な表明は、管見によれば国立大学法人一七大学人文系学部長会議共同声明（一〇月九日）などきわめて少なく、人文系、社会科学系研究者および学部教授会の意見表明はみられなかった。

国立大学協会も、ワーキンググループを設置し内部的な議論を行ったが、見解の公表には至らなかった。(4)

ところが吉見がいうように、大臣通知以後、「メディアは突然『炎上』を始めた」ころ、私は、国大協に着任し、職務の一環として高等教育、科学技術・学術に関する審議会等を傍聴しはじめたが、そこでは、いろんな審議会等で人文社会科学の意味について言及されることが多くなった。基礎研究を社会実装へと展開するための戦略的基礎研究の方向を審議する議論においても、「社会的にさまざまなところでビッグデーターが蓄積されて、実はそれを使うといろんなことができるということがわかり始め」たが、「そこに科学的な真実があるとか、そういうことが必ずしも深いものではなくて、むしろそういう状況をいかに、情報科学技術を使って社会的価値なり何なりに結び付けることができるか」や、「常々、社会経済的、社会科学、人文科学的な視点いうのが入っていないのではないか」、「本来、社会科学・人文科学の研究者がきちっと研究をして、この価値と科学技術をどうやって結び付けるか」、そのために「社会科学・人文科学の研究者、あるいは産業界の方と連携しながら、このところできちっと評価できるような研究なり活動が不可欠ではないか」などの発言が出されている。(「科学技術・学術審議会戦略的研究部会　二〇一五年五月一九日)

これらの議論をきくと、ビッグデータなどの集積によりこれまで考えられなかったものが創りだされる可能性があるが、これが人類を幸せにするものであるかどうかの判断は、哲学、倫理学、歴史学等の人文社会科学の成果に照らし合わせて判断されなければならない、その意味では、ますます人文社会科学が重視されなければならないという合意が理系研究者も含めてあるように思われた。飛躍を恐れずに書けば、これらは三・一一後の「科学不信」への研究者としての自省が共有されているように思われた。

にもかかわらず「通知」を発出した下村大臣のあとをうけた馳文科大臣をして「通知の文章は、国語力の問題だ。私なら三二点ぐらいしかつけられない」と言わしめる事態が生まれたかについて考えると、この間文科省の施策の展開に伴走してきたものからみれば、文科省は教育政策立案の主導的を失い、官邸主導の教育再生実行会議や産業競争力会議等で制度の枠組み、実施日程が設定され、したがって実務担当者がその流れに追随する日々を重ねているからである。

さて以下、二〇一六年度から第三期を迎えた国立大学政策について触れる。国立大学は、第三期から八六大学を三つの枠組み（地域貢献、世界・全国的教育研究、世界的卓越教育研究）に分け、その施策への重点支援予算配分方式をスタートさせた。この重点支援以上に深刻な問題は、運営費交付金が、名目での予算は前年度同額となったものの、国立大学予算総体（交付金の外側にあった補助金等が交付金に組み入れられた）は、第三期初年度もマイナスとなったことである。

第三期の初年度を迎えるにあたって、運営費交付金がそのスタート年度が前年度マイナスにならぬよう（法人化二年目以後一一年、毎年約一パーセント減を阻止する）、八六大学（国大協）および文科省は、新たな結成された国立大学振興議連の助力をえて奮戦したが、結果的には、独立法人化の本旨である「効率化」が活きていることを見せつけられる結果となった。

規模の大小にかかわらず各大学は、正規教職員の退職後不補充などで捻出した財源で、地域貢献や国際化など新たなミッションに当たり、かつ教育力、研究力の維持、発展を目指してきたが、第三期に及ぶ歯止めなき財政縮小は、いまや大学財政を臨界点に追い込んでいる。いまやこれが、近年顕著な研究力の国際的ランキングの低下の主要因であることは、万人の認識となっている。

こうした高等教育予算総体（いや教育関係費、科学技術関係費総体）の減少のなかで、国際的な研究・人材育成拠点の形成となる「指定国立大学」制度の新設や「実践的な職業教育を行う新たな高等教育機関」の制度化が着手され、また多大な財政負担が予想される高大接続、高校教育改革・大学入試改革・大学教育改革の三位一体改革の焦点的テーマとしての大学希望者評価テスト等の実施設計の作業に入っている。

さきにもふれたように私は、一年にわたりこれらの課題を議論する審議会や有識者会議を、つとめて傍聴してきたが、多様な議論が百出するなかで、成熟した合意（とくに財政問題）のないままに制度設計に至っている。それは、繰り返しになるが官邸主導の教育再生実行会議や産業競争力会議等で制度の枠組み、実施日程が指示されているからである。現時点では、これらがどうように現実化するかについては、不明な点も多いが、粗雑を承知していえば、「長年に渡り国民が築いてきた公共財」としての国立大学総体を軸に機能してきた高等教育全体のシステムが液状化し崩壊する危機を感ずる。

この危機感は大学関係者だけではない。尾身幸次元財務大臣や有馬元東大総長・文科大臣などは、ノーベル賞受賞者および大学・学術団体、経済団体を率いて九〇年代の大学貧困物語の克服時以上の予算獲得をと活動を始めている（「科学技術予算の抜本的な拡充に関する要請」を四月一九日、安倍総理大臣に面会し要請）。

昨年国大協の働きかけで、国立大学はじめ地方の大学の充実を首相へ直接的にも働きかけた全国知事会など地方六団体は、すでに本年も「（前略）地方の国立大学の運営費交付金等の拡充……など、地方大学等の運営基盤を充実すること」（二〇一六年五月二三日）を政府に要望している。国立大学や学術をめぐって各方面から動きが生まれていることは画期的である。

かつて民主党政権の「事業仕分け」による大学・学術予算の大幅削減が予想された時、募集されたパブリックコメントの国立大学関係事項には「一〇万余の記述があり、その半数が一〇代二〇代の世代であり、この実態の訴えが永田町における国立大学の理解を劇的に深めた」（二〇一〇年一二月八日国大協臨時学長会議で鈴木副大臣発言）という動きもあったことを想起すると、危機に直面する人文社会科学系研究者およびそのコミュニティこそが、自らの学問とその教育研究組織の在り方を問い直しながら、社会的発言をしていく必要がある。（注5）そして給付制奨学金などへの関心、要望が高まっている今、国立大学関係者はもちろん私立大学学生・家族をふくむ市民協同の教育予算総体の増額の社会運動と合流していくことが求められている。

注

(1) 吉見俊哉『「文系学部廃止」の衝撃』集英社　二〇一六年二月

(2) 和歌山大学においては、前任学長の時代（第二期）に、「社会的要請の高い分野」である教育研究組織として、二〇〇七年四月に経済学部観光学科を創設し、翌年二〇〇八年四月に観光学部として独立させている。私の学長就任後、二〇一一年四月観光学研究科修士課程を、二〇一四年四月に同博士課程を設置した。博士課程の設置にかかわる文科省担当者との折衝過程は、ちょうど「ミッションの再定義」の作業期間と重なる。この文科省との協議のなかで、担当者は、繰り返し「時代と社会にチャレンジグで、日本の人文社会科学の新たな転換をけん引する観光学研究と大学院教育を期待している」と述べていた。またこの間接触した高等教育局幹部（複数）からは、「制度的にも財政的にも切迫した事情にある国立大学内部の社会科学者は、どうしてその危機を打開する方策を研究、提言してくれないのか」という嘆きをしばしば聞いたことを記憶している。同時期に文部副大臣であった鈴木寛氏が、「大学は本来。学問の自由があるので、政治権力とは一定の距離を置くべきですが、残念ながらこの間、自然科学者は権力に擦り寄りすぎ、社会科学者は権力から逃げすぎています。社会科学者・人文科学者がやはり、社会装置としての権力と向き合って、知恵や人を出していくことが求められています。いいコラボレーションを生み出す努力が、大学には欠けていたと思います。私も文部科学副大臣になるに当たり、教育学のさまざまな論文・研究に当りましたが、なかなかいいものに出会えませんでした。やはり大学が力をつけ、文科省等と連携していくことが大切です」（寺脇研編著『本気の教育改革論――寺脇研と論客一四人が語る教育』二〇一六年九月、学事出版）と述べていることは、上記の高等教育局幹部の嘆きと重なる。

(3) 佐和学長は、二〇一五年三月二五日学長としての最後の卒業式式辞においても、以下のように批判的見解を表明した。「アベノミクスの「第三の矢」である「成長戦略」の一環として、国立大学の改革が急務の一つに数えられるようになりました。経済成長のためにはイノベーションが必要である。ゆえに、イノベーションの担い手を養成する国立大学の改革が喫緊の課題である、との見解が、安倍政権内で最も影響力ある組織、産業競争力会議により打ち出されました。これを受けて、昨年六月八日、文部科学大臣は、全国の国立大学長に対し『次の中期目標を策定する際、教員養成系と人文社会科学系の学部・大学院は、組織の廃止や、より社会的要請の高い領域への転換に積極的に取り組む』よう通知いたしました。

経済成長に貢献すること、あるいは産業に奉仕することが、大学に課せられた責務では断じてありません。知の革新と継承こそが、大学に課せられ使命であるという、ヨーロッパの常識が、ここ日本では通用しないのです。」

「文系学部出身者の長所は、社会的諸問題についての思考力・創造力・表現力において秀でていることです。そしてもう一つは、旺盛な批判精神の持ち主であることです。

民主主義国家の市民としての資格は、さまざまな社会問題に対して、時の権力におもねることなく、確固たる自分の意見を持ち、それを的確に表現する能力の持ち主であることなのです。全体主義国家では、体制を批判する者は必ず「排除」されます。したがって、全体主義国家は文系の知を必ず排斥するし、文系の知を排斥する国は必ず全体主義国家になるのです。」

(http://www.shiga-u.ac.jp/information/organization-management/president/info_president-massage/info_msg20160325/)

（4）国立大学長は、それぞれに研究分野を持っており、その専門分野ごとの懇談会が定期的に持たれている。「人文・社会科学系学長懇談会」もあり、教育学を専門とする私もこれに属していた。文科省主導により「ミッションの再定義」の作業が進行していた二〇一三年一〇月の山形大学長主管で行われた懇談会では、「国立大学と私立大学の役割分担を求める一昨年の私大連の提言（二〇一一年六月二四日日本私立大学団体連合会「二一世紀社会の持続的発展を支える私立大学――「教育立国」日本の再構築のために――」）にみられるように、国立大学は一定の国費の投入による国立大学でなければできない役割に集中すべきだとして、国立大学における人文・社会科学系学部の存在理由そのものが問われる状況にある。これにどう応えるかは、国立大学全体の課題だと考える」という協議事項の提案を受けて意見交換が行われた。また二〇一四年三月の「ミッションの再定義」の分野ごと観点が公表され、また八月の国立大学法人評価委委員会総会資料「国立大学法人の組織及び業務の見直しの視点」について（案）が公表されたことをうけて、同年一〇月琉球大学長の主管で行われた会議でも「一八歳人口の減少を見据えた人文・社会科学系分野の在り方について」意見交換が行われた。山形での会議で、山形大学長が、人文学部が、地域に必要な人材養成の機能をはたしていることを根拠に、国立大学の人文社会科学系学部の縮小政策を一蹴する発言をされたことが記憶に残っている。

（5）和歌山大学長緊急声明二〇一〇・一二・一四「国立大学関係予算の拡充について――学生へのメッセージ――」http://www.

wakayama-u.ac.jp/about/president/15/public_c)

あとがき

「社会変革」という言葉は、「体制変革」につながる言葉であり、それに対する希望が薄れた現在、昔ほど使われなくなっており、受け止め方は様々であろう。しかし、それを主題に、そして「時代と対峙する」を副題に掲げることによって、三〇人近い執筆陣が集まり、それぞれ意欲的なテーマを選んで執筆することができた。学者・研究者としての社会的責任の意識を改めて研ぎ澄ました執筆者達が、「時代と対峙する」論を取り上げたり、自ら「時代と対峙する」論を展開している。構成は、それぞれの論文のテーマが決まってからなされたものであって、「社会科学」、「思想」、「実践」への区分けは難しく、また全体のバランスの関係もあり、すべての論文がそれにふさわしい「部」に位置しているわけではないが、あらかじめ構成していたかのごとき有機的結合がある。そこには、緊張、補完、共鳴の織りなす知的空間が成立している。

本書は、実質的には中村古稀記念論文集なのであるが、古稀記念論文集と銘打っていない（「まえがき」参照）。そのため、いわば本音と建て前が交錯して、本を完成させるまでには節目節目で少なからぬ困難に遭遇した。それにもかかわらず、前述のような成果を見た。私がダシとなり連結器となって味のある本ができればと思っていたが、その思いが通じたようである。いろいろな事情で執筆できなかった人もいるのが残念であるが、喜ぶべきはこの企画においては、「友愛」や「連帯」という水平的原理が推進力となったことである。

翻ってみれば、大学院に入学してから五〇年近く経った。大学紛争期に大学院時代を過ごし（一九六九～一九七九年）、院生運動の中で「新しい研究者規定」（「自らを養成しつつ、養成されつつある研究者」）を知り、それを拠り所として研究と院生運動を行い、大学の民主化、すなわち、講座制廃止、全構成員自治、大学院生の待遇改善、大学院の制度的確立、などを求めて、助手制度撤廃、単位制度撤廃、ゼミ事前協議制、『法学論叢』への院生論文の掲載など、様々な制度改革を実現した。要求は制度改革が主であったが、私自身は、それとともに院生が自らできることはやった方が良いと考えていた。『法学論叢』への掲載権の拡大を求める一方で、『院生論集』の創刊を提案し実現したことや、給付制を要求する一方で助手給与のプール制によってオーバードクターの互助を行ったことなどがその例である。

その後、運動は時の経過とともに低調になり、「五年一貫制」（修士課程2年＋博士課程3年）というスローガンを掲げていたにもかかわらず、博士課程の途中で就職することが常態化し、ゼミ事前協議制も名ばかりとなりつつあった。社会の変化や大学界の変化が背景にあったとはいうものの、「新しい研究者規定」やそれを拠り所にした運動に内在する矛盾が露呈したと言うべきであろう。理念倒れの面があり、現実からの反作用に十分対処できなかったのである。一旦廃止された助手制度の新たな形での復活という逆行現象もあった。講座制廃止要求にしても、大学自治の中で講座制が果たしている役割についての検討が欠けていた。そして、運動のエネルギーの低下と共に、問題そのものやそれをめぐるイデオロギー的対立が急速に消滅していったように見えた。紛争時の対立を早く忘れたいという心理のあらわれでもあったであろう。

しかし、問題は解決されたわけではなく、「国民のための大学づくり」というスローガンの下、とくに私立大学では労働組合を主力として改革運動が継続した。私自身も、5年間のオーバードクター時代を経て、大阪経済法科大学に就任して、その運動に参加したが、その際、「新しい研究者規定」の矛盾や限界を自覚しつつも、その精神を忘れたことはなかった。学部の論集に自由に掲載できることに何よりも大きな喜びを感じたが、それゆえに、定期的発行を軌道に乗せるために、原稿が集まらない時には無理をしてでも原稿を書いた。また、当時

（一九八〇年代）まだ盛んであった日教組の教育研究集会へ参加する際や大阪地区私立大学教職員組合連合の教研部長として教研集会を企画・運営するにあたっては、提出されるレポートは専門の研究会や学会報告と同一水準を目指すべきだと考えていた。教育・学会活動・教研活動を進める中では、大学業務との両立、そして教育と研究との統一が課題であったが、もちろん「新しい研究者規定」にその答えがあった訳ではない。教育や大学業務に閉じ籠もることなく、法理学研究会や法哲学会をはじめ国内外の研究会や学会へ積極的に参加し続け、それによって多くの知見と国内外の知己を得たことこそが、新たな展望を開いてくれた。とくに当時、経法大ではまだ海外研修が制度化されていなかっただけに、たとえ短期間とはいえ、海外で開催される学会への参加を積み重ねることには大きな意味があった。参加するために不可欠であった学会報告を毎回行ったこと、開催地による運営の違いを知ったこと、また、エクスカーションなどで現地をより深く知ることができたことは、自身の研究のみならず、教育にも国内での学会活動にも生かすことができた。それは研究活動の深化であり、まさに、研究と教育との統一であった。そこには、改革途上の大学で、研究者としての能力を維持・発展させていくには如何にすればよいのかという問題意識が強く働いていたことは間違いがない。

早期退職後は、「制度化された大学」の中では十分にできない種類の研究に取り組み、私流の「見えない大学」（各種自由大学や市民大学などの「制度化されない大学」の一種）構想の下に活動してきた。そこには、微力ながら、「制度化されない大学」を発展させ、「制度化された大学」を外から支えたいという思いもあった。私にとっては、翻訳のための読書会も、社会人のゼミも、単発の講演会も学習会もすべて、「見えない大学」である。「見えない大学」構想およびその実践のお陰で、ここに執筆者として集まった多くの人たちとの協働の継続、出会い、そして再会が可能となったと思う。もちろん、「見えない大学」は理想郷でもなければ完全なものでもない。制度化されていないがゆえに、自由な学問は満喫できるが、自己満足化、孤立化、脆弱さなどの欠点も持っている。また、権力に対抗する十分な力を持っていない。それゆえに、「制度化された大学」や市民社会（各種組織や運動を含む）との連携が必要である。

しかし、他方、「制度化された大学」は今、その命とさえ言える「大学の自治」や「学問の自由」を失いかねない危機的状況にある。財政誘導や締め付けは以前からあったが、最近では自然科学偏重が極まり人文社会科学系の縮小や切り捨てまで言われている。しかも、自然科学系内部でも基礎部門は冷遇されている。「制度化された大学」自体が闘わなければならないと同時に市民社会からの援助も急務である。また、学術会議会長が、かつての声明に反して軍事研究を容認する発言をするに至った今、学術の真の役割に立ち返った形での学術会議の強化も急務である。学術会議が目指そうとしていた「学術コミュニティ」構想には希望がある。ただし、それを支える大学界の力や市民社会との共同を追求する力は不十分である。山本健慈の「人文社会科学系研究者およびそのコミュニテイ」構想も大学レベルでの同様の構想であるが、「市民協同の社会運動」（第Ⅲ部第9章参照）を提唱している点では、市民社会へ向けての広がりがある。ここから見えるのは、大学界は、専門分野間の共同、国立大学と私立大学との共同に止まらず、最広義の市民社会（「制度化されない大学」、市民運動、労働運動、ジャーナリズムなど）との共同を必要としているということである。もちろん、「共同」の中味や主体が問題であり、「軍・産・学」共同は平和主義の観点から否定されなければならないし、「産・学」共同も今では普通になっているが、本来無条件的に認めることはできないものである。また、市民社会も一枚岩であるわけではないので、それを克服し市民社会自体が強化されなければならず、それには大学の協力が必要である。つまり、大学界と市民社会との相互支援が不可欠である。「制度化されない大学」は、これら二つの領域の重なる部分に位置するが、それぞれの領域の内部で活動すると共に、二つの領域の橋渡しをすることができる。それ故に、その活動には重要な意味と可能性がある。

さて、本書では、多様な国、多様な時代、そして多様な分野の思想と実践が取り上げられている。それらはそれ自体、多くの知的刺激を与えてくれるだけではなく、まさに今の時代に対峙していく力を与えてくれるはずである。本書が、過去・現在・未来に亘る知的空間を大きく広げるとともに、現代社会や大学が置かれた困難な状況を打開する一助となることを切に願う。

最後に、企画段階から最終段階に至るまで、種々の問題に柔軟に対応して完成に導いていただいた鈴木了市編集部長には、心から御礼申し上げる。

編者を代表して

中村浩爾

三阪佳弘（みさか よしひろ）

大阪大学大学院高等司法研究科教授。

主な業績：『近代日本における社会変動と法』（共著）晃洋書房、2006年。『近代日本の司法省と裁判官―19世紀日仏比較の視点から』大阪大学出版会、2014年。

的場かおり（まとば かおり）

桃山学院大学法学部准教授。

主な業績：「ザクセン・フォークトラントにおける自由主義―1820／30年代のカール・ブラウンとプレス、協会活動を題材に―」『桃山法学』23巻。「ザクセンにおける立憲化と「プレスの自由」(1)・(2)」『名古屋短期大学研究紀要』47号、49号。

北川健次（きたがわ けんじ）

滋賀県近江八幡市立島小学校教諭。

主な業績：「他者との関係の糸を結ぶしごと」『教育』2008年4月号、国土社。「自分を表現する子どもたち」『教育』2009年1月号、国土社。「芦田恵之助における随意選題思想の基底―芦田の受けた綴方教育体験と『丙申水害実況』に着目して―」『臨床教育学研究』第2巻、群青社、2014年。

田中幸世（たなか さちよ）

大阪経済法科大学アジア研究所客員研究員、基礎経済科学研究所理事。

主な業績：「ヘーゲルにおける家族と普遍的家族について――第三の家族の可能性」『法の科学 』34号、2004年。マンフレッド・リーデル編『ガンス法哲学講義1832／33』（共訳）、法律文化社、2009年。『ガンス法哲学講義にみる労働と貧困――アダム・スミス受容の一側面」『法の科学』41号、2010年。

寺間誠治（てらま せいじ）

労働者教育協会常任理事、福祉国家構想研究会事務局長、全労連元政策総合局長。

主な業績：『「解雇の自由化」と人材ビジネスの規制緩和』（共著）学習の友社、2016年。「労働組合の現状と課題、ユニオンの可能性」『同時代史研究』、日本経済評論社、2016年。「新しい組織化とユニオン運動」『労働運動の新たな地平』かもがわ出版、2015年。

川本格子（かわもと かくこ）

神戸女学院大学非常勤講師。

主な業績：「質的個人主義と個性的法則」居安正・福田義也・岩﨑信彦編『ゲオルク・ジンメルと社会学』世界思想社、2001年。「ジンメルにおける文化と生ならびに性の問題――マリアンネ・ウェーバーの女性論と関連させて――」『社会学評論』第232号、2008年。「性差本質論から両性的成熟論へ――ジンメル、マリアンネ・ウェーバー、ギリガンの女性論」『女性学評論』第25号、神戸女学院大学、2011年。

形野清貴（かたの きよたか）

元大学法学部教授。

主な業績：「ヘゲモニー論の再構成」松田博・鈴木富久編『グラムシ思想のポリフォニー』法律文化社、1995年。「現代アソシエーション論に関する一試論」大阪経済法科大学『法学論集』第60号、2004年。「市民社会論の射程」『唯物論と現代』第39号、2007年。

大島和夫（おおしま かずお）

神戸市外国語大学名誉教授、京都府立大学名誉教授。

主な業績：「日本のコーポレート・ガバナンスと法制度」『神戸市外国語大学・外国学研究』（共著）37号。『現代史からみた法と社会』法律文化社、1999年。『日本の構造改革と法』日本評論社、2002年。

森本壮亮（もりもと そうすけ）

桃山学院大学経済学部講師。

主な業績：「『資本論』解釈としてのNew Interpretation」『季刊 経済理論』第51巻第3号、2014年。「利潤率の傾向的低下法則と日本経済 ―置塩定理を中心にして―」『桃山学院大学経済経営論集』第57巻第3号、2016年。

牧野広義（まきの ひろよし）

阪南大学名誉教授。

主な業績：『人間的価値と正義』文理閣、2013年。『環境倫理学の転換――自然中心主義から環境的正義へ』文理閣、2015年。『ヘーゲル論理学と矛盾・主体・自由』ミネルヴァ書房、2016年。『ヘーゲル哲学を語る』文理閣、2016年。

角田猛之（つのだ たけし）

関西大学法学部教授。

主な業績：『戦後日本の〈法文化の探求〉―法文化学構築にむけて―』関西大学出版部、2010年。『日本社会と法 〈法と社会〉のトピック分析』晃洋書房、2013年。『法文化論の展開：法主体のダイナミクス』（共編著）信山社、2015年。

福島利夫（ふくしま としお）

専修大学経済学部教授。

主な業績：『労働統計の国際比較』（共編著）梓出版社、1993年。『現代の労働・生活と統計』（共編著）北海道大学図書刊行会、2000年。『スウェーデンの女性と男性』（訳書）スウェーデン中央統計局著、ノルディック出版、2008年。『格差社会の統計分析』（共編著）北海道大学出版会、2009年。

濱真一郎（はま しんいちろう）

同志社大学法学部教授。

主な業績：『バーリンの自由論――多元論的リベラリズムの系譜』勁草書房、2008年。『ドゥオーキン』（共編著）勁草書房、2011年。『法実証主義の現代的展開』成文堂、2014年。『よくわかる法哲学・法思想〔第2版〕』（共編著）ミネルヴァ書房、2015年。

戒能通弘（かいのう みちひろ）

同志社大学法学部教授。

主な業績：『世界の立法者、ベンサム――功利主義法思想の再生』日本評論社、2007年。『近代英米法思想の展開――ホッブズ＝クック論争からリアリズム法学まで』ミネルヴァ書房、2013年。『ジェレミー・ベンサムの挑戦』（共編著）ナカニシヤ出版、2015年。

深尾裕造（ふかお ゆうぞう）

関西学院大学法学部教授。

主な業績：J・H・ベイカー著／深尾裕造訳『イギリス法史入門　第4版』第Ⅰ部〔総論〕、第Ⅱ部〔各論〕、関西学院大学出版会、2014年。「クック「マグナ・カルタ註解」覚書」『法と政治』67巻1号（2016）。『イングランド法学の形成と展開』関西学院大学出版会、2017年〔出版予定〕。

後藤宣代（ごとう のぶよ）

福島県立医科大学医学部・奥羽大学薬学部非常勤講師。

主な業績：「機械の時代とロシア・アヴァンギャルド—『生活の芸術化』の20世紀的展開—」『文化経済学』第1巻第3号、1999年。「プレオブラジェンスキー『社会主義的原始蓄積法則』の理論的意義」『政経研究』第74号、2000年。「ロシア・アヴァンギャルド映画『新バビロン』とショスタコーヴィチ」『政経研究』第76号、2001年。「社会主義、20世紀の到達点から21世紀の構想へ」『立命館経済学』第61巻第5号、2013年。『カタストロフィーの経済思想—震災・原発・フクシマ—』（共著）昭和堂、2014年。

■執筆者紹介■（執筆順、編者は編者紹介参照）

奥野恒久（おくの つねひさ）

龍谷大学教授。

主な業績：『はじめての憲法』（共著）、晃洋書房、2011年。『アイヌ民族の復権――先住民族と築く新たな社会』（共編）法律文化社、2011年。『平和憲法と人権・民主主義』（共著）法律文化社、2012年。『憲法「改正」の論点――憲法原理から問い直す』（共編）法律文化社、2014年。

石井幸三（いしい こうぞう）

元龍谷大学法学部教授。

主な業績：「ダイシーの法思想」（1）（2・完）『龍谷法学』38巻3号（2005年）4号、2006年。「いわゆる『リー ガルマインド』という日本語について」『龍谷法学』45巻1号、2012年。

西野基継（にしの もとつぐ）

愛知大学法学部教授。

主な業績：『人間の尊厳と人間の生命』成文堂、2016年。「生殖医学の進歩と人間の尊厳・人間の生命の保護」『愛知大学法経論集』193号。「クローンと人間の尊厳」『愛知大学法経論集』、184号。「人間の尊厳と人間の生命試論」『法の理論』26。「Menschenwürde als Rechtsbegriff in Japan, in: K. Seelmann (Hrsg.), Menschenwürde als Rechtsbegriff（ARSP Beiheft No.101）.

笹倉秀夫（ささくら ひでお）

早稲田大学法学部教授。

主な業績：『法学講義』東京大学出版会、2014年。『政治の覚醒』東京大学出版会、2012年。『法思想史講義』東京大学出版会、2007年。『丸山眞男の思想世界』みすず書房、2003年。『法哲学講義』東京大学出版会、2002年。

晴山一穂（はれやま かずほ）

専修大学法科大学院教授。

主な業績：『現代国家と行政法学の課題――新自由主義・国家・法』日本評論社、2012年。『政治主導を問う――地域主権改革・国会改革・公務員制度改革――』自治体研究、2010年。『行政法の変容と行政の公共性』法律文化社、2004年、『公務員制度改革』（共編）大月書店、2002年。

豊崎七絵（とよさき ななえ）

九州大学大学院法学研究院教授。

主な業績：『刑事訴訟における事実観』日本評論社、2006年。「取調べ及び身体拘束の改革」『刑法雑誌』55巻1号、2015年。「媒介事実の発見とその証明準則――情況証拠による刑事事実認定論(4)」『刑事弁護の原理と実践』現代人文社、2016年。『再審に新しい風を！――冤罪救済への道』（共著）日本評論社、2016年。

編者紹介

中村浩爾（なかむら こうじ）

大阪経済法科大学名誉教授、京都大学博士（法学）、民主主義科学者協会法律部会・元全国事務局長、基礎経済科学研究所自由大学院・元校長。

主な業績：『現代民主主義と多数決原理』法律文化社、1992年。『都市的人間と民主主義』文理閣、1994年。『民主主義の深化と市民社会』文理閣、2005年。『権力の仕掛けと仕掛け返し―憲法のアイデンティティのために―』（共編著）文理閣、2011年。『労働運動の新たな地平―労働者・労働組合の組織化』（共編著）、かもがわ出版、2015年。ディーター・ヘンリッヒ編『ヘーゲル法哲学講義録1819／20』（共訳）、法律文化社、2002年。マンフレッド・リーデル編『ガンス法哲学講義1832／33』（共訳）法律文化社、2009年。『アダム・スミス「法学講義Aノート」Police編を読む』（基礎経済科学研究所と共編）文理閣、2012年ほか。

桐山孝信（きりやま たかのぶ）

大阪市立大学大学院法学研究科教授、また2010年4月から2014年3月まで大阪市立大学理事兼副学長を務めた。

主な業績：『民主主義の国際法』有斐閣、2001年。『国際関係（全訂版）』（共著）世界思想社、2014年、『国際機構（第4版）』（共編著）、世界思想社、2009年。「激動の世界と国連平和体制」『法律時報増刊　改憲を問う』2014年。「国際法学におけるマイノリティ研究の過去と現在」孝忠延夫編『差異と共同』2012年。「国連体制の構造変動と安保体制の機能」『法律時報臨時増刊安保改定50年』2010年。「国際法秩序における民主主義の機能」『国際法外交雑誌』107巻4号、2009年など。

山本健慈（やまもと けんじ）

一般社団法人国立大学協会専務理事、和歌山大学名誉教授（15代学長）。

主な業績：『地方国立大学　一学長の約束と挑戦――和歌山大学が学生、卒業生、地域への『生涯応援宣言』をした理由（わけ）』（編著）、高文研、2015年。「国立大学の未来を拓くために――第3期の行方を展望して」民主主義科学者協会法律部会編『司法制度改革後の法学教育――その危機と再生（法の科学第47号）』日本評論社、2016年。「一地方国立大学（長）からみた（日本の）高等教育政策、経営、教育実践の今日的課題」大学評価学会年報『現代社会と大学評価』第9・10合併号、晃洋書房（発売）、2014年ほか。

社会変革と社会科学——時代と対峙する思想と実践

2017年3月31日　初版第1刷発行

中村　浩爾
編　者　桐山　孝信
山本　健慈

発行者　杉田　啓三

〒606-8224　京都市左京区北白川京大農学部前
発行所　株式会社　昭和堂
振替口座　01060-5-9347
ＴＥＬ（075）706-8818/ＦＡＸ（075）706-8878

印刷　亜細亜印刷

ISBN978-4-8122-1624-8
＊落丁本・乱丁本はお取り替えいたします
Printed in Japan